池田大作先生の指導選集［中］

人間革命の実践

聖教新聞社

目次

第二部　人間革命の実践《じっせん》

第十三章　一家和楽《いっかわらく》の信心

1　一家和楽こそ人間革命の根本《こんぽん》……11
2　「ありがとう」は奇跡《きせき》の言葉……13
3　親孝行《おやこうこう》の振《ふ》る舞《ま》いに仏法がある……16
4　家庭教育のアドバイス……18
5　ありのままの姿《すがた》を受け入れる……23
6　真《しん》の夫婦愛《ふうふあい》とは……25

第十四章　良《よ》き市民《しみん》たれ

1　仏法は人間の生《い》き方《かた》を説《と》く……36
2　振《ふ》る舞《ま》いによって輝《かがや》く人に……40
3　信頼《しんらい》される良き市民たれ……42
4　人間革命は足下《そっか》にあり……46
5　仏法即《そく》社会……47
6　貢献的《こうけんてき》生活であれ……50
7　大我《たいが》に生きる菩薩道《ぼさつどう》を……52
8　世界市民の要件《ようけん》……54
9　世界市民としての誉《ほま》れの人生《じんせい》を……58

第十五章　難《なん》を乗《の》り越《こ》える信心

1　嵐《あらし》は誉《ほま》れ……60
2　幸福は難を越えゆく胸中《きょうちゅう》に輝く……62
3　八風《はっぷう》に侵《おか》されるな……64
4　乗り越えられない苦難《くなん》はない……67
5　一生涯《いっしょうがい》、不退転《ふたいてん》の信心を……68
6　難との戦いに人間革命がある……70
7　難即成長《そくせいちょう》、難即喜《よろこ》び……71

8 行き詰《づ》まった時が勝負《しょうぶ》……74
9 「強盛《ごうじょう》の信心弥弥悦《いよいよよろこ》びをなすべし」……76
10 「疑《うたが》う心《こころ》」なく戦い続ける人に……78
11 宿命転換《しゅくめいてんかん》のチャンス……80
12 難《なん》と戦い続ける人こそ仏《ほとけ》……82
13 牧口先生の誉《ほま》れの闘争《とうそう》……84
14 日蓮大聖人の発迹顕本《ほっしゃくけんぽん》の意義《いぎ》……87
15 創価学会の発迹顕本……90
16 仏法には変毒為薬《へんどくいやく》の力《ちから》が……93
17 自然災害《しぜんさいがい》に際《さい》しての励《はげ》まし……95

第十六章　仏法は勝負

1 仏法は勝負、人生《じんせい》も勝負……102
2 人間革命とは自分との戦い……105
3 釈尊《しゃくそん》の「己心《こしん》の魔《ま》」との戦い……109
4 まず今日《きょう》、自分に勝《か》つこと……113
5 「挑戦《ちょうせん》」と「応戦《おうせん》」……115
6 誓願《せいがん》の信心に立て……117
7 負《ま》けないことが勝つこと……120
8 「陰徳《いんとく》あれば陽報《ようほう》あり」……123
9 人間として最《もっと》も尊貴《そんき》な人生とは……127
10 法華経《ほけきょう》に勝《まさ》る兵法《へいほう》なし……130
11 師子王《ししおう》の心を取《と》り出《いだ》す……131

第十七章　一日一日を大切に

1 「万歳悔《ばんさいく》ゆること勿《なか》れ」……135
2 「現在《げんざい》の果《か》」「現在の因《いん》」を見よ……137
3 「臨終只今《りんじゅうただいま》にあり」……139
4 毎日が久遠元初《くおんがんじょ》……141
5 朝の出発こそ人生勝利《しょうり》の要諦《ようてい》……144
6 「月月《つきづき》・日日《ひび》につより《強》給《たま》へ」……148
7 「三千界《さんぜんかい》の財《たから》にもすぎて候《そうろう》」……151

第十八章　仏法は対話の宗教

1　対話こそ仏法の生命……153
2　「人間主義《にんげんしゅぎ》の対話」を……158
3　仏法対話の実践《じっせん》に人間革命の光《ひかり》……160
4　友《とも》の幸福を祈《いの》ることから……162
5　「忍難《にんなん》」と「慈悲《じひ》」……167
6　仏法対話の要諦《ようてい》……168
7　究極《きゅうきょく》の利他《りた》の行為《こうい》……176
8　最極《さいごく》の友情《ゆうじょう》の証《あか》し……179
9　ありのままの対話を……184
10　確信《かくしん》と体験《たいけん》を堂々《どうどう》と語る……186

第十九章　御書根本《こんぽん》の大道《だいどう》

1　教学研鑽《けんさん》の三つの意義《いぎ》……189
2　信心で掘《ほ》り下《さ》げていく教学……192
3　創価三代の師弟《してい》と御書……196
4　「行学《ぎょうがく》の二道《にどう》をはげみ候《そうろう》べし」……200
5　教学を学ぶこと自体《じたい》が勝利《しょうり》……203
6　民衆《みんしゅう》の哲学運動《てつがくうんどう》……205
7　創価学会は御書根本……208
8　女子部は教学で立て……210
9　教学は人間革命の原動力《げんどうりょく》……214
10　心《こころ》に刻《きざ》む御聖訓《ごせいくん》……217

第二十章　青年に贈《おく》る

1　勇気《ゆうき》と確信《かくしん》と希望《きぼう》……225
2　青春《せいしゅん》の悩《なや》みは光……228
3　皆《みな》かけがえのない使命《しめい》の人……230
4　鍛錬《たんれん》こそ青春の誉《ほま》れ……232
5　人生《じんせい》は常《つね》に「これから！」……236
6　もがきながら前に進め……238

7 負《ま》けじ魂《だましい》の生《い》き方《かた》を……241
8 女子部の友《とも》へ……244
9 よき先輩《せんぱい》、よき友人を持て……248
10 親孝行《おやこうこう》こそ人間の根本《こんぽん》……251
11 青年は信用《しんよう》が財産《ざいさん》……255
12 職場《しょくば》は人間革命の舞台《ぶたい》……257
13 仕事と信心は一体《いったい》……260
14 一人《ひとり》立てる時に強き者《もの》は真正《しんせい》の勇者《ゆうしゃ》……262
15 若《わか》き友の人間関係の悩《なや》みに答えて……265
16 自分を大きく育《そだ》てる恋愛《れんあい》を……270
17 結婚《けっこん》にとって大切なこと……272
18 学《がく》は光《ひかり》、無学《むがく》は闇《やみ》……274
19 仏界《ぶっかい》の太陽を輝《かがや》かせよ……278
20 大《おお》いなる理想に生きよ……281
21 人権《じんけん》の夜明けを開きゆけ……283
22 「頼《たの》んだよ！　青年の皆《みな》さん！」……285

第三部　広宣流布と世界平和

第二十一章　広宣流布に生きる

1 日蓮仏法の目的《もくてき》は広宣流布……291
2 二陣《にじん》、三陣と続け……294
3 全人類《ぜんじんるい》の宿命転換《しゅくめいてんかん》……297
4 立正安国《りっしょうあんこく》こそ生きた宗教の証《あか》し……299
5 広宣流布は流れそれ自体《じたい》……302
6 世界広布の方程式《ほうていしき》……306
7 広布は一人から始まる……310
8 創価学会は人間触発《しょくはつ》の大地……312

第二十二章　地涌《じゆ》の使命《しめい》と誓願《せいがん》

1 我《われ》、地涌の菩薩《ぼさつ》なり！……315
2 創価学会員こそ地涌の菩薩……322

3　四菩薩《しぼさつ》の力用《りきゆう》は我《わ》が生命に……326
4　一人《ひとり》立つ誓願《せいがん》の信心……330
5　「ちかいし願《ねがい》やぶるべからず」……333
6　行動こそ仏法者の本領《ほんりょう》……336
7　地涌《じゆ》の使命《しめい》を広げるのが広宣流布……338

第二十三章　一人の人を大切に

1　一人一人の幸福が広宣流布の目的《もくてき》……343
2　どんな人にも使命がある……345
3　〝一人を大切に〟──それが仏《ほとけ》の心《こころ》……347
4　一人の生命は宇宙大《うちゅうだい》の宝塔《ほうとう》……349
5　誰《だれ》もが尊極《そんごく》の当体《とうたい》である……352
6　陰《かげ》の人を大切に……354
7　同苦《どうく》の心こそ創価の精神《せいしん》……356
8　日蓮仏法は最極《さいごく》の人間主義《にんげんしゅぎ》……358
9　牧口先生は一人に光《ひかり》を当てた……362
10　民衆《みんしゅう》の中へ、民衆と共《とも》に……364
11　戸田先生の個人指導《こじんしどう》……366
12　創価学会の伝統精神《でんとうせいしん》……369
13　個人指導の基本姿勢《きほんしせい》……371
14　なぜ創価学会は発展《はってん》したか……375

池田大作先生の指導選集［上］

第一章　真の幸福とは？
第二章　幸福境涯を築く
第三章　生命変革の実践
第四章　心こそ大切
第五章　苦悩を突き抜け歓喜へ
第六章　桜梅桃李
第七章　自他共に幸福に
第八章　病と向き合う
第九章　黄金の総仕上げを
第十章　生も歓喜、死も歓喜
第十一章　人間革命とは何か
第十二章　宿命を使命に

池田大作先生の指導選集［下］

第二十四章　広宣流布のための組織
第二十五章　異体同心の団結
第二十六章　皆を幸福に導くリーダー
第二十七章　師弟こそ創価の魂
第二十八章　創価三代の師弟
第二十九章　人間のための宗教
第三十章　未来部は広宣流布の命
第三十一章　平和・文化・教育の大道
結び

一、本書は、第一部「幸福への指針」、第二部「人間革命の実践」、第三部「広宣流布と世界平和」の三つの柱で構成され、全三十一章にわたり、池田大作先生の重要な指針が収録されている。

第一部「幸福への指針」では、創価学会が目指す絶対的幸福とは仏の生命を開くことであるとして、そのための具体的な実践が示されており、さらに生老病死とどう向き合うかが論じられている。

第二部「人間革命の実践」では、池田先生の根幹の思想ともいうべき「人間革命」をテーマに、勇気と智慧と慈悲を輝かせていく仏法者の生き方が、さまざまに語られている。

さらに第三部「広宣流布と世界平和」では、「広宣流布」即「世界平和」という日蓮仏法の社会的目的に光を当てて、創価学会の理念と運動、人間主義の組織やリーダーのあり方、創価学会の柱として三代の会長が示した師弟不二の精神など、重要な内容が展開されている。

一、それぞれの指針について、ポイントがより明瞭に伝わるよう、冒頭に簡単な説明文を付した。また、スピーチは会合の名称・日時・場所を明記するなど、それぞれ出典を明示した。その際、単行本は原則として書名のみとした。また、『人間革命』『新・人間革命』は巻数・章名を入れた。なお、会話文の個所は同書の山本伸一の発言からの引用となっている。

なお、世界の読者に、よりわかりやすく、より正確に伝わるよう、著者である池田先生の了承を得て、部分的に省略するなど必要最小限の編集作業を施した。対談の場合は、読みやすさを考慮し、対談相手の発言を略して、池田先生の一連の文章としてまとめた。

また、語句の簡単な説明などを添える場合は、（＝　）で挿入した。

一、『新編　日蓮大聖人御書全集』（創価学会版、第二七八刷）からの引用は（御書〇〇㌻）で示した。

一、『妙法蓮華経並開結』（創価学会版、第二版）からの引用は（法華経〇〇㌻）で示した。

一、肩書、名称、時節等については、掲載時のままとした。

第二部　人間革命の実践《じっせん》

第十三章　一家和楽《いっかわらく》の信心

13-1 一家和楽こそ人間革命の根本《こんぽん》

　池田先生は創価学会の永遠《えいえん》の五指針《ごししん》として、「一家和楽《いっかわらく》の信心」「幸福をつかむ信心」「難《なん》を乗《の》り越《こ》える信心」「健康長寿《けんこうちょうじゅ》の信心」「絶対勝利《ぜったいしょうり》の信心」を示《しめ》しました（五指針を示した二〇〇三年のスピーチの抜粋《ばっすい》を28ページに掲載《けいさい》）。本章は、この五指針の第一に掲《かか》げられた「一家和楽の信心」に光《ひかり》を当てています。
　一家和楽《いっかわらく》は、自分自身の人間革命から始まります。身近《みぢか》な人こそ、自分自身の人間革命を映《うつ》す鏡《かがみ》です。自分が変われば、相手《あいて》が変わる。環境《かんきょう》が変わる。世界が変わる。この人間革命のドラマにとって、大切な足元《あしもと》の舞台《ぶたい》が「家庭」です。
　かつて池田先生は、「大白蓮華」の巻頭言で、一家和楽《いっかわらく》の信心の重要性《じゅうようせい》に触《ふ》れました。一人《ひとり》一人の人間革命は家庭革命へと連動《れんどう》していきます。

池田先生の指針

巻頭言「一家和楽の信心」

（一九六八年四月、「大白蓮華」）

　〝一家和楽《いっかわらく》の信心〟とは、戸田前会長が示《しめ》された、学会永遠《がっかいえいえん》の指針《ししん》である。

信頼《しんらい》と愛情《あいじょう》に結《むす》ばれ、希望《きぼう》に満《み》つ明るい家庭こそ、浄《きよ》らかな、豊《ゆた》かな心《こころ》の反映《はんえい》であり、楽土建設《らくどけんせつ》の第一歩であり、また終着点《しゅうちゃくてん》でもあろう。

これまで、どれほど多くの学会員が、暗《くら》い陰惨《いんさん》な家庭を革命し、明るい、楽しい家庭を築《きず》いてきたことか。これこそ、各人《かくじん》の人間革命の、生活のうえに刻《きざ》んだ誉《ほま》れある歴史《れきし》であり、創価学会史の強く深き基盤《きばん》であるといいたい。

一家和楽《いっかわらく》を築《きず》く学会員の姿《すがた》こそ、全民衆《ぜんみんしゅう》の生きた生活指針《ししん》であるとともに、未来《みらい》の日本、未来の世界の輝《かがや》かしき象徴《しょうちょう》になっていくと私は思う。

われらがめざす目的《もくてき》は、個人《こじん》の幸福と社会の繁《はん》栄《えい》の一致《いっち》する理想社会の実現であり、そのなかに当然《とうぜん》〝一家和楽《いっかわらく》〟は含《ふく》まれる。

すなわち、各人《かくじん》が妙法を根底《こんてい》に、力強《ちからづよ》い人生《じんせい》を確立《かくりつ》しつつ、社会の繁栄《はんえい》と世界平和に貢献《こうけん》するところに、健全《けんぜん》な家庭生活の樹立《じゅりつ》があるといいたい。

誰《だれ》しも、入会当初《にゅうかいとうしょ》から、一家全員がそろって信心していけるとはかぎらない。ときには、家族から強い反対をうける場合も少なくない。

こうした家族の反対という問題も、結局《けっきょく》は、信心の途上《とじょう》における試練《しれん》であり、自《みずか》らが真《しん》に立派《りっぱ》な社会人、家庭人へと人間革命していったとき、根《こん》本的《ぽんてき》に解決《かいけつ》することは必定《ひつじょう》である。

法華経厳王品《ほけきょうごんのうほん》（妙荘厳王本事品《みょうしょうごんのうほんじほん》）には、薬王《やくおう》、薬上《やくじょう》の過去《かこ》の姿《すがた》を明《あ》かし、浄蔵《じょうぞう》、浄眼《じょうげん》の兄弟《きょうだい》が、母・浄徳夫人《じょうとくぶにん》と力《ちから》を合わせて、父の妙荘厳王を信心させたことが説《と》かれている。そこにおいて、浄蔵、浄眼が種々《しゅじゅ》の神力《じんりき》を現《げん》じたとあるが、これすなわち、仏力《ぶつりき》、法力《ほうりき》の実証《じっしょう》であり、現代に訳《やく》していえば、人間革命の証拠《しょうこ》にほかならない。

思うに、いかなる革命も、それが真《しん》に民衆《みんしゅう》に密《みっ》着《ちゃく》した、真実の革命であるならば、かならず家庭のなかに顕著《けんちょ》に現《あらわ》れるものである。
この家庭を基盤《きばん》にした革命こそ、もっとも本源《ほんげん》的《てき》な、恒久的《こうきゅうてき》な革命であり、誰人《たれびと》も、いかんともすることのできない、悠久《ゆうきゅう》の大波《おおなみ》であり、時代の潮流《ちょうりゅう》なのである。

13-2 「ありがとう」は奇跡《きせき》の言葉

「ありがとう」と、周囲《しゅうい》に、全《すべ》てに感《かん》謝《しゃ》できる境涯《きょうがい》こそ、人間革命の証《あか》しです。「ありがとう」――この心《こころ》が人間革命を前進させるのです。

池田先生の指針

「人生は素晴らしい」

（二〇〇四年五月二十九日、聖教新聞）

「ありがとう」は〈奇跡《きせき》の言葉〉である。口に出せば、元気が出る。耳に入れば、勇気《ゆうき》がわく。私自身、毎日、朝から晩《ばん》まで「ありがとう」

「ありがとう」と言い続けている。

外国に行った時も、「ありがとう」の言葉だけは現地《げんち》の言葉で伝《つた》えることにしている。「サンキュー」「メルシー」「ダンケ」「グラシアス」「スパシーバ」「謝謝《シエシエ》」。それを、心《こころ》を込《こ》めて、きちっと相手《あいて》の目を見て言っているつもりである。

「ありがとう」を言う時、聞く時、人は心《こころ》のよろいを脱《ぬ》ぎ捨《す》てる。人と人が深いところで通《かよ》い合《あ》える。

「ありがとう」が非暴力《ひぼうりょく》の真髄《しんずい》なのである。

「ありがとう」の中には相手《あいて》への敬意《けいい》がある。謙虚《けんきょ》さがある。人生《じんせい》に対する大《おお》いなる肯定《こうてい》がある。前向きの楽観主義《らっかんしゅぎ》がある。強さがある。

「ありがとう」と素直《すなお》に言える心《こころ》は健康《けんこう》である。だから「ありがとう」を言うたびに、あなたの心は光《ひか》ってくる。体にも生命力《せいめいりょく》がわく。

自分が、どんなにたくさんの人やものに支《ささ》えられて生きているか——ありがたいと思う、その自覚《じかく》が、感激《かんげき》が、その喜《よろこ》びが、さらに幸せを呼《よ》ぶ。

〈幸せだから感謝《かんしゃ》する〉以上に〈感謝するから幸せになる〉のである。

「祈《いの》り」も、感謝《かんしゃ》しながらの祈りこそが、最《もっと》も大《だい》宇宙《うちゅう》のリズムと合致《がっち》し、人生《じんせい》を好転《こうてん》させていく。

「ありがとう」と言えない時、人の成長《せいちょう》は止まっている。成長している時、人は他人《たにん》のすごさが見えるからだ。成長が止まると、人の欠点《けってん》ばかりが目につくからだ。

家庭でも、「こうあってほしい」「こうあるべきだ」と、自分の思い通りの妻《つま》や子どもに変えようとしないで、まず「ありがとう」と言ってはどうだろう。

ある婦人は晩年《ばんねん》、病《や》んで、家族の名前さえ思い出せなくなった。しかし、医師《いし》が「人生《じんせい》で一番幸せだったのはいつ？」と聞くと、はっきり答えた。

「娘《むすめ》が生まれた時です……うれしかった！」

それを聞いた娘《むすめ》さんの眼《め》から、涙《なみだ》がどっと、ほとばしった。

「ありがとう、お母《かあ》さん。その一言で十分です」

そして自分の子どもを、いつも叱《しか》ってばかりいたことを反省《はんせい》した。

「そうだ、この子が生まれた時、生まれてくれたことだけで私は幸せだった！」

それなのに、いつか、自分の中の「理想《りそう》の子ども」に、この子を合わせようとしていた。百点の理想像《りそうぞう》と比《くら》べての減点主義《げんてんしゅぎ》。いつも「ここが足《た》りない。あれが、もうちょっと」「どうして、こんなことができないの！」。

そんなお母《かあ》さんだったのに、子どもは一生懸《いっしょうけん》命《めい》、こたえようとしてくれた。優《やさ》しくしてくれた。ありがとう。本当は、あなたが生きていてくれるだけで、お母さんは幸せ。あなたはそこにいるだけで、お母さんを幸せにしてくれている。ありがとう。

——彼女《かのじょ》は、新しい目で子どもを見た。すると「ありがとう」「うれしい」の材料《ざいりょう》には、こと欠《か》かなかった。

朝、ぎりぎりだけど起《お》こせば起きる。それが実《じっ》は「すごいこと」なんだと感動した。ご飯《はん》も好《す》ききらいはあるけれど、成績《せいせき》も良いとは言えないけれど、「今日《きょう》も学校に行ってくれて、ありがとう」「今日も笑顔《えがお》を、ありがとう」。

何もなくても「いつも、ありがとう」。「無事《ぶじ》の一日」にありがとう。「当たり前」を「当たり前」と思う心《こころ》は傲慢《ごうまん》だと気がついたのである。

病《やまい》を宣告《せんこく》されてはじめて、今まで健康《けんこう》を「当たり前」と思い、少しも感謝《かんしゃ》していなかったと気づいた人もいる。

だから、たまには、しっかり目を見て「お父《とう》さん、いつもありがとう」と言ってみてはどうだろう。お父さんも黙《だま》って食べていないで、奥《おく》さんに「いつも、ありがとう」と言ってみてはどうだろう。照《て》れくさくても言ってみれば、そこから何かが変わっていく。

13-3 親孝行《おやこうこう》の振《ふ》る舞《ま》いに仏法がある

かつて池田先生は、父親が未入会《みにゅうかい》であることを悩《なや》む友《とも》に、「それはお父《とう》さんの慈悲《じひ》です。あなたを慈悲深い人にしようとしてくれているんです」と激励《げきれい》しました。ここでも、そうした友を温《あたた》かく励《はげ》ましながら、広々《ひろびろ》とした心《こころ》で親孝行《おやこうこう》の振《ふ》る舞《ま》いを、と呼《よ》び掛《か》けています。

池田先生の指針

「SGI総会」(一九九一年六月十六日、フランス)

皆様《みなさま》のなかにも、お父《とう》さまをはじめご家族が未《み》入会《にゅうかい》の方《かた》がいらっしゃると思う。しかし決してあせることはない。不安《ふあん》に思うこともない。「一人《ひとり》」が、まことの信心に立ち上がれば、一家《いっか》・一族を皆、永遠《えいえん》の幸福の軌道《きどう》へと導《みちび》いていけるのである。これが妙法の無限《むげん》の力用《りきゆう》である。

太陽がひとたび昇《のぼ》れば、地上のすべてを照《て》らす。夜の海に一つの灯台《とうだい》が厳然《げんぜん》と輝《かがや》いていれば、多くの船が安心して航海《こうかい》できる。一人《ひとり》の力《ちから》ある主人がいれば、家族の全員が悠々《ゆうゆう》と生きていける。

皆様《みなさま》は、幸福を照《て》らし顕《あらわ》す太陽である。人々の「成仏《じょうぶつ》」への灯台《とうだい》である。一家《いっか》に福運《ふくうん》を運《はこ》ぶ福徳《ふくとく》の大黒柱《だいこくばしら》である。仏縁《ぶつえん》を結《むす》んでいれば、いつかは妙法を受持《じゅじ》するのである。

どうか、おおらかに、周囲《しゅうい》の人々を心広々《こころひろびろ》とした人間性でつつみながら、朗《ほが》らかに生《い》き抜《ぬ》いていただきたい。

大聖人は、若《わか》き南条時光《なんじょうときみつ》に、こう述《の》べられている。

「親によき物《もの》を与《あた》へんと思いてせめてする事《こと》なくば一日に二三度《にさんど》えみ《笑》て向《むか》へ」（御書一五二七ページ）

——親に良い物を与えようと思っても、何もできない時は、せめて一日に二、三度、笑顔《えがお》を見せてあげなさい——。

親は子どもの笑顔《えがお》がうれしいものである。心《こころ》に光《ひかり》がさしてくる。

そうした親孝行《おやこうこう》の振《ふ》る舞《ま》いのなかに仏法がある。

親にとって、会えばいつも心《こころ》が和《なご》み、「ああいい娘《むすめ》だ。いい息子《むすこ》になった」と思える子どもであれば、こんな幸せなことはない。何《なん》でも言うことをきいてやろうという気持ちにさえなるものだ。

それを、会えばいつも「信心しなさい！」、「信《しん》仰《こう》しないと罰《ばち》がでるわよ！」と、鬼《おに》のようなこわい顔で（笑い）、まくしたてられたとしたら、だれでもいやになってしまう。

親の成仏《じょうぶつ》を真心《まごころ》こめて祈《いの》るのは当然《とうぜん》として、振《ふ》る舞《ま》いはどこまでも賢明《けんめい》に、あたたかく、道理《どうり》にかなったものであっていただきたい。

皆様《みなさま》のそうした〝人間としての成長《せいちょう》〟こそ、何にもまして周囲《しゅうい》に正法《しょうほう》の正しさを教えていくことになる。自身の、そして一家《いっか》の福徳《ふくとく》も増《ま》していく。

13-4 家庭教育のアドバイス

アメリカの未来部《みらいぶ》発足《ほっそく》を祝《しゅく》したスピーチのなかで、家庭教育に関《かん》する具体的《ぐたいてき》なアドバイスを六点にわたって示《しめ》しています。

池田先生の指針

「SGI代表者会議」（一九九三年二月三日、アメリカ）

家庭での子どもの教育について、何点か、思いつくまま申《もう》し上《あ》げておきたい。多くのご家庭を見、経験《けいけん》を重《かさ》ねてきた、一つの結論《けつろん》であり、なんらかの参考《さんこう》になれば幸《さいわ》いである。

①信心は一生。今は勉学第一で

まず、未来部《みらいぶ》の時代は「勉学第一」で進むべきである。信心の大切さは言うまでもないが、信心は一生である。

勉学には、やるべき時期《じき》と年代《ねんだい》がある。その時に努力《どりょく》しておかなければ、身《み》につかない。後悔《こうかい》することになりかねない。

「信心」は即《そく》「生活」である。未来部《みらいぶ》の場合は即「勉学」である。今は勉学に励《はげ》むことが、信心の重要《じゅうよう》な実践《じっせん》なのである。信心しているから、勤行《ごんぎょう》や会合が忙《いそが》しく、学業《がくぎょう》がおろそかになった――これでは絶対《ぜったい》に正道《せいどう》とはいえない。

また、ときには勤行《ごんぎょう》ができなくとも、ことさらに神経質《しんけいしつ》になる必要《ひつよう》はない。題目三唱でよい場合もある。

むしろ〝持続《じぞく》〟が大切である。一生涯《いっしょうがい》、御本尊と学会から離《はな》れない心《こころ》が大事なのである。少しずつ向上《こうじょう》していけばよいし、時には「きょうの勤行《ごんぎょう》は、お母《かあ》さんがかわりにしておいてあげるから」などと、安心をあたえてあげるぐらいの大《おお》らかさがあってよいと思う。

窮屈《きゅうくつ》な圧迫感《あっぱくかん》をあたえることは、かえって信心から遠《とお》ざけてしまうであろう。伸《の》び伸びと、自然《しぜん》のうちに、いちばん良い方向《ほうこう》に成長《せいちょう》していけるよう、賢明《けんめい》なリードをお願《ねが》いしたい。

②子どもと交流する日々の工夫《くふう》を

次に、どんなに忙《いそが》しくとも、子どもと接《せっ》し、対話する工夫《くふう》をお願《ねが》いしたい。

大切なのは、時間ではない。知恵《ちえ》である。

短い時間であっても、会えば抱《だ》きしめてあげたり、スキンシップをして交流をする。話を聞いてあげる時間をつくる努力《どりょく》をする――慈愛《じあい》さえあれば、いくらでも知恵《ちえ》は出るはずである。

信心は「知恵《ちえ》」として表れる。聡明《そうめい》になり、賢《けん》明《めい》に生きるための信仰《しんこう》である。信仰者が、自分の子どもの心《こころ》もつかめず、自分の家庭の建設《けんせつ》もできないのでは、人々を救《すく》うといっても、観念論《かんねんろん》になってしまう。

学会活動に戦った親の福運《ふくうん》は、必《かなら》ず子どもを守っていく。それを確信《かくしん》したうえで、〝忙《いそが》しいのだから仕方《しかた》がない〟とか〝何《なん》とかなるだろう〟と、ほうっておくのではなく、対話のための具体的《ぐたいてき》な努力《どりょく》をすることである。そうでなければ、親として無責任《むせきにん》となり、無慈悲《むじひ》となってしまう。

形ではない。心《こころ》である。心がつながっているかどうかである。いつも一緒《いっしょ》にいても、遠《とお》く心が離《はな》れてしまっている家族もいる。短い時間でも、凝《ぎょう》縮《しゅく》して、劇的《げきてき》に、心の通《かよ》い合《あ》う家族もある。ふだんの努力《どりょく》で、心がつながっていれば、どこにどうしていようとも、おたがいに安心していられる余《よ》裕《ゆう》のある家庭となる。

どうか、わが家らしい工夫《くふう》を重《かさ》ねながら、〝親子一体〟の向上《こうじょう》の軌道《きどう》を進んでいただきたい。

③父母が争《あらそ》う姿《すがた》を見せない

子どもは一人《ひとり》の大人《おとな》であり、一個の人格《じんかく》である。大人以上に鋭《するど》く見ている場合が多い。その意味で、たとえば、子どもに夫婦《ふうふ》げんかを絶対《ぜったい》に見せてはならない。どうしてもやりたい場合は隠《かく》れて、けんかすることである。(笑い)

父母が争《あらそ》うと、子どもは悲《かな》しい。学校に行っても心《こころ》は真《ま》っ暗《くら》である。そして長い間、ずっと忘《わす》れられないものだ。

ある心理学者によると、父母が争《あらそ》うのを見た場合、子どもは自分の存在《そんざい》の根底《こんてい》が揺《ゆ》らぎ、まるで地面が割《わ》れてしまったような不安《ふあん》をおぼえる例《れい》が多いという。

安定《あんてい》した心《こころ》の大地の上に、大樹《たいじゅ》も成長《せいちょう》する。安《やす》らぎのある家庭をあたえてあげていただきたい。

④父母が同時には叱《しか》らない

父が息子《むすこ》を厳《きび》しく叱《しか》ると、反発されるだけの場合がある。母親が叱った場合には、比較的《ひかくてき》、心《こころ》に入るとされる。いちばんいけないのは〝一緒《いっしょ》になって叱る〟ことである。これでは、子どもは逃《に》げ場《ば》がない。

また娘《むすめ》について、父は、どうしてもかわいいし、甘《あま》くなってしまう。その点、母と娘は、女性同士《じょせいどうし》で何を言っても通じ合うところがある。ゆえに女の子に対しても、母親が言ったほうがよい場合が多いようだ。

戸田先生は「父親が怒《おこ》ると子どもは離《はな》れていく。母親が怒っても、子どもは母親からは離れないものだ」と言われていた。

こうした知恵《ちえ》は、人間の法則《ほうそく》、生命と心《こころ》の法則に基《もと》づいたものである。

文化の差《さ》や、各家庭による違《ちが》いは当然《とうぜん》として、何《なん》らかの示唆《しさ》を得《え》ていただければ幸《さいわ》いである。

⑤公平《こうへい》に。他の子と比較《ひかく》しない

「公平《こうへい》」でなければならない。この子は頭《あたま》がいいから大事にするとか、この子のほうがきれいだからいいとか、絶対《ぜったい》に差別《さべつ》してはならない。

親の心《こころ》ない一言《ひとこと》が、子どもの心を深く傷《きず》つけ、劣等感《れっとうかん》を植《う》えつける場合も多い。いわんや、いつも兄弟姉妹《きょうだいしまい》と比較《ひかく》され、公平《こうへい》に扱《あつか》われない場合には、愛情《あいじょう》に飢《う》えて、寂《さび》しくつらい思いをする。これではすこやかな成長《せいちょう》ができなくなってしまう。

あたたかく見守り、その子を励《はげ》ましてあげる。良い点を見つけてほめ、自信《じしん》をあたえてあげる。何があろうと、他の人がどう言おうと、自分だけは、その子の絶対《ぜったい》の味方《みかた》となって支《ささ》え、愛情《あいじょう》をそそぎ、可能性《かのうせい》を信じきっていく。子どもの個性《こせい》を尊重《そんちょう》してあげる。それが親である。

人を能力《のうりょく》や外見《がいけん》だけで決めつけ、選別《せんべつ》していくような非情《ひじょう》な競争原理《きょうそうげんり》の社会であり、学校であるかもしれない。

そうであればあるほど、家庭だけは公平《こうへい》・平等《びょうどう》に、〝かけがえのない一人《ひとり》〟として大切にしあう場であってほしい。

⑥親の信念《しんねん》の生《い》き方《かた》を伝《つた》えよう

要《よう》は、子どもたちを立派《りっぱ》に成長《せいちょう》させるために、ガッチリと〝心《こころ》のギア〟をかみ合わせながら、ともに成長し、一体《いったい》で前進していくことである。

私たちは、法《ほう》のため、人のために奉仕《ほうし》している。エゴの人生《じんせい》ではない。ゆえに人よりも忙《いそが》しいし、団欒《だんらん》の機会《きかい》も思うままには取れないかもしれない。それでも人に尽《つ》くして生きている。いちばん尊《とうと》い人生なのである。

その信念《しんねん》、生《い》き方《かた》、情熱《じょうねつ》を、子どもたちが理解《りかい》し尊敬《そんけい》できるようにしてあげなければならない。愛情《あいじょう》も信念も、〝黙《だま》っていても、いつかわかってくれるだろう〟と考えるのは誤《あやま》りである。意識《いしき》して〝表現《ひょうげん》〟しなければならない。あせらず、そして賢明《けんめい》に伝《つた》えていくことである。その「知恵《ちえ》」が「信心」の表れなのである。

アメリカでも家庭の崩壊《ほうかい》が、大きな社会的課題《かだい》になっているとうかがっている。日本でも、同じ傾向《けいこう》が強まっている。そうしたことを念頭《ねんとう》に置《お》いて、未来部結成《みらいぶけっせい》を機《き》に、何点か、気づいた点を語らせていただいた。

「一家和楽《いっかわらく》の信心」は、SGI（創価学会インタナショナル）の永遠《えいえん》の指針《ししん》である。朗《ほが》らかな、すばらしい家庭から、二十一世紀《せいき》のすばらしいリーダーが輩出《はいしゅつ》され、彼《かれ》らが満天《まんてん》の星のごとく、太陽のごとく、アメリカと全世界を照《て》らしゆく日を夢《ゆめ》み、まぶたに描《えが》きつつ、お祝《いわ》いのスピーチとしたい。

13-5 ありのままの姿《すがた》を受け入れる

子どものありのままの姿《すがた》を受け入れ、認《みと》めていくことが子育《こそだ》ての出発点であると語っています。

池田先生の指針

「忘れ得ぬ世界の友」（二〇〇〇年三月、「大白蓮華」）

今、子どもたちは、よく「自分の居場所《いばしょ》がどこにもない」と言う。自分を、そのまま丸《まる》ごと受け入れてくれる場所がない、と。

それは、家庭さえもが「優秀《ゆうしゅう》かどうか」という学校や企業《きぎょう》の価値観《かちかん》で「子どもを査定《さてい》する」場所になってしまったからかもしれない。

親の期待に応《こた》えようと頑張《がんば》っても、頑張れば頑張るほど「もっと、もっと」と期待は強くなってくる。

しかも「何《なん》のため」と問《と》うと「おまえ自身の将《しょう》来《らい》のため」と言われる。「おまえを愛《あい》しているから、うるさく言うのだ」と。それでなおさら、「愛情《あいじょう》と期待に応《こた》えられない自分」を「駄目《だめ》な人間だ」と罵《ののし》り、絶望《ぜつぼう》してしまう。

その内攻《ないこう》したエネルギーが出口を求《もと》めて、子どもたちを苦しめているのではないだろうか。

「勉強しなさい」と言うしか愛情《あいじょう》の表現《ひょうげん》ができない大人の貧《まず》しい人生観《じんせいかん》。それが子どもたちを荒《あ》れさせている元凶《げんきょう》かもしれない。

まず、ありのままの子どもの姿《すがた》を受け入れ、認《みと》め、抱《だ》きとめてあげることではないだろうか。親の「理想《りそう》の子ども」像《ぞう》を押《お》しつけるのではなく。

「あなたが『よい子』だから好《す》きなんじゃない。あなたが優秀《ゆうしゅう》だから好きなんじゃない。あなたがあなただから好きなんだ。あなたが何をしようと、私はあなたの、いちばんの味方《みかた》なんだよ」と、たっぷり愛情《あいじょう》をそそぐことではないだろうか。

そうしてこそ、子どもは自分で自分が好《す》きになれる。自分を好きな子どもは、自分で自分をはぐくめる。

子ども自身が「何《なん》のため」を考えながら、「多くの人たちのために！」と自分で動機《どうき》づけができれば、こんな強いものはない。

親が模範《もはん》を示《しめ》せば、なおさらである。

13-6 真《しん》の夫婦愛《ふうふあい》とは

ここでは、まず離婚《りこん》の問題についての質問《しつもん》に答え、そのうえで夫婦《ふうふ》の関係を深めていくための大切な智慧《ちえ》を語っています。

池田先生の指針

『法華経の智慧』

〈離婚《りこん》の問題について、「やはり自分の宿命転換《しゅくめいてんかん》に打《う》ち込《こ》んで、離婚しないよう頑張《がんば》るべきなのでしょうか」との質問《しつもん》に答えて〉

これは本人が決めるしかない。周囲《しゅうい》が別《わか》れなさいとか、別れてはいけないとか言う資格《しかく》もないし、離婚《りこん》したから信心がないなどと言ってはならない。全部《ぜんぶ》、本人の自由です。

離婚《りこん》しようがしまいが、最後《さいご》に幸福になればいいのです。人間革命できれば、それでいいのです。結婚《けっこん》しようがしまいが幸福。子どもがいようがいまいが幸福。これが信心です。幸福は自分の胸中《きょうちゅう》にあるものだから。

人間は一人《ひとり》で生まれ、一人で死んでいく。その一人の「自分自身」を変革《へんかく》しきっていくための今世《こんぜ》です。だから、周囲《しゅうい》を「善知識《ぜんちしき》」にして、一切《いっさい》を仏道修行《ぶつどうしゅぎょう》と思って頑張《がんば》りなさいというのです。

戸田先生も、「主人とうまくいかないが、このまま我慢《がまん》してやっていったほうがいいでしょうか。別《わか》れたほうがいいでしょうか」と質問《しつもん》されて、「夫婦《ふうふ》の仲《なか》にまで入るわけにはいきません」

と答えておられた。

「別《わか》れるなと言うのでもありません。別れろと言うのでもありません。ただ、そういう夫《おっと》をもたなければならないあなたの宿業《しゅくごう》が打破《だは》されないかぎりは、その人と別れても、また同じようなことで苦しむのです。同じく苦しむなら、今の亭主《ていしゅ》で間《ま》に合《あ》いそうなものではないか」と教えられたのです。

両親の仲《なか》が良ければ、それにこしたことはない。しかし両親が離婚《りこん》したから必《かなら》ず子どもが悪くなるとも言えない。むしろ、そういう苦難《くなん》のなかから、より立派《りっぱ》に成長《せいちょう》した人も、たくさんいます。

要《よう》は、自分自身が、自分の立場で、自分を見つめきって、人間革命に挑戦《ちょうせん》し抜《ぬ》いて、そのうえで自分で決めることです。その「強盛《ごうじょう》な信心」があれば、最後《さいご》は必《かなら》ず幸せになる。何があっても、退《たい》転《てん》せず、前へ前へ、広宣流布しきっていく「信心」があれば、最後は勝利《しょうり》する。それだけ分かっていればいい。

もしか離婚《りこん》した場合は、くよくよしないで、貴《き》重《ちょう》な勉強だったと思って、前以上に広布に頑張《がんば》っていけばいいんです。また、そういう人を周囲《しゅうい》は温《あたた》かく応援《おうえん》してあげてほしい。そして、母と子、父と子だけであっても、寂《さび》しがらないで「その分、たくさんの友《とも》だちをつくろう!」というくらいの大きな気持ちで生きていただきたい。

そもそも完全《かんぜん》に成功《せいこう》した結婚《けっこん》なんて、ほとんどないと言われている。「99パーセントは失敗《しっぱい》だ」という人もいる。外からは、うらやましいような家庭に見えても、内実《ないじつ》は、悩《なや》みがいっぱいというのが現実《げんじつ》でしょう。

モンテーニュだったか「王国《おうこく》を統治《とうち》するより

も、家庭内を治《おさ》めることのほうがむずかしい」（梶山健編『世界名言事典』明治書院）と言っている。

だいたい、夫婦《ふうふ》とも同じくらいの境涯《きょうがい》だから、けんかになる。妻《つま》や夫《おっと》を、自分の子どものように思えるようになったら、境涯が段違《だんちが》いだから、けんかになりません。がみがみ言われても「おっ、まだ元気だな」（笑い）、「生きてる証拠《しょうこ》だ」（笑い）というくらい、楽しく、朗《ほが》らかに生きればいいんです。

大境涯《だいきょうがい》になれば、ギャーギャー言われても、小鳥のさえずりのように聞こえる。（笑い）

ともあれ大事なのは愛情《あいじょう》です。慈悲《じひ》です。そのうえで、一番高《いちばんたか》いものをめざして、幸福をめざして、一緒《いっしょ》に題目を唱《とな》える以外にない。

夫婦《ふうふ》と言っても、もとは他人《たにん》です。他人なんだから、忍耐《にんたい》して、「理解《りかい》しよう」と努力《どりょく》しないと、うまくいかない。一緒《いっしょ》に生活しながら、家庭を守り、仕事をし、子どもに教育を受けさせていく。二人《ふたり》で「人のためにも尽《つ》くしていこう」とする。その「忍耐」の二字が必要《ひつよう》です。

「幸福」の裏《うら》づけには「忍耐《にんたい》」がいるのです。忍耐のない幸福を夢《ゆめ》みる人が多い。しかし、それは夢です。夢はどこまでいっても夢であり、おとぎの世界です。幼稚《ようち》な、イージー（安易《あんい》）な人生《じんせい》です。それで、多くの夫婦《ふうふ》が破綻《はたん》してしまう。幸福を追《お》い求《もと》めていながら、不幸《ふこう》になってしまう。

淡々《たんたん》と「一緒《いっしょ》に建設《けんせつ》しよう」という努力《どりょく》。「一緒に進んでいこう」という忍耐《にんたい》。それがあって、本当の愛情《あいじょう》になっていくのです。

本当の愛情《あいじょう》は「永遠《えいえん》に一緒《いっしょ》に生きたい」ということです。結婚《けっこん》して、二十五年たって、より以上に深い愛情をもてるのが、本当の結婚です。

愛情《あいじょう》は「深まる」ものです。深まらない愛情は、たんなる「好《す》き嫌《きら》い」の次元《じげん》なのです。

あとは、家族の間であっても、こまめに「ほめる」ことです。なんでもいいから、ほめる。欠点《けってん》だけ暴《あば》いていても、きりがない。愚《おろ》かです。

家庭を「明るく」することです。自分がいれば、どんな時も「明るく」する。そう決めることだ。自分が「太陽」になれば、この世に闇《やみ》はないんです。一人《ひとり》が「太陽」になれば、一家全部《いっかぜんぶ》が照《て》らされるんです。

【参考】

「海外・第二総東京代表協議会」でのスピーチ
（二〇〇三年十二月十一日、東京）

一九五七年の十二月度本部幹部会でのことであった。この月、戸田先生が生涯《しょうがい》の願業《がんぎょう》とされた七十五万世帯の弘教《ぐきょう》が、ついに達成《たっせい》された。その歴史的《れきしてき》な幹部会で示《しめ》されたのが、「三指針《さんししん》」であった。

つまり――

一、一家和楽《いっかわらく》の信心

二、各人《かくじん》が幸福をつかむ信心

三、難《なん》を乗《の》り越《こ》える信心

この三点である。

以来《いらい》、私たちは、これを「学会の永遠《えいえん》の三指針《さんししん》」として胸《むね》に刻《きざ》み、前進してきた。

わが同志《どうし》が、それぞれの境遇《きょうぐう》において、それぞれの家庭で、職場《しょくば》で、地域《ちいき》社会で、それぞれの人生《じんせい》で、困難《こんなん》に負《ま》けず、現実《げんじつ》の不平《ふへい》や不満《ふまん》に流されず、希望《きぼう》に燃《も》えて生《い》き抜《ぬ》き、勝《か》ち抜いていくための指標《しひょう》である。

指針《ししん》の第一は「一家和楽《いっかわらく》の信心」である。

日蓮大聖人は、「法華経《ほけきょう》を信ずる人は・さいわいを万里《ばんり》の外よりあつむべし」（御書一四九二ジペー）と仰《おお》せである。さらに、伝教大師《でんぎょうだいし》の文「家に讃教《さんきょう》の勤《つと》めあれば七難必《しちなんかなら》ず退散《たいさん》せん」（御書一三七四ジペー）を引いておられる。その家に、妙法の声が響《ひび》くということが、どれほどすばらしいことか。

強き信心とは、強力《きょうりょく》な磁石《じしゃく》のように、幸《さいわ》いを万《ばん》里《り》の外より集める力《ちから》である。鉄壁《てっぺき》の守りとなって、いかなる災難《さいなん》をも退散《たいさん》させていく。

この大確信《だいかくしん》をもって、わが家を幸福と安穏《あんのん》の城《しろ》に築《きず》き上《あ》げていくことである。

家族が信心していない場合も、多々《たた》ある。しかし、心配《しんぱい》することはない。あせることもない。しかし、一人《ひとり》が真剣《しんけん》に、厳然《げんぜん》と信心に立ち上がれば、縁《えん》する人を皆《みな》、幸福の方向へ、希望《きぼう》の方向へとリードしていくことができるからだ。

ちょうど、暗夜《あんや》の海に一つの灯台《とうだい》が厳然《げんぜん》と光《ひかり》を放《はな》てば、無数《むすう》の船が、安全な航路《こうろ》を進んでいけるようなものである。

大聖人は、こうも説《と》いておられる。

「目連尊者《もくれんそんじゃ》が法華経《ほけきょう》を信じまいらせし大善《だいぜん》は我《わ》が身《み》仏《ほとけ》になるのみならず父母仏になり給《たも》う、上七《かみしち》代《だい》・下七代《しもしちだい》・上無量生下無量生《かみむりょうしょうしもむりょうしょう》の父母等存外《たちぞんがい》に仏となり給う、乃至子息《ないししそく》・夫妻《ふさい》・所従《しょじゅう》・檀那《だんな》・無量の衆生《しゅじょう》・三悪道《さんあくどう》をはなるるのみならず皆《みな》初住《しょじゅう》・妙覚《みょうかく》の仏となりぬ」（御書一四三〇ジペー）と。

ゆえに、信心のことで家族が争《あらそ》う必要《ひつよう》など、まったくない。

深く祈《いの》りながら、大きく賢《かしこ》い心《こころ》で、仲《なか》よく朗《ほが》らかな、笑《わら》いさざめく和楽《わらく》のわが家を、堅実《けんじつ》に、また着実《ちゃくじつ》につくっていっていただきたい。

「笑《わら》いは太陽だ。人の顔から冬を追《お》いはらってしまう」（『レ・ミゼラブル2』辻昶訳、『ヴィクトル・ユゴー文学館3』所収、潮出版社）とは、フランスの文豪《ぶんごう》ユゴーの言葉である。

また、家族を亡《な》くされた方《かた》もおられる。しかし、仏法の眼《まなこ》で見れば、必《かなら》ず、深い深い意味がある。絶対《ぜったい》に悲《かな》しみに負《ま》けてはいけない。

中国の周恩来総理《しゅうおんらいそうり》の夫人《ふじん》、鄧穎超《とうえいちょう》さんは最愛《さいあい》の夫《おっと》に先立《さきだ》たれた。だれよりもつらく、悲《かな》しかった。しかし、多くの人が涙《なみだ》を流すのを見て、こう言った。

「強くなりましょう。泣《な》くのはよしましょう。泣いても人は生《い》き返《かえ》りません。私は三回だけ泣きました。もし泣いて恩来《おんらい》が生き返るのなら私は死ぬほど泣き続けます。私たちがやらねばならないことは、涙《なみだ》をぬぐい、恩来の遺志《いし》を継《つ》ぐことです」（西園寺一晃『鄧穎超 妻として同志として』潮出版社）

私は、これまで数えきれないほど多くの体験《たいけん》を見てきた。いざという時、信心で立ち上がった人は、必《かなら》ず、皆《みな》、幸福になっている。

「祈《いの》りとして叶《かな》わざるなし」の御本尊である。妙法は「変毒為薬《へんどくいやく》」の大法《だいほう》である。あらゆる苦難《くなん》を「薬《くすり》」に変えて、大きな境涯《きょうがい》を開いていけるのである。

大聖人は、父の信心を毅然《きぜん》と受《う》け継《つ》いだ南条時光《なんじょうときみつ》を讃《たた》えておられる。そして「同じく法華経《ほけきょう》を信じさせ給《たま》へば・同じところ《所》に生《うま》れさせ給《たも》うべし」

（御書一五〇九ページ）とも言われている。

信心こそ最高《さいこう》の財産《ざいさん》である。わが子に正しき信心を継承《けいしょう》しゆくことこそ、親子して、また家族ともどもに、永遠《えいえん》の幸福の軌道《きどう》を歩《あゆ》みゆく最《もっと》も確《たし》かな道である。

その意味からも、家庭でも、地域《ちいき》でも、未来部《みらいぶ》の育成《いくせい》に、さらに力《ちから》を入れてまいりたい。

第二の指針《ししん》は、「**幸福をつかむ信心**」である。

大聖人は、法華経《ほけきょう》を引かれて仰《おお》せである。

「此《こ》の経《きょう》を持《たも》つ人は百人は百人ながら・千人は千人ながら・一人《いちにん》もかけず仏《ほとけ》に成《な》る」（御書一五八〇ページ）と。

必《かなら》ず「幸福をつかむ」ことができる。これが、大聖人のお約束《やくそく》である。

「信心即《そく》生活」である。現実《げんじつ》の社会の中で格闘《かくとう》しながら、法《ほう》のため、人のために広宣流布へ前進する。そこに大功徳《だいくどく》がわく。縁《えん》する人々をも救《すく》っていける。

有名な御聖訓《ごせいくん》には、こうも仰《おお》せである。

「冬は必《かなら》ず春となる。いまだかつて、冬から秋に戻《もど》ったということは、聞いたことも見たこともありません。同じように、いまだかつて、法華経《ほけきょう》を信ずる人が凡夫《ぼんぷ》のままで終《お》わったなどということも聞いたことがありません」（御書一二五三ページ、通解）

この希望《きぼう》の大仏法を、私たちは一人《ひとり》でも多くの人に語り伝え、幸福への仏縁《ぶつえん》を広げていきたい。

幸福は、人から、また外から与《あた》えられるものではない。自分自身の「心《こころ》」で、つかみとっていくものである。まさしく「心こそ大切なれ」（御書一一九二ページ）である。

御書には、「さいわい《福》は心《こころ》よりいでて我《われ》をかざる」（一四九二㌻）とも記《しる》しておられる。一人《ひとり》一人の「心」を最大《さいだい》に強め、深めていく力《ちから》が、「信心」である。

「各人《かくじん》の幸福」は、全部《ぜんぶ》、広宣流布に連動《れんどう》している。

戸田先生は、よくユーモアをこめて言われた。

「あなた方《がた》のためにやることが、結局《けっきょく》は広宣流布のためであり、世界のためになるのである。

だから皆《みな》さんの信心の努力《どりょく》の大半《たいはん》を自分自身の幸福のために使って、その残《のこ》りを広宣流布のためにこっちへよこしなさい」と。

では、幸福のために、大事なことはなにか。大聖人は、「悪知識《あくちしき》」にたぶらかされないことであると、繰《く》り返《かえ》し戒《いまし》めておられる。悪知識は、無量《むりょう》の善《よ》き心《こころ》を破壊《はかい》してしまうものだからである。

「御義口伝《おんぎくでん》」には、「功徳《くどく》」の「功《く》」とは「幸《さいわい》」ということであり、それはまた「悪《あく》を滅《めっ》する」ことであると説《と》かれている。（御書七六二㌻、趣意）

生命の無明《むみょう》を滅《めっ》することが幸福である。「悪《あく》」との戦いなくして、真実の「幸福」はありえない。

第三の指針《ししん》は「**難《なん》を乗《の》り越《こ》える信心**」である。

大聖人は、「此《こ》の法門《ほうもん》を申《もう》すには必《かなら》ず魔出来《ましゅったい》すべし魔競《まきそ》はずは正法《しょうほう》と知るべからず」（御書一〇八七㌻）と仰《おお》せである。

広宣流布を成《な》し遂《と》げゆく「如説修行《にょせつしゅぎょう》の師弟《してい》」には、「三類《さんるい》の強敵《ごうてき》」が立ちはだかり、「猶多怨嫉《ゆたおんしつ》」の大難《だいなん》が競《きそ》い起《お》こる。難を受けることこそ、正しき仏法を正しく実践《じっせん》している証拠《しょうこ》である。そして、難を乗《の》り越《こ》えてこそ、金剛不壊《こんごうふえ》の成仏《じょうぶつ》の大境涯《だいきょうがい》を開いていくことができる。

だからこそ、大聖人は、「三障四魔《さんしょうしま》と申《もう》す障《さわり》いできたれば賢者《けんじゃ》はよろこび愚者《ぐしゃ》は退《しりぞ》く」（御書一

○九一㌻)、「大難来《だいなんきた》りなば強盛《ごうじょう》の信心弥弥悦《いよいよよろこ》びをなすべし」(御書一四四八㌻)と教えておられる。
これが、日蓮仏法の精髄《せいずい》であり、学会精神《せいしん》の真《しん》髄《ずい》である。

戸田先生は、苦難《くなん》と戦う同志《どうし》を、心《こころ》から励《はげ》まされた。

「大聖人の仏法は、逆境《ぎゃっきょう》にある人が、幸《しあわ》せになる宗教なのだ。苦難《くなん》にあった人ほど、それを乗《の》り越《こ》えた時、すごい力《ちから》が出るのだ。その人こそが、本当に不幸《ふこう》な人々の味方《みかた》になれるのだよ」

学会精神《せいしん》が燃《も》えているかぎり、われらの広宣流布の前進に、行き詰《づ》まりは絶対《ぜったい》にない。

「師子王《ししおう》の如《ごと》くなる心《こころ》をもてる者必《ものかなら》ず仏《ほとけ》になるべし」(御書九五七㌻)である。師子として立て！　師子として叫《さけ》べ！　これが大聖人の教えである。これからも、いよいよ「師子王の心」で、あらゆる難《なん》を乗《の》り越《こ》え、勝《か》ち越えてまいりたい。

以上、これまでの三項目《さんこうもく》の指針《ししん》に、私は、新たに二項目の指針を申《もう》し上《あ》げたい。

それは、「**健康長寿《けんこうちょうじゅ》の信心**」である。

そして「**絶対勝利《ぜったいしょうり》の信心**」である。

大聖人は、病気と戦うけなげな女性門下《もんか》を激励《げきれい》なされて、仰《おお》せである。

「命《いのち》というものは、わが身《み》にとって第一の珍宝《ちんぽう》である」

「一日の命《いのち》は、宇宙《うちゅう》の全財宝《ぜんざいほう》を集めた以上の宝《たから》である」

「あなたは法華経《ほけきょう》にめぐりあわれたのですから、一日でも生きておられれば、その分、功徳《くどく》が積《つ》もるのです。なんと大切な惜《お》しい命《いのち》でしょうか。惜しい命でしょうか」(御書九八六㌻、通解)

何よりも大切な「命《いのち》」である。どこまでも、健《けん》康《こう》で長寿《ちょうじゅ》で、かけがえのない一日また一日を生ききって、無量無辺《むりょうむへん》の価値《かち》を創造《そうぞう》していくことである。

二十一世紀《せいき》は「生命の世紀」である。それはまた「健康《けんこう》の世紀」であり、「長寿《ちょうじゅ》の世紀」である。その模範《もはん》と光《ひか》り輝《かがや》く、創価の人生《じんせい》であっていただきたい。

四条金吾《しじょうきんご》の夫人《ふじん》である日眼女《にちげんにょ》に対しても、大聖人は、ある年の新年、「年《とし》は・わかう《若》なり 福《ふく》はかさなり候《そうろう》べし」（御書一一三五㌻）と激励《げきれい》されている。色心《しきしん》ともに、一年また一年、より若々《わかわか》しく、より福々《ふくぶく》しく、人生《じんせい》の年輪《ねんりん》を刻《きざ》んでいくのが、この妙法である。

「御義口伝《おんぎくでん》」には、「我《われ》らが生老病死《しょうろうびょうし》に南無妙法蓮華経と唱《とな》え奉《たてまつ》るのは、そのまま常楽我浄《じょうらくがじょう》の四徳《しとく》の香《か》を吹《ふ》くのである」（御書七四〇㌻、通解）と説《と》かれる。

私たちは、この「常楽我浄《じょうらくがじょう》」の人生《じんせい》を、堂々《どうどう》と晴《は》ればれと、舞《ま》いに舞っていきたい。そのためにも、より智慧《ちえ》を発揮《はっき》した信心即《そく》生活をお願《ねが》いしたい。

健康《けんこう》になるための根本《こんぽん》は、大生命力《だいせいめいりょく》を涌現《ゆげん》させ、魔《ま》に打《う》ち勝《か》ち、宿業《しゅくごう》を転換《てんかん》しゆく、強盛《ごうじょう》なる信心である。

有名な御聖訓《ごせいくん》に「南無妙法蓮華経は師子吼《ししく》の如《ごと》し・いかなる病《やまい》さはり《障》をなすべきや」（御書一一二四㌻）と仰《おお》せである。信心は生命力《せいめいりょく》を大きくする。人格《じんかく》を大きくする。自分自身を大きくする。偉大《いだい》な生命力に満《み》ち満ちた学会の組織《そしき》で、広宣流布のために戦っていくことだ。

戸田先生は絶対《ぜったい》の確信《かくしん》をこめて言われた。

「強盛《ごうじょう》に信心するならば、経文《きょうもん》において明《あき》らかなごとく、新しく強き生命力《せいめいりょく》を得《え》て、事業に、健《けん》康《こう》に、生《い》き生きとした生活が始まってくる」「それは地から涌出《ゆじゅつ》するところの水のようなものであって、絶《た》ゆることがない」

わが学会の同志《どうし》は、一人《ひとり》ももれなく、「健康《けんこう》博士に！」そして「長寿《ちょうじゅ》博士に！」と私は心《こころ》から祈《いの》りたい。

指針《ししん》の五つめは「**絶対勝利《ぜったいしょうり》の信心**」である。

これまで何度も拝《はい》してきたが、大聖人は仰《おお》せである。

「仏法と申《もう》すは勝負《しょうぶ》をさきとし、王法《おうほう》と申すは賞罰《しょうばつ》を本《もと》とせり、故《ゆえ》に仏《ほとけ》をば世雄《せおう》と号《ごう》し王をば自《じ》在《ざい》となづけたり」（御書一一六五㌻）

勝負《しょうぶ》をさきとする――これが、仏法の魂《たましい》である。「仏《ほとけ》」とは、「一切《いっさい》に打《う》ち勝《か》った人」である。仏《ぶっ》典《てん》では「目的《もくてき》を達成《たっせい》した人」「あらゆる敵《てき》を降服《こうふく》させて、なにものをも恐《おそ》れることなしに喜《よろこ》ぶ」「ヒマラヤ山が他《た》の山々に打《う》ち克《か》って輝《かがや》くように」輝く人、等々と表現《ひょうげん》されている。（『仏弟子の告白』中村元訳、岩波文庫）

まさしく、「仏《ほとけ》」とは「絶対勝利《ぜったいしょうり》の人」の異名《いみょう》なのである。

大聖人は、「仏法というのは道理《どうり》をもととするものである。道理というものは、主君《しゅくん》という権力《けんりょく》者《しゃ》にも必《かなら》ず勝《か》つのである」（御書一一六九㌻、通解）と断言《だんげん》しておられる。

ゆえに、皆様方《みなさまがた》が絶対《ぜったい》に負《ま》けるわけがない。「正義《せいぎ》の勝利《しょうり》」こそが大宇宙《だいうちゅう》の法則《ほうそく》である。その強き確信《かくしん》こそが信心の極意《ごくい》なのである。

断《だん》じて勝《か》たねばならない。勝つことが、正義《せいぎ》である。勝つことが、幸福である。勝つことが、広宣流布なのである。

第十四章　良《よ》き市民《しみん》たれ

14-1　仏法は人間の生《い》き方《かた》を説《と》く

「良《よ》き市民《しみん》たれ」――これは、池田先生が一貫《いっかん》して示《しめ》してきた創価学会の永遠《えいえん》の指針《ししん》です。誰《だれ》もが、自分らしく、かけがえのない使命《しめい》を発揮《はっき》しながら、社会に貢献《こうけん》していく――この良き市民の連帯《れんたい》を広げることが、創価学会の目的《もくてき》です。

また、池田先生が呼《よ》び掛《か》ける「良《よ》き市《し》民《みん》」とは、「世界市民」の異名《いみょう》です。一九七五年一月二十六日、グアムでのSGI発足《ほっそく》に際《さい》し、池田先生は署名簿《しょめいぼ》の国籍《こくせき》欄《らん》に「世界」と記《しる》しました。国や民族《みんぞく》などの差異《さい》を超《こ》えて、同じ人間として、人間のなかで、人間のために献身《けんしん》していく。この誇《ほこ》り高き世界市民の集《つど》いが創価学会です。

本章は、こうした「良《よ》き市民《しみん》」「世界市民」という基本理念《きほんりねん》を語った池田先生の指導《しどう》を紹介《しょうかい》します。

ここでは、仏法とは人間の生《い》き方《かた》を説《と》いたものであり、現実《げんじつ》の人間や社会を離《はな》れて仏法はないと語っています。

池田先生の指針

「沖縄最高会議」（一九九一年二月八日、沖縄）

「崇峻天皇御書《すしゅんてんのうごしょ》（三種財宝御書《さんしゅざいほう》）」に「一代《いちだい》の肝《かん》心《じん》は法華経《ほけきょう》・法華経の修行《しゅぎょう》の肝心は不軽品《ふきょうほん》にて候《そうろう》なり、不軽菩薩《ふきょうぼさつ》の人を敬《うやま》いしは・いかなる事《こと》ぞ教主釈尊《きょうしゅしゃくそん》の出世《しゅっせ》の本懐《ほんかい》は人の振舞《ふるまい》にて候《そうらい》けるぞ」（一一七四㌻）——釈尊一代の教えの肝心は法華経であり、法華経の修行の肝心を説《と》いたのは不軽品である。不軽菩薩が人を敬ったのはどういうことであったか。教主釈尊の出世の本懐は人の振《ふ》る舞《ま》いを説くことにあったのである——と仰《おお》せである。

この御書は、建治《けんじ》三年（一二七七年）九月、四《し》条金吾《じょうきんご》に与《あた》えられたお手紙の一文である。

当時、金吾《きんご》は、主君《しゅくん》の江間氏《えまし》を折伏《しゃくぶく》したことから、その不興《ふきょう》をかい、苦境《くきょう》に立たされた。しかし江間氏はその後、重い病《やまい》に倒《たお》れる。そのため医術《いじゅつ》の心得《こころえ》のある金吾は、ふたたび主君に用《もち》いられるようになった。だが、そのことがまた、周囲《しゅうい》の妬《ねた》みを受け、身の危険《きけん》にさらされていた。

このお手紙で大聖人は、気性《きしょう》の激《はげ》しい金吾《きんご》の身《み》を心配され、いっそう心《こころ》を引《ひ》き締《し》め、行動を慎《つつし》むよう戒《いまし》められている。

誰人《たれびと》たりともつつみこみ、幸福にさせずにはおかないという、御本仏《ごほんぶつ》の広大《こうだい》にしてあたたかな御《ご》境涯《きょうがい》であられる。権威的《けんいてき》な押《お》しつけなど、いささかも感じられない。金吾《きんご》の性格上《せいかくじょう》の欠点《けってん》をふまえられたうえで、身を誤《あやま》らないように、人生《じんせい》の敗北《はいぼく》者《しゃ》とならないように、濃《こま》やかに、あたたかく御指《ごし》南《なん》されている。

大聖人の大慈大悲《だいじだいひ》の励《はげ》ましに、感情的《かんじょうてき》に勇《いさ》み立《た》っていた金吾《きんご》の心《こころ》も和《なご》み、大きく視野《しや》が開かれていった様子が、目に浮《う》かぶようである。

不軽菩薩《ふきょうぼさつ》の〝振《ふ》る舞《ま》い〟については、法華経《ほけきょう》の不軽品《ふきょうほん》に説《と》かれている。不軽菩薩は人々からどれほど謗《そし》られようと、相手《あいて》に対して怒《おこ》ったり怨《うら》んだりはしない。たとえ相手が増上慢《ぞうじょうまん》の衆生《しゅじょう》であっても、その仏性《ぶっしょう》を敬《うやま》って礼拝《らいはい》を続けた。

つまり、大聖人が、四条金吾《しじょうきんご》に対して不軽菩薩《ふきょうぼさつ》の行動をあげられたのは、短気《たんき》を起《お》こして怒《おこ》ったり、軽率《けいそつ》な言動《げんどう》をしてはならない。わが身を慎《つつし》み、賢明《けんめい》な振《ふ》る舞《ま》いをすべきである——とお示《しめ》しになられるためであったと拝《はい》される。

そして、釈尊《しゃくそん》の出世《しゅっせ》の本懐《ほんかい》、目的《もくてき》は、人の振《ふ》る舞《ま》いを説《と》くことにあったと結《むす》ばれている。

仏法といっても、その肝要《かんよう》は、人間としての生《い》き方《かた》、振《ふ》る舞《ま》いを説《と》いた以外のなにものでもないのである。その意味で信心は、私どもの言動《げんどう》そのもののなかにあるといってよい。

信心を根本《こんぽん》にして、どのように社会で生きていくか、生活していくか、日々の行動をしていくか、が大事である。それらの一つ一つの〝振《ふ》る舞《ま》い〟が、すべて成仏《じょうぶつ》への道のりとなっているからである。

「蘭室《らんしつ》の友《とも》に交《まじわ》りて麻畝《まほ》の性《しょう》と成《な》る」（御書三一ページ）——蘭室の友（＝徳《とく》の高い人）と交《まじ》わることで、蓬《よもぎ》のように曲《ま》がった心《こころ》が素直《すなお》になる——とは、「立正安国論《りっしょうあんこくろん》」の有名な御文《ごもん》である。

「蘭室《らんしつ》」とは、香《かお》り高い蘭の花のある部屋《へや》のことである。蘭室にいると、やがてその香りが身体にまでしみてくることから、ここでは正法《しょうほう》を信じ、人格《じんかく》の優《すぐ》れた人と交《まじ》わる人は、いつしか正法への眼《まなこ》が開かれていくことを譬《たと》えられている。「交《まじ》わる」とは、現実《げんじつ》には、その人の言葉と振《ふ》る舞《ま》いに触《ふ》れる、ということといえよう。

「安国論《あんこくろん》」では、主人が、訪《おとず》れた客《きゃく》に法《ほう》を説《と》いていく。客が感情的《かんじょうてき》に反発《はんぱつ》し、怒《いか》りを表しても少しも動じない。座《ざ》を蹴《け》って帰ろうとする客を、にっこりと笑《わら》って止《とど》め、諄々《じゅんじゅん》と教え諭《さと》していく。

客は「慈悲《じひ》」と「道理」に貫《つらぬ》かれた主人の振《ふ》る舞《ま》いと、馥郁《ふくいく》たる薫《かお》りを放《はな》つ崇高《すうこう》な人格《じんかく》にふれ、いつしか心《こころ》を開く。ついには邪執《じゃしゅう》を捨《す》て、正法《しょうほう》を求《もと》めるにいたる――。まさに、一編《いっぺん》の「対話のドラマ」を見る思いがする。

現実《げんじつ》の社会を離《はな》れて仏法はない。「人間」を離れて仏法はない。

「法《ほう》」がいくら正しいといっても、その正しさをただ声高《こわだか》に叫《さけ》ぶだけでは、人々の理解《りかい》は容易《ようい》に得《え》られない。かえって仏法の道から遠ざけてしまう場合さえあろう。それでは「広宣流布」を御遺命《ごゆいめい》された大聖人のお心《こころ》に反《はん》する。

人はまず、その人の日常《にちじょう》の振《ふ》る舞《ま》いに目を向ける。「生活」がどうか。「教養《きょうよう》」や「誠実《せいじつ》さ」の面ではどうか。その目はまことに厳《きび》しい。「金銭《きんせん》」にだらしなかったり、「良識《りょうしき》」に欠《か》けたり、行動が「尊大《そんだい》」であっては、「法《ほう》」がいかに正しくとも、社会に信用《しんよう》されるはずがない。

大切なのは、「信頼《しんらい》」と「納得《なっとく》」である。最高《さいこう》の法《ほう》を持《たも》ったからこそ、最高の人格《じんかく》の輝《かがや》きを発揮《はっき》できる。それが仏法である。

私どもは、自分自身の「人間性の輝《かがや》き」を磨《みが》きながら仏法理解《ぶっぽうりかい》の輪《わ》を広げてきた。つまり、社会の人々の「蘭室《らんしつ》の友《とも》」となるべく努力《どりょく》してきたのである。

揺《ゆ》るぎなき信念《しんねん》、未来《みらい》への展望《てんぼう》、あたたかな思いやり、豊《ゆた》かな知恵《ちえ》、使命《しめい》への情熱《じょうねつ》、すべてを包容《ほうよう》する広い境涯《きょうがい》等々——信心によって磨《みが》かれた人間性こそが、人々の心《こころ》をうち、心の扉《とびら》を開いていく。

14-2 振《ふ》る舞《ま》いによって輝《かがや》く人に

人間として信頼《しんらい》を勝《か》ち取《と》っていくなかにこそ、信心の実証《じっしょう》が輝《かがや》いていくと語っています。

池田先生の指針

「リオデジャネイロ代表者会議」

（一九九三年二月十日、ブラジル）

牧口先生は、よく、こう指導《しどう》されていた。

「世《よ》の中《なか》には三種類の人間がいる。いてもらいたい人、いてもいなくてもどちらでもいい人、いては困《こま》る人である。家庭でも職場《しょくば》でも、いてもらいたい人にならなければならない」と。

家庭でも、職場《しょくば》でも、地域《ちいき》でも、人々から信頼《しんらい》され、尊敬《そんけい》され、好《す》かれ、人々のために必要《ひつよう》であり、欠《か》かせない人になっていくことが、正法《しょうほう》の信《しん》仰《こう》の証《あか》しであり、広宣流布の前進なのである。

大聖人は、四条金吾《しじょうきんご》に対して、こう教えられている。

「中務三郎左衛門尉《なかつかさのさぶろうざえもんのじょう》は主《しゅ》の御《おん》ためにも仏法の御ためにも世間《せけん》の心ね《こころ根》もよかり《吉》けり・よかりけりと鎌倉《かまくら》の人人《ひとびと》の口《くち》にうたはれ給《たま》へ」（御書一一七三ページ）

――「中務三郎左衛門尉（＝四条金吾《しじょうきんご》）は、主君《しゅくん》のためにも、仏法のためにも、世間に対する心がけにおいても、立派《りっぱ》であった、立派であった」と鎌倉の人々から口々に言われるようになりなさい――と。

当時、四条金吾《しじょうきんご》は、讒言《ざんげん》されて主君《しゅくん》からうとまれ、所領《しょりょう》を取り上げられるなど、苦難《くなん》の最中《さなか》にあった。

大聖人は、苦境《くきょう》にあっても嘆《なげ》くことなく、自己《じこ》を磨《みが》き、人間として成長《せいちょう》することこそ、真実《しんじつ》の人間の生《い》き方《かた》であり、仏法者の道である、と教えられているのである。

世間《せけん》から、いわれのない批判《ひはん》や圧迫《あっぱく》がなされたとしても、紛動《ふんどう》されることなく、人間としての正しい生《い》き方《かた》を貫《つらぬ》いていく。その人は、最後《さいご》には、必《かなら》ず人々の賞讃《しょうさん》と尊敬《そんけい》を勝《か》ち得《え》ることができる。

人間としての振《ふ》る舞《ま》いのなかに、仏法は脈動《みゃくどう》し、信仰《しんこう》の実証《じっしょう》が現《あらわ》れるのである。さわやかな、人として立派《りっぱ》な振る舞いこそ、正しい信仰の発露《はつろ》といえよう。

皆様《みなさま》は、良《よ》き信仰者《しんこうしゃ》であるとともに、良き国民《こくみん》であり、良き市民《しみん》であり、良き社会人であり、良き隣人《りんじん》であっていただきたい。

その振《ふ》る舞《ま》いによって、人々から賞讃《しょうさん》され、尊敬《そんけい》され、信頼《しんらい》される存在《そんざい》になってほしい。

その信頼《しんらい》の輪《わ》が広く、深く、輝《かがや》かしく広がっていくところに「広宣流布」がある。

14-3 信頼《しんらい》される良《よ》き市民《しみん》たれ

スウェーデンの友《とも》に対して、信心を実践《じっせん》していくうえでの基本精神《きほんせいしん》を語っています。〝近隣《きんりん》を大切に〟〝自国の文化・風習《ふうしゅう》等を尊重《そんちょう》しよう〟〝弘教《ぐきょう》はあせらず〟と。

池田先生の指針

「スウェーデン文化会館でのスピーチ」

（一九八九年六月三日、スウェーデン）

スウェーデンは初訪問《はつほうもん》であり、何点か、基本的《きほんてき》なことについて、所感《しょかん》を申《もう》し上《あ》げておきたい。

第一に「**近隣《きんりん》を大切に**」ということである。

人間はだれしも、一人《ひとり》で生きているのではない。たがいに共同体《きょうどうたい》のなかの存在《そんざい》である。配慮《はいりょ》しあわなければならない。それが当然《とうぜん》のルールである。自分の権利《けんり》や都合《つごう》のみを主張《しゅちょう》するのでは、社会人として失格《しっかく》である。

いわんや御書には「仏法と申《もう》すは道理《どうり》なり」（一一六九ジペー）と仰《おお》せである。仏法を持《たも》った私どもは、もっとも道理をわきまえた、最高《さいこう》に良識豊《りょうしきゆた》かな人でなければならない。

自分の家の近隣《きんりん》はもちろん、大勢《おおぜい》の人が集《つど》う会館の地域《ちいき》の方々《かたがた》には、とくにこまやかな配慮《はいりょ》と礼《れい》儀《ぎ》が絶対《ぜったい》に必要《ひつよう》である。出会ったときの、さわやかなあいさつ。ご迷惑《めいわく》をかけたり不安《ふあん》をあたえたりしない細心《さいしん》の心配《こころくば》り。それらをていねいに積《つ》み重《かさ》ねてこそ、仏法への共感《きょうかん》の思いも広げていくことができる。また真実《しんじつ》の意味で、会館が〝地域の幸《さち》の城《しろ》〟になることができる。

どこまでも人間同士《にんげんどうし》の信頼感《しんらいかん》が根本《こんぽん》である。独《どく》善的《ぜんてき》であってはならない。「信仰《しんこう》している人たちは、さすがである」と、人々が安心し、賞讃《しょうさん》しゆくところに、事実《じじつ》のうえで、地域《ちいき》の広布の流れもできあがっていくことを忘《わす》れないでいただきたい。

反対に、お会いしても、会釈《えしゃく》の一つもせず、夜《よる》遅《おそ》くまで大きな声をたてたり、早朝や深夜の電話の音、出入りの音、車やバイクの騒音《そうおん》などで、いやな思いをあたえていたのでは、もはや社会規範《きはん》に反《はん》するといわざるをえない。また路上《ろじょう》でのおしゃべりや、タバコの吸《す》いガラなどにも注意しなければならない。

たとえ、どんなに立派《りっぱ》なことを言い、また価値《かち》ある運動をしたとしても、むしろ人々は、そうした身近《みぢか》な振《ふ》る舞《ま》いの方で判断《はんだん》するものである。これは日本においても、各国《かっこく》においても同様である。これまで、ずいぶんそうした面で、広布の前進を遅《おく》らせてしまったこともあった。

仏法の「経《きょう》」の字には、広くいえば、一切衆生《いっさいしゅじょう》の生命の表現《ひょうげん》、すなわち私どもの一切の言動《げんどう》という意義《いぎ》が含《ふく》まれている。だれもが自分の「言葉づかい」「振《ふ》る舞《ま》い」によって、それぞれの経を読んでいるのである。

南無妙法蓮華経は、最高《さいこう》の「経《きょう》」である。ゆえに無上《むじょう》の経を持《たも》った私どもの言語、行動も、最高のものへと洗練《せんれん》され、磨《みが》かれていかねばならない。

第二に**「自国の文化・風習《ふうしゅう》等を尊重《そんちょう》しなければならない」**ということである。

日蓮大聖人の仏法は、宇宙大《うちゅうだい》の仏法であり、全世界の人々を平等《びょうどう》に照《て》らしゆく大法《だいほう》である。〝日本の宗教〟ではなく〝人類《じんるい》の宗教〟なのである。ゆえに、妙法を受持《じゅじ》した私どもも、日本一国の文化や考え方、言葉などにとらわれる必要《ひつよう》はまったくない。

いうまでもなく「信心」という一点は厳格《げんかく》でなければならない。

そのうえで、スウェーデンにはスウェーデンの文化があり、伝統《でんとう》がある。歴史《れきし》のなかで培《つちか》われてきた風俗《ふうぞく》、習慣《しゅうかん》がある。仏法の根幹《こんかん》と反《はん》しないかぎり、それらを尊重《そんちょう》することは国民《こくみん》として当然《とうぜん》のことである。まして、そうした面で、いたずらに争《あらそ》ったり、かたくなで偏狭《へんきょう》な印象《いんしょう》をあたえてしまったのでは、仏法の広大《こうだい》な精神《せいしん》とは違《ちが》ったいき方《かた》になる。

仏法を根本《こんぽん》として、その国の世法《せほう》と国法《こくほう》を厳然《げんぜん》と守り、だれからも信頼《しんらい》され、安心される〝良《よ》き市民《しみん》〟〝良き国民《こくみん》〟であっていただきたい。

第三に「**弘法《ぐほう》をあせってはならない**」ということである。

大聖人の仏法は「文底下種《もんていげしゅ》の仏法」である。みずからが題目を唱《とな》えつつ、広く仏縁《ぶつえん》を結《むす》び、妙法にふれさせていくところに、修行《しゅぎょう》の根本《こんぽん》もある。

したがって、相手《あいて》が信仰《しんこう》するかどうかは、また別《べつ》の問題である。法《ほう》を聞かせる「聞法下種《もんぽうげしゅ》」も、御本尊を受持《じゅじ》させる「発心下種《ほっしんげしゅ》」も、ともに、まったく同じく、立派《りっぱ》な弘法《ぐほう》である。功徳《くどく》にも何《なん》の変わりもない。

人類《じんるい》の多くは、まだ、この大法《だいほう》の教義《きょうぎ》も、名称《めいしょう》をも知らない。その人々の心《こころ》に、「妙法の種子《しゅし》」すなわち幸福と平和への種子を植《う》えていくのが、私どもの使命《しめい》である。

そのさい、私どもが友人として親《した》しく交際《こうさい》し、誠実《せいじつ》に心《こころ》を通《かよ》わせていくならば、それ自体《じたい》が仏縁《ぶつえん》につながる場合がある。また、その人々の幸福を祈《いの》っていくことが大事であり、あるときには自《し》然《ぜん》のうちに、わが下種《げしゅ》仏法の話をすることもあろう。

しかし、決して、信仰《しんこう》のことで論争《ろんそう》したり、無《む》理《り》をしてたがいに感情的《かんじょうてき》になったりしてはならない。

どうしても信仰《しんこう》させてあげたいという真心《まごころ》は真心として、あせったり、窮屈《きゅうくつ》に考えることは誤《あやま》りである。一度結《ひとたびむす》んだ仏縁《ぶつえん》は、時を得《え》て必《かなら》ず芽《め》を出し、花開《はなひら》いていくからである。

14-4 人間革命は足下《そっか》にあり

人間革命の舞台《ぶたい》は、どこか遠くにあるのではなく、その根本《こんぽん》は身近《みぢか》な実践《じっせん》、振《ふ》る舞《ま》いであり、目の前の一人《ひとり》を大切にする慈愛《じあい》の行動にあると強調《きょうちょう》しています。

池田先生の指針

「学生部夏季講習会」(一九八七年七月二十一日、静岡)

フランスの文学者ボルテールは、「幸福」について、こう述《の》べている。

「汝一身《なんじいっしん》のために賢《けん》なれ、此《こ》のはらからに同情《どうじょう》的《てき》なれ、つまり汝の幸せを他人《たにん》の幸せによって造《つく》れ」(竹内謙二『十八世紀のフランス思想界』東京大学出版会)と。

汝《なんじ》の幸せを他人《たにん》の幸せによって造《つく》れ——とは、けだし至言《しげん》である。仏法の自行化他《じぎょうけた》の実践《じっせん》にも通《つう》じる。自分のみの幸福を追うエゴイズムのなかに真《しん》の幸せはない。友《とも》の幸《さち》をこそ願《ねが》い、真心《まごころ》から励《はげ》んでいく実践のなかに、わが身《み》の幸福も実現《じつげん》していく。ゆえに、その行動こそ、自分自身にとってもっとも「賢《けん》」なのである。

身近《みぢか》な実践《じっせん》、振《ふ》る舞《ま》いほど重要《じゅうよう》なものはない。そこにこそ人間の真実《しんじつ》が光《ひか》る。

ルソーは言う。

「書物のなかで遠大《えんだい》な義務《ぎむ》を説《と》きながら、身《み》のまわりにいる人にたいする義務を怠《おこた》るような世界主義者《しゅぎしゃ》を警戒《けいかい》するがいい」(『エミール 上』今野一雄訳、岩波文庫)

深遠《しんえん》な哲学論議《てつがくろんぎ》もよい。遠大《えんだい》な理想《りそう》も大事である。すばらしい御書講義《ごしょこうぎ》もよいだろう。しかし、口《くち》に人類愛《じんるいあい》を論《ろん》じながら、身近《みぢか》な周囲《しゅうい》の人も大切にできぬ悪《あ》しき観念論者《かんねんろんじゃ》であってはならない。現実《げんじつ》の労苦《ろうく》もなく、高邁《こうまい》な弁舌《べんぜつ》に自分が酔《よ》っている人は、われ高《たか》しと傲《おご》っていても、じつはもっとも下劣《げれつ》な人間なのである。

遠《とお》きを愛《あい》するは易《やす》く、身近《みぢか》な現実《げんじつ》に生きるのは難《かた》い。諸君《しょくん》は広布という壮大《そうだい》な理想《りそう》を掲《かか》げつつも、その具体的実践《ぐたいてきじっせん》は身近な一人《ひとり》の生命を抱《かか》えながら、また二人《ふたり》の友《とも》を抱《だ》きかかえながら、広宣流布へと向かわしめゆく日々であっていただきたい。これが現実の布教《ふきょう》という修行《しゅぎょう》であり、労作業《ろうさぎょう》である。

14-5 仏法即《そく》社会

小説『新・人間革命』には、一九七七年二月、社会の第一線で活躍《かつやく》する友《とも》の集《つど》いに出席《しゅっせき》した山本伸一会長が、仏法者の大切な基本姿勢《きほんしせい》について、さまざまに語る場面が描《えが》かれています。

池田先生の指針

『新・人間革命24』（「灯台」の章）

伸一は、広宣流布といっても、自分の足元《あしもと》を固《かた》めていくことが重要《じゅうよう》であると訴《うった》えた。

「足元《あしもと》を固《かた》めるというのは、具体的《ぐたいてき》に言えば、平凡《へいぼん》なようですが、まず、健康《けんこう》であるということです。人間として、社会人として、最《もっと》も大事なものは、自身の生命です。したがって、どうか、お体《からだ》を大切にしていただきたい。健康管理《かんり》をし、事前に病《やまい》を防《ふせ》ぐという姿《すがた》にこそ、信心の智慧《ちえ》があるんです」

健康《けんこう》の維持《いじ》は、社会で勝利《しょうり》するための、大事な要件《ようけん》である。いつも、生命力《せいめいりょく》にあふれ、はつらつとしていてこそ、力《ちから》の限《かぎ》り、働《はたら》くこともできるし、職場《しょくば》を守り支《ささ》えていくこともできるからだ。

仏法は道理である。暴飲暴食《ぼういんぼうしょく》、睡眠不足《すいみんぶそく》、過労《かろう》などが続けば、どこかに支障《ししょう》をきたし、病《やまい》にかかったり、事故《じこ》を起《お》こしたりしかねない。そうならないために、さまざまに工夫《くふう》し、価値的《かちてき》な生《い》き方《かた》をしていくことが、仏法者の姿《すがた》といってよい。

規則正《きそくただ》しい生活をし、さわやかで張《は》りのある勤《ごん》行《ぎょう》をし、生命力《せいめいりょく》を満々《まんまん》とたたえて、職場《しょくば》、地域《ちいき》で活躍《かつやく》していくのだ。

次に伸一は、家庭の大切さに言及《げんきゅう》した。家庭が盤石《ばんじゃく》であってこそ、職場《しょくば》でも、安心して力《ちから》を発揮《はっき》していくことができるからだ。

また、人間の幸せといっても、家庭など、身近《みぢか》なところにある。さらに、後継者《こうけいしゃ》を育《そだ》て上《あ》げていくうえでも、最《もっと》も重要《じゅうよう》なのは家庭教育《きょういく》である。立《りっ》派《ぱ》な、模範《もはん》の家庭を築《きず》いていくことは、地域広布《ちいきこうふ》の灯台《とうだい》をつくることにもなる。

ここで彼《かれ》は、職場《しょくば》の勝利者《しょうりしゃ》をめざすうえでの、仏法者の姿勢《しせい》について語った。

「職場《しょくば》にあって、第一人者《だいいちにんしゃ》になるためには、まず、信心をしているからなんとかなるだろうという考えを、徹底《てってい》して排《はい》していくことです。そうした考えは、『仕事を信心ととらえて頑張《がんば》りなさい』という大聖人の御指導《ごしどう》に反《はん》する我見《がけん》であり、慢心《まんしん》の表れです。

正しい信心とは、最高《さいこう》の良識《りょうしき》であることを銘記《めいき》していただきたい」

仏法は生活法である。社会にあって信頼《しんらい》を勝《か》ち得《え》、職場《しょくば》で勝利《しょうり》の実証《じっしょう》を打ち立てていくことが、そのまま人生《じんせい》の勝利へ、仏法の勝利へとつながっていくのだ。

したがって、社会で、はつらつと、縦横無尽《じゅうおうむじん》に活躍《かつやく》していくことが大切なのである。

伸一は、包《つつ》み込《こ》むように語りかけた。

「社会では、さまざまな付《つ》き合《あ》いや、他宗《たしゅう》の儀《ぎ》式《しき》の場に参加《さんか》しなければならないこともあるでしょう。その場合、窮屈《きゅうくつ》に考え、自分を縛《しば》るのではなく、賢明《けんめい》に、広々《ひろびろ》とした心《こころ》で、人間の絆《きずな》を結《むす》んでいくことが大事です。日蓮仏法は、人間のための宗教なんです。

信心をしているからといって、社会と垣根《かきね》をつくり、偏狭《へんきょう》になってはいけません。また、信心のことで、家庭や職場《しょくば》で争《あらそ》ったりする必要《ひつよう》もありません。それでは、あまりにも愚《おろ》かです。長い目で見て、家族も、職場の人びとも、温かく包《つつ》み込みながら、皆《みな》を幸せにしていくのが、仏法者の生《い》き方《かた》です」

日蓮教団《きょうだん》は、ともすれば、排他的《はいたてき》、独善的《どくぜんてき》で、過激《かげき》な集団《しゅうだん》ととらえられてきた。事実、日蓮主義《しゅぎ》を名乗《なの》り、テロなどに結《むす》びついていった団体《だんたい》もあった。それは、万人《ばんにん》に「仏《ほとけ》」を見て、万人の幸福を実現せんとした、日蓮大聖人の御精神《ごせいしん》を踏《ふ》みにじる暴挙《ぼうきょ》である。そこには、社会を大切にしていくという「仏法即《そく》社会」の視座《しざ》の欠落《けつらく》がある。

伸一は、最後《さいご》に、「常識《じょうしき》を大切に」と訴《うった》えていった。

「非常識《ひじょうしき》な言動《げんどう》で、周囲《しゅうい》の顰蹙《ひんしゅく》を買う人を見ていると、そこには共通項《きょうつうこう》があります。

一瞬《いっしゅん》だけ激《はげ》しく、華々《はなばな》しく信心に励《はげ》むが、すぐに投げ出してしまう。いわゆる〝火の信心〟をしている人が多い。信仰《しんこう》の要諦《ようてい》は、大聖人が『受《う》くるは・やすく持《たも》つはかたし・さる間《あいだ》・成仏《じょうぶつ》は持つにあり』（御書一一三六ページ）と仰《おお》せのように、持続《じぞく》にあります。

職場《しょくば》、地域《ちいき》にあって、忍耐強《にんたいづよ》く、信頼《しんらい》の輪《わ》を広げていく漸進的《ぜんしんてき》な歩《あゆ》みのなかに、広宣流布はある。いわば、常識《じょうしき》ある振《ふ》る舞《ま》いこそが、信心であることを知ってください」

14-6 貢献的《こうけんてき》生活であれ

牧口先生の思想に触《ふ》れつつ、創価学会は、他者《たしゃ》に献身《けんしん》し、自他《じた》ともの幸福を人《じん》生《せい》の目的《もくてき》としゆく「貢献的《こうけんてき》生活」を生きる気高《けだか》き人間主義《にんげんしゅぎ》の団体《だんたい》であると語っています。

池田先生の指針

「SGI環太平洋文化・平和会議」

（一九九五年一月二十九日、アメリカ）

牧口先生は、エゴにとらわれるのではなく、他《た》者《しゃ》と「共生《きょうせい》」できる人格《じんかく》の形成《けいせい》を強調《きょうちょう》しておられた。
卓越《たくえつ》した教育者であられた牧口先生は、「自分の短所《たんしょ》を自覚《じかく》し他人《たにん》の長所《ちょうしょ》を見出《みいだ》すことの出来《でき》るだけの知能《ちのう》（＝知性《ちせい》）のある人」（『創価教育学体系』、『牧口常三郎全集5』所収）を育《そだ》てようとされた。そして「他人の長所を利用《りよう》して、自己《じこ》の短所を補《おぎな》うと共《とも》に、他人の短所を補うのに、自己の長所を惜《お》しげもなく提供《ていきょう》するだけの雅量《がりょう》のある人」（同）をつくろうとされたのである。

これが「創価教育」であり、ここに「創価家族」の和楽《わらく》が築《きず》かれる。

どうか、各国《かっこく》・各地《かくち》にあっても、そうしたうるわしい「異体同心《いたいどうしん》」のスクラムで前進していただきたい。

さらに、牧口先生は、人間の生活を三段階に分けて論《ろん》じられた。その三つとは、「他《た》に依存《いそん》する生活（依他的生活《いたてき》）」「独立的生活《どくりつてき》」「貢献的生活《こうけんてき》」である。

広げていえば、「他《た》に依存《いそん》する生《い》き方《かた》」とは人間として何をなすべきかの自覚《じかく》もなく、環境《かんきょう》に左右されて生きている――いわば〝自分がない〟生き方ともいえよう。

従来《じゅうらい》の多くの宗教は、盲信《もうしん》を強要《きょうよう》し、人間の自立を奪《うば》ってきた。牧口先生は、そうした隷従《れいじゅう》を絶対《ぜっ》に認《みと》められなかった。

そうではなく、自立した人格《じんかく》をもって、わが道をいく。これが「独立的生活《どくりつてき》」にあたろう。

さらに、自分だけ尊《とうと》しと傲慢《ごうまん》になるのではなく、他者《たしゃ》を尊敬《そんけい》し、貢献《こうけん》する。自他《じた》ともの幸福の実現《じつげん》を、人生《じんせい》の目的《もくてき》としていく。ここに「貢献的生活」がある。

「他《た》への依存《いそん》」から、「独立《どくりつ》」へ、さらに「貢献《こうけん》」

へと、一人《ひとり》一人が向上《こうじょう》し、思《おも》う存分《ぞんぶん》に、生き生きと活躍《かつやく》し、輝《かがや》いていく――。牧口先生は、こうした「目覚《めざ》めた民衆《みんしゅう》の連帯《れんたい》」を訴《うった》えられたのである。

SGIは、この「貢献的《こうけんてき》生活」を生きゆく気高《けだか》き人間主義《にんげんしゅぎ》の団体《だんたい》である。偉大《いだい》なる「生命の法《ほう》」にのっとり、労苦《ろうく》を厭《いと》わず、「人々の幸福」と「社会の繁栄《はんえい》」、「文化の興隆《こうりゅう》」と「世界の平和」に貢献している。

14-7 大我《たいが》に生きる菩薩道《ぼさつどう》を

池田先生が訴《うった》える「良《よ》き市民《しみん》」とは、小我《しょうが》を打《う》ち破《やぶ》って大我《たいが》に生きゆく菩薩道《ぼさつどう》の実践者《じっせんしゃ》です。そのことを、SGI発足の折《おり》の有名なスピーチに触《ふ》れて、強調《きょうちょう》しています。

池田先生の指針

第23回「SGIの日」記念提言

(一九九八年一月二十六日)

私が訴《うった》えたいのは、人間が人間であることの権《けん》利《り》、また義務《ぎむ》を守るのは、定《さだ》められた規範《きはん》があるからといった〝外在的《がいざいてき》な理由〟ではなく、他《た》の人々が人間らしい生活を送ることを脅《おびや》かされている状態《じょうたい》を、同じ人間として見過《みす》ごすことはできないという、やむにやまれぬ〝内発的《ないはつてき》な精神《せいしん》〟に支《ささ》えられてこそ、初めて人権《じんけん》は分《わ》かつことのできない普遍的《ふへんてき》な（自他《じた》ともの）拠《よ》り所《どころ》になっていくのではないか、ということです。

二十三年前（一九七五年一月）、ＳＧＩの発足にあたって私は、〝自分自身が花を咲《さ》かせようという気持ちでなく、全世界に平和の種《たね》をまいて尊《とうと》い一生を送ろう〟と呼《よ》びかけましたが、それは「他《た》人《にん》だけの不幸《ふこう》」がありえないのと同じく「自分だけの幸福」もありえない――他者のなかに自分を見、自分のなかに他者との一体性《いったいせい》を感じていく、「小我《しょうが》」を打《う》ち破《やぶ》った「大我《たいが》」に生きる菩薩道《ぼさつどう》をともに生《い》き抜《ぬ》こうとの、心《こころ》の底《そこ》からの叫《さけ》びでもありました。

ＳＧＩのメンバーが、各国《かっこく》において良《よ》き市民《しみん》として平和・文化・教育の運動を広げるとともに、日常的《にちじょうてき》生活のなかで一番苦しんでいる人、一番悩《なや》んでいる人を決して見過《みす》ごすことなく、「この人を励《はげ》まそう」「あの人の心《こころ》の痛《いた》みを、少しでも和《やわ》らげてあげたい」と、菩薩《ぼさつ》の心をもって自《みずか》ら率先《そっせん》して利他《りた》の行動を続けていることは、私の最大《さいだい》の喜《よろこ》びであり、今日要請《こんにちようせい》されている「人権文化《じんけんぶんか》の創《そう》造《ぞう》」に連《つら》なっていく地道なる実践《じっせん》ではないかと、ひそかに自負《じふ》するものであります。

ともあれ、責任《せきにん》や義務《ぎむ》といった倫理《りんり》を根本《こんぽん》から支《ささ》える、能動的《のうどうてき》な主体性《しゅたいせい》が深き生命の次元《じげん》で一人《ひとり》一人の人間に確立《かくりつ》されていくならば、真《しん》の人権文《じんけんぶん》化《か》は必《かなら》ずや花開《はなひら》く、というのが私の確信《かくしん》であります。

14-8 世界市民《しみん》の要件《ようけん》

良《よ》き市民《しみん》とは、世界市民に通《つう》じていま す。池田先生は、コロンビア大学ティーチャーズ・カレッジでの講演《こうえん》で、世界市民について「智慧《ちえ》の人」「勇気《ゆうき》の人」「慈《じ》悲《ひ》の人」という三つの角度から論《ろん》じています。そして、その模範《もはん》の人格《じんかく》として、あらゆる分断《ぶんだん》と戦い共生《きょうせい》と連帯《れんたい》を目指《めざ》す菩薩《ぼさつ》の生《い》き方《かた》に光《ひかり》を当てています。

池田先生の指針

コロンビア大学ティーチャーズ・カレッジでの講演
「『世界市民』教育への一考察」
（一九九六年六月十三日、アメリカ）

「世界市民《しみん》」の要件《ようけん》とは、何か。この数十年、世界の多くの方々《かたがた》と対話を重《かさ》ねつつ、私なりに思《し》索《さく》してまいりました。それは決して、単《たん》に何カ国語を話せるとか、何カ国を旅行したということで、決まるものではない。国外に一回も出たことがなくても、世界の平和と繁栄《はんえい》を願《ねが》い、貢献《こうけん》している気高《けだか》き庶民《しょみん》を、私は数多く友人としております。

ゆえに、「世界市民《しみん》」とは、たとえば――

一、生命の相関性《そうかんせい》を深く認識《にんしき》しゆく「智慧《ちえ》

の人」

一、人種《じんしゅ》や民族《みんぞく》や文化の〝差異《さい》〟を恐《おそ》れたり、拒否《きょひ》するのではなく、尊重《そんちょう》し、理解《りかい》し、成長《せいちょう》の糧《かて》としゆく「勇気《ゆうき》の人」

一、身近《みぢか》に限《かぎ》らず、遠いところで苦しんでいる人々にも同苦《どうく》し、連帯《れんたい》しゆく「慈悲《じひ》の人」

――と考えても間違《まちが》いないと思うのであります。

この〝智慧《ちえ》〟と〝勇気《ゆうき》〟と〝慈悲《じひ》〟を具体的《ぐたいてき》に展開《てんかい》していくために、仏法の世界観、なかんずく森羅万象《しんらばんしょう》の相依《そうえ》・相関性《そうかんせい》の原理が、確《たし》かな基盤《きばん》となると、私は思う一人《ひとり》であります。

仏典《ぶってん》には、多様な相互依存性《そうごいそんせい》を現《あらわ》す美しい譬《たと》えが記《しる》されております。

生命を守り育《はぐく》む大自然《だいしぜん》の力《ちから》の象徴《しょうちょう》でもある帝釈《たいしゃく》天《てん》の天宮《てんぐう》には、結《むす》び目《め》の一つ一つに、「宝石《ほうせき》」が取りつけられた「宝《たから》の網《あみ》」がかかっている。その、どの「宝石」にも、互《たが》いに、他《た》のすべての「宝石」の姿《すがた》が映《うつ》し出《だ》され、輝《かがや》いているというのであります。

アメリカ・ルネサンスの巨匠《きょしょう》・ソローが観察《かんさつ》しているように、「われわれの関係性は無限《むげん》の広がり」（*Walden and Civil Disobedience*, Penguin books）をもっております。この連関《れんかん》に気づく時、互《たが》いに生かし、生かされて存在《そんざい》する「生命の糸」をたどりながら、地球の隣人《りんじん》の中に、荘厳《そうごん》な輝《かがや》きを放《はな》つ「宝石《ほうせき》」を発見することができるのではないでしょうか。

仏法は、こうした「生命」の深き共感性《きょうかんせい》に基《もと》づく〝智慧《ちえ》〟を耕《たがや》しゆくことを、促《うなが》しております。

なぜならば、この〝智慧〟が、〝慈悲《じひ》〟の行動へと連動《れんどう》していくからであります。それゆえ、仏法で説《と》く〝慈悲〟とは、好《す》きとか、嫌《きら》いという人間の自然《しぜん》な感情《かんじょう》を、無理《むり》やりに抑《おさ》えつけようとすることでは決してありません。

そうではなく、たとえ嫌《きら》いな人であったとしても、自身の人生《じんせい》にとっての価値《かち》を秘《ひ》めており、自己《こ》の人間性を深めてくれる人となり得《え》る。こうした可能性《かのうせい》に目を開きゆくことを、仏法は呼《よ》び掛《か》けているのであります。また、「その人のために何ができるか」と真剣《しんけん》に思いやる〝慈悲《じひ》〟の心《こころ》から、〝智慧《ちえ》〟は限《かぎ》りなくわいてくるというのであります。

さらに、仏法では、すべての人間の中に、「善《ぜん》性《せい》」と「悪性《あくせい》」がともに潜在《せんざい》していることを教えております。したがって、どのような人であったとしても、その人に備《そな》わる「善性」を信じ、見いだしていこうという決意が大切であります。その〝勇気《ゆうき》〟ある行動の持続《じぞく》に、〝慈悲《じひ》〟は脈打《みゃくう》っていくというのであります。

それは、自分が関《かか》わり続けることによって、他者の生命の尊極《そんごく》なる「善性《ぜんせい》」を引き出そうとする挑戦《ちょうせん》であります。

他者と関《かか》わることは、〝勇気《ゆうき》〟を必要《ひつよう》とします。〝勇気〟がなければ、〝慈悲《じひ》〟といっても、行動に結実《けつじつ》せず、単《たん》なる観念《かんねん》で終わってしまう場合が、あまりにも多いからであります。

仏法においては、〝智慧《ちえ》〟と〝勇気《ゆうき》〟と〝慈悲《じひ》〟を備《そな》え、たゆみなく他者のために行動しゆく人格《じんかく》を「菩薩《ぼさつ》」と呼《よ》んでおります。その意味において、「菩薩」とは、時代を超《こ》えて、〝世界市民《しみん》〟のモデルを提示《ていじ》しているといえるかもしれません。

仏典《ぶってん》によれば、釈尊《しゃくそん》と同時代にあった、勝鬘夫《しょうまんぶ》人《にん》という女性は、人間教育者として、人々に語りかけていきました。彼女《かのじょ》は、あらゆる人々の中にある尊極《そんごく》の「善性《ぜんせい》」を、母のごとき慈愛《じあい》で、守り育《はぐ》んでいくのが、「菩薩《ぼさつ》」であると説《と》いております。彼女は、誓願《せいがん》します。
「私は、孤独《こどく》な人、不当《ふとう》に拘禁《こうきん》され自由を奪《うば》われている人、病気に悩《なや》む人、災難《さいなん》に苦しむ人、貧《ひん》困《こん》の人を見たならば、決して見捨《みす》てません。必《かなら》ず、その人々を安穏《あんのん》にし、豊《ゆた》かにしていきます」と。（『大正新脩大蔵経11、12』）
そして、具体的《ぐたいてき》には、
「愛語《あいご》」（思いやりのある優《やさ》しい言葉をかけること、すなわち対話）
「布施《ふせ》」（人々に何かを与《あた》えゆくこと）
「利行《りぎょう》」（他者のために行動すること）
「同事《どうじ》」（人々の中に入って、ともに働《はたら》くこと）
という実践《じっせん》を通しながら、人々の「善性《ぜんせい》」を薫発《くんぱつ》していったのであります。（同）

菩薩《ぼさつ》の行動は、すべての人々に内在《ないざい》する「善《ぜん》性《せい》」を信ずることから始まります。

この「善性《ぜんせい》」を引き出すための知識《ちしき》でなければならない。譬《たと》えて言えば、精密《せいみつ》な機械《きかい》をもった飛《ひ》行機《こうき》をどのように安穏《あんのん》に無事《ぶじ》に目的地《もくてきち》へと導《みちび》いていくか、ということであります。

要《よう》するに、そのためには、〝破壊《はかい》や分断《ぶんだん》をもたらす根源的《こんげんてき》な悪もまた人間生命に内在《ないざい》する〟という洞察《どうさつ》が必要《ひつよう》であります。ゆえに菩薩《ぼさつ》は、仏法で説《と》く「元品《がんぽん》の無明《むみょう》」を真《ま》っ正面《しょうめん》から見つめ、対決していくのであります。

人間の内《うち》なる「善性《ぜんせい》」とは、自己《じこ》と他者の〝共《きょう》生《せい》〟と〝連帯《れんたい》〟を促《うなが》します。反対に「悪の心《こころ》」は、人間を他《た》の人間から切《き》り離《はな》し、さらには人間と自然《ぜん》をも切り裂《さ》き、「分断《ぶんだん》」をもたらしていってしまうものであります。

人間としての共通性《きょうつうせい》に目を閉《と》ざし、他者との差《さ》異《い》に執着《しゅうちゃく》する「分断《ぶんだん》」の病理《びょうり》は、個人《こじん》の次元《じげん》を超《こ》えて、「集団《しゅうだん》エゴイズム」の本性《ほんしょう》でもあります。それは特《とく》に、排他的《はいたてき》・破壊的《はかいてき》な民族中心主義《みんぞくちゅうしんしゅぎ》、国家中心主義の深層《しんそう》に、顕著《けんちょ》に表れているのであります。

このような「小我《しょうが》」を克服《こくふく》しゆく戦い、すなわち「大我《たいが》」を覚知《かくち》し、「自他《じた》ともに益《えき》する」行動に打って出るのが菩薩《ぼさつ》であります。

14-9 世界市民《しみん》としての誉《ほま》れの人生《じんせい》を

深い親交《しんこう》を結《むす》んできたローマクラブのホフライトネル元会長との語らいを振《ふ》り返《かえ》り、真《しん》の世界市民《しみん》とは何かを示《しめ》しています。

池田先生の指針

「第二総東京最高協議会」

（二〇〇五年十一月十八日、東京）

ホフライトネル博士（＝元ローマクラブ会長）と私は、「世界市民《しみん》」のあり方《かた》についても、縷々《るる》、語り合った。博士は、こう述《の》べておられる。

『世界市民《しみん》』となるには、家庭にあって良《よ》き息《むす》子《こ》、娘《むすめ》、地域《ちいき》社会にあっては良き同僚《どうりょう》、良き一員とならなくてはなりません。こうした根本《こんぽん》の部分《ぶぶん》からこそ、より深い改革《かいかく》へのインパクトを与《あた》えることができるのです。これは会長（＝池田先生）が言われている『一人《ひとり》の人間が、その環境《かんきょう》、地域、国、さらには世界までも変えることができる』という考えに通《つう》じるものです」

重要な指摘《してき》である。

創価学会、そしてSGIは、一貫《いっかん》して「良《よ》き市《し》民《みん》たれ」をモットーに進んできた。また、「一家《いっか》和楽《わらく》の信心」を永遠《えいえん》の指針《ししん》の一つとしている。

「世界市民《しみん》」といっても、わが家庭、わが職場《しょくば》、わが地域《ちいき》から出発する以外にない。ここに、着実《ちゃくじつ》にして、確実《かくじつ》なる変革《へんかく》への一歩《いっぽ》があることを、改《あら》めて確認《かくにん》し合《あ》いたい。

今、自分がいるところで、信念《しんねん》と情熱《じょうねつ》と希望《きぼう》に燃《も》えて、立ち上がっていくことだ。自分自身が生まれ変わったように生《い》き生きと進んでいくところから、わが組織《そしき》も、わが地域《ちいき》も、新しい躍進《やくしん》が始まる。

現実《げんじつ》に、どれだけの人に仏法を語り、広宣流布を進めたか。どれだけの人を救《すく》い、ともに幸福の道を歩《あゆ》んできたのか。それこそが、人生《じんせい》の誉《ほま》れの歴史《れきし》である。

第十五章　難《なん》を乗《の》り越《こ》える信心

15-1 嵐《あらし》は誉《ほま》れ

池田先生は常々《つねづね》、「幸《しあわ》せとは、何《なに》も悩《なや》みがないことではない。何《なん》の悩みもない人生《じんせい》は、結局《けっきょく》、何もない人生で終《お》わってしまう。それでは、人間革命も宿命転換《しゅくめいてんかん》もできない。苦難《くなん》に耐《た》え、難を乗《の》り越《こ》えていくなかに、生命の喜《よろこ》びがあり、真《しん》の幸福がある。難を乗り越えた人が仏《ほとけ》になる」と教えています。

生活上の苦難《くなん》であれ、仏法上の難であれ、信心をして困難《こんなん》に直面《ちょくめん》するのは、人間革命へ、宿命転換《しゅくめいてんかん》へと大きく前進している証拠《しょうこ》です。ゆえに、仏法者にとって、難こそ誉《ほま》れです。

この章では、創価学会の永遠《えいえん》の五指針《ごししん》の一つである「難《なん》を乗《の》り越《こ》える信心」についての池田先生の指導《しどう》を紹介《しょうかい》します。

ここでは、人生《じんせい》にあって、なかんずく青年時代に直面《ちょくめん》する苦難《くなん》を、どう捉《とら》えていくか。その苦難の意味について語っています。

池田先生の指針

「ブラジル婦人部・東北・北陸・信越合同研修会」

（二〇〇四年八月二十一日、長野）

恩師《おんし》の戸田先生は、いつも青年に、本を読め、名著《めいちょ》を読めと勧《すす》められた。読まないと、厳《きび》しく言われた。低俗《ていぞく》な雑誌《ざっし》などを読んでいると、烈火《れっか》のごとく叱《しか》られたものである。

そのなかで、『三国志《さんごくし》』『宮本武蔵《みやもとむさし》』などで知られる、作家の吉川英治《よしかわえいじ》氏の作品を夢中《むちゅう》になって読んだ日々も懐《なつ》かしい。

その氏が、ある裕福《ゆうふく》な青年に、こう語ったことがある。

「君は不幸《ふこう》だ。早くから美《うつく》しいものを見過《みす》ぎ、美味《おい》しいものを食《た》べ過《す》ぎていると云《い》う事はこんな不幸はない。喜《よろこ》びを喜びとして感じる感受性《かんじゅせい》が薄《うす》れて行くと云う事は青年として気《き》の毒《どく》な事だ」（復刻版・吉川英治全集月報『吉川英治とわたし』講談社。岡副昭吾氏が紹介した言葉）と。

今も私の胸《むね》に焼《や》きついて離《はな》れない言葉である。

人生《じんせい》の土台を築《きず》く大切なときに、何もかも恵《めぐ》まれ、ちやほやされて、何ひとつ不自由《ふじゆう》がない。苦《く》労《ろう》がない。そういう人生は、ひとつも幸福ではない。いちばん不幸《ふこう》だ。偉大《いだい》な人間が育《そだ》つはずがないのである。

苦難《くなん》がないことが幸福なのではない。

苦難《くなん》に負《ま》けず、たとえ倒《たお》れても、断《だん》じて立ち上がり、乗《の》り越《こ》え、勝《か》ち越えていくところに、人生《じんせい》の真《しん》の幸福があり、喜《よろこ》びがある。

人生《じんせい》は、戦いである。

人生《じんせい》は、挑戦《ちょうせん》である。

人生《じんせい》は、鍛錬《たんれん》である。困難《こんなん》を避《さ》けて、人生《じんせい》はない。いかなる試練《しれん》に直《ちょく》面《めん》しようとも、「さあ戦おう！」「成長《せいちょう》するチャンスだ！」と勇《いさ》んで立ち向かっていく、「強い自分」をつくるのが日蓮大聖人の仏法である。

この「戦う魂《たましい》」を持った人が最後《さいご》は勝《か》つのだ。

15-2 幸福は難《なん》を越《こ》えゆく胸中《きょうちゅう》に輝《かがや》く

崩《くず》れざる幸福境涯《こうふくきょうがい》を開くためには、労《ろう》苦《く》や困難《こんなん》に挑《いど》みゆく生命の鍛《きた》えが不可欠《ふかけつ》であると語っています。

池田先生の指針

「本部幹部会」（一九九一年三月四日、大阪）

地道《じみち》な仏道修行《ぶつどうしゅぎょう》は「冥益《みょうやく》」（はっきりと形に表れないが、着実《ちゃくじつ》に大きくなっていく利益《りやく》）として、これ以上ないという幸福の〝大輪《たいりん》〟を咲《さ》かせていく。これが道理《どうり》である。仏法とは道理なのである。

ゆえに大聖人は、何があっても、信心は一生涯《いっしょうがい》貫《つらぬ》いていきなさい、途中《とちゅう》で退《たい》してはならない、「道」を外《はず》れてはならないと、繰《く》り返《かえ》し教えてくださっている。

〝悪戦苦闘《あくせんくとう》〟がなく、何《なん》の難《なん》も労苦《ろうく》もない人生《じんせい》。たしかに、それは楽《らく》に思われる。しかし、ちょうど、外気にも触《ふ》れず皮膚《ひふ》を鍛《きた》えていない赤《あか》ん坊《ぼう》が、病弱な子どもに育ってしまうように、「鍛え」のない人生、「鍛え」のない心《こころ》に甘《あま》んじていては、本当の「幸福」をつかめるはずがない。「幸福」は、何ものをも堂々《どうどう》と乗《の》り越《こ》えていける確固《かっこ》たる「自分自身」の胸中《きょうちゅう》にあるからだ。

その意味で、むしろ、何かで苦労《くろう》を重《かさ》ね、自分を鍛《きた》えていけること自体《じたい》、幸《しあわ》せなことなのである。いわんや広布に進む仏道修行《ぶつどうしゅぎょう》は、自身を「金《こん》剛《ごう》（ダイヤモンド）の幸福」の当体《とうたい》としてくれる。

人間の身体も、頭脳《ずのう》も、精神《せいしん》も、鍛《きた》え抜《ぬ》くほどに能力《のうりょく》が向上《こうじょう》し、より以上の可能性《かのうせい》が引き出されていく。鍛えなければ、すぐに衰《おとろ》え、病気になってしまう。これは医学的《いがくてき》に見ても当然《とうぜん》のことであろう。

信心の世界も、労苦《ろうく》や困難《こんなん》に挑戦《ちょうせん》また挑戦していって初《はじ》めて、絶対《ぜったい》に崩《くず》れぬ幸福境涯《こうふくきょうがい》を開いていけるのである。

大聖人は、「難来《なんきた》るを以《もっ》て安楽《あんらく》と意得可《こころうべ》きなり」（御書七五〇ジペー）——難が来《き》たことをもって安楽と心得《こころえ》るべきである——と仰《おお》せである。

〝難《なん》こそ安楽《あんらく》〟〝難こそ誉《ほま》れ〟——。諸難《しょなん》を越《こ》えて進む「広宣流布の世界」こそ、真《しん》に偉大《いだい》な「人間」を育《そだ》てる大地である。崩《くず》れぬ「幸福」を築《きず》く大道《だいどう》である。御本仏の仰《おお》せのままの「正法流布《しょうほう》」の王道である。

15-3 八風《はっぷう》に侵《おか》されるな

仏法では、信心を妨《さまた》げる八種《はっしゅ》の働《はたら》きとして「八風《はっぷう》」を説《と》いています。それらの障魔《しょうま》に揺《ゆ》らぐことなく不退転《ふたいてん》の信心を貫《つらぬ》いていくのが、菩薩《ぼさつ》の境涯《きょうがい》であると語っています。

池田先生の指針

「本部幹部会」（一九九六年一月二十七日、東京）

山が高ければ高いほど、風は強く吹《ふ》きつける。王者《おうじゃ》の山ヒマラヤ——その山頂近《さんちょうちか》くは、常《つね》に激《はげ》しい風にさらされている。

あるデータによると、冬のヒマラヤでは、マイナス四〇度もの低温《ていおん》になり、時に秒速《びょうそく》一〇〇メートルを超《こ》える厳寒《げんかん》の烈風《れっぷう》が吹《ふ》き荒《あ》れるという。

しかし、大王《だいおう》の山は、どんな風にもいささかも揺《ゆ》るぎなく、堂々《どうどう》とそびえる。

ヒマラヤのごとく、「八風《はっぷう》」に微動《びどう》だにすることなく、悠然《ゆうぜん》と生き抜《ぬ》け！——これが仏法の教えである。

「八風《はっぷう》」は、仏道修行《ぶつどうしゅぎょう》の火を消そうとする。

御書には、次のように説《と》かれている。

「賢人《けんじん》は八風《はっぷう》と申《もう》して八《やつ》のかぜにをかされぬを賢人と申すなり、利《うるおい》・衰《おとろえ》・毀《やぶれ》・誉《ほまれ》・称《たたえ》・譏《そしり》・苦《くるしみ》・楽《たのしみ》なり、をを心《むね》は利あるに・よろこばず・をとろうるになげかず等《とう》の事《こと》なり、此《こ》の八風にをかされぬ人をば必《かなら》ず天《てん》はまほらせ給《たも》うなり」（一一五一ページ）

——賢人《けんじん》とは、八風《はっぷう》といって八種《はっしゅ》の風に侵《おか》されない人を賢人というのである。（八風とは）利《うるおい》・衰《おとろえ》・毀《やぶれ》・誉《ほまれ》・称《たたえ》・譏《そしり》・苦《くるしみ》・楽《たのしみ》である。おおよその意味をいえば、利益《りえき》があっても喜《よろこ》ばず、損《そん》をしても嘆《なげ》かない等《とう》のことである。この八風に侵されない人を、必《かなら》ず諸天善神《しょてんぜんじん》は守られるのである。

人が望《のぞ》み求《もと》める「四順《しじゅん》」、つまり、①利《うるおい》＝さまざまな利益《りえき》を得《え》てうるおうこと、②誉《ほまれ》＝世間《せけん》からほめられること、名誉《めいよ》なこと、③称《たたえ》＝人々からたたえられること、④楽《たのしみ》＝心身が楽《たの》しいこと。

さらに、人がいやがり避《さ》ける「四違《しい》」、つまり、⑤衰《おとろえ》＝さまざまに損《そん》をすること、⑥毀《やぶれ》＝世間《せけん》からの不名誉《ふめいよ》な評価《ひょうか》、非難《ひなん》、⑦譏《そしり》＝人々からそしられること、⑧苦《くるしみ》＝苦《くる》しむこと——である。

これらに心《こころ》を動かされ、仏道修行《ぶつどうしゅぎょう》をやめてはならない、という教えである。

八風《はっぷう》について説《と》いたある仏典《ぶってん》には、こう記《しる》されている。

「其《そ》の心《こころ》の堅《かた》く不動《ふどう》なること　譬《たと》えば須弥山《しゅみせん》の如《ごと》し」（「思益経《しやくきょう》」）——八風《はっぷう》に侵《おか》されない菩薩《ぼさつ》の心《こころ》は堅固《けんご》で不動であり、たとえば須弥山（＝古代インドの世界観で世界の中心にある大山）のようである——と。

菩薩《ぼさつ》とは、現実《げんじつ》社会の真《ま》っただ中《なか》にあえて飛《と》びこんで、人々を救《すく》う勇者《ゆうしゃ》である。

その菩薩《ぼさつ》の人格《じんかく》はどうあるべきか。それは八風《はっぷう》に心《こころ》を動かされないことだ——こう釈尊《しゃくそん》は説《と》いているのである。

まさに、学会員の皆様《みなさま》の姿《すがた》である。座談会《ざだんかい》も、さまざまな学会活動も、利害《りがい》で動いておられるのではない。だれにほめられるわけでもない。かえって悪口を言われ、苦労《くろう》をし——それでも人のため、法《ほう》のため、社会のために、厳然《げんぜん》と行動されている。

これこそ尊《とうと》き「現代《げんだい》の菩薩《ぼさつ》」の姿《すがた》である。

大聖人は、「八風《はっぷう》に侵《おか》されてはならない」「八風に侵されない人が賢人《けんじん》であり、その人を諸天善神《しょてんぜんじん》は必《かなら》ず守る」と仰《おお》せなのである。

なぜ創価学会が、これだけの大難《だいなん》の連続《れんぞく》のなか、日本一、世界一の大発展《だいはってん》を遂《と》げることができたのか。

それは、皆様《みなさま》が御聖訓《ごせいくん》どおり、八風《はっぷう》に侵《おか》されず、真《ま》っすぐな信心を貫《つらぬ》いてこられたからである。だから、諸天《しょてん》から厳然《げんぜん》と守られたのである。

戸田先生は、よく語っておられた。

「ほめられたからといってうれしがることもなければ、悪口をいわれて驚《おどろ》くこともない。われわれの信仰《しんこう》は、ただいちずの信仰でなければならない」


これからも私たちは、いかなる「八風《はっぷう》」にも動じず、永遠不滅《えいえんふめつ》の「創価の山」を、さらに堂々《どうどう》と築《きず》いてまいりましょう！

王者《おうじゃ》の山・世界一のヒマラヤのごとく！

15-4 乗《の》り越《こ》えられない苦難《くなん》はない

強盛《ごうじょう》な信心があれば、いかなる苦難《くなん》も、仏《ほとけ》の境涯《きょうがい》を開くための試練《しれん》に変えて、大きく乗《の》り越《こ》えていくことができると明快《めいかい》に語っています。

池田先生の指針

「代表幹部研修会」（二〇〇五年八月十六日、長野）

日蓮大聖人は、御書の中で〝人の心《こころ》が固《かた》ければ、諸天善神《しょてんぜんじん》の守りは必《かなら》ず強い〟（一二二〇ジペー、趣意）という法理《ほうり》を教えられ、こう仰《おお》せである。

「これは、あなたのために言うのです。あなたの前々《まえまえ》からのお志《こころざし》の深さについては、言い尽《つ》くせません。しかし、それよりもなおいっそう、強盛《ごうじょう》に信心をしていきなさい。その時は、いよいよ、十羅刹女《じゅうらせつにょ》（諸天善神《しょてんぜんじん》である）の守りも強くなると思いなさい」（同ジペー、通解）

「今まで」どうだったかではない。大切なのは、「これから」どうかである。今まで以上に、強盛《ごうじょう》な信心を奮《ふる》い起《お》こすことだ。その人を、ありとあらゆる諸天善神《しょてんぜんじん》が、必《かなら》ず守っていく。

「三類《さんるい》の強敵《ごうてき》」が現《あらわ》れるのも、「三障四魔《さんしょうしま》」が競《きそ》い起《お》こるのも、ありとあらゆる苦難《くなん》は、自分自身の信心を試《ため》しているのである。すべて、仏界《ぶっかい》の生命を開いていくために必要《ひつよう》なことなのだ。

ゆえに、いちだんと信心を強《つよ》めていけば、絶対《ぜったい》に乗《の》り越《こ》えていける。勝《か》っていける。強盛《ごうじょう》な信心があるかぎり、乗り越えられない苦難《くなん》はない。

大聖人は、〝ただ妙法を一心《いっしん》に信ずる人は、この御本尊の宝塔《ほうとう》の中へ必《かなら》ず入《はい》ることができる〟（御書一二四四ジペー、趣意）と仰《おお》せである。南無妙法蓮華経の御本尊を持《たも》ち、広布に進むわれらは、どこにいても、どんな環境《かんきょう》にあっても、「仏《ほとけ》の世界」即《そく》「幸福の宮殿《きゅうでん》」に入ることができる。何も心配《しんぱい》はいらない。何も恐《おそ》れることはない。

御聖訓《ごせいくん》にいわく。

「いかに強敵重《ごうてきかさ》なるとも・ゆめゆめ退《たい》する心《こころ》なかれ恐《おそ》るる心なかれ」（御書五〇四ジペー）

退転《たいてん》するな！　恐《おそ》れるな！――との、宗祖《しゅうそ》の厳《げん》命《めい》を深く銘記《めいき》したい。

15-5 一生涯《いっしょうがい》、不退転《ふたいてん》の信心を

池田先生は女子部の世界池田華陽会《かようかい》大会に贈《おく》ったメッセージのなかで、三点を強調《きょうちょう》しました。第一に「太陽のスクラムで乱世《らんせい》を照《て》らしゆけ」――善《よ》き友情《ゆうじょう》を結《むす》び広げていくこと。第二に「自分らしく『平和の文化』の華《はな》の道を開きゆけ」――ありのままの自分を輝《かがや》かせて使命《しめい》の道を進んでいくこと。そして三点目に呼《よ》び掛《か》けたのが、〝生涯《しょうがい》、不退転《ふたいてん》の信心〟です。この不退転の一念《いちねん》にこそ「難《なん》を乗《の》り越《こ》える信心」が凝結《ぎょうけつ》しています。

池田先生の指針

「世界池田華陽会大会」へのメッセージ

（二〇一三年九月五日）

最後《さいご》に申《もう》し上《あ》げたいことは、「負《ま》けないと決めた笑顔《えがお》で、一生涯《いっしょうがい》、不退転《ふたいてん》を貫《つらぬ》きゆけ」ということです。

一九七九年、創価学会が、厳《きび》しい法難《ほうなん》の嵐《あらし》の中にあった時も、妻《つま》は少しも変わらぬ笑顔《えがお》で、学会活動に励《はげ》みました。

ある座談会に出席《しゅっせき》した折《おり》、同志《どうし》の方から色紙に一言をと言われ、妻《つま》が書き記《しる》した言葉は「不退《ふたい》転《てん》」であります。

どんなことがあっても、一生涯《いっしょうがい》、学会と共《とも》に「不退転《ふたいてん》」の信心を貫《つらぬ》き通《とお》す——これが、創価の師弟《してい》の誓《ちか》いなのであります。

不思議《ふしぎ》な宿縁《しゅくえん》をもって、今この時に、それぞれの使命《しめい》の天地に躍《おど》り出《で》た地涌《じゆ》の菩薩《ぼさつ》の皆《みな》さんです。

使命《しめい》が大きい分、それだけ苦労《くろう》もまた大きいに違《ちが》いない。しかし、だからこそ、何ものにも代《か》え難《がた》い生命の充実《じゅうじつ》がある。永遠《えいえん》に消えることのない福運《ふくうん》があるのです。

何があっても、「私は負《ま》けない」と心《こころ》を定《さだ》めて、強く朗《ほが》らかに、歓喜《かんき》の中の大歓喜の青春を走《はし》り抜《ぬ》いていってください。

そして「水のごとくと申《もう》すは・いつも・たいせ《退》ず信ずるなり」（御書一五四四ジペー）との御金言《ごきんげん》の通り、悔《く》いなき不退転《ふたいてん》の一生を、晴《は》れ晴《ば》れと勝《か》ち飾《かざ》っていただきたいのであります。

15-6 難《なん》との戦いに人間革命がある

難《なん》に直面《ちょくめん》するのは、信心を正しく貫《つらぬ》いているからこそです。その難に負《ま》けずに乗《の》り越《こ》えていくなかに、真《しん》の安楽《あんらく》の大境《だいきょう》涯《がい》を築《きず》くことができると語っています。

池田先生の指針

「兵庫代表幹部会」（一九八七年四月十八日、兵庫）

法華経安楽行品《ほけきょうあんらくぎょうほん》についての「御義口伝《おんぎくでん》」には、次のように仰《おお》せである。

「妙法蓮華経を安楽《あんらく》に行《ぎょう》ぜむ事《こと》 末法《まっぽう》に於《おい》て今日《いま》蓮等の類《たぐ》いの修行《しゅぎょう》は妙法蓮華経を修行するに難来《なんきた》るを以《もっ》て安楽と意得可《こころうべ》きなり」（御書七五〇ページ）と。

ふつう「安楽《あんらく》」といえば、難《なん》や苦悩《くのう》と直面《ちょくめん》したときのことではない。むしろ反対に、穏《おだ》やかな安《あん》穏《のん》、安心の状態《じょうたい》にあることを連想《れんそう》する。しかし、そこに真実《しんじつ》の安楽が開かれるのではない。

末法《まっぽう》にあって、自行化他《じぎょうけた》の信心の実践《じっせん》に励《はげ》むとき、必《かなら》ず障魔《しょうま》が競《きそ》い起《お》こる。その障魔に立ち向かい、苦難《くなん》と正面《しょうめん》から戦うところに、真実《しんじつ》の「安楽《あんらく》」がある。難を受けるということは、最大《さいだい》に信心を貫《つらぬ》き通《とお》している証《あか》しでもある。

どんな船でも遠洋《えんよう》に出れば、激《はげ》しい風雨《ふうう》や波浪《はろう》にさらされる。しかし、それを乗《の》り越《こ》え、前進していかなければ、目的《もくてき》の〝港《みなと》〟に到着《とうちゃく》することはできない。

「成仏《じょうぶつ》」という〝港《みなと》〟をめざす私どもも、苦難《くなん》の風雨《ふうう》におびえ、困難《こんなん》の波浪《はろう》に負《ま》けてしまえば、決して「成仏」という〝彼岸《ひがん》〟に着くことはできない。

要《よう》するに、信心とは、仏《ほとけ》と魔《ま》との戦いであり、その戦いの渦中《かちゅう》で、「難《なん》」に負《ま》けない力強《ちからづよ》い生命境《せいめいきょう》涯《がい》を築《きず》く以外に、真実《しんじつ》の「安楽《あんらく》」への正道《せいどう》はない。

つまり、どのような苦難《くなん》にも崩《くず》れない絶対《ぜったい》の「安楽《あんらく》」の境涯《きょうがい》は、いかなる「難」にも屈《くっ》せぬ強き信心の確立《かくりつ》にあることを銘記《めいき》してほしい。

皆様方《みなさまがた》は、長き人生《じんせい》にあって、敗北《はいぼく》を喫《きっ》するときもある。また挫折《ざせつ》にあうこともあるかもしれない。しかし、決してくじけることなく、師子王《ししおう》のごとき人生を生《い》き抜《ぬ》いてほしい。

希望《きぼう》をもち続けることが信心である。そして、つねに勇気凜々《ゆうきりんりん》と、また知恵豊《ちえゆた》かに、広布大願《こうふだいがん》へと進みゆく一人《ひとり》一人であっていただきたい。

15-7 難即成長《なんそくせいちょう》、難即喜《よろこ》び

苦労《くろう》や障害《しょうがい》こそが生命を磨《みが》き輝《かがや》かせていくと強調《きょうちょう》し、自分を悩《なや》ませる環境《かんきょう》が自分を仏《ほとけ》にしてくれると教えています。

池田先生の指針

「婦人部代表協議会」（一九九八年一月二十五日、東京）

苦労《くろう》があるからこそ、生命が磨《みが》かれる。

御書に「猪《い》の金山を摺《す》り」（九一六㌻）という御《お》言葉《ことば》がある。

あるところに「金の山」があった。そこに猪《いのしし》がいて、「金の山」が輝《かがや》いているのが気に入らない。

「何《なん》だ、あんなやつ」と思い、金の光《ひかり》を消そうとして、体をこすりつける。猪《いのしし》だから、毛は硬《かた》く、勢《いきお》いもすさまじい。

ところが、結果《けっか》は、どうなったか。猪《いのしし》がこすればこするほど、そのおかげで、金山は、ますます燦然《さんぜん》と光《ひかり》を増《ま》していったのである。

これは、竜樹《りゅうじゅ》の『大智度論《だいちどろん》』や、天台大師《てんだいだいし》の『摩訶止観《まかしかん》』にある話である。大聖人は、これを御書に引かれて、〝法華経《ほけきょう》の行者《ぎょうじゃ》は、障害《しょうがい》に遭《あ》えば遭うほど、もっと輝《かがや》いてくる〟と教えてくださっている。

障害《しょうがい》とは、三障四魔《さんしょうしま》のことである。三障四魔と戦わなければ成仏《じょうぶつ》はない。難《なん》を受《う》け、難を乗《の》り越《こ》えなければ、仏《ほとけ》になれない。試験《しけん》を受け、試験を乗り越えなければ、大学を卒業《そつぎょう》できないのと同じである。

大聖人は、「此《こ》の世界は第六天《だいろくてん》の魔王《まおう》の所領《しょりょう》なり」（御書一〇八一ページ）――この世《よ》は、第六天の魔王が支配《しはい》する世界――であると仰《おお》せである。ゆえに「善人《ぜんにん》」が迫害《はくがい》される。「悪人《あくにん》」がのさばる。こういう転倒《てんとう》の世界を、根本的《こんぽんてき》次元《じげん》から変えていくのが広宣流布である。

障害《しょうがい》があればあるほど、自分が輝《かがや》いてくる――これは人間関係《にんげんかんけい》についても、大切な教えではないだろうか。

組織《そしき》は、さまざまな人の集合である。自分にとって、やりいい相手《あいて》だけとは限《かぎ》らない。うんざりするような場合もあるにちがいない。しかし、だからこそ、そのなかで、自分という「黄金《おうごん》の山」が光《ひか》ってくるのである。

周《まわ》りが、いい人ばかりだと成長《せいちょう》はない。やりにくい人の中でこそ、自分が「黄金《おうごん》」に磨《みが》かれていくのである。

考えてみれば、自分のことさえ、自分の思うようにはならない。まして、他人が自分の思うようにならないのは当然《とうぜん》である。それを、いちいち腹《はら》を立てていても、何が良くなるわけでもない。相手《あいて》がそれで変わるわけでもない。

「しょうがない人だなぁ」と思って、慈悲《じひ》をもって包容《ほうよう》してあげるしかない。

大聖人は仰《おお》せである。

「摩訶止観第五《まかしかんだいご》に云《いわ》く（中略）衆流《しゅうる》の海に入《い》り薪《たきぎ》の火を熾《さかん》にし」（御書九一六ジペー）と。

すなわち、天台大師《てんだいだいし》は、『摩訶止観《まかしかん》』の中で、大海《たいかい》があれほど大きいのは、さまざまな川が流れこんで、それを海が受《う》けいれているからである。

もし、川を押《お》し返《かえ》してしまったら、大海《たいかい》は大海でなくなってしまう。自分がいやな相手《あいて》と会わないのであれば、大海のような自分はつくれない。

また「薪《たきぎ》」を増《ふ》やせば増やすほど、「火」は大きくなるではないかとも言っている。

不幸《ふこう》の「薪《たきぎ》」があって、幸福の「炎《ほのお》」がある。苦労《くろう》があるから、喜《よろこ》びもある。煩悩即菩提《ぼんのうそくぼだい》である。悩《なや》みがあるから、成長《せいちょう》がある。ゆえに、〝幸《しあわ》せばかりの幸せ〟はない。

大聖人は、御自身《ごじしん》を迫害《はくがい》した平左衛門尉《へいのさえもんのじょう》たちこそが、「第一《だいいち》の善知識《ぜんちしき》」であり、「第一の味方《みかた》」であるとまで仰《おお》せである（御書九一七ジペー、趣意）。自分をいちばん困《こま》らせる人間こそが、自分を仏《ほとけ》にしてくれるのである。

15-8 行き詰《づ》まった時が勝負《しょうぶ》

自《みずか》らの師弟共戦《していきょうせん》の歴史《れきし》を振《ふ》り返《かえ》りながら、艱難《かんなん》と闘《たたか》い抜《ぬ》くなかでこそ、偉大《いだい》なる生命の底力《そこぢから》が開花《かいか》されると語っています。

池田先生の指針

「随筆　新・人間革命」

（「偉大なる埼玉の友へ贈る」、『池田大作全集134』）

一九五〇年、わが師《し》・戸田先生の事業が窮地《きゅうち》に陥《おちい》り、先生も学会の理事長を辞《や》められた大苦難《だいくなん》のころであった。給料《きゅうりょう》は出ない。社員も次々に辞めていく。私はただ一人《ひとり》、先生にお仕《つか》えしていた。戸田先生は、広宣流布の大師匠《だいししょう》であられる。この先生を護《まも》ることこそが、学会を護ることであり、さらに大仏法の命脈《めいみゃく》を護ることであると、私は死力《しりょく》を尽《つ》くして奔走《ほんそう》した。

その日、先生と私は、埼玉の大宮方面へ、打開《だかい》策《さく》を求《もと》めて足を運《はこ》んだが、奮闘《ふんとう》むなしく不調《ふちょう》に終わった。

帰途《きと》、先生と荒川沿《あらかわぞ》いの土手《どて》を歩いた。夜風《よかぜ》が冷《つめ》たかった。天座《てんざ》の星々《ほしぼし》は、あまりにも美しかった。負《ま》け戦《いくさ》の師弟《してい》の姿《すがた》を見守り、輝《かがや》いていた。

すり減《へ》って穴《あな》のあいた私の靴《くつ》の紐《ひも》が、ほどけてしまった。私は結《むす》び直《なお》しながら、師《し》の心《こころ》を少しでも和《やわ》らげたいと思って、当時、大変に流行していた歌を歌った。

その歌の「星の流れに……こんな女に誰《だれ》がし

た」(清水みのる作詞「星の流れに」)というところを、「こんな男に誰がした」と、愉快《ゆかい》に歌った。

すると、師匠《ししょう》である先生が笑《え》みを浮《う》かべながら、一言《ひとこと》、「俺《おれ》だよ!」と言われた。

生きるか死ぬかという苦難《くなん》の渦中《かちゅう》である。

私は安心した。いな、幸福であった。先生さえ健在《けんざい》なら、何も心配《しんぱい》ない。いな、だからこそ、弟子《でし》である私は、断《だん》じて戦い抜《ぬ》くのだ! 今度こそ、断じて勝《か》ってみせるのだ!

この光景《こうけい》は、今でも忘《わす》れることのできない、埼玉の満天《まんてん》の星空の下《もと》で飾《かざ》り残《のこ》された、師弟《してい》の劇《げき》であり、歴史《れきし》である。

先生は、よく私に語られた。

「人生《じんせい》、行き詰《づ》まった時が勝負《しょうぶ》だぞ! その時、もう駄目《だめ》だと絶望《ぜつぼう》し、投《な》げやりになってしまうのか。まだまだ、これからだと、不撓不屈《ふとうふくつ》で立ち上がるのか。この一念《いちねん》の分かれ目が勝負だ!」

そう言われながら、私の精神《せいしん》に深く厳《げん》として打《う》ち込《こ》んでくださった。

「いいか、大作、途中《とちゅう》に何があろうが、最後《さいご》に勝《か》て! 断《だん》じて勝て! 最後に勝てば、全部《ぜんぶ》、勝利《しょうり》なのだ」

私には、一日一日が激戦《げきせん》の連続《れんぞく》であった。瞬時《しゅんじ》も、感傷《かんしょう》にひたる暇《いとま》など、なかった。

師《し》のために、億劫《おくごう》の辛労《しんろう》を尽《つ》くしゆく苦闘《くとう》の連《れん》続《ぞく》の胸中《きょうちゅう》にこそ、永遠《えいえん》に常勝不敗《じょうしょうふはい》の大城《だいじょう》が築《きず》かれていることを、私は深く実感《じっかん》したのである。

厳然《げんぜん》たる仏法の因果《いんが》の理法《りほう》に照《て》らして、未来《みらい》の栄光《えいこう》の大果報《だいかほう》を、私は師弟《してい》の魂《たましい》の響《ひび》き合いから、強く確信《かくしん》した。

戸田先生と私は、この悪戦苦闘《あくせんくとう》の荒《あ》れ狂《くる》う嵐《あらし》を突《つ》き抜《ぬ》けて、翌年の晴天《せいてん》の五月三日、第二代会長就任《しゅうにん》の、晴《は》れ晴《ば》れとした勝利《しょうり》の朝を迎《むか》えたのである。

艱難《かんなん》と闘《たたか》い抜《ぬ》いてこそ、初《はじ》めて偉大《いだい》なる生命の底力《そこぢから》が開花《かいか》されるのだ。最大《さいだい》の試練《しれん》の時に、最大の力《ちから》を奮《ふる》い起《お》こした人間が勝《か》つのだ。ここに、峻《しゅん》厳《げん》なる歴史《れきし》の法則《ほうそく》がある。

15-9 「強盛《ごうじょう》の信心弥弥悦《いよいよよろこ》びをなすべし」

若き日から生命に刻《きざ》んできた御聖訓《ごせいくん》を拝《はい》し、難《なん》を喜《よろこ》ぶ強盛《ごうじょう》な信心を、と呼《よ》び掛《か》けています。

池田先生の指針

「伊豆広布四十周年記念代表幹部会」

（一九八七年十一月二十三日、静岡）

若き日より私が暗唱《あんしょう》するほど胸《むね》に銘記《めいき》してきた御書の一つに「椎地四郎殿御書《しいじしろうどのごしょ》」がある。

その一節《いっせつ》に「末法《まっぽう》には法華経《ほけきょう》の行者《ぎょうじゃ》必《かなら》ず出来《しゅったい》すべし、但《ただ》し大難来《だいなんきた》りなば強盛《ごうじょう》の信心弥弥悦《いよいよよろこ》びをなすべし、火に薪《たきぎ》をくわへ《加》んにさかん《盛》なる事《こと》なかるべしや」（御書一四四八㌻）と。

末法《まっぽう》には法華経《ほけきょう》の行者《ぎょうじゃ》が必《かなら》ず出現《しゅつげん》する。現《げん》に、御本仏日蓮大聖人がこうして出現された。ただし、法華経の行者には必ず大難《だいなん》がある、そのときこそ、強盛《ごうじょう》の信心を奮《ふる》い起《お》こして、いよいよ喜《よろこ》んでいくべきである、と。

〝来《き》たか、待《ま》っていた、さあ戦おう〟と、いよいよ歓喜《かんき》して進んでいく。それを、少し悪口を言われたくらいで、悲《かな》しみ、嘆《なげ》き、疑《うたが》い、グチをこぼし……。それでは本物の地涌《じゆ》の勇者《ゆうしゃ》ではない。

難《なん》があればあるほど、強盛《ごうじょう》な信心を燃《も》えたたせるさまは、「火」に「薪《たきぎ》」を加《くわ》えれば勢《いきお》いが盛《さか》んになるようなものである、と大聖人は述《の》べられている。

小さな火であっては、薪《たきぎ》を燃《も》やしきることはできない。かえって消えてしまう。

そして「大海《たいかい》へ衆流《しゅうる》入《い》る・されども大海は河《かわ》の水《みず》を返《かえ》す事《こと》ありや、法華《ほっけ》大海の行者《ぎょうじゃ》に諸河《しょが》の水は大難《だいなん》の如《ご》く入れども・かへす事とがむる事なし」（同㌻）と。

——大海《たいかい》には多くの河水《かすい》が流れこむ。しかし決してその水《みず》を押《お》し返《かえ》すことはない。「法華《ほっけ》大海の行者《ぎょうじゃ》」に、諸河《しょが》の水が大難《だいなん》として流れこむけれども、押し返したり、とがめだてすることはない——との広大《こうだい》なる大境涯《だいきょうがい》を示《しめ》されている。

大難《だいなん》にいよいよ喜《よろこ》びを増《ま》す人こそ真実《しんじつ》の法華《ほっけ》大《たい》海《かい》の行者《ぎょうじゃ》であり、その胸中《きょうちゅう》には、何ものをも恐《おそ》れず、何ものをも受けいれて動じない、限《かぎ》りなく広々《ひろびろ》とした〝生命の大海〟の世界がある。

次下《つぎしも》には「諸河《しょが》の水入《みずい》る事《こと》なくば大海《たいかい》あるべからず、大難《だいなん》なくば法華経《ほけきょう》の行者《ぎょうじゃ》にはあらじ」（御書一四四八㌻）と。

すなわち、諸河《しょが》という大難《だいなん》があってこそ、「法《ほっ》華《け》大海《たいかい》の行者《ぎょうじゃ》」はある。それ以外には絶対《ぜったい》にないとの仰《おお》せである。

いかなる難《なん》があろうとも、大聖人ほどの大難を受けるわけではない。しかも、仏道修行《ぶつどうしゅぎょう》の途上《とじょう》における苦難《くなん》は、すべて自身の宿命転換《しゅくめいてんかん》につながり、一切《いっさい》が自分のためである。

それらのすべては、光輝満《こうきみ》つ〝栄光《えいこう》の人生《じんせい》〟の完成《かんせい》への滋養《じよう》であり、屹立《きつりつ》した〝勝利《しょうり》の人生〟の軌道《きどう》を進むための推進力《すいしんりょく》になっていくのである。

これが妙法を持《たも》った諸君《しょくん》の大《おお》いなる特権《とっけん》であり、生涯《しょうがい》をかけて証明《しょうめい》していくべき課題《かだい》である。

15-10 「疑《うたが》う心《こころ》」なく戦い続ける人に

「開目抄《かいもくしょう》」の重要《じゅうよう》な一節《いっせつ》を拝《はい》して、難《なん》を乗《の》り越《こ》える信心の人が仏《ほとけ》になると語っています。

池田先生の指針

「本部幹部会」（一九九四年九月二十九日、東京）

「開目抄《かいもくしょう》」の一節《いっせつ》を拝《はい》しておきたい。

「我並《われなら》びに我《わ》が弟子《でし》・諸難《しょなん》ありとも疑《うたが》う心《こころ》なくば自然《じねん》に仏界《ぶっかい》にいたるべし、天《てん》の加護《かご》なき事《こと》を疑はざれ現世《げんぜ》の安穏《あんのん》ならざる事をなげかざれ、我が弟子に朝夕教《ちょうせきおし》えしかども・疑いを・をこして皆《みな》す

てけん つたな《拙》き者《もの》のならひは約束《やくそく》せし事を・まことの時はわするるなるべし」（御書二三四ページ）

――われ、ならびにわが弟子《でし》は、諸難《しょなん》があっても疑《うたが》う心《こころ》がなければ、必《かなら》ず、自然《しぜん》に仏界《ぶっかい》にいたる。諸天《しょてん》の加護《かご》がないからといって疑ってはならない。現世《げんぜ》が安穏《あんのん》でないことを嘆《なげ》いてはならない。わが弟子に朝に夕に、このことを教えてきたけれども、疑いを起《お》こして皆《みな》（信心を）捨《す》ててしまったのであろう。愚《おろ》かな者《もの》は、必ず約束《やくそく》したことを肝心《かんじん》の時に忘《わす》れるのである――。

これさえ覚《おぼ》えておけばよいのである。これさえ忘《わす》れなければよいのである。

諸難《しょなん》が起《お》こっても「疑《うたが》わず」、戦い続ける人は、必《かなら》ず「仏《ほとけ》」になると仰《おお》せである。

かつては皆《みな》、この御文《ごもん》を暗記《あんき》していた。今でも仏壇《ぶつだん》のそばに置《お》いてあるお宅《たく》も、多いようだ。根《こん》本中《ぽんちゅう》の根本の御指導《ごしどう》である。

「難《なん》」は避《さ》けられない。「賢人《けんじん》・聖人《しょうにん》も此《こ》の事《こと》はのがれず」（御書一一四三ページ）――賢人や聖人でも難を受けることは逃《のが》れられない――と日蓮大聖人は仰《おお》せである。

避《さ》けられないのだから、乗《の》り越《こ》えるしかない。乗り越えて仏《ほとけ》になるしかない。

「佐渡御書《さどごしょ》」の一節《いっせつ》を拝《はい》しておきたい。

「鉄《くろがね》は炎打《きたいう》てば剣《つるぎ》となる賢聖《けんしょう》は罵詈《めり》して試《こころ》みるなるべし」（御書九五八ページ）――鉄《てつ》は炎《ほのお》で熱《ねっ》して打てば剣となる。（同じように）賢人《けんじん》、聖人《しょうにん》は罵詈して試みるものである――。

炎《ほのお》に焼《や》かれ鍛《きた》えない剣《つるぎ》はない。ありえない。

同様《どうよう》に世間《せけん》から悪口《あっこう》され、迫害《はくがい》を受け、耐《た》え抜《ぬ》いてこそ、本物の賢人《けんじん》、聖人《しょうにん》なのである。

15-11 宿命転換《しゅくめいてんかん》のチャンス

変毒為薬《へんどくいやく》の法理《ほうり》を踏《ふ》まえて、難《なん》に直面した時こそ宿命転換《しゅくめいてんかん》のチャンスであると論《ろん》じています。

池田先生の指針

巻頭言「『変毒為薬』の歓喜の劇を！」（二〇一〇年四月、「大白蓮華」）

襲《おそ》い来《く》る艱難《かんなん》に呑《の》み込《こ》まれてしまうか。それとも、押《お》し返《かえ》し、打《う》ち勝《か》っていくか。人生《じんせい》も社会も、その真剣勝負《しんけんしょうぶ》といってよい。

いかなる試練《しれん》に直面しようと、必《かなら》ず乗《の》り越《こ》えてみせる。のみならず、逆境《ぎゃっきょう》を大転換《だいてんかん》し、それまで以上の境涯《きょうがい》の高みへ跳躍《ちょうやく》する。この生命の大歓喜《だいかんき》の劇《げき》を、万人《ばんにん》に開いたのが「変毒為薬《へんどくいやく》（毒《どく》を変《へん》じて薬《くすり》と為《な》す）」の哲理《てつり》である。

『大智度論《だいちどろん》』また天台大師《てんだいだいし》の『法華玄義《ほっけげんぎ》』を踏《ふ》まえられつつ、濁悪《じょくあく》の末法《まっぽう》を生きゆく民衆《みんしゅう》のために、日蓮大聖人は宣言《せんげん》してくださった。

「能《よ》く毒《どく》を以《もっ》て薬《くすり》と為《な》すとは何物《なにもの》ぞ三道《さんどう》を変《へん》じて三徳《さんとく》と為すのみ」（御書九八四㌻）

どのような「煩悩《ぼんのう》」や「業《ごう》」や「苦《く》」であろうとも、それを変《へん》じて、仏《ほとけ》の「生命」と「智慧《ちえ》」と「福徳《ふくとく》」を勝ち開いていく究極《きゅうきょく》の力《ちから》こそが、南無妙法蓮華経なのである。

変えられぬ宿命《しゅくめい》など断《だん》じてない。ゆえに、決して嘆《なげ》かずともよい、そして絶対《ぜったい》に諦《あきら》めなくともよい希望《きぼう》の光《ひかり》が、ここにあるのだ。

大聖人の門下《もんか》として正しき信仰《しんこう》ゆえに、池上兄弟《いけがみきょうだい》は兄《あに》が父から勘当《かんどう》された。四条金吾《しじょうきんご》は主君《しゅくん》からの所領没収《しょりょうぼっしゅう》の危機《きき》に陥《おちい》った。背後《はいご》には、卑劣《ひれつ》な坊主《ぼうず》どもの陰謀《いんぼう》があり、讒言《ざんげん》があった。当時の武家《ぶけ》社会で、絶体絶命《ぜったいぜつめい》の窮地《きゅうち》である。

しかし御書には「今度《こんど》ねうじくらして法華経《ほけきょう》の御利生心《ごりしょうごころ》みさせ給《たま》へ（この難《なん》を耐《た》え忍《しの》び抜《ぬ》いて、法華経の御利生を試《ため》してごらんなさい）」（一〇八四ジベー）と仰《おお》せである。さらに「必《かなら》ず大《だい》なる・さはぎが大なる幸《さいわい》となるなり」（一一六四ジベー）とも激励《げきれい》されている。

それは、勘当《かんどう》が許《ゆる》されるとか、所領《しょりょう》が戻《もど》るとかという次元《じげん》を突《つ》き抜《ぬ》け、最悪《さいあく》のどん底《ぞこ》から一挙《いっきょ》に最高の勝利《しょうり》の頂《いただき》へ至《いた》る道だ。

師《し》の御指導通《ごしどうどお》りに戦い切った池上兄弟《いけがみきょうだい》は、猛反《もうはん》対《たい》だった父を入信《にゅうしん》させ「千万年《せんまんねん》の栄《さか》え」へ通《つう》ずる一家和楽《いっかわらく》を勝ち取っている。

四条金吾《しじょうきんご》も、偏見《へんけん》の主君《しゅくん》を理解者《りかいしゃ》へ変えただけではない。鎌倉中《かまくらじゅう》の人々から「第一なり」「天晴《あっぱ》れの男なり」等と謳《うた》われゆく威風堂々《いふうどうどう》の実証《じっしょう》を示《しめ》したのである。

厳《きび》しい冬《ふゆ》を勝ち越《こ》えた北国《きたぐに》の春《はる》は「爆発《ばくはつ》する春」と呼《よ》ばれる。一番《いちばん》大変な冬の時に、勇気《ゆうき》ある師弟不二《していふに》の信心を貫《つらぬ》いた弟子《でし》は、想像《そうぞう》を絶《ぜっ》する大《だい》勝利《しょうり》の春を開くことができる。これが「変毒為《へんどくい》薬《やく》」の極意《ごくい》である。

戸田先生は、悩《なや》める友《とも》を励《はげ》まされた。

「難《なん》が来《き》たら喜《よろこ》べ！　その時が信心のしどころであり、宿命転換《しゅくめいてんかん》のチャンスである。仏法は、百《ひゃっ》発百中《ぱつひゃくちゅう》の『変毒為薬《へんどくいやく》』の大法《だいほう》である。たとえ失《うしな》ったものでも、元《もと》の十倍《じゅうばい》、百倍《ひゃくばい》の大功徳《だいくどく》となって取《と》り返《かえ》せるのだ」

世《よ》に蔓延《まんえん》する毒《どく》に侵《おか》され、怯《おび》えながら、不幸《ふこう》から不幸へ、混乱《こんらん》から混乱へ流転《るてん》してきたのが、人《じん》類《るい》社会の悪業《あくごう》であった。

その毒《どく》をも恐《おそ》れなく薬《くすり》に変え、すべてを人間の幸福のため、生命の尊厳《そんげん》のため、世界の平和のために、自在《じざい》に活《い》かし切《き》っていく戦いこそ、私たちの「立正安国《りっしょうあんこく》」である。

15-12 難《なん》と戦い続ける人こそ仏《ほとけ》

仏《ほとけ》とは何か、なぜ釈尊《しゃくそん》は仏となれたのかという重要《じゅうよう》な点を論《ろん》じています。

池田先生の指針

「東北栄光総会」(一九九四年三月二十一日、東京)

諸難《しょなん》を乗《の》り越《こ》え、戦い続ける人こそが「仏《ほとけ》」になる。ここに重大《じゅうだい》なポイントがある。

「仏《ほとけ》」とは何か。また釈尊《しゃくそん》は、なぜ仏になれたのか。

最高峰《さいこうほう》の仏教学者《ぶっきょうがくしゃ》とされる中村元《なかむらはじめ》博士が、こう論《ろん》じておられる。

「ブッダ（＝覚者《かくしゃ》）となったあとでも、かれ（＝釈尊《しゃくそん》）は依然《いぜん》として人間であった」（『ゴータマ・ブッダI』、『中村元選集11［決定版］』所収、春秋社）

仏《ほとけ》となっても、悩《なや》みもあれば苦《くる》しみもある。病気もする。魔《ま》の誘惑《ゆうわく》があることにも変わりはなかった。

「だからブッダたることは、誘惑を斥（しりぞ）けるという行為それ自体のうちに求《もと》められねばならぬ。不断《ふだん》の精進《しょうじん》がそのまま仏行《ぶつぎょう》なのである。さとりを開いて『仏《ほとけ》』という別《べつ》のものになるのではない」（同）と。

誘惑《ゆうわく》とはすなわち「魔《ま》」「悪知識《あくちしき》」。仏道修行《ぶつどうしゅぎょう》を妨《さまた》げる力《ちから》、不幸《ふこう》へと導《みちび》く力、和合僧《わごうそう》を破壊《はかい》する力、退転《たいてん》へと誘《さそ》う力である。

この魔《ま》と不断《ふだん》に戦い続ける。人々を救《すく》うために、行動また行動を続ける。その「人間」が「仏《ほとけ》」なのである。

仏《ほとけ》といっても特別《とくべつ》な存在《そんざい》ではない。戦い続ける心《こころ》が「仏」、行動し続ける姿《すがた》が「仏」である。魔《ま》と戦いきる人が「仏」なのである。

釈尊《しゃくそん》の菩提樹《ぼだいじゅ》の下での悟《さと》り、末法《まっぽう》では日蓮大聖人の竜《たつ》の口《くち》での発迹顕本《ほっしゃくけんぽん》――それも「人間」としての究極《きゅうきょく》の姿《すがた》である。決して「人間」以外の何か特別《とくべつ》の存在《そんざい》になったわけではない。

凡夫《ぼんぷ》のままで仏界《ぶっかい》（＝極果《ごくか》）に達《たっ》していく凡夫即極《そくごく》が、仏法の真髄《しんずい》なのである。仏道修行《ぶつどうしゅぎょう》に励《はげ》み、広宣流布へ真正面《ましょうめん》から戦っていく――その人の信心にこそ「仏《ほとけ》」は現《あらわ》れてくる。

今、皆様《みなさま》は、多くの人の悩《なや》みをわが悩みとして、戦っておられる。まことに尊《とうと》い仏《ほとけ》の振《ふ》る舞《ま》いであられる。

大聖人は「始中終《しちゅうじゅう》すてずして大難《だいなん》を・とをす

人・如来《にょらい》の使《つかい》なり」（御書一一八二㌻）――始めも、途中《とちゅう》も、最後《さいご》も、一貫《いっかん》して妙法を捨《す》てず、大難にも信仰《しんこう》を貫《つらぬ》く人は、如来の使《つか》いである――と。

広宣流布をする以上、大難《だいなん》は必《かなら》ず起《お》こる。大難があってこそ、自身の信心を固《かた》め、仏界《ぶっかい》を固められるのである。

15-13 牧口先生の誉《ほま》れの闘争《とうそう》

創価学会の原点《げんてん》である牧口先生の獄中《ごくちゅう》闘争《とうそう》を通《とお》して、「難《なん》を乗《の》り越《こ》える信心」の要諦《ようてい》を語っています。

池田先生の指針

「全国青年部幹部会」（一九九二年一月十五日、東京）

一九四四年、牧口初代会長は、生涯最後《しょうがいさいご》のお正月を、東京拘置所《とうきょうこうちしょ》のわずか三畳《さんじょう》ほどの独房《どくぼう》で迎《むか》えられた。

板《いた》の間《ま》に、硬《かた》い畳《たたみ》がたった一枚敷《いちまいし》いてあるだけ。暖房《だんぼう》など、まったくない。もちろん御本尊も御安置《ごあんち》できない。その獄中《ごくちゅう》から、この一月、牧口先生は、何通《なんつう》かの便《たよ》りをご家族に送られる。

その中の、一月七日付の一通《いっつう》――。（『牧口常三郎全集10』。以下同じ）

「貞子《さだこ》ちゃん私も無事《ぶじ》に、ここで七十四歳の新年をむかえました。ここでお正月の三日間は、おもちも下《くだ》さいましたし、ごちそうもありました。心配《しんぱい》しないで留守《るす》をたのみます」

（＝「貞子《さだこ》ちゃん」とあるのは、牧口初代会長の三男・洋三氏の夫人。洋三氏は、牧口会長が亡《な》くなる直前に、戦病死している）

一九四四年の新年の便《たよ》り――牧口先生はこの年、数え年で七十四歳になられた。思えば、日目上人《にちもくしょうにん》が国主諫暁《こくしゅかんぎょう》に赴《おもむ》かれる途上《とじょう》、御遷化《ごせんげ》なされたのも、七十四歳であられた。

牧口先生は、獄中《ごくちゅう》の粗末《そまつ》な食事を「ごちそう」と表現《ひょうげん》されている。品数《しなかず》もなく、栄養《えいよう》もない、ひどい食生活であったろう。しかし、愚痴《ぐち》ひとつこぼされない。悠々《ゆうゆう》たるお姿《すがた》であった。

さらに、先生は「大聖人様の佐渡《さど》の御苦《おくる》しみをしのぶと何《なん》でもありません」と書かれている。獄《ごく》中《ちゅう》にあって、先生の基準《きじゅん》は、大聖人の御法難《ごほうなん》であられた。流刑地《るけいち》の佐渡におられる大聖人のお姿《すがた》を拝《はい》するならば、みずからの獄中生活などたいしたことはないと――。

私どもは、その先生の後継者《こうけいしゃ》である。皆様《みなさま》も、どうか「同じ心《こころ》」であっていただきたい。

少々の難《なん》、少々の苦労《くろう》があったとしても、どうして一喜一憂《いっきいちゆう》することがあろうか。それらは、いわば人類《じんるい》の業《ごう》であり、永遠《えいえん》になくなることはない。また、生老病死《しょうろうびょうし》の苦悩《くのう》を離《はな》れて、人間も人生《じんせい》もないのである。

何《なん》の苦労《くろう》も、悩《なや》みも、悲《かな》しみもなく、過《す》ぎ去《さ》っていくような人生《じんせい》は、あまりにもむなしく、愚《ぐ》である。生きがいもない。

大聖人の仏法の極意《ごくい》は、煩悩即菩提《ぼんのうそくぼだい》。苦しみが大きいだけ、苦悩《くのう》が深いだけ、悟《さと》りも喜《よろこ》びも大きいのである。

少し後《あと》には、「御本尊様を一生けんめいに信じて居《い》れば、次々に色々の故障《こしょう》がでて来《く》るが皆直《みななお》ります」と。

信心を一生懸命《いっしょうけんめい》に実践《じっせん》していると、障害《しょうがい》として〝三障四魔《さんしょうしま》〟が競《きそ》い起《お》こってくる。しかし、微動《びどう》だにすることなく、信心を貫《つらぬ》いていけば、必《かなら》ず乗《の》り越《こ》えていける。変毒為薬《へんどくいやく》できる。その大確信《だいかくしん》をつづっておられる。

——これが、一月七日付の私信《ししん》である。

また牧口先生は、十日後の十七日付のお便《たよ》りで、こうも記《しる》されている。

「信仰《しんこう》を一心《いっしん》にするのが、この頃《ごろ》の仕事です。これさえして居《い》れば、何《なん》の不安《ふあん》もない。心一《こころひと》つのおき所《どころ》で、地獄《じごく》に居ても安全です」（＝文中の「地獄」の二字は検閲《けんえつ》を受けて、当時、黒く塗《ぬ》りつぶされ、削除《さくじょ》された）

二十六日付には、「心一《こころひと》つで地獄《じごく》にも楽しみがあります」と。（＝この文も、検閲《けんえつ》に触《ふ》れ、十六字すべてが黒く塗《ぬ》りつぶされ、削除《さくじょ》された）

冷《つめ》たく、暗澹《あんたん》たる牢獄《ろうごく》の「地獄《じごく》」も、ただ「心《こころ》一《ひと》つ」で「何《なん》の不安《ふあん》もない」。「安全」であり、「楽しみ」がある、と。まさに「地獄即寂光《そくじゃっこう》」「煩《ぼん》悩即菩提《のうそくぼだい》」と御書に説《と》かれるままの、泰然自若《たいぜんじじゃく》としたお心——。

これがわが創価学会創立者《そうりつしゃ》の、偉大《いだい》なる「信心」である。「境涯《きょうがい》」である。大聖人の仏法を深く身《み》で読まれた方《かた》が、私どもの師匠《ししょう》なのである。
この牧口先生のご苦労《くろう》を偲《しの》べば、どんな苦労もたいした難《なん》ではない。先生の後《あと》に続いていくことは、最大《さいだい》の誉《ほま》れであることを深く確信《かくしん》したい。

15-14 日蓮大聖人の発迹顕本《ほっしゃくけんぽん》の意義《いぎ》

日蓮大聖人の発迹顕本《ほっしゃくけんぽん》の意義《いぎ》を万人《ばんにん》に開いて論《ろん》じ、難《なん》と戦うなかでこそ生命の本然《ほんねん》の力《ちから》が湧《わ》き上《あ》がることを強調《きょうちょう》しています。

池田先生の指針

『御書の世界』

（発迹顕本《ほっしゃくけんぽん》とは）日蓮大聖人が竜《たつ》の口《くち》の法難《ほうなん》の時に、名字凡夫《みょうじぼんぷ》という迹《しゃく》を開いて、凡夫の身のままで久遠元初自受用報身如来《くおんがんじょじじゅゆうほうしんにょらい》という本地《ほんじ》を顕《あらわ》されたことをいいます。

言い換えれば、凡夫《ぼんぷ》の身《み》のままで、宇宙本源《うちゅうほんげん》の法《ほう》である永遠《えいえん》の妙法と一体《いったい》の「永遠の如来《にょらい》」を顕《あらわ》すということです。

この発迹顕本《ほっしゃくけんぽん》以後、大聖人は末法《まっぽう》の御本仏《ごほんぶつ》としての御立場《おたちば》に立たれます。すなわち、末法の御本仏として、万人《ばんにん》が根本《こんぽん》として尊敬《そんぎょう》し、自身の根源《こんげん》として信じていくべき曼荼羅《まんだら》御本尊を御図顕《ごずけん》されていきます。

また、ここで注意《ちゅうい》しなければいけないのは、「発《ほっ》迹《しゃく》」の「迹を発《ひら》く」という意味です。「発」は「開く」ことです。どこまでも凡身《ぼんしん》のうえに、自受用《じじゅゆう》身《しん》の生命が顕現《けんげん》していくのです。ここを見誤《みあやま》ると、成仏《じょうぶつ》とは、人間を離《はな》れた超越的《ちょうえつてき》な存在《そんざい》になることだという誤解《ごかい》が生《しょう》じる。

日蓮大聖人も凡夫《ぼんぷ》の身《み》を捨《す》てられたわけではない。凡夫の身そのものに久遠《くおん》の仏《ほとけ》の生命が赫々《かっかく》と顕《あらわ》れている。

もう一つ、大事なことを言いたい。それは、この原理《げんり》は私たちにとっても同じである、ということです。苦難《くなん》を越《こ》えて、信心を貫《つらぬ》き、広宣流布に生《い》き抜《ぬ》く人は、発迹顕本《ほっしゃくけんぽん》して、凡夫《ぼんぷ》の身《み》のままで、胸中《きょうちゅう》に大聖人と同じ仏《ほとけ》の生命を涌現《ゆげん》することができるのです。

ありがたい仏法だ。超越的《ちょうえつてき》な特別《とくべつ》な理想人格《りそうじんかく》がゴールだったら、私たちは今世《こんぜ》で幸福になることはありえなくなる。

末法《まっぽう》の全人類《ぜんじんるい》にとって成仏《じょうぶつ》の指標《しひょう》を示《しめ》し、その方途《ほうと》を示されたからこそ、日蓮大聖人は末法の御《ご》本仏《ほんぶつ》なのです。

私たちの一生成仏《いっしょうじょうぶつ》の手本《てほん》を、大聖人が身《み》をもって示《しめ》してくださったのです。

いかなる苦難《くなん》も越《こ》えて、無明《むみょう》を打《う》ち破《やぶ》り、法性《ほっしょう》を現《あらわ》していく自分を確立《かくりつ》することが発迹顕本《ほっしゃくけんぽん》です。大難《だいなん》を受けるほど、仏界《ぶっかい》の生命は輝《かがや》きわたっていく。そういう自分を確立することが、一生成仏《いっしょうじょうぶつ》の道です。

真《しん》の意味《いみ》の人間性の錬磨《れんま》は、難《なん》を乗《の》り越《こ》える信心のなかにあるのです。

信心が深まってから難《なん》に向かうのではありません。難に向かっていくなかに生命が鍛《きた》えられ、金剛《こんごう》の信心が築《きず》かれていくのです。

どんな悩《なや》みも、そのまま御本尊に祈《いの》っていけばいいのです。題目を唱えることで悩みを乗《の》り越《こ》えていくことができる。

微妙《びみょう》な順番《じゅんばん》の違《ちが》いかもしれないが、行動に現《あらわ》れるかどうかは決定的《けっていてき》な違いです。

それぞれの使命《しめい》の人生《じんせい》には〝苦難《くなん》〟が必《かなら》ずあります。しかし、心《こころ》さえたしかであれば、信心さえ揺《ゆ》るがなければ、乗《の》り越《こ》えられない困難《こんなん》はありません。打《う》ち勝《か》てない試練《しれん》はありません。

人間にはもともと、計《はか》り知《し》れない力《ちから》が具《そな》わっています。それが久遠元初自受用身《くおんがんじょじじゅゆうしん》の力だ。だから、戦えば戦うほど、自分自身の力が引き出せる。信心は、その秘宝《ひほう》を引き出す力です。大難《だいなん》があれば、即悟達《そくごだつ》に通じる。大難が即成仏《じょうぶつ》を決定《けってい》づける。

大聖人は、一つ一つの大難《だいなん》をみずからが乗《の》り越《こ》えられることで、門下《もんか》にその生《い》き方《かた》を教えられたと拝《はい》したい。そして、その究極《きゅうきょく》の生き方を、四条《しじょう》金吾《きんご》に対して、まざまざと指南《しなん》されたのが、竜《たつ》の口《くち》の法難《ほうなん》であったとも言える。弟子《でし》のためであり、未来《みらい》のためです。

金吾《きんご》もまた、迷《まよ》いの心《こころ》がなかった。だから、師《し》弟《てい》ともに仏果《ぶっか》に至《いた》ったのです。竜《たつ》の口《くち》が寂光土《じゃっこうど》になったのです。

捨《す》てるべき迹《しゃく》とは「弱気《よわき》」です。「臆病《おくびょう》の心《こころ》」です。

大聖人は、「勇気《ゆうき》」の本地《ほんじ》の御姿《おすがた》を示《しめ》すことで、発迹顕本《ほっしゃくけんぽん》を万人《ばんにん》に示された。

この大聖人の「勇気《ゆうき》」の御心《おこころ》を、自身の決意として、あらゆる困難《こんなん》に莞爾《かんじ》として立ち向かっていくことが、今度は私たちの発迹顕本《ほっしゃくけんぽん》につながる。

15-15 創価学会の発迹顕本《ほっしゃくけんぽん》

池田先生は、八十歳を迎《むか》えた二〇〇八年の開幕《かいまく》にあたって、一人一人《ひとり》が根本《こんぽん》の使命《しめい》に目覚《めざ》め、あらゆる難《なん》を乗《の》り越《こ》えて発迹顕本《ほっしゃくけんぽん》していくことが、創価学会の発迹顕本を成《な》し遂《と》げていくことであるという重要《じゅうよう》な点を呼《よ》び掛《か》けました。

池田先生の指針

「随筆 人間世紀の光」

(「『広布第二章』の新春を祝す」、『池田大作全集138』)


昭和二十六年(一九五一年)の五月、戸田先生

は事業《じぎょう》の大難《だいなん》を乗《の》り越《こ》え、第二代会長に就任《しゅうにん》されるや、「学会は発迹顕本《ほっしゃくけんぽん》した！」と師子吼《ししく》された。

「発迹顕本《ほっしゃくけんぽん》」とは、垂迹《すいじゃく》（＝仮《かり》の姿《すがた》）を発《ひら》いて、本地《ほんじ》（＝真実《しんじつ》の姿）を顕《あらわ》すことだ。

それは、学会総体《そうたい》に「われ地涌《じゆ》の菩薩《ぼさつ》なり」という偉大《いだい》な自覚《じかく》が生《しょう》じ、全学会員が広宣流布の戦いに立ち上がることだと、恩師《おんし》は仰《おお》せられた。

「地涌《じゆ》の菩薩《ぼさつ》なり」とは、戸田先生が法難《ほうなん》の獄《ごく》中《ちゅう》で得《え》られた悟達《ごだつ》である。

それは、最初《さいしょ》は、恩師《おんし》ただ一人《ひとり》の自覚《じかく》であった。

しかし、この地涌《じゆ》の菩薩《ぼさつ》の使命《しめい》を、師匠《ししょう》と分《わ》かちもつ弟子《でし》が決然《けつぜん》と立ったのだ！

弟子《でし》の発迹顕本《ほっしゃくけんぽん》こそ、学会の発迹顕本の核心《かくしん》である。

戸田先生は強調《きょうちょう》された。

「わが生命の使命《しめい》を、信心の実践《じっせん》の中で自覚《じかく》せよ！　観念《かんねん》でわかるのと、実践でわかるのとは、天地雲泥《てんちうんでい》の差《さ》があるのだ」

「師弟不二《していふに》」の真髄《しんずい》を実践《じっせん》する弟子《でし》が一人《ひとり》いれば、一切《いっさい》を覚醒《かくせい》していける。

そのまことの弟子《でし》として、私は阿修羅《あしゅら》の如《ごと》く戦った。師をお護《まも》り申《もう》し上《あ》げ、広宣流布の大法戦《だいほうせん》の拡大《かくだい》と勝利《しょうり》の道を開いていった。そして、恩師《おんし》ご存命中《ぞんめいちゅう》の七十五万世帯《せたい》の大願成就《だいがんじょうじゅ》はもとより、平和と文化と教育の大構想《だいこうそう》も、すべて実現《じつげん》し、わが創価の正義《せいぎ》を世界的に広げてきた。皆様《みなさま》がご存《ぞん》じの通りだ。

師《し》の教え通りに、発迹顕本《ほっしゃくけんぽん》した弟子《でし》が、今日《こんにち》の隆々《りゅうりゅう》たる大創価学会を築《きず》いてきたのである。

「やると言ったことは、必《かなら》ず成《な》し遂《と》げる男だ」

――これが戸田先生からいただいた、私の誉《ほま》れの記別《きべつ》である。

ともあれ、何のために、自分は生まれてきたのか。何のために生きるのか。その根本《こんぽん》の使命《しめい》に深く目覚《めざ》めた時、人間は計《はか》り知《し》れない偉大《いだい》な力《ちから》を出すことができる。

世界の良識《りょうしき》も、この創価の師弟《してい》がもつ、民衆《みんしゅう》と青年への「エンパワーメント」(=内発的《ないはつてき》な力《ちから》の開《かい》花《か》)に注目《ちゅうもく》している。国連のチョウドリ前事務次長も、私たちが「最大《さいだい》の障害《しょうがい》をも乗《の》り越《こ》えていく能力《のうりょく》が人間にはある」との信念《しんねん》をもって、「一人《ひとり》一人から最高のものを引き出してきたこと」を高く評価《ひょうか》してくださっている。

ともあれ、今再《いまふたた》び、「創価学会は発迹顕本《ほっしゃくけんぽん》する時なり」と、私は申《もう》し上《あ》げたい。

「君よ、生まれ変わったように、新たな戦いを起《お》こそうではないか!」

「君よ、師子《しし》となれ! 師子となって、勝ちまくれ!」

「壮大《そうだい》な広宣流布の大願《だいがん》に、一緒《いっしょ》に断固《だんこ》と生《い》き抜《ぬ》こうではないか!」と。

15-16 仏法には変毒為薬《へんどくいやく》の力《ちから》が

一九七二年七月、豪雨《ごうう》による大きな被《ひ》害《がい》を受けた東北の秋田に、池田先生は即《そく》座《ざ》に激励《げきれい》に駆《か》けつけました。小説『新・人間革命』には、秋田会館を訪問《ほうもん》し、同志《どうし》を懸命《けんめい》に励《はげ》ます場面《ばめん》が描《えが》かれています。

池田先生の指針

『新・人間革命16』(「羽ばたき」の章)

今回、水害《すいがい》に遭《あ》われた方《かた》は、本当にお気《き》の毒《どく》です。心《こころ》から、お見舞《みま》い申《もう》し上《あ》げます。

大事なことは、ここから、どうしていくかです。落胆《らくたん》して、自暴自棄《じぼうじき》になったり、諦《あきら》めてしまうのか。それとも、〝負《ま》けるものか〟〝今こそ信心の力《ちから》を証明《しょうめい》するのだ〟と、敢然《かんぜん》と立ち上がるのかです。その一念《いちねん》で幸《こう》・不幸《ふこう》は大きく分かれます。

長い人生《じんせい》には、災害《さいがい》だけでなく、倒産《とうさん》、失業《しつぎょう》、病気、事故《じこ》、愛《あい》する人の死など、さまざまな窮地《きゅうち》に立つことがある。順調《じゅんちょう》なだけの人生などありえません。むしろ、試練《しれん》と苦難《くなん》の明《あ》け暮《く》れこそが人生であり、それが生きるということであるといっても、決して過言《かごん》ではない。

では、どうすれば、苦難《くなん》に負《ま》けずに、人生《じんせい》の真《しん》の勝利《しょうり》を飾《かざ》れるのか。

仏法には「変毒為薬《へんどくいやく》」つまり「毒《どく》を変《へん》じて薬《くすり》と為《な》す」と説《と》かれているんです。信心によって、どんな最悪《さいあく》な事態《じたい》も、功徳《くどく》、幸福へと転《てん》じていける

ことを示《しめ》した原理《げんり》です。これを大確信《だいかくしん》すること
です。
この原理《げんり》は、見方《みかた》を変えれば、成仏《じょうぶつ》、幸福とい
う「薬《くすり》」を得《え》るには、苦悩《くのう》という「毒《どく》」を克服《こくふく》し
なければならないことを示《しめ》しています。いわば、
苦悩は、幸福の花を咲《さ》かせゆく種子《しゅし》なんです。だ
から、苦難《くなん》を恐《おそ》れてはなりません。敢然《かんぜん》と立ち向
かっていくことです。
私たちは、仏《ほとけ》の生命を具《そな》え、末法《まっぽう》の衆生《しゅじょう》を救済《きゅうさい》
するために出現《しゅつげん》した、地涌《じゆ》の菩薩《ぼさつ》です。その私た
ちが、行き詰《づ》まるわけがないではありませんか。
人は、窮地《きゅうち》に陥《おちい》ったから不幸《ふこう》なのではない。絶《ぜつ》
望《ぼう》し、悲観《ひかん》することによって不幸になるんです。
もう一つ大事《だいじ》なことは、自分が今、窮地《きゅうち》に陥《おちい》り、
苦悩《くのう》しているのはなんのためかという、深い意味《いみ》
を知ることです。もし、災害《さいがい》に遭《あ》った同志《どうし》の皆《みな》さ
んが、堂々《どうどう》と再起《さいき》していくことができれば、変毒《へんどく》
為薬《いやく》の原理《げんり》を明《あき》らかにし、仏法の偉大《いだい》さを社会
に示《しめ》すことができる。実《じつ》は、そのための苦難《くなん》なん
です。
どうか被災《ひさい》した方々《かたがた》にこうお伝《つた》えください。
「断《だん》じて苦難《くなん》に負《ま》けないでください。必《かなら》ず乗《の》り
越《こ》え、勝ち越えてください。私は真剣《しんけん》に題目を送
り続けております」と。

15-17 自然災害《しぜんさいがい》に際《さい》しての励《はげ》まし

近年、世界中で大規模《だいきぼ》な自然災害《しぜんさいがい》が頻《ひん》発《ぱつ》しています。日本でも、阪神《はんしん》・淡路大《あわじだい》震災《しんさい》（一九九五年一月十七日）と東日本大震災（二〇一一年三月十一日）という、甚《じん》大《だい》な被害《ひがい》をもたらした大地震が発生《はっせい》しました。池田先生は、阪神・淡路大震災では、重要《じゅうよう》な講演《こうえん》を控《ひか》えた海外への出発を遅《おく》らせて激励《げきれい》の手を打ち、飛行機のなかからも励《はげ》ましを送りました。そして、海外から関西に直行し、陣頭指揮《じんとうしき》で激励を続けました。また、東日本大震災に際《さい》しても、被災《ひさい》した同志《どうし》へ幾度《いくど》も励ましのメッセージを送り続けました。

ここでは、自然災害《しぜんさいがい》と闘《たたか》う全世界の同《どう》志《し》への励《はげ》ましとして、それぞれ、代表的《だいひょうてき》な内容《ないよう》を紹介《しょうかい》します。

池田先生の指針

〈阪神《はんしん》・淡路大震災《あわじだいしんさい》に際《さい》して〉

阪神大震災《はんしんだいしんさい》以来《いらい》、私は毎日、亡《な》くなった、すべての方々《かたがた》の追善《ついぜん》をしています。学会員はもちろん、すべての方々に題目を送らせていただいています。

日蓮大聖人は、亡《な》くなられた門下《もんか》について、「いきて《生》をはしき時は生《せい》の仏《ほとけ》・今は死《し》の仏・生死《しょうじ》ともに仏なり」（御書一五〇四ページ）——生きておられた時は生の仏、今は死の仏であり、生死ともに仏です――と仰《おお》せです。
必《かなら》ず家族の方々《かたがた》を見守っておられるし、すぐに新たな生命で生まれてこられるに違《ちが》いありません。

大切なことは、今、生きている私どもが、希望《きぼう》をもち、幸福になっていくことです。その姿《すがた》が、そのまま、生死不二《しょうじふに》で、故人《こじん》の生命に喜《よろこ》びの波動《はどう》を与《あた》えていくのです。また、故人の成仏《じょうぶつ》の証明《しょうめい》になっていくのです。

悲《かな》しみに負《ま》ければ、故人《こじん》が悲しみます。「生《せい》も仏《ほとけ》」「死《し》も仏」なのです。いつも、一緒《いっしょ》なのです。一体《いったい》なのです。

「変毒為薬《へんどくいやく》」の仏法です。

「大悪《だいあく》をこ《起》れば大善《だいぜん》きたる」（御書一三〇〇㌻）の信心です。

「冬《ふゆ》は必《かなら》ず春《はる》となる」（御書一二五三㌻）の法華《ほけ》経《きょう》です。

「現当二世《げんとうにせ》」のための妙法です。

今、現《げん》に、こうして生きている一日一日を大切に生《い》き抜《ぬ》いていくことが、仏法の本義《ほんぎ》にかなった正道《せいどう》なのです。

大聖人は「いのちと申《もう》す物《もの》は一切《いっさい》の財《たから》の中に第一《だいいち》の財なり」（御書一五九六㌻）――命というものは、一切の宝の中の第一の宝である――と教えておられる。

命ある限《かぎ》り、自分は〝宇宙《うちゅう》の全財宝《ぜんざいほう》よりも素晴《すば》らしい財産《ざいさん》をもっているんだ〟と自覚《じかく》していただきたい。そして、その財宝を限りなく輝《かがや》かせていくのが妙法の信心の力《ちから》なのです。

しかも大聖人は「極楽《ごくらく》百年の修行《しゅぎょう》は穢土《えど》の一日の功徳《くどく》に及《およ》ばず」（御書三二九㌻）と仰《おお》せです。

何の苦しみもない「極楽《ごくらく》」で百年間修行《しゅぎょう》するよ

りも、苦しみに満《み》ち満ちた「穢土《えど》(=汚れた国土《こくど》)」で一日修行するほうが、功徳《くどく》は大きいと言われているのです。

これは末法《まっぽう》の娑婆《しゃば》世界で仏道修行《ぶつどうしゅぎょう》する大功徳《だいくどく》を述《の》べられたものですが、苦労《くろう》の多い場所で頑張《がんば》ることのほうが、どれほど尊《とうと》いかがわかります。

また、何《なん》の挑戦《ちょうせん》も労苦《ろうく》もない人生《じんせい》が、どれほど虚《むな》しいことか。それに比《くら》べて、学会員としての「一日」がどれほど充実《じゅうじつ》し、大功徳《だいくどく》を積《つ》んでいることか、計《はか》り知《し》れないのです。

「池田名誉会長の語らい　御書は『希望の経典』」

(一九九五年二月六日、聖教新聞)

〈池田先生は、阪神《はんしん》・淡路大震災《あわじだいしんさい》から五年後、最《もっと》も被害《ひがい》が甚大《じんだい》だった地域《ちいき》の一つである神戸市長田区の長田文化会館を訪問《ほうもん》し、大震災で亡《な》くなられた方々《かたがた》の追《つい》善《ぜん》の勤行《ごんぎょう》を行うとともに、この地域に縁《えん》の深い〝大楠《だいなん》公《こう》〟の曲をピアノで奏《かな》で、心《こころ》から励《はげ》ましの言葉を送りました〉

よくここまで復興《ふっこう》されました。しかし、まだまだ、これからが大変でしょう。私も応援《おうえん》を続けます。一生涯《いっしょうがい》、お題目を送ります。

亡《な》くなられた同志《どうし》も、家族も、必《かなら》ず広宣流布の陣列《じんれつ》に元気に戻《もど》ってくることを確信《かくしん》してください。

人生《じんせい》は戦いです。幸福になるための戦いです。

しかし、何も困難《こんなん》がないことが幸福ではない。

仏法は「煩悩即菩提《ぼんのうそくぼだい》」と説《と》く。

日蓮大聖人は「南無妙法蓮華経と唱《とな》うるより外《ほか》の遊楽《ゆうらく》なきなり」(御書一一四三ページ)と仰《おお》せである。

だれでも、苦《くる》しみや、悩《なや》みがある。災難《さいなん》にあう。最《もっと》も大きなものは死《し》である。これは運命であり、どうしようもない人間の業《ごう》ともいえる。

しかし妙法を唱《とな》え、広布へ戦う人は、自身が妙法の当体《とうたい》となる。いかなる苦難《くなん》も、災難《さいなん》をも悠々《ゆうゆう》と乗《の》りきっていける力《ちから》を、毅然《きぜん》たる自分自身を、築《きず》くことができる。

そして死後《しご》も、その生命は大宇宙《だいうちゅう》に溶《と》け込《こ》み、妙法のリズムと合致《がっち》して、幸福の軌道《きどう》を進んでいける。

妙法は、生《い》き抜《ぬ》く活力《かつりょく》である。「年《とし》は・わか《若》うなり」（御書一一三五ページ）と仰《おお》せのごとく、生き生きと、人生《じんせい》の総仕上《そうしあ》げを飾《かざ》っていただきたい。柿《かき》の実《み》が真《ま》っ赤《か》に熟《じゅく》すように。荘厳《そうごん》に輝《かがや》く夕陽《ゆうひ》のように。

「南無妙法蓮華経は歓喜の中の大歓喜なり」（御書七八八ページ）である。

どうか朗《ほが》らかに！　朗らかな人には、だれもかなわない。そして忍耐《にんたい》をもって生《い》き抜《ぬ》いていただきたい。

一緒《いっしょ》に人生《じんせい》を生きましょう！　お元気で！

皆様方《みなさまがた》に、いつも、お題目を送ります。また、お会いしましょう！

長田文化会館でのスピーチ
（二〇〇〇年二月二十九日）

〈東日本大震災《だいしんさい》に際《さい》して〉

このたびの東日本大震災《だいしんさい》に際《さい》し、被災《ひさい》された皆《みな》様方《さまがた》に、重《かさ》ねて心《こころ》よりお見舞《みま》いを申《もう》し上《あ》げます。

大地震・大津波《おおつなみ》より六日目。安否《あんぴ》を確認《かくにん》できない方々《かたがた》も多数おられます。

皆様方《みなさまがた》の疲労《ひろう》も、さぞかし深いことでしょう。体調《たいちょう》を崩《くず》されぬよう、そして十方《じっぽう》の仏菩薩《ぶつぼさつ》から守《まも》りに護《まも》られますように、私も妻も、全国の同志《どうし》も、世界の同志も、一心不乱《いっしんふらん》に題目を送っております。

わが身《み》をなげうって救援《きゅうえん》・支援《しえん》に尽力《じんりょく》くださっている役員《やくいん》の方々《かたがた》、さらに地域《ちいき》の依怙依託《えこえたく》の皆様《みなさま》、誠《まこと》に誠にありがとうございます。

「一国《いっこく》の王とならむよりも、一人《ひとり》の人を救済《きゅうさい》するは大なる事業《じぎょう》なり」(「書簡」、『啄木全集7』所収、筑摩書房)とは、東北が生んだ青年詩人・石川啄木《いしかわたくぼく》の叫《さけ》びでありました。

私は最大《さいだい》の敬意《けいい》と感謝《かんしゃ》を表《ひょう》します。

御書には、災害《さいがい》に遭《あ》っても「心《こころ》を壊《やぶ》る能《あた》わず(=心は壊《こわ》せない)」(六五ジペー)と厳然《げんぜん》と示《しめ》されています。

「心の財《たから》」だけは絶対《ぜったい》に壊《こわ》されません。いかなる苦難《くなん》も、永遠《えいえん》に幸福になるための試練《しれん》であります。すべてを断固《だんこ》と「変毒為薬《へんどくいやく》」できるのが、この仏法であり、信心であります。

また、逝去《せいきょ》されたご親族《しんぞく》やご友人の追善回向《ついぜんえこう》を懇《ねんご》ろに行わせていただいております。本当《ほんとう》に残念《ざんねん》でなりませんが、生命は永遠《えいえん》であり、生死《しょうじ》を超《こ》えて題目で結《むす》ばれています。

妙法に連《つら》なる故人《こじん》は必《かなら》ず諸天《しょてん》に擁護《ようご》されて成仏《じょうぶつ》され、すぐに近くに還《かえ》ってこられます。これが仏法の方程式《ほうていしき》であります。

日蓮大聖人の御在世《ございせ》にも「前代未聞《ぜんだいみもん》」と言われる正嘉《しょうか》の大地震(=一二五七年)がありました。人々の悲嘆《ひたん》に胸《むね》を痛《いた》められ、大難《だいなん》の連続《れんぞく》の中、「立正安国《りっしょうあんこく》」という正義《せいぎ》と平和の旗《はた》を厳《げん》として打ち立ててくださったのであります。

大聖人は、「大悪《だいあく》をこ《起》れば大善《だいぜん》きたる」（御書一三〇〇ページ）と御断言《ごだんげん》になられました。

きょう「3・16」は、恩師・戸田城聖《じょうせい》先生が、この世から一切《いっさい》の不幸《ふこう》と悲惨《ひさん》を無《な》くすために、「広宣流布」を後継《こうけい》の青年に託《たく》された日であります。一段《いちだん》と強く広宣流布を誓願《せいがん》し、共々《ともども》に励《はげ》まし合《あ》い、支《ささ》え合いながら、この大災難《だいさいなん》を乗《の》り越《こ》え、勝ち越えてまいりたい。

断《だん》じて負《ま》けるな！　勇気《ゆうき》を持て！　希望《きぼう》を持て！　と祈《いの》り叫《さけ》んで、私のメッセージとさせていただきます。

「いかなる苦難も『心の財』は壊せない」

（二〇一一年三月十六日、聖教新聞）

〈東日本大震災《だいしんさい》の発生から二年後、池田先生は、難《なん》を乗《の》り越《こ》えて戦い続けている同志《どうし》に対して、寄《よ》り添《そ》うように万感《ばんかん》の思いを書き送りました〉

東日本大震災《だいしんさい》という未曾有《みぞう》の大災害《だいさいがい》が奪《うば》っていったものは、この宇宙《うちゅう》の全《すべ》ての宝《たから》に匹敵《ひってき》するほど、尊《とうと》いものばかりであった。

想像《そうぞう》を絶《ぜっ》する多くの方々《かたがた》が犠牲《ぎせい》になられた。愛《あい》してやまない家族、強い絆《きずな》で結《むす》ばれた同志《どうし》や友人、そして懐《なつ》かしく麗《うるわ》しき郷土《きょうど》……、取《と》り戻《もど》せるものなら、取り戻したいと、誰《だれ》もが願《ねが》わずにいられない。

震災《しんさい》の直後、私は胸《むね》をかきむしられる悲痛《ひつう》の念《ねん》を堪《こら》えながら、被災地《ひさいち》の同志《どうし》に、仏法の厳《げん》たる法《ほう》理《り》の上から、〝心《こころ》の財《たから》は絶対《ぜったい》に壊《こわ》されない！〟と申《もう》し上《あ》げさせていただいた。

今も、私は思う。

よくぞ、今日《きょう》まで生《い》き抜《ぬ》いてくださった。よくぞ、歯《は》を食《く》いしばって頑張《がんば》り抜いてくださった、と。

こうして生きて、生《い》き抜《ぬ》いている――それ自体《じたい》が、あまりにも尊《とうと》く、不思議《ふしぎ》な使命《しめい》の方々《かたがた》であられる。

亡《な》くなられた方《かた》も、皆様方《みなさまがた》が生きておられるからこそ、生死《しょうじ》を超《こ》えて、皆様方の胸中《きょうちゅう》で、共《とも》に生きていくことができるのだ。

日蓮大聖人は厳然《げんぜん》と仰《おお》せである。

――自分についても他人《たにん》についても、その生死《しょうじ》はわからないけれども、重々《じゅうじゅう》に心《こころ》して、あなたの御臨終《ごりんじゅう》の際《さい》、今世《こんぜ》の生《せい》を終《お》えた後《のち》には、日蓮が必《かなら》ず迎《むか》えにまいるであろう――と（御書一五五八ページ、通解）。


大聖人は、誉《ほま》れ高く生《い》き抜《ぬ》いた一人《ひとり》一人を、そして亡《な》くなられた尊《とうと》き同志《どうし》たちを、御本仏《ごほんぶつ》の慈眼《じげん》で見守《みまも》ってくださっている。一人ももれなく断固《だんこ》と擁護《ようご》してくださっている。

生《せい》も、死《し》も、大聖人と御一緒《ごいっしょ》に！――これが、永遠不滅《えいえんふめつ》の妙法を持《たも》つ、我《われ》らの常楽我浄《じょうらくがじょう》の旅《たび》なのである。


「随筆 我らの勝利の大道」「福光 燦たる東北」

（二〇一三年三月十一日、聖教新聞）

第十六章　仏法は勝負《しょうぶ》

「仏法は勝負《しょうぶ》」――なぜ仏法は勝負を重《おも》んじるのか。何と戦い、何に勝《か》つのか。仏法で説《と》く魔《ま》の本質《ほんしつ》は何か。勝利《しょうり》の人生《じんせい》のために何が大切か。本章では、これらの重要《じゅうよう》な哲学《てつがく》を池田先生の指針《ししん》から学んでいきます。

ここでは、御書を拝《はい》し、胸中《きょうちゅう》の魔《ま》との戦いに勝《か》つことが根本《こんぽん》であると強調《きょうちょう》しています。

16-1　仏法は勝負、人生《じんせい》も勝負

「闇《やみ》が深ければ深いほど暁《あかつき》は近い」「朝の来《こ》ない夜はない。必《かなら》ず朝が来ると信じるのが仏法である」――池田先生の不滅《ふめつ》の指導《しどう》です。

人間革命の前進には、さまざまな困難《こんなん》や障害《しょうがい》が立ちはだかります。それらに向き合い、怯《ひる》まずに挑戦《ちょうせん》し続けるなかでこそ、わが胸中《きょうちゅう》に仏《ほとけ》の生命が燦然《さんぜん》と輝《かがや》いていくことを、池田先生は繰《く》り返《かえ》し強調《きょうちょう》してきました。

『御書の世界』

池田先生の指針

「仏法は勝負《しょうぶ》」という原理《げんり》は、表現《ひょうげん》はさまざまですが、大聖人の御書全編《ごしょぜんぺん》にわたって拝《はい》することができる。なかんずく、端的《たんてき》な表現《ひょうげん》として「四条《しじょう》金吾殿御返事《きんごどのごへんじ》」（別名「世雄御書《せおうごしょ》」）に「仏法と申《もう》すは勝負をさきとし」（御書一一六五ページ）と明快《めいかい》に仰《おお》せです。牧口先生も、この仰せを引用し、ここに「宗教の生命」があると述《の》べられている。（『牧口常三郎全集10』）

仏法は勝負《しょうぶ》であり、人生《じんせい》も勝負です。

仏法は、仏《ほとけ》と魔《ま》との戦いという生命の根本《こんぽん》の闘《とう》争《そう》に万人《ばんにん》が勝《か》っていけるために説《と》かれたと言っても過言《かごん》ではない。

魔《ま》を打《う》ち破《やぶ》って成仏《じょうぶつ》を遂《と》げるか、魔に負けて迷《めい》妄《もう》の人生《じんせい》を送るか。人生における仏法の意義《いぎ》は、究極《きゅうきょく》するところ、この根本的《こんぽんてき》な勝負《しょうぶ》に勝《か》つことにあるのです。

この仏法究極《きゅうきょく》の生《い》き方《かた》においては、人生《じんせい》のあらゆる局面《きょくめん》は、勝負《しょうぶ》、勝負の連続《れんぞく》になる。それがまた、人生の実相《じっそう》です。

そして、この戦いに挑戦《ちょうせん》する人にとっては、人《じん》生《せい》に起《お》こるさまざまなことは、それが世間《せけん》のことであっても、すべて仏道修行《ぶつどうしゅぎょう》に通じていく。すなわち「仏法は勝負《しょうぶ》」との原理《げんり》に適《かな》っていくのです。

大聖人は「仏《ほとけ》をば世雄《せおう》と号《ごう》し」（同ページ）と仰《おお》せです。「世雄」とは現実《げんじつ》社会における勇者《ゆうしゃ》のことです。勇敢《ゆうかん》に魔《ま》と戦い、しかも仏界《ぶっかい》の生命力《せいめいりょく》を現《あらわ》しながら、世間法《せけんほう》のなかで正しく生《い》き抜《ぬ》いていくのが仏です。

大聖人が在家《ざいけ》の門下《もんか》の中心者である四条金吾《しじょうきんご》に「仏法は勝負《しょうぶ》」と教えられているのは、仏《ほとけ》の「世《せ》雄《おう》」の生《い》き方《かた》を継《つ》ぐのが、仏法者であることを示《しめ》されていると拝《はい》することができます。

「仏法は勝負《しょうぶ》」といっても、結局《けっきょく》、何によって勝《か》つのか。それは「心《こころ》」です。

「仏法は勝負《しょうぶ》」と強調《きょうちょう》されているのは、いかなる困難《こんなん》にも立ち向かっていく強靭《きょうじん》な心《こころ》をもて、ということです。臆病《おくびょう》な心では、胸中《きょうちゅう》の魔《ま》にも、社会の魔にも勝てないからです。「臆病にては叶《かな》うべからず」（御書一一九三㌻）です。

〝わが門下《もんか》よ、断《だん》じて世間《せけん》の荒波《あらなみ》に負《ま》けるな〟〝卑劣《ひれつ》な魔軍《まぐん》に負けるな〟という、大聖人の万感《ばんかん》こもる励《はげ》ましです。

「法華経《ほけきょう》に勝《まさ》る兵法《へいほう》なし」の原理《げんり》もそうです。

「法華経《ほけきょう》の信心」とは、観念論《かんねんろん》でも抽象論《ちゅうしょうろん》でもない。現実《げんじつ》の社会で勝利《しょうり》するための具体的《ぐたいてき》な智慧《ちえ》を発揮《はっき》しゆくものでなくてはなりません。

大聖人御自身《ごじしん》が、師子王《ししおう》の心《こころ》で、勝利《しょうり》また勝利の大闘争《だいとうそう》を続けてこられた。

決定《けつじょう》した一念《いちねん》にこそ諸天善神《しょてんぜんじん》も動くのです。

「諸天善神《しょてんぜんじん》等は日蓮に力《ちから》を合《あわ》せ給《たも》う故《ゆえ》に竜口《たつのくち》までもかちぬ、其《そ》の外《ほか》の大難《だいなん》をも脱《まぬか》れたり」（御書八四三㌻）と仰《おお》せです。偉大《いだい》なる勝利宣言《しょうりせんげん》です。

人生《じんせい》も、生活も、社会も、変化《へんか》、変化の連続《れんぞく》です。そして、変化は、良く変わるか悪く変わるか、中途半端《ちゅうとはんぱ》はない。

だからこそ、信仰《しんこう》も勝負《しょうぶ》、宗教も勝負、勝負を決する以外にないのです。

16-2 人間革命とは自分との戦い

人間革命は常《つね》に自分との戦いであり、信心を妨《さまた》げようとする魔《ま》の働《はたら》きとの闘《とう》争《そう》です。だからこそ、「仏法は勝負《しょうぶ》」とは、自分自身との戦いに勝《か》つことであると呼《よ》び掛《か》けています。

池田先生の指針

「男子青年部幹部会」(一九九〇年六月二十六日、東京)

「仏法は勝負《しょうぶ》」ということについて、少々、申《もう》し上《あ》げておきたい。

戸田先生は、よく教えられた。

「信心は、人間の、また人類《じんるい》の行き詰《づ》まりとの戦いだよ。魔《ま》と仏《ほとけ》との闘争《とうそう》が信心だ。それが仏法は勝負《しょうぶ》ということだ」と。

前進していれば、当然《とうぜん》、行き詰《づ》まる場合がある。その時は、いちだんと題目をあげ、行動することだ。そうすれば、また必《かなら》ず大きく境涯《きょうがい》が開けてくる。ふたたび前に進んでいける。この限《かぎ》りなき繰《く》り返《かえ》しが信心である。

その自分との戦い、行き詰《づ》まりとの戦い、魔《ま》との闘争《とうそう》に、勝《か》つか負《ま》けるか、それが〝勝負《しょうぶ》〟なのである。

しのぎをけずるような厳《きび》しき自己《じこ》との闘争《とうそう》を忘《わす》れれば、もはや堕落《だらく》である。遊戯《ゆうぎ》である。ぬるま湯にひたっているような安逸《あんいつ》は、もはやそれ自《じ》体《たい》、敗北《はいぼく》の姿《すがた》なのである。

日蓮大聖人は仰《おお》せである。

「夫れ仏法と申《もう》すは勝負《しょうぶ》をさきとし、王法《おうほう》と申すは賞罰《しょうばつ》を本《もと》とせり、故《ゆえ》に仏《ほとけ》をば世雄《せおう》と号《ごう》し王をば自在《じざい》となづけたり」(御書一一六五ジベー)

——そもそも仏法というのは勝負《しょうぶ》を第一とし、王法《おうほう》(＝政治《せいじ》、社会)というのは賞罰《しょうばつ》を根本《こんぽん》とする。ゆえに仏《ほとけ》を「世雄《せおう》」と号《ごう》し、王を「自在《じざい》」と名づける——。

賞罰《しょうばつ》にはランクがあり、相対的《そうたいてき》なものである。百点のうち十点とか六十点とか、また勲章《くんしょう》の等級とか、〝より良い〟また〝より悪《わる》い〟と比較《ひかく》できるのが賞罰《しょうばつ》である。

これに対し、勝負《しょうぶ》とは絶対的《ぜったいてき》なものである。勝《か》つか、負《ま》けるか。中間《ちゅうかん》はない——。

仏《ほとけ》とは、この勝負《しょうぶ》に〝勝《か》った人〟のことである。「世雄《せおう》」とは、人間の世《よ》(＝世間《せけん》)にあって、最強《さいきょう》の勇者《ゆうしゃ》ということである。

このほか仏典《ぶってん》には、〝仏《ほとけ》の別称《べっしょう》(＝別名)〟として、次のような表現《ひょうげん》が使われている。「戦勝《せんしょう》」「勝《しょう》導師《どうし》」「勝陣《しょうじん》」「勝他《しょうた》」「勝他幢《しょうたどう》」(＝幢とは、はたほこ、王将《おうしょう》である象徴《しょうちょう》)。また「健勝破陣《けんしょうはじん》」すなわち魔軍《まぐん》の陣《じん》を破《やぶ》り、勝《か》つ健者《けんじゃ》、勇者《ゆうしゃ》。「十力降魔《じゅうりきごうま》軍《ぐん》」すなわち十の力《ちから》で魔軍を降《くだ》し全滅《ぜんめつ》させる強者《きょうしゃ》——これが、仏なのである。

すなわち、魔《ま》との勝負《しょうぶ》に「勝《か》つリーダー」(勝導《しょうどう》師《し》)こそ仏《ほとけ》だというのである。勝ってこそ仏法、勝ってこそ信心なのである。

魔軍《まぐん》との戦いについて、大聖人は、こう描写《びょうしゃ》されている。

「第六天《だいろくてん》の魔王《まおう》・十軍《じゅうぐん》のいくさを・をこして・法華経《ほけきょう》の行者《ぎょうじゃ》と生死海《しょうじかい》の海中《かいちゅう》にして同居穢土《どうこえど》を・とられじ・うばはんと・あらそう、日蓮其《そ》の身《み》に

あひあたりて大兵《たいへい》を・をこして二十余年《にじゅうよねん》なり、日蓮一度《いちど》もしりぞく心《こころ》なし」（御書一二二四ジペー）

――第六天《だいろくてん》の魔王《まおう》が、十の軍隊《ぐんたい》をもって戦争を起《お》こし、法華経《ほけきょう》の行者《ぎょうじゃ》と〝生死《しょうじ》の苦《くる》しみの海〟の中で、同居穢土《どうこえど》（娑婆《しゃば》世界のように、六道《ろくどう》の凡夫《ぼんぷ》と四聖《ししょう》〈＝声聞《しょうもん》・縁覚《えんがく》・菩薩《ぼさつ》・仏《ほとけ》〉が同居《どうきょ》する国土《こくど》）を、「取られまい」「奪《うば》おう」と争《あらそ》う。日蓮は、その身《み》にあたって、仏の大軍《たいぐん》を起こして二十余年《よねん》になる。その間一度《あいだいちど》も、退《しりぞ》く心《こころ》はない――。

魔《ま》の十軍《じゅうぐん》とは、煩悩《ぼんのう》の軍隊《ぐんたい》のことである。『大《だい》智度論《ちどろん》』（大正新脩大蔵経25巻）では次の十種を挙《あ》げている。

すなわち――。

①欲《よく》。五欲《ごよく》にとらわれて、修行《しゅぎょう》を怠《おこた》るようになる。

②憂愁《うしゅう》。気がふさぎ、ものうくなってくる。

③飢渇《けかち》。うえとかわきにさいなまれる。

④渇愛《かつあい》。愛欲《あいよく》や執着《しゅうちゃく》によって堕落《だらく》していく。異《い》性《せい》への愛着《あいちゃく》や、酒などの快楽《かいらく》におぼれる姿《すがた》も、これに関係《かんけい》していよう。

⑤睡眠《すいみん》。まったく眠《ねむ》るということではなく、惰眠《だみん》を続けるような真剣《しんけん》でない生活であり、態度《たいど》といえよう。眠りをさくような向上《こうじょう》への努力《どりょく》もせず、要領《ようりょう》よく生きていく人生《じんせい》をも含《ふく》むかもしれない。

⑥怖畏《ふい》。おそれに負《ま》けて臆病《おくびょう》になる。

⑦疑悔《ぎけ》。修行者《しゅぎょうしゃ》をそそのかして、疑《うたが》いと悔《く》いを起《お》こさせる。

⑧瞋恚《しんに》。怒《いか》りの心《こころ》によって、修行《しゅぎょう》が妨《さまた》げられる。

⑨利養虚称《りようこしょう》。名利《みょうり》と虚名《きょめい》にとらわれて、成仏《じょうぶつ》への道を踏《ふ》みはずす。

⑩自高蔑人《じこうべつにん》。自己《じこ》を高くし、人を見くだす。

これは、これまでの反逆者《はんぎゃくしゃ》に共通《きょうつう》する傲慢《ごうまん》な生命であった。また彼《かれ》らは、要《よう》するに、この十の魔《ま》軍《ぐん》にみずから敗《やぶ》れ、捕《と》らわれて、向こうの陣《じん》についてしまった者たちである。

この魔軍《まぐん》を打《う》ち破《やぶ》る武器《ぶき》は何か。それはただ一つ、信心の利剣《りけん》以外にはない。

ゆえに広布のリーダーは、第一に〝信心強き〟勇者《ゆうしゃ》でなければならない。そうでなければ、どんなに優秀《ゆうしゅう》なリーダーに見えたとしても、根本的次元《こんぽんてきじげん》における魔《ま》との〝生命の戦い〟に勝利《しょうり》することはできない。

「信心」が強いかどうか、それが真《しん》の強者《きょうしゃ》か否《いな》かの基準《きじゅん》なのである。

ともあれ、この御文《ごもん》のとおり、宇宙《うちゅう》という「生《しょう》死《じ》の海」(＝苦《くる》しみの海)を舞台《ぶたい》に、仏《ほとけ》と魔《ま》との壮《そう》絶《ぜつ》な戦いが繰《く》り広げられていると、大聖人は仰《おお》せである。

宇宙全体《うちゅうぜんたい》が〝勝負《しょうぶ》の世界〟なのである。

創造《そうぞう》の力《ちから》と破壊《はかい》の力。〝調和《コスモス》〟へのエネルギーと〝混乱《カオス》〟への乱気流《らんきりゅう》。〝結《むす》びつける〟慈愛《じあい》の力と〝切《き》り離《はな》す〟憎悪《ぞうお》の力。生と死、光《ひかり》と闇《やみ》、幸福と不幸《ふこう》、前進と後退《こうたい》、上昇《じょうしょう》と下降《かこう》、開放《かいほう》と閉鎖《へいさ》、希望《きぼう》と絶望《ぜつぼう》、〝生かす〟エネルギーと〝殺《ころ》す〟衝《しょう》動《どう》――。

幸福になりゆく法則《ほうそく》に従《したが》うか、反対に、黒い不《ふ》幸《こう》の世界に化《か》していく天魔《てんま》に従属《じゅうぞく》してしまうかである。

絶対《ぜったい》に私どもは、永遠《えいえん》に幸福になりゆく法則《ほうそく》に従《したが》い、崩《くず》れざる常楽《じょうらく》の世界をつくりゆかねばならない。これが仏法者の使命《しめい》である。

16-3 釈尊《しゃくそん》の「己心《こしん》の魔《ま》」との戦い

小説『新・人間革命』には、極端《きょくたん》な苦《く》行《ぎょう》では悟《さと》りは得《え》られないことを知った釈《しゃく》尊《そん》が、菩提樹《ぼだいじゅ》の下で成道《じょうどう》する場面が描《えが》かれています。それは、無明《むみょう》という己心《こしん》の魔《ま》を打《う》ち破《やぶ》りゆく仏法勝負《しょうぶ》のドラマでもありました。

池田先生の指針

『新・人間革命3』（「仏陀」の章）

菩提樹《ぼだいじゅ》の下で、釈尊《しゃくそん》の思惟《しゆい》は続いた。仏伝《ぶつでん》によれば、この時、悪魔《あくま》が釈尊《しゃくそん》を誘惑《ゆうわく》したとある。その誘惑の方法は仏伝によって異《こと》なるが、優《やさ》しく語りかけたとしているものもあることは興味深《きょうみぶか》い。

〝お前はやせ細《ほそ》り、顔色《かおいろ》も悪い。まさに死《し》に瀕《ひん》している。このまま瞑想《めいそう》を続ければ、生きる望《のぞ》みは千に一つしかない……〟

悪魔《あくま》は、まず生命の危機《きき》を説《と》き、生きることを促《うなが》したあと、バラモンの教えに従《したが》っていれば、そんな苦労《くろう》をすることなく、多くの功徳《くどく》を積《つ》むことができると説得《せっとく》する。そして、釈尊《しゃくそん》のやっていることは、無意味《むいみ》であると語るのである。それは、己心《こしん》の激《はげ》しい葛藤劇《かっとうげき》であったと捉《とら》えることができる。

釈尊《しゃくそん》は迷《まよ》い、心《こころ》は千々《ちぢ》に乱《みだ》れた。体力《たいりょく》も消耗《しょうもう》し、衰弱《すいじゃく》のなかで、死《し》への恐怖《きょうふ》もわいてきたのであろう。また、あの激《はげ》しい苦行《くぎょう》からも、何も得《え》られなかっただけに、今の努力《どりょく》も、結局《けっきょく》は無駄《むだ》ではないかという思いも、頭をもたげてきたであろう。

ともあれ、欲望《よくぼう》への執着《しゅうちゃく》が、飢《う》えが、眠気《ねむけ》が、恐怖《きょうふ》が、疑惑《ぎわく》が、彼《かれ》を襲《おそ》った。

魔《ま》とは、正覚《しょうかく》への求道《きゅうどう》の心《こころ》を悩乱《のうらん》させようとする煩悩《ぼんのう》の働《はたら》きである。それは、世俗的《せぞくてき》な欲望《よくぼう》への執着《しゅうちゃく》となって生《しょう》じることもあれば、肉体的《にくたいてき》な飢《う》えや眠気《ねむけ》となって現《あらわ》れることもある。あるいは、不《ふ》安《あん》や恐怖《きょうふ》、疑惑《ぎわく》となって、心をさいなむこともある。

そして、人間はその魔《ま》に惑《まど》わされる時には、必《かなら》ず自己《じこ》の挫折《ざせつ》を、なんらかのかたちで正当化《せいとうか》しているものである。しかも、それこそが、理《り》に適《かな》ったことのように思えてしまう。

たとえば、釈尊《しゃくそん》の〝こんなことをしても、悟《さと》りなど得《え》られないのではないか〟という考えは、それまで大悟《だいご》を得た人などいないだけに、一面《いちめん》、妥《だ》当《とう》なことのように思えよう。

魔《ま》は「親の想《おもい》を生《な》す」(御書九一七ジベー)といわれるが、往々《おうおう》にして魔は、自分の弱さや感情《かんじょう》を肯定《こうてい》する常識論《じょうしきろん》に、すがる気持ちを起《お》こさせるものだ。

だが、釈尊《しゃくそん》は、それが魔《ま》であることを見破《みやぶ》り、生命力《せいめいりょく》を奮《ふる》い起《お》こし、雑念《ざつねん》を払《はら》うと、高らかに叫《さけ》んだ。

「悪魔《あくま》よ、怯者《きょうしゃ》はお前に敗《やぶ》れるかもしれぬが、勇者《ゆうしゃ》は勝つ。私は戦う。もし敗れて生きるより、戦って死《し》ぬほうがよい!」

すると、彼《かれ》の心《こころ》は、再《ふた》び平静《へいせい》を取《と》り戻《もど》した。辺《あた》りは、夜の静寂《せいじゃく》に包《つつ》まれ、満天《まんてん》の星《ほし》が、澄《す》んだ光《ひかり》を地上に投げかけていた。

魔《ま》を克服《こくふく》した釈尊《しゃくそん》の心《こころ》はすがすがしかった。精《せい》神《しん》は澄《す》み渡《わた》り、晴れた空のように一点の曇《くも》りもなかった。

彼《かれ》は三世《さんぜ》にわたる生命の永遠《えいえん》を覚知《かくち》したのである。

その時、生まれて以来《いらい》、心《こころ》の底深《そこふか》く澱《おり》のように沈《しず》んでいた、あらゆる不安《ふあん》や迷《まよ》いが消え去っていた。自己《じこ》という存在《そんざい》の、微動《びどう》だにしない深い根《ね》にたどりついたのだ。

彼《かれ》は、無明《むみょう》の闇《やみ》が滅《めっ》して、智慧《ちえ》の光明《こうみょう》がわが生命を照《て》らし出すのを感じていた。そして山頂《さんちょう》から四方《しほう》を見渡《みわた》すかのように、彼の境地《きょうち》は開かれていった。

法楽《ほうらく》を味わった釈尊《しゃくそん》は、しばらくすると、深い悩《なや》みに沈《しず》んだ。それは新しい苦悩《くのう》であった。彼《かれ》は木陰《こかげ》に座《すわ》り、何日も考えていた。

〝この法《ほう》を説《と》くべきか、説かざるべきか……〟

彼《かれ》の悟《さと》った法《ほう》は、いまだかつて、誰《だれ》も聞いたこともなければ、説《と》かれたこともない無上《むじょう》の大法《だいほう》である。光輝満《こうきみ》つ彼の生命の世界と、現実《げんじつ》の世界とは、あまりにもかけ離《はな》れていた。

人びとは病《やまい》を恐《おそ》れ、老《お》いを恐れ、死《し》を恐れ、欲《よく》望《ぼう》に身《み》を焼《や》き、互《たが》いに争《あらそ》い合《あ》い、苦悩《くのう》している。それは「生命の法《ほう》」を知らぬがゆえである。しかし、衆生《しゅじょう》のために法を説《と》いたとしても、誰一人《だれひとり》として、理解《りかい》できないかもしれない。

釈尊《しゃくそん》は孤独《こどく》を感じた。それは未聞《みもん》の法《ほう》を得《え》た者《もの》のみが知る、「覚者《かくしゃ》の孤独」であった。

ある仏伝《ぶつでん》によれば、この時も悪魔《あくま》が現《あらわ》れ、釈尊《しゃくそん》を苦しめたとされる。それは、法《ほう》を説《と》くことを思いとどまらせようとする、己心《こしん》の魔との戦いと解《かい》せよう。

釈尊《しゃくそん》は布教《ふきょう》に突《つ》き進《すす》むことに、なぜか、逡巡《しゅんじゅん》と戸惑《とまど》いが込《こ》み上《あ》げてきてならなかった。

彼《かれ》は悩《なや》み、迷《まよ》った。魔《ま》は、仏陀《ぶっだ》となった釈尊《しゃくそん》に対しても、心《こころ》の間隙《かんげき》を突《つ》くようにして競《きそ》い起《お》こり、さいなみ続けたのである。

「仏《ほとけ》」だからといって、決して、特別《とくべつ》な存在《そんざい》になるわけではない。悩《なや》みもあれば、苦しみもある。病《やまい》にもかかる。そして、魔《ま》の誘惑《ゆうわく》もあるのだ。ゆえに、この魔と間断《かんだん》なく戦い、行動し続ける勇者《ゆうしゃ》が「仏」である。反対に、いかなる境涯《きょうがい》になっても、精進《しょうじん》を忘《わす》れれば、一瞬《いっしゅん》にして信仰《しんこう》は破《やぶ》られてしまうことを知らねばならない。

仏伝《ぶつでん》では、逡巡《しゅんじゅん》する釈尊《しゃくそん》の前に、梵天《ぼんてん》（＝正法《しょうほう》を行《ぎょう》ずる者《もの》を守護《しゅご》する諸天善神《しょてんぜんじん》）が現《あらわ》れ、あまねく人びとに法《ほう》を説《と》くように懇請《こんせい》したとある。それは、自己《じこ》の使命《しめい》を自覚《じかく》し、遂行《すいこう》しようとする釈尊の、不退《ふたい》の意志《いし》の力《ちから》を意味《いみ》しているといえよう。

彼《かれ》は、遂《つい》に決断《けつだん》する。

〝私は行こう！　教えを求《もと》める者《もの》は聞くだろう。汚《けが》れ少なき者は、理解《りかい》するだろう。迷《まよ》える衆《しゅ》生《じょう》のなかへ、行こう！〟

釈尊《しゃくそん》は、そう決めると、新しき生命の力《ちから》が込《こ》み上《あ》げてくるのを感じた。一人《ひとり》の偉大《いだい》な師子《しし》が、人《じん》類《るい》のために立ち上がった瞬間《しゅんかん》であった。

16-4 まず今日《きょう》、自分に勝《か》つこと

トインビー博士が池田先生との対談で強調《きょうちょう》した「自己超克《じこちょうこく》」の話を通して、一人一人《ひとり》が〝自分に勝《か》つ〟ことが、社会を変え、人類《じんるい》の歴史《れきし》を動かしていくという、人間革命の根本《こんぽん》を語っています。

池田先生の指針

「香港・マカオ最高協議会」

（二〇〇〇年十二月四日、香港）

この対談（＝『二十一世紀への対話』）でトインビー博士が強調《きょうちょう》されていたことは何か。

その一つは「自己超克《じこちょうこく》」ということであった。わかりやすく言えば、「自分に勝《か》つ」ということである。利己主義《りこしゅぎ》に支配《しはい》された小さな自分を乗《の》り越《こ》え、人々の幸福のために尽《つ》くしゆく、大いなる自分を開くことである。

人類《じんるい》の危機《きき》を転換《てんかん》していくためにも、この「自《じ》己超克《こちょうこく》」が不可欠《ふかけつ》であるというのが、二十世紀《せいき》最大《だい》の歴史家《れきしか》であるトインビー博士の洞察《どうさつ》であった。それは、まさに「人間革命」を意味しているといってよい。

博士は、「この自己《じこ》を超克《ちょうこく》する戦いは、一人一《ひとり》人の人間の行動のなかにあるのです」と言われていた。

それぞれが「自分に勝《か》つ」ことが、結局《けっきょく》、大きな社会の発展《はってん》につながり、やがて、人類《じんるい》の歴史《れきし》をも動かしていく。

二十一世紀《せいき》の新しい舞台《ぶたい》で、勝《か》ち抜《ぬ》いていくために、何が大事か。その勝負《しょうぶ》も、まず今日《きょう》、自分に勝つこと。今日、自分を革命していくことから始まると銘記《めいき》したい。

信仰《しんこう》は、無限《むげん》の力《ちから》の源泉《げんせん》である。

本来《ほんらい》、宗教は「文化の大地」である。

「生きる力《ちから》」「成長《せいちょう》する力」「勝利《しょうり》する力」「宿命《しゅくめい》を打開《だかい》する力」がわいてくる。「幸福になる源泉《げんせん》」が妙法なのである。

人間を手段《しゅだん》にするのでなく、人間が雄々《おお》しく立ち上がり、自身に勝利《しょうり》し、皆《みな》と喜《よろこ》びを分《わ》かちあっていくのが仏法なのである。

その正道《せいどう》を歩《あゆ》んでいるのは創価学会しかない。

科学の発展《はってん》も大事である。経済も、政治も、教育も当然《とうぜん》、大事である。しかし、もっとも大事な根本《こんぽん》は何か。

それは生命である。生命の変革《へんかく》こそが一切《いっさい》の土台となる。それを教えたのが釈尊《しゃくそん》であり、日蓮大聖人であられる。

大聖人は、宇宙《うちゅう》と生命を貫《つらぬ》く法則《ほうそく》を解《と》き明《あ》かし、皆《みな》が幸福に、平和に、慈愛《じあい》に満《み》ちて生きていける道を残《のこ》してくださった。

尊極《そんごく》の大法《だいほう》が妙法であり、それを持《たも》つ皆様《みなさま》は「世界の宝《たから》」の人である。

仏法の因果《いんが》は厳《きび》しい。ゆえに、妙法に生《い》き抜《ぬ》く人は、生々《しょうじょう》世々、健康《けんこう》で、美しく、裕福《ゆうふく》で、立派《りっぱ》なリーダーとして、社会に貢献《こうけん》し、人々に賛嘆《さんたん》されながら、大満足《だいまんぞく》の人生《じんせい》を楽しんでいけることを、どうか確信《かくしん》していただきたい。

16-5　「挑戦《ちょうせん》」と「応戦《おうせん》」

トインビー博士の「挑戦《ちょうせん》」と「応戦《おうせん》」の歴史観《れきしかん》に触《ふ》れながら、社会も個人《こじん》も、あらゆる苦難《くなん》と戦い続けていく生命力《せいめいりょく》が勝利《しょうり》の道を開くと語っています。

池田先生の指針

山梨婦人部幹部会へのメッセージ
（一九九七年九月三十日）

私の青春時代からのモットーは「波浪《はろう》は障害《しょうがい》にあうごとに、その頑固《がんこ》の度《ど》を増《ま》す（＝いよいよ強くなる）」であります。

じつは、これは、トインビー博士の歴史理念《れきしりねん》とも根本的《こんぽんてき》に通じております。

つまり、「挑戦《ちょうせん》」と「応戦《おうせん》」であります。何らかの課題《かだい》や障害《しょうがい》がある。その挑戦を受け止めて、自分がもっと強くなる（応戦する）――その生命《せいめい》力《りょく》があるかぎり、その文明は発展《はってん》するというのであります。

戦う生命力《せいめいりょく》がなくなった文明は衰亡《すいぼう》していきます。これを博士は、ゲーテの『ファウスト』を引いて、説明《せつめい》しております。（「文明の発生」下島連・山口光朔他訳、『歴史の研究2』所収、『歴史の研究』刊行会）

悪魔《あくま》に対して、すなわち戦うべき障害《しょうがい》に対して、ファウストは言います。

「もしおれが、これでいいという気になって安《あん》楽椅子《らくいす》に寝《ね》そべったら、おれは即座《そくざ》にほろびるが

いい」（『ファウスト　悲劇第一部』手塚富雄訳、中公文庫）

もう戦わなくていいんだ。もうゆっくりしていいんだ。もう拡大《かくだい》しなくても、成長《せいちょう》しなくてもいいんだ。そう思うようになったら、とたんに滅《ほろ》びていく。要約《ようやく》すれば、これが歴史《れきし》の鉄則《てっそく》だと、トインビー博士は論《ろん》じているのであります。

人生《じんせい》も同じであります。団体《だんたい》も同じであります。何かあればあるほど、それらと戦い、それらを取《と》り込《こ》んで、もっと強くなることができます。もっと大きくなることができます。

大聖人は仰《おお》せであります。

〃火に薪《たきぎ》を加《くわ》えれば、火はますます燃《も》えさかるではないか。多くの河《かわ》の流れが入らなければ大海《たいかい》もないのである〃（御書一四四八ジペー、趣意）と。

法華経《ほけきょう》の行者《ぎょうじゃ》は、火のごとく、大海《たいかい》のごとく、難《なん》のたびに強く、大きくなるのであります。

そういう生命力《せいめいりょく》で前進したところが、歴史《れきし》の勝利者《しょうりしゃ》となる。人生《じんせい》の勝利者となる。

要《よう》は、自分が強くなることです。学会を強くすることです。

御書に「心《こころ》の固《かた》きに仮《よ》りて神《かみ》の守《まも》り則《すなわ》ち強し」（一二二〇ジペーなど）――信心の心の固さによって、諸天善神《しょてんぜんじん》の守りも強くなる――と。

一次元《いちじげん》から言えば、これは「人だのみをするな」ということであります。

だれかが守ってくれるとか、だれかが味方《みかた》してくれるとか、そういう甘《あま》い考えは捨《す》てなさい。全部《ぜんぶ》、自分が強くなるしかない。自分が強くなってこそ、諸天善神《しょてんぜんじん》も守るのだ、勝《か》っていけるのだ――という文証《もんしょう》であります。

16-6 誓願《せいがん》の信心に立て

一九六〇年十月、池田先生はブラジルを初訪問《はつほうもん》しました。小説『新・人間革命』には、現地で開かれた座談会《ざだんかい》で、メンバー一人《ひとり》一人を抱《だ》きかかえるように励《はげ》ます場面が綴《つづ》られています。そのなかで、農業移住者《のうぎょういじゅうしゃ》として奮闘《ふんとう》する壮年に対して、誓願《せいがん》の信心が勝利《しょうり》の実証《じっしょう》をもたらすことを語っています。

池田先生の指針

『新・人間革命1』(「開拓者」の章)

四十過《す》ぎの一人《ひとり》の壮年が、兵士《へいし》のような口調《くちょう》で、緊張《きんちょう》して語り始めた。

「自分の仕事は農業《のうぎょう》であります!」

「どうぞ気楽《きらく》に。ここは、軍隊《ぐんたい》ではありませんから。みんな同志《どうし》であり、家族《かぞく》なんですから、自宅《じたく》でくつろいでいるような気持ちでいいんです」

笑《わら》いが弾《はじ》けた。日焼《ひや》けした壮年の顔にも、屈託《くったく》のない笑《え》みが浮《う》かんだ。

この壮年の質問《しつもん》は、新たに始めた野菜《やさい》づくりに失敗《しっぱい》し、借金《しゃっきん》が膨《ふく》らんでしまったが、どうすれば打開《だかい》できるかというものだった。

伸一は聞いた。

「不作《ふさく》になってしまった原因《げんいん》はなんですか」

「気候《きこう》のせいであったように思いますが……」

「同じ野菜《やさい》を栽培《さいばい》して、成功《せいこう》した方《かた》はいますか」

「ええ、います。でも、たいていの人が不作《ふさく》です」

「肥料《ひりょう》に問題《もんだい》はありませんか」

「……詳《くわ》しくはわかりません」

「手入《てい》れの仕方《しかた》には、問題《もんだい》はありませんか」

「…………」

「土壌《どじょう》と品種《ひんしゅ》との関係《かんけい》はどうですか」

「さあ……」

壮年は、伸一の問いに、ほとんど満足《まんぞく》に答えることができなかった。

〝この人は自分なりに、一生懸命《いっしょうけんめい》に働《はたら》いてきたにちがいない。しかし、誰《だれ》もが一生懸命なのだ。それだけで良しとしているところに、「甘《あま》さ」があることに気づいていない〟

伸一は、力強《ちからづよ》く語り始めた。

「まず、同じ失敗《しっぱい》を繰《く》り返《かえ》さないためには、なぜ、不作《ふさく》に終わってしまったのか、原因《げんいん》を徹底《てってい》して究明《きゅうめい》していくことです。成功《せいこう》した人の話を聞き、参考《さんこう》にするのもよいでしょう。そして、失敗しないための十分《じゅうぶん》な対策《たいさく》を立てることです。

真剣勝負《しんけんしょうぶ》の人には、常《つね》に研究《けんきゅう》と工夫《くふう》がある。それを怠《おこた》れば成功《せいこう》はない。信心をしていれば、自分の畑だけが、自然に豊作《ほうさく》になるなどと思ったら大《おお》間違《まちが》いです。仏法というのは、最高《さいこう》の道理《どうり》なんです。ゆえに、信心の強盛《ごうじょう》さは、人一倍、研究《けんきゅう》し、工夫し、努力《どりょく》する姿《すがた》となって表《あらわ》れなければなりません。

そして、その挑戦《ちょうせん》のエネルギーを湧《わ》き出《だ》させる源泉《げんせん》が真剣《しんけん》な唱題《しょうだい》です。それも〝誓願《せいがん》〟の唱題でなければならない」

「セイガンですか……」

壮年が尋《たず》ねた。皆《みな》、初《はじ》めて耳にする言葉であった。

伸一が答えた。

「〝誓願《せいがん》〟というのは、自《みず》ら誓《ちか》いを立てて、願《ねが》っていくことです。

祈《いの》りといっても、自《みず》らの努力《どりょく》を怠《おこた》り、ただ、棚《たな》からボタモチが落ちてくることを願《ねが》うような祈りもあります。それで良しとする宗教なら、人間をだめにしてしまう宗教です。

日蓮仏法の祈《いの》りは、本来《ほんらい》、〝誓願《せいがん》〟の唱題《しょうだい》なんです。その〝誓願〟の根本《こんぽん》は、広宣流布です。

つまり、〝私は、このブラジルの広宣流布をしてまいります。そのために、仕事でも必《かなら》ず見事な実証《じっしょう》を示《しめ》してまいります。どうか、最大《さいだい》の力《ちから》を発揮《はっき》できるようにしてください〟という決意の唱題《しょうだい》です。これが私たちの本来の祈《いの》りです。

そのうえで、日々、自分のなすべき具体的《ぐたいてき》な目標《もくひょう》を明確《めいかく》に定《さだ》めて、一つ一つの成就《じょうじゅ》を祈《いの》り、挑戦《ちょうせん》していくことです。その真剣《しんけん》な一念《いちねん》から、知恵《ちえ》が湧《わ》き、創意工夫《そういくふう》が生まれ、そこに成功《せいこう》があるんです。つまり、『決意』と『祈り』、そして『努力《どりょく》』と『工夫』が揃《そろ》ってこそ、人生《じんせい》の勝利《しょうり》があります。

一攫千金《いっかくせんきん》を夢見《ゆめみ》て、一山当《ひとやまあ》てようとしたり、うまい儲《もう》け話《ばなし》を期待《きたい》するのは間違《まちが》いです。それは、信心ではありません。それでは観念《かんねん》です。

仕事は生活を支《ささ》える基盤《きばん》です。その仕事で勝利《しょうり》の実証《じっしょう》を示《しめ》さなければ、信心即《そく》生活の原理《げんり》を立証《りっしょう》することはできない。どうか、安易《あんい》な姿勢《しせい》はいっさい排《はい》して、もう一度、新しい決意で、全力《ぜんりょく》を傾《かたむ》けて仕事に取り組んでください」

「はい。頑張《がんば》ります」

壮年の目には、決意がみなぎっていた。

伸一は、農業移住者《のうぎょういじゅうしゃ》の置《お》かれた厳《きび》しい立場をよく知っていた。そのなかで成功《せいこう》を収《おさ》めるためには、何よりも自己《じこ》の安易《あんい》さと戦わなくてはならない。敵《てき》はわが内《うち》にある。逆境《ぎゃっきょう》であればあるほど、人生《じんせい》の勝負《しょうぶ》の時と決めて、挑戦《ちょうせん》し抜《ぬ》いていくことである。そこに御本尊の功力《くりき》が現《あらわ》れるのだ。ゆえに逆境はまた、仏法の力《ちから》の証明《しょうめい》のチャンスといえる。

16-7 負《ま》けないことが勝《か》つこと

後継《こうけい》の女子部の友《とも》に向けて、〝負《ま》けないことが勝《か》つこと〟という「負けじ魂《だましい》」の生《い》き方《かた》を呼《よ》び掛《か》けています。

池田先生の指針

「随筆　人間世紀の光」

（「『女性の世紀』の若き旭日」、『池田大作全集136』）

負《ま》けるなよ
強き心《こころ》に
幸福が

信心は、即生活《そく》である。

仏法は、即《そく》社会である。

ゆえに、生活に勝《か》ち、社会に勝ち、自分自身が幸福にならない信心や仏法はあり得《え》ないのだ。

信行学《しんぎょうがく》を通して、仏《ほとけ》の御聖訓《ごせいくん》を実践《じっせん》し、一日一日、忍耐強《にんたいづよ》く希望《きぼう》に燃《も》えて、心《こころ》も弾《はず》ませながら、勝利《しょうり》と幸福の山へ登っていくのだ。

自分の幸福は当然《とうぜん》のこととして、人生《じんせい》の目的《もくてき》は、人びとの幸福と正義《せいぎ》のために、生《い》き抜《ぬ》くことだ。戦い抜くことだ。そして、勝《か》つことだ。

皆《みな》、悩《なや》みがある。悲《かな》しみがある。苦《くる》しみがある。しかし、「煩悩《ぼんのう》」は即《そく》「菩提《ぼだい》」である。大きく悩んだ分だけ、大きく境涯《きょうがい》が広がる。これが、妙法の原理《げんり》だ。

たとえ地獄《じごく》の業火《ごうか》のような逆境《ぎゃっきょう》に立たされたとしても、そこを必《かなら》ず幸福の寂光土《じゃっこうど》へと転換《てんかん》できるのだ。

苦悩《くのう》が何もないことが幸《しあわ》せなのではない。負《ま》けないこと、耐《た》えられることが、幸せである。

重圧《じゅうあつ》を受け「あの人は大変だ」と周《まわ》りから言われても、平然《へいぜん》と、また悠然《ゆうぜん》と、使命《しめい》のわが道を歩《あゆ》み抜《ぬ》くことだ。そこにこそ「能忍《のうにん》」（能《よ》く忍《しの》ぶ）という、強い強い仏《ほとけ》の生命の力《ちから》がわいてくるのだ。

一番《いちばん》、苦労《くろう》した人が、最後《さいご》は一番、幸福を勝《か》ち取れる。幸福は、忍耐《にんたい》という大地に咲《さ》く花であることを忘《わす》れまい。

女子部一期生である私の妻《つま》のモットーの一つは——

「今日《きょう》も負《ま》けるな

今日も勇《いさ》みて

誓《ちか》いの道を

勝利《しょうり》の道を」であった。

何があっても、負《ま》けない。その人は勝《か》っているのだ。

なかんずく、自《みずか》らが青春時代に誓《ちか》い定《さだ》めた信念《しんねん》のために負《ま》けない一生を貫《つらぬ》き通《とお》す人は、最《もっと》も強く偉大《いだい》である。

人を幸福にできる人こそが、真実《しんじつ》の幸福者である。

自分自身が、皆《みな》を照《て》らす太陽となっていくところに、本当の勝利《しょうり》があり、独立自尊《どくりつじそん》の幸福の旗《はた》が翻《ひるがえ》るのだ。

行動のない人生《じんせい》に、勝利《しょうり》の旗《はた》はない。行動のない信心に、幸福の旗はないのだ。

この尊《とうと》い意義深《いぎぶか》き青春を、そして人生《じんせい》を、負《ま》けずに、すべての苦難《くなん》を乗《の》り越《こ》えながら、旭日輝《きょくじつかがや》く勝利《しょうり》の栄光《えいこう》を胸《むね》に、わが道を歩《あゆ》みきっていくことだ。


これが、本当の人間としての歩《あゆ》み方《かた》なのである。これが、仏法である。これが、信心である。

「難来《なんきた》るを以《もっ》て安楽《あんらく》」(御書七五〇ページ)との、大聖人の重《おも》みのある一言《いちごん》を、決して忘《わす》れてはならない。

16-8 「陰徳《いんとく》あれば陽報《ようほう》あり」

創価学会が大発展《だいはってん》を遂《と》げたのは、異体《いたい》同心《どうしん》の同志《どうし》が来《く》る日も来る日も「陰徳《いんとく》」の行動に徹《てっ》したからだとして、「陰徳」を積《つ》むことの大切さを強調《きょうちょう》しています。

池田先生の指針

「本部幹部会」（二〇〇四年四月二十二日、東京）

なぜ、創価学会が幾多《いくた》の難《なん》を受けながら、これだけ隆々《りゅうりゅう》たる大発展《だいはってん》を遂《と》げたか。

結論《けつろん》から言えば、わが異体同心《いたいどうしん》の同志《どうし》が、来《く》る日も来る日も、偉大《いだい》な「陰徳《いんとく》」の行動に徹《てっ》し抜《ぬ》いてこられたからである。

皆《みな》それぞれ、職業《しょくぎょう》も違《ちが》う。立場も違う。すなわち「異体《いたい》」である。であるけれども、広宣流布をしよう、世界を平和へ向けていこう、幸福になろう、人も幸福にしていこうと、ともに奮闘《ふんとう》している。ゆえに「同心《どうしん》」である。創価学会は、まさしく「異体同心」で進んできたのである。

「陰徳《いんとく》」とは、人知《ひとし》れず行《おこな》う、善《よ》い行いのことである。

私どもの毎日は、地味《じみ》な活動の連続《れんぞく》だ。一対一の対話、小さな会合、そして座談会《ざだんかい》――。脚光《きゃっこう》を浴《あ》びるわけでもない。新聞やテレビに出るわけでもない。それどころか、無理解《むりかい》の非難《ひなん》や、嫉妬《しっと》の悪口《あっこう》に出あうことすらある。

しかし、だれがほめなくとも、ただひたすら広宣流布のために、断固《だんこ》として陰徳《いんとく》の行動に徹《てっ》し抜《ぬ》いてきた。創価学会は、だから勝《か》ったのである。

御書にいわく「陰徳《いんとく》あれば陽報《ようほう》あり」（一一七八ジペー、一一八〇ジペー）。

隠《かく》れての善行《ぜんこう》があれば、善《よ》き果報《かほう》が出ないわけがないと、大聖人は断言《だんげん》しておられる。

陰徳《いんとく》の行動に徹《てっ》した人は、その時点で、すでに勝《か》っているのである。

家族に、子孫《しそん》に、そして自分自身に、その果報《かほう》が厳然《げんぜん》として現《あらわ》れることは間違《まちが》いない。

これが、本当の人生《じんせい》の生《い》き方《かた》である。

〝人にいい格好《かっこう》を見せよう。早くお金を貯《た》めよう。早く偉《えら》くなろう〟――自己《じこ》の鍛《きた》えも、人に尽《つ》くす行動もなく、そうした表面的《ひょうめんてき》な華《はな》やかさばかり求《もと》めるのは、全部《ぜんぶ》、名聞名利《みょうもんみょうり》である。幻《まぼろし》を追《お》っているようなものだ。そのような卑《いや》しい心《こころ》では、本当の幸福を感じることはできない。

「陰徳《いんとく》あれば陽報《ようほう》あり」の御文《ごもん》は、大聖人が、あの四条金吾《しじょうきんご》に、たびたび送られた言葉である。

師匠《ししょう》である大聖人が、法華経《ほけきょう》に説《と》かれるとおりの大難《だいなん》を受けたとき、多くの弟子《でし》の心《こころ》はゆれ動いた。

〝幸福になるために信心したのに、なぜ、これほど難《なん》が続くのだろう。どうして、こんなに苦《くる》しい思いをしなければならないのか〟――そうした疑《うたが》いが渦巻《うずま》いていた。師匠《ししょう》の大聖人を責《せ》める者《もの》すらあった。

「臆病《おくびょう》」ゆえに、心堕《こころお》ちたのである。逃《に》げ去《さ》った者《もの》もいる。恩《おん》を忘《わす》れ、大聖人を裏切《うらぎ》り、弓《ゆみ》を引《ひ》いた者もいる。

そのとき、勇猛《ゆうもう》に師子奮迅《ししふんじん》の力《ちから》で戦い、大聖人を厳然《げんぜん》とお守りしたのが、四条金吾夫妻《しじょうきんごふさい》である。

そのため、大聖人が四条金吾夫妻に送られた御書は、じつに多い。

金吾《きんご》は、あの「竜《たつ》の口《くち》の法難《ほうなん》」のさいにも、死を覚悟《かくご》して大聖人にお供《とも》した。その姿《すがた》は、大聖人門下《もんか》の鑑《かがみ》である。

大聖人が流罪《るざい》された佐渡《さど》にも、勇《いさ》んで馳《は》せ参《さん》じた。現代《げんだい》のように交通《こうつう》の発達《はったつ》した時代と違《ちが》い、当時、鎌倉《かまくら》から佐渡に行くことが、どれほど大変だったことか。その苦労《くろう》は、今からは想像《そうぞう》できないほどである。

そしてまた、金吾《きんご》自身も、大聖人を憎《にく》む極悪《ごくあく》の僧《そう》・良観《りょうかん》や、金吾を妬《ねた》む同僚《どうりょう》から、事実無根《じじつむこん》の讒言《ざん》を捏造《ねつぞう》され、陰謀《いんぼう》によって陥《おとしい》れられた。（＝四条《しじょう》金吾の主君《しゅくん》・江間氏《えまし》は良観の信者《しんじゃ》であった）

領地没収《りょうちぼっしゅう》、追放《ついほう》の危機《きき》にさらされた。命も狙《ねら》われた。

しかし金吾《きんご》は、大聖人の仰《おお》せのまま、「法華経《ほけきょう》の兵法《へいほう》」（御書一一九三ジペー）をもって雄々《おお》しく戦い抜《ぬ》いた。

私も、戸田先生のもとで、三類《さんるい》の強敵《ごうてき》、三障四魔《さんしょうしま》と戦った。とくに、戸田先生が最《もっと》も苦境《くきょう》に陥《おちい》ったときは、先生を支えるために、言葉では言い尽《つ》くせぬ苦労《くろう》を味《あじ》わった。しかし私は、ただ一人《ひとり》、師匠《ししょう》に仕《つか》えきった。今思えば、あの時が、いちばん幸福だった。

この時代の、人知《ひとし》れぬ死闘《しとう》ありてこそ、今日《こんにち》の学会があるのである。

ともあれ、大聖人の仰《おお》せどおりに戦い抜《ぬ》いた四条金吾《しじょうきんご》は、ついに勝《か》った。主君《しゅくん》からも、社会的にも、信頼《しんらい》を勝ち取り、所領《しょりょう》も以前《いぜん》の三倍となったのである。

日蓮大聖人も、金吾《きんご》の勝利《しょうり》の姿《すがた》を、心《こころ》からお喜《よろこ》びになられた。

「前々から言っていたように、『陰徳《いんとく》あれば陽報《ようほう》あり』なのだ」（御書一一七八㌻、通解）。「仏法を弘《ひろ》めるために、あなたは、ひどい目にあったが、今になってみれば、すごい境涯《きょうがい》ではないか」（御書一一八〇㌻、趣意）――。

まさしく、正義《せいぎ》の「絶対勝利《ぜったいしょうり》の法則《ほうそく》」である。法《ほう》のために、どれほどの苦難《くなん》にあっても、勇気《ゆうき》の信心を貫《つらぬ》いていくかぎり、必《かなら》ず乗《の》り越《こ》えられる。それどころか、考えられないような大境涯《だいきょうがい》を開いていくことができる。

大聖人の仰《おお》せに、絶対《ぜったい》に間違《まちが》いはない。名声《めいせい》、人気、財宝《ざいほう》など、「陽報《ようほう》」のみを追《お》い求《もと》めても、それらは皆《みな》、はかなく消《き》え去《さ》ってしまう。永遠《えいえん》に崩《くず》れざる大福運《だいふくうん》は、「陰徳《いんとく》」によってしか積《つ》むことはできない。道理《どうり》のうえからも、体験《たいけん》のうえからも、そうであると断言《だんげん》できる。

「陰徳《いんとく》あれば陽報《ようほう》あり」とは、陰《かげ》で、真剣《しんけん》に、いちばん苦労《くろう》して戦った人こそが、いちばん大きな果報《かほう》に包《つつ》まれるという、厳正《げんせい》にして公平《こうへい》なる「希《き》望《ぼう》の法則《ほうそく》」である。

これが仏法であり、私たちの学会活動が必要《ひつよう》なゆえんなのである。

広布の活動には、さまざまな苦労《くろう》があるかもしれない。しかし、皆《みな》さんは、大聖人が仰《おお》せのとおりの人生《じんせい》の大道《だいどう》を歩《あゆ》んでおられる。生命は永遠《えいえん》であり、学会活動によって積《つ》まれた福徳《ふくとく》は、一家、一族に全部《ぜんぶ》つながっていくことを確信《かくしん》していただきたい。

16-9 人間として最《もっと》も尊貴《そんき》な人生《じんせい》とは

仏法における勝利《しょうり》とは、名声や栄誉《えいよ》を得《え》ることではなく、人間としてどのような価値《かち》を残《のこ》し、どれだけの人に尽《つ》くしたかであると語っています。

池田先生の指針

「本部幹部会」（一九九三年三月二十四日、東京）

「万有流転《ばんゆうるてん》」——青春時代に心《こころ》に刻《きざ》んだギリシャの哲学者《てつがくしゃ》ヘラクレイトスの言葉である。

宇宙《うちゅう》の万物《ばんぶつ》、ありとあらゆるものは、例外《れいがい》なく、変化《へんか》また変化の連続《れんぞく》である。どんなに栄華《えいが》を極《きわ》めても、最後《さいご》に奈落《ならく》の底《そこ》に落とされる人生模様《じんせいもよう》も、あまりに多い。

大聖人は、仰《おお》せである。

「或時《あるとき》は人に生《うま》れて諸《もろもろ》の国王《こくおう》・大臣《だいじん》・公卿《くぎょう》・殿《てん》上人《じょうびと》等の身《み》と成《な》って是《こ》れ程《ほど》のたのしみなしと思《おも》ひ少《すく》きを得《え》て足《た》りぬと思ひ悦《よろこ》びあへり、是《これ》を仏《ほとけ》は夢《ゆめ》の中《なか》のさかへ《栄》・まぼろしの・たのしみなり唯法華《ただほけ》経《きょう》を持《たも》ち奉《たてまつ》り速《すみやか》に仏になるべしと説《と》き給《たま》へり」（御書三八六㌻）

——（われわれ衆生《しゅじょう》は）ある時《とき》は人に生《う》まれて、諸々《もろもろ》の国王《こくおう》や大臣《だいじん》、公卿《くぎょう》・殿上人《てんじょうびと》など高位《こうい》・高官《こうかん》の身《み》となって、これほどの楽《たの》しみはほかにないと思《おも》い、少《すこ》しばかりの果報《かほう》を得《え》て十分《じゅうぶん》であると思い、喜《よろこ》び合《あ》っている。しかし仏《ほとけ》は、これを、夢《ゆめ》の中《なか》の繁栄《はんえい》であり、幻《まぼろし》の楽しみである、ただ法華経《ほけきょう》をたもって、すみやかに仏になるべきである、と説《と》かれたのである――と。

権力者《けんりょくしゃ》であろうが、大臣《だいじん》であろうが、議員《ぎいん》や有名人であろうが、どんなに威張《いば》ってみても、仏法の眼《まなこ》から見れば「夢《ゆめ》の中の栄《さか》え」「幻《まぼろし》の楽しみ」にすぎない。

はかない泡《あぶく》のような栄華《えいが》を求《もと》める人生《じんせい》。また、それらをうらやんで、心《こころ》を悩《なや》ます人生。短い一生を、そうした幻《まぼろし》を追って過《す》ごすのでは、あまりにもむなしい。

それでは、人間として最《もっと》も尊貴《そんき》な人生《じんせい》とは、何か――。

大聖人は、「仏《ほとけ》」に成《な》ることこそが、永遠《えいえん》の幸福であり、最高《さいこう》の人生《じんせい》と仰《おお》せである。「妙法の当《とう》体《たい》」たる自分自身を輝《かがや》かせていく生活である。

華《はな》やかではなくとも、まじめに信心に励《はげ》んだ人、真剣《しんけん》に広宣流布に励んだ人、不滅《ふめつ》の大法《だいほう》とともに生《い》き抜《ぬ》いた人こそが、真《しん》の「勝利者《しょうりしゃ》」であり「勝利王」なのである。

広宣流布は三世《さんぜ》永遠《えいえん》の偉業《いぎょう》である。「この道」に生《い》き抜《ぬ》いた人こそ、三世永遠の楽しみを満喫《まんきつ》していける――これが大聖人の御心《おこころ》である。

その意味で、学会員こそ世界第一の「英雄《えいゆう》」であり、人間の「王者《おうじゃ》」である、とあらためて断言《だんげん》しておきたい。

これまでも、何度も拝《はい》してきた有名な御文《ごもん》であるが、大聖人はこう仰《おお》せである。

「人身《じんしん》は受《う》けがたし爪《つめ》の上《うえ》の土《つち》・人身は持《たも》ちがたし草《くさ》の上の露《つゆ》、百二十まで持《も》ちて名《な》を・くた《腐》して死せんよりは生きて一日《いちにち》なりとも名をあげん事《こと》こそ大切なれ」（御書一一七三ジ）

――人間として生《う》まれてくることはむずかしい。あたかも爪《つめ》の上《うえ》の土《つち》のように、わずかなことである。また、たとえ人間として生まれてきても、その身《み》をたもつことはむずかしい。太陽が昇《のぼ》れば消えてしまう草《くさ》の上の露《つゆ》のように、はかない。百二十歳《さい》まで長生きし、汚名《おめい》を残《のこ》して死ぬよりは、生きて一日《いちにち》でも名をあげる事《こと》こそが大切である――。

長生きしたから、いい人生《じんせい》とはいえない。何を残《のこ》したか、どんな価値《かち》を生んだか、どれだけの人を幸《しあわ》せにしたかである。

その意味で、結論的《けつろんてき》にいえば、広宣流布に生《い》きることが、即《そく》、最高《さいこう》の人生《じんせい》となる。広宣流布に生き抜《ぬ》くことは、そのまま、社会への最大の貢献《こうけん》になっている。自他《じた》ともに幸福になる。仏法は即社会、そして信心は即生活であり、一体《いったい》である。

ゆえに大聖人は、法華経《ほけきょう》のため、広宣流布のために働《はたら》き、名を上げなさい、限《かぎ》りある一生に、自分はこれだけやりきったという悔《く》いのない歴史をつくりなさい、残《のこ》しなさい、と教えられているのである。

同じ戦うならば、前向きにいかなければ、つまらない。みずから動いて、気持ちよく戦ってこそ喜《よろこ》びも湧《わ》く。勢《いきお》いもつく。

生《い》き生きと挑戦《ちょうせん》することである。生き生きと進むところに、福運《ふくうん》はついてくる。

「仏法は勝負《しょうぶ》」「仏法は戦い」である。生《い》き生きと戦う人が、最後《さいご》には勝《か》つ。「信心根本《こんぽん》」「唱題《しょうだい》根本」で生き抜《ぬ》く人が、必《かなら》ず最後に勝つ。

16-10 法華経《ほけきょう》に勝《まさ》る兵法《へいほう》なし

妙法に生《い》き抜《ぬ》く人は、途中《とちゅう》の勝《か》ち負《ま》けをすべて「次の勝利《しょうり》」「最後《さいご》の勝利」へと活《い》かしきっていけると語っています。

池田先生の指針

「本部幹部会」(二〇〇五年九月十四日、東京)

日蓮大聖人の仏法の根本目的《こんぽんもくてき》は、広宣流布の拡《かく》大《だい》である。御書に何度となく、「広宣流布」と記《しる》されているとおりである。ゆえに、どれだけ実質《じっしつ》的《てき》に「広宣流布の大地」を広げることができたか。そこに本当の勝負《しょうぶ》があるのだ。

私たちが目指《めざ》すのは、どこまでも、仏法の人間《にんげん》主義《しゅぎ》と、生命尊厳《せいめいそんげん》の思想に基《もと》づいた「平和と幸福の社会」を築《きず》いていくことである。その点で、一《いっ》歩《ぽ》でも二歩でも前進していれば、それでいいのである。もちろん、人生《じんせい》は戦いの連続《れんぞく》であり、さまざまな次元《じげん》で、「勝《か》った」「負《ま》けた」はあるだろう。いくら強くても、無限《むげん》に勝ち続けるわけにはいかない。それが〝勝負《しょうぶ》〟というものだ。

恩師《おんし》の戸田先生が遺言《ゆいごん》のごとく、詠《よ》んでくださった和歌がある。

勝《か》ち負《ま》けは
　人の生命《いのち》の
　　常《つね》なれど
最後《さいご》の勝《かち》をば
　仏《ほとけ》にぞ祈《いの》らむ

長い人生《じんせい》である。その間には、自分の思ったようにいかないときもあるかもしれない。しかし、私たちは「法華経《ほけきょう》に勝《まさ》る兵法《へいほう》なし」の妙法を持《たも》っている。途中《とちゅう》の勝《か》ち負《ま》けはどうであれ、最後《さいご》は、法華経を持った人が、必《かなら》ず勝つ。信心根本《こんぽん》で生《い》き抜《ぬ》いた人が、必ず勝つのである。それが仏法の大《だい》法則《ほうそく》である。何の心配《しんぱい》もいらない。

勝《か》っても、負《ま》けても、そこからまた「次に勝つ因《いん》」をつくっていけるかどうか。それが一番大事《いちばんだいじ》である。常《つね》に「今」が出発なのである。

わが同志《どうし》と異体同心《いたいどうしん》の団結《だんけつ》を組んで、悠々《ゆうゆう》と、朗《ほが》らかに、「新たなる勝利《しょうり》」へ向かって進んでいく。そこに「本因妙《ほんいんみょう》」の仏法の実践《じっせん》がある。

16-11 師子王《ししおう》の心《こころ》を取《と》り出《いだ》す

有名な「聖人御難事《しょうにんごなんじ》」の一節《いっせつ》「各各師《おのおのし》子王《しおう》の心《こころ》を取《と》り出《いだ》して・いかに人《ひと》をどすともをづる事《こと》なかれ」（御書一一九〇ページ）を拝《はい》し、日蓮仏法の精髄《せいずい》を教えています。

池田先生の指針

「世界を照らす太陽の仏法」

（二〇一五年十一月、「大白蓮華」）

大聖人は、「各各師子王《おのおのししおう》の心《こころ》を取《と》り出《いだ》して」（御書一一九〇ページ）と仰《おお》せです。

これこそが、日蓮仏法の精髄《せいずい》です。「各各《おのおの》」とあるように、一人《ひとり》一人、誰人《たれびと》の胸中《きょうちゅう》にも、本来《ほんらい》、「師子王《ししおう》の心《こころ》」が必《かなら》ずある。それを「取《と》り出《いだ》す」源泉《げんせん》こそ、師弟不二《していふに》の信心なのです。

広宣流布のために、恐《おそ》れなく道を開いてきた師《し》匠《しょう》の心《こころ》が「師子王《ししおう》の心」です。その心と不二《ふに》になれば、わが生命に「師子王の心」が涌現《ゆげん》しないわけがない。

私自身、戸田先生にお仕《つか》えして、深く決意《けつい》していたことがあります。それは、「師子王《ししおう》」である師をお護《まも》りするためには、弟子《でし》である自分が「師子王の心《こころ》」を取《と》り出《いだ》して、一切《いっさい》の障魔《しょうま》を打《う》ち破《やぶ》ってみせるということです。

師弟不二《していふに》の実践《じっせん》に行き詰《づ》まりはありません。常《つね》に、「師匠《ししょう》ならどうされるだろうか?」と自問《じもん》しては、「師匠のために!」と力《ちから》と智慧《ちえ》を振《ふ》り絞《しぼ》る。その心《こころ》が自身の師子王《ししおう》の境涯《きょうがい》を開き、あらゆる困《こん》難《なん》や試練《しれん》を打《う》ち破《やぶ》る勇気《ゆうき》の源泉《げんせん》となるのです。

戸田先生は、「蓮祖《れんそ》の御遺命《ごゆいめい》である広宣流布に勇猛《ゆうもう》に戦い続けた人が、菩薩《ぼさつ》であり、仏《ほとけ》である」と、よく言われました。

「師子王《ししおう》の心《こころ》」とは、「不退《ふたい》の心」です。「負《ま》けじ魂《だましい》」「学会魂」であるといってもよい。難《なん》と戦えば仏《ほとけ》になれる。そのために「師子王の心」を取《と》り出《いだ》すのです。

信心とは、絶《た》えず前進《ぜんしん》し続ける「勇気《ゆうき》」の異名《いみょう》なのです。

草創期《そうそうき》から、多くの学会員が「いかに人《ひと》をどすともをづる事《こと》なかれ」(御書一一九〇ページ)との仰《おお》せの通《とお》り、いわれなき学会批判《ひはん》や中傷《ちゅうしょう》にも決して負《ま》けずに、戦い続けてきました。歯を食いしばって、微塵《みじん》も退《しりぞ》かなかった。

一ミリでも、一歩《いっぽ》でも、進んだ人が勝利者《しょうりしゃ》です。負《ま》けないことが不屈《ふくつ》の心《こころ》の財《たから》を積《つ》み、その中で自身の人間革命、宿命転換《しゅくめいてんかん》を成《な》し遂《と》げられる。信心の世界は、どこまでも真面目《まじめ》に信心を貫《つらぬ》いた人こそが、最後《さいご》は必《かなら》ず栄冠《えいかん》を勝《か》ち取《と》るのです。

大聖人は続けて、「師子王《ししおう》は百獣《ひゃくじゅう》にをぢず・師子《こ》の子・又《また》かくのごとし、彼等《かれら》は野干《やかん》のほう《吼》るなり日蓮が一門《いちもん》は師子の吼《ほう》るなり」（御書一一九〇ページ）と仰《おお》せです。

御書には、「師子王《ししおう》」について述《の》べられている箇所《かしょ》が多くあります。大聖人の御本仏《ごほんぶつ》としての生命を、分《わ》かりやすく教えるために、師子王に譬《たと》えられたものです。仏典《ぶってん》を見ても、師子王は仏《ほとけ》の象《しょう》徴《ちょう》とされています。

また大聖人は、諸経《しょきょう》の王である法華経《ほけきょう》を師子王《ししおう》になぞらえられています。そして「遊行《ゆぎょう》して畏《おそ》れ無《な》きこと師子王の如《ごと》くなるべし」（御書一一二四ページ）と仰《おお》せの通《とお》り、法華経を持《たも》った人は、何《なに》も恐《おそ》れず悠然《ゆうぜん》と振《ふ》る舞《ま》う師子王の境涯《きょうがい》を開くことができる。

したがって、師子吼《ししく》の題目の前には、「いかなる病《やまい》さはり《障》をなすべきや」（同ページ）なのです。

本抄《ほんしょう》（＝「聖人御難事《しょうにんごなんじ》」）では、師子王《ししおう》が百獣《ひゃくじゅう》を厳然《げんぜん》と見下《みお》ろすように、師子の子《こ》もまた、百獣を恐《おそ》れてはならないと仰《おお》せです。本来《ほんらい》、師子吼《ししく》の前に恐れ逃《に》げるのは野干《やかん》（＝キツネの類《たぐ》い）のほうです。

障魔《しょうま》と戦う要諦《ようてい》は、一切《いっさい》は自分の心《こころ》にあるということです。魔《ま》が強敵《ごうてき》であっても恐《おそ》れる必要《ひつよう》は全《まった》くない。ただ、自分の心の中に、「魔に随《したが》う心」や「魔を畏《おそ》れる心」が生《しょう》じることを恐れなければならない。

勝利《しょうり》を決していく一切《いっさい》の根幹《こんかん》は、わが心《こころ》が敗《やぶ》れないことです。「心こそ大切」です。心の勝利者が、人生《じんせい》の勝利者となるのです。

そしてまた、大聖人は「日蓮が一門《いちもん》」と仰《おお》せです。大聖人は、立宗《りっしゅう》以来《いらい》、（「聖人御難事《しょうにんごなんじ》」御執筆《ごしっぴつ》の時まで）二十七年、あらゆる強敵《ごうてき》と戦い、大難《だいなん》を乗《の》り越《こ》え、全《すべ》てに勝利《しょうり》されました。その大聖人と師弟《してい》の絆《きずな》を結《むす》んだ一門であるということです。

「日蓮が一門《いちもん》」とは、〝皆《みな》、私の弟子《でし》ではないか。私の弟子であるなら、私が戦ったように戦えば、必《かなら》ず勝利《しょうり》することができる〟との力強《ちからづよ》いお言葉と思われてなりません。

広宣流布という偉大《いだい》な目的《もくてき》を持《も》ち、慈悲《じひ》と勇気《ゆうき》と智慧《ちえ》に満《み》ちた偉大な師匠《ししょう》を範《はん》とした弟子《でし》が、敗《やぶ》れることなど断《だん》じてない。

師子王《ししおう》は必《かなら》ず勝《か》つ。「師子の子《こ》」も、自《みずか》らが「師子王」になると自覚《じかく》する。今が、その時と決めることです。皆《みな》が師子王となって、決然《けつぜん》と立ち上がる時が来た、と励《はげ》まし合《あ》うことです。

第十七章　一日一日を大切に

17-1　「万歳《ばんさい》悔《く》ゆること勿《なか》れ」

池田先生は常々《つねづね》、語っています。

「悔《く》いなき人生《じんせい》は、真剣勝負《しんけんしょうぶ》の一日一日の積《つ》み重《かさ》ねでしか創《つく》れない」

「今日《きょう》という日は二度と来ない。だからこそ、一日一日を大切に！　一日一日を丁寧《ていねい》に！　一日一日を真剣に！

この人に会うのは最後《さいご》かもしれない。だからこそ、今、目の前にいる人に全力《ぜんりょく》を！　その人を最大に大切に！」

一日一日を懸命《けんめい》に精一杯《せいいっぱい》生《い》ききっていく、地道《じみち》にして誠実《せいじつ》な生《い》き方《かた》の中にこそ、人間革命の実践《じっせん》があります。

本章では、黄金《おうごん》の一日一日を飾《かざ》っていくために、仏法者の生きる姿勢《しせい》にさまざまな角度《かくど》から光《ひかり》を当てた、池田先生の指《し》導《どう》を紹介《しょうかい》します。

池田先生の指針

「関西代表者会議」（一九九二年五月十八日、大阪）

「人生《じんせい》、いかに生きるべきか」――けさ、女子部の代表の方々《かたがた》と散策《さんさく》しながら語り合った。

「教主釈尊《きょうしゅしゃくそん》の出世《しゅっせ》の本懐《ほんかい》は人の振舞《ふるまい》にて候《そうらい》けるぞ」（御書一一七四㌻）と、日蓮大聖人は仰《おお》せである。

〝人の振《ふ》る舞《ま》い〟——幸福な人生《じんせい》、賢明《けんめい》な人生への〝振る舞い〟とは、いかなるものか。

大聖人はまた「一生空《いっしょうむな》しく過《す》して万歳悔《ばんさいく》ゆること勿《なか》れ」（御書九七〇ページ）とも教えられている。この大切な「今世《こんぜ》」を、絶対《ぜったい》にむなしく過《す》ごしてはならない。「永遠《えいえん》の悔いを残《のこ》すような生《い》き方《かた》をしては、断《だん》じてならない」と。

その意味で、「堕落《だらく》よりも充実《じゅうじつ》」の人生《じんせい》を、と申《もう》し上《あ》げたい。

どんなにおもしろおかしく暮《く》らしているようでも、「充実《じゅうじつ》」がなければ「幸福」とはいえない。心《こころ》に張《は》りがなく、むなしさが残《のこ》る人生《じんせい》は不幸《ふこう》である。

また「享楽《きょうらく》よりも向上《こうじょう》」である。向上の人には、深さがある。魅力《みりょく》がある。希望《きぼう》がある。

「諦観《ていかん》よりも真剣《しんけん》」「退転《たいてん》よりも勇猛《ゆうみょう》」——その人のほうが、すがすがしい。

「慢心《まんしん》よりも慈悲《じひ》」「臆病《おくびょう》よりも勇気《ゆうき》」——その〝振《ふ》る舞《ま》い〟に仏法がある。

以下、同様の意味で申《もう》し上《あ》げたい。

「停滞《ていたい》よりも前進」
「不和《ふわ》よりも団結《だんけつ》」
「悲観《ひかん》よりも歓喜《かんき》」
「逡巡《しゅんじゅん》よりも闘争《とうそう》」
「落胆《らくたん》よりも微笑《びしょう》」を——と。

学会こそ正法《しょうほう》を弘《ひろ》める勇者《ゆうしゃ》の集《つど》いである。「邪教《じゃきょう》の野合《やごう》よりも、正義《せいぎ》の大合唱《だいがっしょう》」が大聖人の教えられた道である。

ゆえに何があろうと、私どもは「憂鬱《ゆううつ》よりも明朗《めいろう》」で、「嫉妬《しっと》よりも励《はげ》まし」で、「瞋《いか》りよりも情熱《じょうねつ》」で、厳然《げんぜん》と進む。

「権威《けんい》よりも包容《ほうよう》」「悲嘆《ひたん》よりも希望《きぼう》」「愚痴《ぐち》よりも行動」「暴力《ぼうりょく》よりも対話」で、毅然《きぜん》と生《い》き抜《ぬ》く。

「諦《あきら》めよりも挑戦《ちょうせん》」「非難《ひなん》よりも勝利《しょうり》」――自分自身と戦い、断《だん》じて前へ前へと進んだ人が、勝利者である。充実者《じゅうじつしゃ》である。幸福者である。

しかも、今の戦いが、今世《こんぜ》のみならず、自身の三世《さんぜ》をも決定していく。

17-2 「現在《げんざい》の果《か》」「現在の因《いん》」を見よ

池田先生は、「今の自分の境涯《きょうがい》を高めていくことで、過去《かこ》の因《いん》は悪因《あくいん》ではなく善因《ぜんいん》となる。仏法者は過去にとらわれない。いな、過去さえも変えていくことができる」と教えています。人間革命の実践《じっせん》は、つねに「今」が根本《こんぽん》なのです。

池田先生の指針

「SGI総会」（一九九二年十一月十四日、東京）

大聖人は「三世各別《さんぜかくべつ》あるべからず」（御書一三六〇ジペー）――過去世《かこせ》、現在世《げんざいせ》、未来世《みらいせ》といっても、それぞれ別々《べつべつ》なのではない（必《かなら》ず因果《いんが》の理法《りほう》によって連続《れんぞく》している）――と。

「開目抄《かいもくしょう》」には、「過去《かこ》の因《いん》を知《し》らんと欲《ほっ》せば其《そ》の現在《げんざい》の果《か》を見よ 未来《みらい》の果を知らんと欲せば其の現在の因を見よ」（御書二三一ページ）――過去に自分がどのような因をつくってきたかを知ろうと望《のぞ》むならば、その現在の果を見よ。（同様に）未来がどうなるのか、その果を知ろうと望むならば、その現在の因を見よ――との経文《きょうもん》を引かれている。

仏法では、この「今」、現在《げんざい》の瞬間《しゅんかん》の生命に、過《か》去《こ》の因《いん》と未来《みらい》の果《か》が備《そな》わるとみる。因果倶時《いんがぐじ》で、「一瞬《いっしゅん》」の生命に「永遠《えいえん》」が凝縮《ぎょうしゅく》している。

一念三千《いちねんさんぜん》の妙法の教えは、この生命、宇宙《うちゅう》の不《ふ》可思議《かしぎ》の法を明確《めいかく》に説《と》いている。

仏《ほとけ》のことを「如来《にょらい》」というが、「如如《にょにょ》として来《きた》る」という場合は、瞬間瞬間《しゅんかん》、智慧《ちえ》の躍動《やくどう》する生命の当体《とうたい》を指《さ》している。

ゆえに、「今」が大事である。「いつか」ではない。

つねに、「今」こそ信心を深めよう、宿命転換《しゅくめいてんかん》しよう、との真剣《しんけん》な信心。そこに幸福の「因《いん》」が積《つ》まれ、「果《か》」が備《そな》わっていくのである。

今、ともに世界広布に戦っている「過去《かこ》の因《いん》行《ぎょう》」の不思議《ふしぎ》さと、「未来《みらい》の果徳《かとく》」のすばらしさを確信《かくしん》していただきたい。

17-3 「臨終只今《りんじゅうただいま》にあり」

「生死一大事血脈抄《しょうじいちだいじけつみゃくしょう》」の「所詮臨終只《しょせんりんじゅうただ》今《いま》にありと解《さと》りて信心を致《いた》して南無妙法蓮華経と唱《とな》うる人を『是人命終為千仏授《ぜにんみょうじゅういせんぶつじゅ》手《しゅ》・令不恐怖不堕悪趣《りょうふくふふだあくしゅ》』と説《と》かれて候《そうろう》」（御書一三三七ページ）との一節《いっせつ》を拝《はい》して、「臨終只今」という信心の究極《きゅうきょく》の姿勢《しせい》について語っています。

池田先生の指針

「生死一大事血脈抄」講義（『池田大作全集24』）

「臨終只今《りんじゅうただいま》にありと解《さと》りて」ということは、単《たん》に肚《はら》を決めるというのではない。「解りて」とは、事実がそのとおりであることを前提《ぜんてい》にし、この生命の真実《しんじつ》の姿《すがた》を見極《みきわ》めるという意味であります。

誰《だれ》しも、まだまだ、自分の人生《じんせい》は先があると思っている。だが、いつ死がおそってくるかは、誰も知らない。一瞬《いっしゅん》の後《のち》には死んでいるかもしれないのです。これが、生命の真実《しんじつ》の姿《すがた》です。

いわんや、仮《かり》にまだ二十年、三十年、あるいは五十年と寿命《じゅみょう》のあることが確《たし》かであるにしても、永遠《えいえん》からみれば瞬時《しゅんじ》であると言わざるをえないでありましょう。これもまた「臨終只今《りんじゅうただいま》」です。

この事実《じじつ》を理解《りかい》した時、心《こころ》ある人ならば、いま生きて仏法を受持《じゅじ》していることの重《おも》みを、ひしひしと感じずにはいられないはずです。

目先《めさき》の栄華《えいが》、今生《こんじょう》の名聞名利《みょうもんみょうり》は問題《もんだい》ではない。永劫《えいごう》の未来《みらい》のため、死してなお消えることのない福運《ふくうん》を積《つ》むため、真実《しんじつ》の人生《じんせい》の目的《もくてき》を凝視《ぎょうし》しながら、信心いちずに励《はげ》まざるをえないでありましょう。

これが、信心の究極《きゅうきょく》の姿勢《しせい》であります。

といって、では、仏法者であり、社会人である我々《われわれ》も、文字通り、一切をかなぐり捨《す》てなければならないかというと、そうではありません。広宣流布という大目的《だいもくてき》に向かって、信行《しんぎょう》に励《はげ》みゆく時、すべてが妙法のもとに生きてくるのであります。それが、私どもの「臨終只今《りんじゅうただいま》にあり」と解《さと》った生《い》き方《かた》であります。

瞬間《しゅんかん》瞬間、この決意の持続《じぞく》に生きていく時「千《せん》仏授手《ぶつじゅしゅ》・令不恐怖不堕悪趣《りょうふくふふだあくしゅ》」となるのです。千仏が手を授《さず》けてくれたように、安心立命《あんしんりつめい》の境地《きょうち》になり、地獄《じごく》、餓鬼《がき》、畜生《ちくしょう》、修羅《しゅら》などの悪趣に堕《お》ちることもなくなるのです。

「是人命終為千仏授手《ぜにんみょうじゅういせんぶつじゅしゅ》」のこの文は、一往《いちおう》は一生の終わり、死の瞬間《しゅんかん》において、このようになるということでありますが、再往《さいおう》は、生きている間の、瞬間《しゅんかん》瞬間の境涯《きょうがい》について言われたものであることを知るべきであります。

「所詮臨終只今《しょせんりんじゅうただいま》」ということは、只今に全生命をかけていくということにほかならない。日々を懸命《けんめい》に生きていく、広宣流布に、一生成仏《いっしょうじょうぶつ》に、わが生命を燃焼《ねんしょう》させながら、戦い抜《ぬ》いていくということであります。

一人《ひとり》の人に仏法対話をしていくにも、今を逃《のが》したら、いつまたじっくり話せるか分からない。また、この人の宿命転換《しゅくめいてんかん》は今しかない、と真剣《しんけん》に接《せっ》していくならば、その人生《じんせい》は、すでに臨終只今《りんじゅうただいま》の精神《せいしん》に通じているのではないでしょうか。

御本尊への唱題《しょうだい》にあっても、教学を学ぶにしても、激励《げきれい》の手紙を書くにしても、一瞬《いっしゅん》一瞬、真剣《しんけん》に取り組んでいくことが何よりも大切なのです。

思うに一生といっても、現在《げんざい》の一瞬《いっしゅん》の積《つ》み重《かさ》ねであります。きょうを充実《じゅうじつ》させられない人に、明日《あす》の開花《かいか》はありません。瞬間《しゅんかん》を大切にできない人がいくら百年の大計《たいけい》を口《くち》にしても、絵にかいた餅《もち》にすぎない。

過去《かこ》の因《いん》も未来《みらい》の果《か》も、現在《げんざい》の一瞬《いっしゅん》の諸法実相《しょほうじっそう》に凝縮《ぎょうしゅく》されているのであり、その一瞬の転換《てんかん》が過去《かこ》久遠《くおん》よりの罪障《ざいしょう》の消滅《しょうめつ》も、未来に続きゆくであろう永劫《えいごう》の福運《ふくうん》も決定していくものです。

そのカギが「臨終只今《りんじゅうただいま》」の信心を確立《かくりつ》するかいなかにあるのだという、宿命転換《しゅくめいてんかん》の原理《げんり》を教えられている御文《ごもん》と拝《はい》します。

17-4 毎日が久遠元初《くおんがんじょ》

仏《ほとけ》の永遠《えいえん》の生命を説《と》いた「久遠元初《くおんがんじょ》」の法理《ほうり》を論《ろん》じつつ、一日一日、瞬間瞬間《しゅんかん》が「久遠元初」であり、つねに今が始まりであるという本因妙《ほんいんみょう》の信心について教えています。

池田先生の指針

『法華経の智慧』

「久遠元初《くおんがんじょ》」とは「無始無終《むしむしゅう》の生命」の異名《いみょう》です。

時間論ではなく、生命論です。生命の奥底《おうてい》の真《しん》実《じつ》――無始無終《むしむしゅう》に活動し続けている宇宙《うちゅう》生命そのものをさして「久遠元初《くおんがんじょ》」と呼《よ》んでいるのです。

大聖人は「久遠《くおん》とははたらかさず・つくろわず・もとの儘《まま》と云《い》う義《ぎ》なり」（御書七五九ジペー）と仰《おお》せだ。

「はたらかさず」とは、途中《とちゅう》からできたのではない、本有《ほんぬ》ということです。「つくろわず」とは、三十二相《そう》八十種好《しゅごう》を具足《ぐそく》していない、凡夫《ぼんぷ》のありのままということです。

本有常住《ほんぬじょうじゅう》（＝三世《さんぜ》にわたって、本来《ほんらい》ありのままに存在《そんざい》すること）であり、「もとの儘《まま》」です。これを「久遠《くおん》」という。

「久遠《くおん》」とは「南無妙法蓮華経」のことです。

御本尊のことです。だから、御本尊を拝《はい》する、その瞬間瞬間《しゅんかん》が「久遠元初《くおんがんじょ》」です。

私どもは、毎日が久遠元初《くおんがんじょ》なのです。毎日、久遠元初の清《きよ》らかな大生命を全身にみなぎらせているのです。毎日が久遠元初という「生命の原《げん》点《てん》」から新たな出発をしているのです。

だから「今」がいちばん大事なのです。「過去《かこ》」を振《ふ》り向《む》いてはいけない。振り向く必要《ひつよう》もない。未来《みらい》への希望《きぼう》を大《おお》いに燃《も》やして、この「今」に全《ぜん》力《りょく》を注《そそ》いで生きる。その人が、人生《じんせい》の賢者《けんじゃ》です。

今が「久遠元初《くおんがんじょ》」なのです。今が「始まり」なのです。

過去《かこ》は、もうない。未来《みらい》も、まだない。あるのは、この現在《げんざい》という瞬間《しゅんかん》だけです。

その現在《げんざい》も、あっという間《ま》に過去《かこ》になっていく。有《あ》ると言えば有るし、無《な》いと言えば無い。空《くう》です。空の状態《じょうたい》で、生命は瞬間瞬間《しゅんかん》、連続《れんぞく》していく。

「瞬間《しゅんかん》」以外に、生命の実在《じつざい》はない。瞬間に幸福を感じたり、不幸《ふこう》を感じたりしているのです。

この瞬間《しゅんかん》の生命を、過去《かこ》からの因果《いんが》の「結果《けっか》」と見たら「本果妙《ほんがみょう》」の考《かんが》え方《かた》になる。ああなって、こうなったから、今、こうなんだ、と。しかし、それだけでは「希望《きぼう》」は生まれない。

この瞬間《しゅんかん》の生命を、未来《みらい》の結果《けっか》をつくる「原《げん》因《いん》」と見るのです。その原因も、生命の奥底《おうてい》に達《たっ》した「本因《ほんいん》」です。表相《ひょうそう》の原因ではない。

タテに、根《ね》を久遠《くおん》の生命まで下《お》ろし、ヨコに、法界《ほうかい》に徹《てっ》した「本因《ほんいん》」です。それが「南無妙法蓮華経」です。宇宙《うちゅう》の一切《いっさい》を動かし、生々発展《せいせいはってん》させている「永遠《えいえん》の大生命」であり、大法則《だいほうそく》です。ゆえに、御本尊を信じ、妙法を唱《とな》え、行《ぎょう》ずる時、その時はいつも「久遠元初《くおんがんじょ》」なのです。

久遠《くおん》の清《きよ》らかな、「はたらかさず・つくろわず・もとの儘《まま》」の大生命力《だいせいめいりょく》がわいてくる。現在《げんざい》も未来《みらい》も、自由自在《じゆうじざい》になっていく。日蓮仏法は「希望《きぼう》の仏法」なのです。

信心とは無限《むげん》の希望《きぼう》です。たとえ状況《じょうきょう》がどんなに悪かろうと、すべて負《ま》け戦《いくさ》のように見えたとしても、そのなかから「何くそ！」と思って立ち上がり、妙法の無限《むげん》の可能性《かのうせい》を実証《じっしょう》していくのです。それが、信仰《しんこう》の本義《ほんぎ》ではないだろうか。

無《む》から有《う》を生みだしていくような、生死をかけた戦いなくして、本当の「信心」は分からない。損《そん》を得《とく》に、悪《あく》を善《ぜん》に、醜《しゅう》を美《び》に変えていく――価《か》値創造《ちそうぞう》の壮絶《そうぜつ》な戦いが、「創価」の心《こころ》です。それが「信心」です。

17-5 朝の出発こそ人生勝利《じんせいしょうり》の要諦《ようてい》

自《みずか》らの体験《たいけん》を交《まじ》えながら、一日の充《じゅう》実《じつ》、人生《じんせい》の勝利《しょうり》のためには、朝のスタートと規則正《きそくただ》しい生活が大切であると訴《うった》えています。

池田先生の指針

「中部記念幹部会」(一九八八年三月二十八日、愛知)

未来《みらい》への青年の成長《せいちょう》と大成《たいせい》のために、本日はあえて申《もう》し上《あ》げておきたい。それは〝さわやかな朝の出発こそ、人生勝利《じんせいしょうり》の要諦《ようてい》〟ということである。

一九七三年、私はイギリスを訪《おとず》れ、トインビー博士と長時間にわたり対談した。

博士は当時、八十四歳。そうした高齢《こうれい》にもかかわらず、「ラボレムス」(=ラテン語で〝さあ、仕事を続けよう〟の意)をモットーに、精力的《せいりょくてき》な研究の日々を送っていた。その博士が次のように話されていたことが、今も私の脳裏《のうり》を離《はな》れない。

「毎朝六時四十五分に起床《きしょう》し、妻《つま》と私と二人分《ふたりぶん》の食事をつくり、ベッドを整頓《せいとん》し、午前九時に仕事にかかり、規則正《きそくただ》しい生活を送っている」

この何気《なにげ》ない一言に〝一日一日を大切にしよう。日々、学び、向上《こうじょう》していこう〟との博士の若々《わかわか》しい「心《こころ》」を、私は感じた。そして、さすが一流の人物は、いかなる年齢《ねんれい》、いかなる立場になろうと、たゆまぬ研鑽《けんさん》と鍛錬《たんれん》を忘《わす》れぬものだと、感嘆《かんたん》を禁《きん》じえなかった。

とともに、一日の充実《じゅうじつ》のためには、朝のスタートと規則正《きそくただ》しい生活が大切である。一級の人物へと大成《たいせい》する人は、こうした生活の基本《きほん》を決しておろそかにしないものだ。

日蓮大聖人は、「御義口伝《おんぎくでん》」の一節《いっせつ》に「今《いま》日蓮等の類《たぐ》い南無妙法蓮華経と唱《とな》え奉《たてまつ》る者《もの》は与如来共《よにょらいぐ》宿《しゅく》の者なり、傅大士《ふだいし》の釈《しゃく》に云《いわ》く『朝朝《ちょうちょう》・仏《ほとけ》と共《とも》に起《お》き夕夕《せきせき》仏と共に臥《ふ》し』」（御書七三七ページ）と仰《おお》せになっている。

つまり——末法《まっぽう》において南無妙法蓮華経を唱《とな》える大聖人およびその門下《もんか》は、「如来《にょらい》と共《とも》に宿《しゅく》する」者《もの》である。中国の傅大士《ふだいし》の釈《しゃく》には「毎朝《まいあさ》、仏《ほとけ》とともに起《お》き、毎晩《まいばん》、仏とともに寝《ね》ている」とある——と。

私どもは大聖人門下《もんか》として、日々、妙法を唱《とな》え、実践《じっせん》している。ゆえに私どもが、〝仏《ほとけ》（御本尊）とともに起《お》き、ともに休む〟一人一人《ひとり》であることはまちがいない。

三世永遠《さんぜえいえん》の法理《ほうり》にのっとった正しき人生行路《じんせいこうろ》を進み、もっとも意義《いぎ》ある一生を過《す》ごすためには、まず朝夕《あさゆう》の勤行《ごんぎょう》が根本《こんぽん》である。なかんずく「朝《ちょう》朝《ちょう》・仏《ほとけ》と共《とも》に起《お》き」と仰《おお》せのごとく、すがすがしい朝の勤行を行《おこな》うことが大切であろう。

朝の敗北《はいぼく》は、一日の敗北につながる。一日の敗北は、やがて一生の敗北ともなろう。反対に、さわやかな朝の出発は、一日の充実《じゅうじつ》と、堅実《けんじつ》な前進の日々をもたらす。それは必《かなら》ずや満足《まんぞく》と勝利《しょうり》の人《じん》生《せい》として結実《けつじつ》していく。

ゆえに、朝に勝《か》ち、一日一日、さわやかなスタートを飾《かざ》りゆくことだ。これが青年の特権《とっけん》であり、そこに一切《いっさい》の勝利《しょうり》と成長《せいちょう》への源泉《げんせん》がある。

恩師《おんし》・戸田先生は、朝の出勤《しゅっきん》にまことに厳格《げんかく》であった。また類《たぐ》いまれなる事業家として、厳格な生活態度《たいど》の大切さを知《し》り抜《ぬ》かれていた。よく、次のように話されていたことが懐《なつ》かしい。

「一日の出発にあたって、生き生きと清新《せいしん》な気持ちと決意にみなぎっている職場《しょくば》は、発展《はってん》する」「職場の『長《ちょう》』は、みずから、もっとも早く出勤《しゅっきん》すべきである。それでこそ、部下も責任《せきにん》を感じ、職場の〝鬼《おに》〟となる。仕事という戦いも勝利《しょうり》の方向へと決定づけられる」「責任者が遅刻《ちこく》したり、多くの社員がだらしなく遅刻を重《かさ》ねるような職場は、必《かなら》ず問題を起《お》こし、衰微《すいび》する」と。

長年、事業経営の第一線にあった戸田先生の、厳《きび》しくも的確《てきかく》な教訓《きょうくん》であろう。戸田先生ご自身、絶対《ぜったい》に遅刻《ちこく》などされなかった。また、出張《しゅっちょう》など特《とく》別《べつ》な場合を除《のぞ》き、休まれることもなかった。それだけに、私たち社員も、絶対に遅《おく》れることは許《ゆる》されなかった。毎朝が〝戦争〟のようにあわただしく、また必死《ひっし》であった。申《もう》しわけないことだが、〝先生が遅れて来てくだされば〟と、心《こころ》のなかで思ったこともあった（笑い）。だが、その願《ねが》いはいつもむなしかった（笑い）。当時は本当に辛《つら》かったが、今ではそれが何よりありがたい訓練《くんれん》であったと、心から感謝《かんしゃ》している。

私は、約十年間、戸田先生のもとで働《はたら》き、お仕《つか》えした。その間、健康上《けんこうじょう》の理由等で二度か三度遅《ち》刻《こく》した。当時は草創期《そうそうき》でもあり、会合も、帰宅《きたく》も、今より遅《おそ》くなることが多かった。だが、戸田先生は、学会活動を理由に遅刻することは決して認《みと》めなかった。「それは信心利用《りよう》である」と一喝《いっかつ》された。

さらに「役職《やくしょく》があればあるほど責任《せきにん》がある。模《も》範《はん》でなくてはいけない」と言われた。また「人前《ひとまえ》でいかに立派《りっぱ》なことを言っても、自分が実践《じっせん》しないとすれば、幹部《かんぶ》として最低《さいてい》の姿《すがた》であり、あまりにも独《ひと》りよがりである」と厳《きび》しかった。

リーダーこそ、まずみずから模範《もはん》となり、朝に勝《か》ち、さわやかな一日のスタートを切っていくべきであろう。

「信心」は、即《そく》「生活」であり、「仏法」は、即「社会」である。信心していながら、生活のリズムを乱《みだ》し、職場《しょくば》に悪影響《あくえいきょう》を及《およ》ぼすようであれば、それは、仏法者としてあるまじき姿《すがた》である。それは、信心に対する誤《あやま》った不信《ふしん》をあたえてしまうことになるからだ。

社会にあって私たちは、仏法のすばらしさを証《しょう》明《めい》し、信頼《しんらい》を広げゆく一人《ひとり》一人でなくてはならない。〝さすが、信心している人は違《ちが》うな。立派《りっぱ》だな〟と言われる、揺《ゆ》るぎない〝信頼の人〟であってこそ、信仰者《しんこうしゃ》といえる。

戸田先生は、次のようにも、指導《しどう》してくださった。

「朝の出勤《しゅっきん》が乱《みだ》れているときは、信心が狂《くる》っている。いつも弁解《べんかい》ばかりして、それが高《こう》じてますますウソツキになったり、ズル賢《がしこ》くなって、人々の信頼《しんらい》を失《うしな》う。そして悪事《あくじ》に手を染《そ》め、ついには退転《たいてん》していく」と。

小事こそ大事である。善《よ》かれ悪《あ》しかれ、小さなことの積《つ》み重《かさ》ねが、やがて大きな違《ちが》いとなっていく。ゆえに将来《しょうらい》の大きな目標《もくひょう》のために、まず足もとの課題《かだい》から挑戦《ちょうせん》し、勝利《しょうり》していくことだ。

御書には「一丈《いちじょう》のほり《堀》を・こへぬもの十丈・二十丈のほりを・こうべきか」（九一二㌻）と仰《おお》せである。小さな挑戦《ちょうせん》、小さな勝利《しょうり》の繰《く》り返《かえ》しが、やがて偉大《いだい》な勝利、偉大な凱歌《がいか》の人生《じんせい》へと花開《はなひら》いていくことを忘《わす》れてはならない。

17-6 「月月《つきづき》・日日《ひび》につよ《強》り給《たま》へ」

価値《かち》ある一日一日を生《い》き抜《ぬ》くために大切なのは、自分自身に巣《す》くう惰性《だせい》を排《はい》していくことだと語っています。

池田先生の指針

「代表者会議」（一九九二年三月十五日、東京）

信心とは、惰性《だせい》との間断《かんだん》なき戦いである。

大聖人は「月月《つきづき》・日日《ひび》につよ《強》り給《たま》へ・すこしもたゆ《撓》む心《こころ》あらば魔《ま》たよりをうべし」（御書一一九〇ページ）——月々、日々に信心を強くしていきなさい。少しでもたゆむ心があれば、魔がそのすきに乗《じょう》じるであろう——と仰《おお》せである。

また「信心にあかなく《無倦》して所願《しょがん》を成就《じょうじゅ》し給《たま》へ」（御書一二二七ページ）——信心に怠《おこた》りないようにして、所願を成就されるがよい——と。

「進まざるは退転《たいてん》」という。戸田先生も、信心の惰性《だせい》をつねに戒《いまし》められた。

「宇宙《うちゅう》のあらゆる一切《いっさい》のものは、天体にせよ、一匹《いっぴき》の虱《しらみ》にせよ、刻々《こっこく》と変転《へんてん》していく。一瞬《いっしゅん》といえども、そのままでいることはできない。

そこで、いちばんの問題は、良く変わっていくか、悪《わる》く変わっていくかです。このことに気づかないでいる時、人は惰性《だせい》に流されていく。

つまり、自分が良く変わっていきつつあるか、悪《わる》く変わっていきつつあるか、さっぱり気づかず平気《へいき》でいる。これが惰性《だせい》の怖《こわ》さです。信仰《しんこう》が惰性に陥《おちい》った時、それはまさしく退転《たいてん》である。

信心は、急速《きゅうそく》に、そして良く変わっていくための実践活動《じっせんかつどう》です」等々と。

〝進んでいない〟ことは、〝止まっている〟ことではない。〝退《しりぞ》いている〟ことと同じなのである。信心のうえでは、〝この程度《ていど》でよい〟ということは絶対《ぜったい》にない。そう思う慢心《まんしん》から惰性《だせい》となり、退転《たいてん》につながる。

大聖人は、女性《じょせい》の身《み》で危険《きけん》な道を佐渡《さど》まで訪《おとず》れた日妙聖人《にちみょうしょうにん》に対して、後《のち》にこう励《はげ》まされている。

「古《いにし》への御心《おんこころ》ざし申《もう》す計《ばか》りなし・其《それ》よりも今一《いまいち》重強盛《じゅうごうじょう》に御志《おんこころざし》あるべし、其《そ》の時《とき》は弥弥十羅刹女《いよいよじゅうらせつにょ》の御《おん》まほりも・つよかるべしと・おぼすべし」

（御書一二二〇㌻）

——あなたの前々からのお志《こころざし》の深さについては、言《い》い尽《つ》くせません。しかし、それよりもなおいっそう、強盛《ごうじょう》に信心をしていきなさい。その時は、いよいよ、（諸天善神《しょてんぜんじん》である）十羅刹女《じゅうらせつにょ》の守りも強くなると思いなさい——と。

過去《かこ》に、どれほど命を惜《お》しまぬほどの信心を示《しめ》したとしても、現在《げんざい》の一念《いちねん》が惰性《だせい》になれば、諸天《しょてん》の守護《しゅご》は弱くなる。せっかく積《つ》んだ福運《ふくうん》まで消してしまいかねない。だからこそ大聖人は、いっそうの信心の決意を促《うなが》されたと拝《はい》される。

御書には全編《ぜんぺん》にわたって「いよいよ」「弥弥《いよいよ》」等と、信心を励《はげ》まされるお言葉が繰《く》り返《かえ》されている。

竜《たつ》の口《くち》の頸《くび》の座《ざ》で不惜身命《ふしゃくしんみょう》の信心を示《しめ》した四条《しじょう》金吾《きんご》に対しても「いよいよ強盛《ごうじょう》の信力《しんりき》をいたし《致》給《たま》へ」（一一四三㌻）、また「能《よ》く能く御信心《ごしんじん》あるべし」（一一八六㌻）と指導《しどう》された。

先の「月月《つきづき》・日日《ひび》につより《強》給《たま》へ」の御文《ごもん》も、四《し》条金吾《じょうきんご》をはじめとする門下《もんか》への激励《げきれい》である。

しかし、惰性《だせい》といっても、自分ではなかなかわからない。わからないからこそ惰性なのだともいえる。

ある人があげていた〝惰性《だせい》の症例《しょうれい》〟（笑い）は、「決意、目標《もくひょう》があいまいなとき」「勤行《ごんぎょう》はしているが、具体的《ぐたいてき》な祈《いの》りがないとき」「勤行や活動が受《う》け身《み》になり、義務的《ぎむてき》になっているとき」「グチや文句《もんく》が出るとき」「歓喜《かんき》や感謝《かんしゃ》、感動が感じられないとき」「求道心《きゅうどうしん》が弱くなっているとき」「仕事がおろそかになり、信心即《そく》生活のリズムが崩《くず》れているとき」――などである。

だれもが思いあたる点があるかもしれない。凡夫《ぼんぶ》であるから、やむをえない面があるとはいえ、大聖人は「信心弱《よわ》くして成仏《じょうぶつ》ののびん時・某《それがし》をうらみさせ給《たも》ふな」（御書一四四三㌻）――信心が弱くて、成仏が延《の》びた時、私（大聖人）をうらんではなりません――と仰《おお》せである。

信心は「義務《ぎむ》」ではない。幸福になるための「権利《けんり》」である。自分が決意し、自分が行動した分だけ、自分が得《とく》をするのである。

17-7 「三千界《さんぜんかい》の財《たから》にもすぎて候《そうろう》」

「一日一日を丁寧《ていねい》に生きる」――これが池田先生のモットーです。きょう一日生きることが、どれほど尊《とうと》いか。その無《む》限《げん》の生命の価値《かち》を輝《かがや》かせていく一日一日を、と呼《よ》び掛《か》けています。

池田先生の指針

「全国壮年部幹部会」（一九九二年十月十日、東京）

大聖人は「一日の命《いのち》は三千界《さんぜんかい》の財《たから》にもすぎて候《そうろう》なり」（御書九八六ジペー）――一日の命は、三千世界（＝宇宙《うちゅう》）の全財宝《ぜんざいほう》よりも尊《とうと》いものである――と仰《おお》せである。

「一日、生きる」、その生命は、あらゆる財宝《ざいほう》を集めたよりも尊貴《そんき》である、と。

きょうの「一日」が大切である。

私も、一日一日を大切に、会員の方々《かたがた》のために尽《つ》くして生きようと決めている。これが私の信条《しんじょう》である。

さらに「法華経《ほけきょう》にあわせ給《たま》いぬ一日もいき《活》てをはせば功徳《くどく》つもるべし、あらをし《惜》の命《いのち》や・をしの命や」（御書九八六ジペー）――法華経に巡《めぐ》りあわれたのだから、一日生きておられればその分、功徳が積《つ》もるのである。なんと大事な命であろう。大事な命であろう――と。

皆様方《みなさまがた》は、使命《しめい》ある大事な生命である。外見は世間《せけん》の人と同じように見えたとしても、広布に生きる学会員の「一日」は、その〝生命時間〟から見れば、永遠《えいえん》に通じる尊《とうと》い一日なのである。

どうか、「きょうも楽しかった、勝《か》った」「きょうも悔《く》いがなかった」「充実《じゅうじつ》の歴史《れきし》をつくった」といえる一日一日を、ていねいに積《つ》み重《かさ》ねていただきたい。

第十八章　仏法は対話の宗教

18-1　対話こそ仏法の生命

日蓮仏法は、相手《あいて》を深く敬《うやま》い、その幸《しあわ》せを心《こころ》から願《ねが》って、妙法を語り伝《つた》える化《け》他《た》の行動《こうどう》を、実践《じっせん》の肝要《かんよう》としています。

化他行《けたぎょう》とは、仏法の教義《きょうぎ》や理念《りねん》を語ることだけに限《かぎ》りません。生命尊厳《そんげん》、万人《ばんにん》尊重《そんちょう》の妙法を体現《たいげん》した真心《まごころ》の対話や振《ふ》る舞《ま》いで相手《あいて》を包《つつ》み励《はげ》ましていくこと、自身の人間革命の実証《じっしょう》を示《しめ》して啓発《けいはつ》を与《あた》えていくことは、妙法の素晴《すば》らしさを伝《つた》えることになり、すべて化他行に通じていくと、池田先生は教えています。そして先生自《みずか》ら、世界を舞台《ぶたい》に、仏法の理念に裏打《うらう》ちされた生命触発《しょくはつ》の対話を幾重《いくえ》にも繰《く》り広げてきました。

本章では、仏法対話のあり方《かた》や具体的《ぐたいてき》な実践等《じっせんとう》を示《しめ》した池田先生の指導《しどう》を紹介《しょうかい》します。

池田先生の指針

「随筆　新・人間革命」

（「『釈尊の対話』に学ぶ」、『池田大作全集132』）

私たちが信奉《しんぽう》する仏教は、その大本《おおもと》において、「対話の宗教」であった。八万法蔵《ほうぞう》と呼《よ》ばれる膨《ぼう》大《だい》な経典《きょうてん》も、釈尊《しゃくそん》が民衆《みんしゅう》のなかで語りに語った、闊達《かったつ》な対話が源泉《げんせん》となったといってよい。

釈尊《しゃくそん》の最初《さいしょ》の説法《せっぽう》、いわゆる「初転法輪《しょてんぽうりん》」自体《じたい》、決して高みから教えを垂《た》れるようなものではなかった。釈尊は、五人の旧友《きゅうゆう》に対して、互《たが》いに真理《しんり》を求《もと》める人間同士《どうし》として、忌憚《きたん》なく語り合ったのである。

仏様《ほとけさま》の言葉だからといって、友人が瞬時《しゅんじ》に信じたわけではない。釈尊《しゃくそん》が何か奇跡《きせき》を起《お》こしたわけでもない。釈尊が行《おこな》ったのは、どこまでも粘《ねば》り強《づよ》い「対話」であった。納得《なっとく》のいくまで、何度も、何度も……それは数日間にも及《およ》んだらしい。

やがて一人《ひとり》の友人（阿若憍陳如《あにゃきょうじんにょ》）が教えを理解《りかい》し、残《のこ》りの四人が続いた。

五人いっぺんにではなく、まず「一人《ひとり》から」であった。（『仏教文学』前田恵学訳、『世界文学大系4　インド集』所収、筑摩書房、参照）

ここが、大事なところであろう。目の前の「一人《ひとり》」と、心《こころ》を通わせることができるか否《いな》か。すべては、そこから始まるのである。

釈尊《しゃくそん》が「対話の遠征《えんせい》」を開始《かいし》して、間《ま》もないころのことであった。

〝ああ、悩《なや》ましい、煩《わずら》わしい〟と、うめきながら、森をさまよう青年がいた。

それを見た釈尊《しゃくそん》は、青年に声をかけた。

〝若者《わかもの》よ、ここに悩《なや》みはないのだ。さあ、ここに来て、座《すわ》りなさい〟

そして、自分が座《すわ》っていた敷物《しきもの》の半座《はんざ》を分けて、青年を座らせ、語り合った。（同前、参照）

釈尊《しゃくそん》は、常《つね》に、悩《なや》んでいる人、正しい人生《じんせい》の道を求《もと》める人の「友《とも》」であった。

本来《ほんらい》、慈悲《じひ》の「慈《じ》」とは、インドの言葉で、「友情《ゆうじょう》」を意味したことは有名である。

ある仏典《ぶってん》は、釈尊《しゃくそん》の人となりを、「実《じつ》に〈さあ来なさい〉〈よく来たね〉と語る人であり、親しみあることばを語り、喜びをもって接《せっ》し、しかめ面をしないで、顔色《がんしょく》はればれとし、自分のほうから先に話しかける人」(『ゴータマ・ブッダⅡ』、『中村元選集12〔決定版〕』所収、春秋社)であった、と伝えている。

「何しに来たのか」と渋面《じゅうめん》を向けたり、冷たい、威張《いば》った態度《たいど》はとらなかった。その身《み》に威厳《いげん》を具《そな》えながら、親しみやすいオープンな雰囲気《ふんいき》があったのである。

だから、農民も、商人も、家庭の主婦《しゅふ》も、知識《ちしき》人《じん》も、貴族《きぞく》も、国王も皆《みな》、釈尊《しゃくそん》と会いたがった。悩《なや》みごとの相談《そうだん》にせよ、敵愾心《てきがいしん》を抱《いだ》いての論難《ろんなん》にせよ、誰《だれ》もが会って話をしたくて仕方《しかた》がなかった。

創価学会も、皆《みな》がなんでも話し合える、民衆《みんしゅう》の「対話の広場」である。ゆえに、常《つね》に、賑《にぎ》やかに多くの人が集《つど》い来るのだ。

実《じつ》は、「どんな人とも平等《びょうどう》に話ができる」こと自体《じたい》が、当時のインドでは、驚天動地《きょうてんどうち》のことであった。それまでのインド社会は、バラモンを頂点《ちょうてん》とするカースト制度《せいど》によって、人間が分断《ぶんだん》されていた。身分《みぶん》や階級《かいきゅう》が違《ちが》えば、心《こころ》の通《かよ》った交流など、不可能《ふかのう》だったのである。

ところが釈尊《しゃくそん》は、身分《みぶん》等で全《まった》く人を差別《さべつ》しなかった。たとえば、卑賤《ひせん》な身分の出として、侮蔑《ぶべつ》されていた人が弟子《でし》になった時にも、釈尊は最上級《さいじょうきゅう》の敬語《けいご》をもって、彼《かれ》を歓迎《かんげい》したのである。(『仏弟子の告白』中村元訳、岩波文庫、参照)

諸行無常《しょぎょうむじょう》なるこの世《よ》にあっては、生老病死《しょうろうびょうし》の苦《く》悩《のう》から誰人《たれびと》も逃《のが》れられない。国王であろうと、市《し》井《せい》の庶民《しょみん》であろうと同じである。釈尊《しゃくそん》が、常《つね》に見つめていたのは、この「人間」の真実《しんじつ》であった。

ある時、久しぶりに釈尊《しゃくそん》の会座《えざ》にやって来たコーサラ国の王が、〝最近《さいきん》は国事のために忙《いそが》しくて……〟と口にした。すると釈尊は、〝天に届《とど》くような岩山が国を襲《おそ》い、もはや逃《に》げられないと観念《かんねん》するしかなくなったら、あなたはどうしますか〟と尋《たず》ねた。王は言う。〝そうなれば、どんな権力《けんりょく》も役に立ちません。せめて限《かぎ》られた時間、善事《ぜんじ》を為《な》すのみです〟

ここで、釈尊《しゃくそん》は、この岩山とは、「老《お》い」と「死《し》」のことであると語るのである。（『ブッダ神々との対話』中村元訳、岩波文庫、参照）

人間として、いかに生きるべきか？　この真実《しんじつ》の道を、多くの人びとと共《とも》に探求《たんきゅう》する手段《しゅだん》こそ、釈尊《しゃくそん》の「対話」だったのである。

妻《つま》が信仰《しんこう》することに反対し、釈尊《しゃくそん》に文句《もんく》を言いに来た夫《おっと》も、つむじ曲がりの男も、釈尊に会うと、謙虚《けんきょ》に人生《じんせい》を見つめる目を取り戻《もど》した。（『ブッダ悪魔との対話』中村元訳、岩波文庫、参照）

ある日には、田を耕《たがや》していたバラモンが、釈尊《しゃくそん》に〝私が額《ひたい》に汗《あせ》して耕し、種《たね》を蒔《ま》くように、あんたも働《はたら》いたらどうだ〟と皮肉《ひにく》を言った。

〝ええ、私も耕《たがや》し、種《たね》を蒔《ま》いていますよ〟――釈《しゃく》尊《そん》は、驚《おどろ》くバラモンに語る。

〝信仰《しんこう》が種《たね》であり、智慧《ちえ》が耕《たがや》す鋤《すき》です。この耕《こう》作《さく》は私を憂《うれ》いなき心《こころ》に運《はこ》ぶのです〟（同前、参照）

農作業《のうさぎょう》で苦労《くろう》している者《もの》の心底《しんてい》に染《し》み通《とお》る、絶《ぜっ》妙《みょう》の譬喩《ひゆ》といってよいだろう。

ある時、亡《な》くした娘《むすめ》の名前を呼《よ》び、林の中で泣《な》き叫《さけ》んでいた一人《ひとり》の母がいた。

〝母よ、あなた自身を知りなさい〟

釈尊《しゃくそん》は、彼女《かのじょ》に、あのソクラテスと同じ言葉を投げかけ、諄々《じゅんじゅん》と語っていった。

――母よ、この林には、あなたが呼《よ》んでいたのと同じ名前の娘《むすめ》が、多数、葬《ほうむ》られているのだよ。

あなたが呼ぶのは、どの娘なのか。

その一言《ひとこと》は、悲《かな》しみに囚《とら》われ、孤独《こどく》に陥《おちい》っていた彼女《かのじょ》の胸《むね》を打ち、〝同じ苦悩《くのう》をかかえているのは、自分一人《ひとり》ではないのだ〟と気づかせた。

「ああ、あなたは、わが胸にささっている見難《みがた》い矢《や》を抜《ぬ》いてくださいました」。彼女《かのじょ》は、涙《なみだ》を拭《ぬぐ》い、毅然《きぜん》と立ち上がったのである。（『尼僧の告白』中村元訳、岩波文庫、引用・参照）

釈尊《しゃくそん》の対話は、千差万別《せんさばんべつ》の機根《きこん》の人びとに即《そく》して、「種種《しゅじゅ》の因縁《いんねん》、種種の譬喩《ひゆ》をもって広く言教《ごんきょう》を演《の》ぶ」（法華経方便品《ほうべんぼん》）といわれる通《とお》りの説法《せっぽう》であり、まさに〝芸術《げいじゅつ》〟であった。

このように、仏教は「対話の宗教」であり、それゆえに「人間の宗教」であった。

君よ、快活《かいかつ》なる「対話の達人《たつじん》」たれ！

雄々《おお》しき「正義《せいぎ》の言論《げんろん》の戦士《せんし》」たれ！

それは、二十一世紀《せいき》という「対話の時代」を切り開く、人間主義者の栄冠《えいかん》なのだ。

「力《ちから》あらば一文一句《いちもんいっく》なりともかたら《談》せ給《たも》うべし」（御書一三六一ページ）と、蓮祖《れんそ》は仰《おお》せである。

さあ、赤々と対話の炎《ほのお》を燃《も》やして進もう！

18-2 「人間主義《にんげんしゅぎ》の対話」を

池田先生は、創価女子会館（二〇〇六年開館）を初訪問《はつほうもん》した折《おり》、女子部に「永遠《えいえん》の五指針《ごししん》」を贈《おく》りました。その一つとして、「正義《せいぎ》と友情《ゆうじょう》の華《はな》の対話を」との指針を示《しめ》し、勇気《ゆうき》ある仏法対話の実践《じっせん》を呼《よ》び掛《か》けました。

池田先生の指針

「創価女子会館開館三周年記念協議会」

（二〇〇九年六月四日、東京）

私たちの世界において、対話の意義《いぎ》はまことに大きい。

大聖人は「この娑婆《しゃば》世界は耳根得道《にこんとくどう》の国（＝仏法を耳《みみ》で聞くことによって成仏《じょうぶつ》する国土《こくど》）である」（御書四一五ジペー、通解）と明言《めいげん》されている。

ゆえに、妙法を相手《あいて》の耳《みみ》に入《い》れ、仏縁《ぶつえん》を結《むす》ぶことが、どれほど尊《とうと》い仏《ほとけ》の仕事であるか。皆様方《みなさまがた》の対話こそ、何ものにも勝《まさ》る幸福と正義《せいぎ》の拡大なのである。

大聖人は「仏《ほとけ》になる法華経《ほけきょう》を耳《みみ》に触《ふ》れるならば、これを種《たね》として必《かなら》ず仏になる」「とにもかくにも法華経を強《し》いて説《と》き聞かせるべきである」（御書五五二ジペー、通解）等々、明快《めいかい》におっしゃっている。

最極《さいごく》の正法正義《しょうほうしょうぎ》を、多くの友《とも》に、声を惜《お》しまず語り切っていくことである。語った分だけ、永遠《えいえん》の幸福の仏縁《ぶつえん》が結《むす》ばれる。語った分だけ、わが生命に、永遠の福運《ふくうん》の歴史《れきし》が刻《きざ》まれる。

「須《すべから》く心《こころ》を一《いつ》にして南無妙法蓮華経と我《われ》も唱《とな》へ他をも勧《すすめ》んのみこそ今生人界《こんじょうにんかい》の思出《おもいで》なるべき」（御書四六七ジペー）と説《と》かれている通《とお》りである。

とくに、正義《せいぎ》を語るに当たっては、臆《おく》してはならない。遠慮《えんりょ》してはならない。大聖人は「少しもへつらわずに振《ふ》る舞《ま》い、語っていきなさい」（御書一一六四ジペー、通解）と励《はげ》まされている。

真実《しんじつ》をありのままに、毅《き》然《ぜん》と言い切っていく強さが、折伏精神《しゃくぶくせいしん》である。学会精神である。広宣流布の精神である。この誇《ほこ》り高き強さがあったから、今日《こんにち》の学会があるのだ。

戸田先生は対話のポイントを指摘《してき》された。

「相手《あいて》に真面目《まじめ》に真実《しんじつ》を語る。そして心《こころ》にあるものを訴《うった》えていく。これが創価学会の発祥《はっしょう》の原理《げんり》であり、発展《はってん》の原動力《げんどうりょく》である」

「心《こころ》と心の交流《こうりゅう》、友情《ゆうじょう》の拡大、異《こと》なる文化の理《り》解《かい》を育《はぐ》む〝人間主義の対話〟が大事である」

そして戸田先生は次のように教えられた。

――仏法の難解《なんかい》な法理《ほうり》をいきなり説《と》いても、理《り》解《かい》されるものではない。時には、文学に話題を広げ、また、音楽を論《ろん》じ、絵画《かいが》について語り合いながら、心広々《こころひろびろ》と、心豊《ゆた》かに、この大法《だいほう》を弘《ひろ》めていくのである――

恩師《おんし》の教えを胸《むね》に、私も、あらゆる壁《かべ》を乗《の》り越《こ》える対話を心《こころ》がけてきた。妻《つま》と一緒《いっしょ》に、あの国にも、この大陸《たいりく》にも、世界中に対話の道を開き、友《ゆう》情《じょう》の橋をかけてきた。

すべて、女子部の皆《みな》さんたちに託《たく》していく宝《たから》である。どうか、創価の哲学者《てつがくしゃ》として、思う存分《ぞんぶん》に、楽しく伸《の》び伸びと、対話の華《はな》を広げていっていただきたい。

18-3 仏法対話の実践《じっせん》に人間革命の光《ひかり》

妙法を語っていくことは、相手《あいて》を敬《うやま》い、相手から学び、自他《じた》ともに成長《せいちょう》しゆく実践《じっせん》であり、友《とも》のために悩《なや》み、祈《いの》り、語っていく行動それ自体《じたい》が、人間革命の姿《すがた》であると語っています。

池田先生の指針

「随筆 我らの勝利の大道」「青年よ 快活に対話の波を」

（二〇一〇年十二月十五日、聖教新聞）

人間は、対話の中でこそ、真《しん》の人間に成長《せいちょう》する。対話とは、相手《あいて》から学ぶことである。そこには相手への尊敬《そんけい》がある。だから語り合う言葉が生まれる。

相手《あいて》から学べば、自分も豊《ゆた》かになる。だから豊かな対話には喜《よろこ》びがある。幸福がある。平和がある。

対話それ自体《じたい》が、人間の勝利《しょうり》の証《あか》しなのだ。

御聖訓《ごせいくん》には、「末法《まっぽう》に入《いり》て今日蓮が唱《とな》る所《ところ》の題目は前代《ぜんだい》に異《こと》なり自行化他《じぎょうけた》に亘《わた》りて南無妙法蓮華経なり」（御書一〇二二ページ）と仰《おお》せである。

この一年、わが青年部は、題目を朗々《ろうろう》と唱《とな》えながら、〝友《とも》のために！ 地域《ちいき》のために！〟と動きに動いた。語りに語り抜《ぬ》いた。

「数年来《すうねんらい》の対話が実《みの》りました」「初《はじ》めての折伏《しゃくぶく》ができました」等、心躍《こころおど》る報告《ほうこく》を毎日いただいている。

戦う青年《せいねん》の報告《ほうこく》ほど、大樹《たいじゅ》を仰《あお》ぐが如《ごと》く、頼《たの》もしいものはない。新しき青年力の躍動《やくどう》ほど、皆《みな》に勇気《ゆうき》を贈《おく》るものはない。次代《じだい》を切り開くのは、青年にほかならないからだ。

もちろん、友人と真剣《しんけん》な対話を重《かさ》ねても、感情《かんじょう》的《てき》に反発《はんぱつ》されたり、なかなか仏法を理解《りかい》してもらえないと悩《なや》む友《とも》もいるだろう。

折伏《しゃくぶく》は、御書に仰《おお》せ通《どお》りの如説修行《にょせつしゅぎょう》であり、〝難《なん》事中《じちゅう》の難事〟である。そして正法《しょうほう》を聞かせる「聞《もん》法下種《ぼうげしゅ》」も、相手《あいて》が決意《けつい》する「発心下種《ほっしんげしゅ》」も、功《く》徳《どく》は同じである。最高《さいこう》に尊《とうと》い「如来《にょらい》の事《じ》」を行《ぎょう》じているのだ。

たとえ、思うような結果《けっか》が出なくとも、くよくよする必要《ひつよう》は全《まった》くない。

私も同じであった。どうすれば思いが伝《つた》わるのか、相手《あいて》の心《こころ》に届《とど》くのか――その繰《く》り返《かえ》しだった。誠意《せいい》を尽《つ》くして書いた友《とも》への手紙が、全部《ぜんぶ》、送《おく》り返《かえ》されてきたこともあった。唇《くちびる》を噛《か》んだ悔《くや》しさ、悲《かな》しさも、今は懐《なつ》かしい。

「心《こころ》を一《いっ》にして南無妙法蓮華経と我《われ》も唱《とな》へ他《た》をも勧《すす》んのみこそ今生人界《こんじょうにんかい》の思出《おもいで》なるべき」（御書四六七㌻）との仰《おお》せは、人生《じんせい》の年輪《ねんりん》とともに深く強く拝《はい》される。

祈《いの》って動いた一日一日は、もがくような葛藤《かっとう》でさえも、すべて自分自身を鍛《きた》える、最高《さいこう》の生命錬磨《れんま》である。胸中《きょうちゅう》に燦然《さんぜん》と輝《かがや》く〝信心の土台《どだい》〟となる。

会う人ごとに、「あなた方《がた》を敬《うやま》います、あなた方は皆《みな》、菩薩道《ぼさつどう》を行《ぎょう》じて必《かなら》ず成仏《じょうぶつ》するからです」と深く礼拝《らいはい》した不軽《ふきょう》菩薩は、皆から猛反発《もうはんぱつ》を受け、悪口罵詈《あっくめり》、杖木瓦石《じょうもくがしゃく》を浴《あ》びせられた。

相手《あいて》を敬《うやま》っているのに、反発《はんぱつ》される。生命の大地を破《やぶ》って眠《ねむ》れる仏性《ぶっしょう》を呼《よ》び覚《さ》ます精神革命《せいしんかくめい》には、それだけ根強《ねづよ》い抵抗《ていこう》があるのだ。

しかし、最初《さいしょ》は反発《はんぱつ》があっても、偉大《いだい》な妙法を説《と》き聞かせたことは、必《かなら》ず仏性《ぶっしょう》を薫発《くんぱつ》する縁《えん》となる。相手《あいて》の成仏《じょうぶつ》の因《いん》を作ったのである。これが「毒鼓《どっく》の縁」という法理《ほうり》である。

広宣流布の戦いに無駄《むだ》なものなど、何一つない。友人の反応《はんのう》に一喜一憂《いっきいちゆう》し、前進を止めてしまうことこそが、無慈悲《むじひ》である。

「仏種《ぶっしゅ》は縁《えん》に従《よ》って起《おこ》る是《こ》の故《ゆえ》に一乗《いちじょう》を説《と》くなるべし」（御書一四六七ジペー）との御聖訓通《ごせいくんどお》り、縁を結《むす》んだ分だけ、広宣流布の裾野《すその》は広がるのだ。

「友《とも》のために」と真剣《しんけん》に悩《なや》む、その心《こころ》こそ仏《ほとけ》の心である。それ自体《じたい》、大いなる人間革命の光《ひかり》なのである。

18-4 友《とも》の幸福を祈《いの》ることから

『法華経《ほけきょう》の智慧《ちえ》』には、仏法対話の実《じっ》践《せん》について、随喜功徳《ずいきくどく》の意義《いぎ》などに触《ふ》れて、さまざまに語られています。

池田先生の指針

『法華経の智慧』


折伏《しゃくぶく》とは「真実《しんじつ》を語る」ことです。法華経《ほけきょう》は真実を説《と》いているので「折伏の経典《きょうてん》」と呼《よ》ばれる。

末法《まっぽう》においては、法華経《ほけきょう》の真髄《しんずい》である「南無妙法蓮華経」のすばらしさを語り、広げていく行動は、全部《ぜんぶ》、「折伏《しゃくぶく》」です。

折伏《しゃくぶく》は、喧嘩《けんか》をしにいくのではない（笑い）。どこまでも慈愛《じあい》です。

大切なことは「真心《まごころ》が通《つう》じますように」との祈《いの》りです。祈りから智慧《ちえ》も生まれる。確信《かくしん》も、歓喜《かんき》も生まれる。大変だけれども、その人が必《かなら》ず幸せになり、自分も幸せになっていくことを思えば、これほど「楽しい」こともない。

戸田先生は、よくおっしゃっていた。

「折伏《しゃくぶく》というものは苦しんでやるものではない、楽しくやらなければなりません」と。

もちろん現実《げんじつ》には、すぐに信解《しんげ》できる人もいれば、そうでない人もいます。しかし、あせる必要《ひつよう》はまったくない。いずれの場合も、真剣《しんけん》に祈《いの》り、語ったことへの功徳《くどく》は絶大《ぜつだい》です。簡単《かんたん》にいかないから、智慧《ちえ》も湧《わ》き、成長《せいちょう》できる。〝種《たね》〟を植《う》えておけば、必《かなら》ず将来《しょうらい》、花開く時がきます。

根本《こんぽん》は「私にも、仏様《ほとけさま》のお使《つか》いをさせていただけるんだ」と喜《よろこ》び勇《いさ》んで、語っていくことではないだろうか。

慈悲《じひ》は、上に立って見おろすようなものではない。タテではなくヨコです。水平《すいへい》です。平等《びょうどう》の人間としての共感《きょうかん》である。相手《あいて》への尊敬《そんけい》が基本《きほん》になっている。

「人間として」平等《びょうどう》の立場で、語りあい、学びあい、ともに「より正しい人生《じんせい》」に目覚《めざ》めていく。その「場」そのものが、折伏《しゃくぶく》なのではないだろうか。

大聖人は「立正安国論《りっしょうあんこくろん》」で、客《きゃく》と対話する主人《しゅじん》を「蘭室《らんしつ》の友《とも》」と呼《よ》んでいます。蘭の部屋では、その香《かお》りが自然《しぜん》に衣服《いふく》などに染《し》みついていきます。同様に、対話は、慈悲《じひ》の香りが相手《あいて》をつつみ込《こ》むようでありたい。

弘教《ぐきょう》は押《お》しつけでもなければ、組織《そしき》のためでもない。弘教は、相手《あいて》の仏界《ぶっかい》を礼拝《らいはい》することだから、最高《さいこう》に相手を尊敬《そんけい》する行為《こうい》なのです。

「気《き》の毒《どく》だという気持ちが折伏《しゃくぶく》の根本《こんぽん》である」と戸田先生は言われていた。慈悲《じひ》が根本だということです。相手《あいて》を論破《ろんぱ》しようとしたり、こちらの勢力《せいりょく》に取《と》り込《こ》もうとするような、対立的な心《こころ》で弘《ぐ》教《きょう》するのではないのです。

相手《あいて》の話をさえぎったり、頭ごなしに結論《けつろん》をくだすのでは、対話とは言えない。

〝ちょっと変《へん》だな〟と思っても、いちいち突《つ》っ込《こ》んだりしないで、相手《あいて》の話にうなずいていくくらいの心《こころ》の広さが欲《ほ》しい。そうすれば相手の人も安心して、こちらの話を聞いてくれる。

その意味で、仏《ほとけ》はまさに対話の名人です。釈尊《しゃくそん》も大聖人も、お会いするだけでうれしくなり、心《こころ》があたたかくなるような人格《じんかく》であられたにちがいない。だからこそ人々は、仏の言葉を喜《よろこ》んで聞いていったのではないだろうか。

釈尊《しゃくそん》の、こんなエピソードが伝《つた》えられている。

(「優波離経」、『南伝大蔵経10』、大蔵出版、参照)

ジャイナ教を信仰《しんこう》していたウパーリという人がいた。釈尊《しゃくそん》を論破《ろんぱ》しようとしたが、反対に釈尊の人格《じんかく》と智慧《ちえ》に感激《かんげき》して、仏教の信者《しんじゃ》になりたいと申《もう》し出《で》た。

ところが釈尊《しゃくそん》は、ウパーリを感服《かんぷく》させたことを得意《とくい》がるどころか、「熟慮《じゅくりょ》しなさい。熟慮することが、あなたにふさわしい」と諭《さと》したのです。

ウパーリは、ますます感動して答えた。

「私は、こんな話を耳にしました。『沙門《しゃもん》のゴータマ(=釈尊《しゃくそん》)は、我《われ》に供養《くよう》せよ、他にはしてはならぬ。我《わ》が弟子《でし》に供養せよ、他の弟子にはしてはならぬ。われと我が弟子に供養すれば功徳《くどく》がある。他に供養しても功徳はない、と言っている』と」

このような、一方的に自分を押《お》しつける釈尊《しゃくそん》ではなかったことが分かり、ウパーリは再度、「私を仏教の信者《しんじゃ》として受《う》け入《い》れていただきたい」と懇《こん》請《せい》したのです。

このことを知った、ジャイナ教の師匠《ししょう》は、弟子《でし》たちを連《つ》れてウパーリの家に行く。ウパーリは丁《てい》重《ちょう》にもてなしたが、師匠はウパーリを「おまえは愚か者《おろかもの》だ」と非難《ひなん》した。「論破《ろんぱ》しに行《い》って、かえって誘惑《ゆうわく》され、教化《きょうけ》されて帰ってくるとは!」

ウパーリは礼儀《れいぎ》を尽《つ》くし、諄々《じゅんじゅん》と説《と》いた。

「そのような誘惑《ゆうわく》は、むしろ善《ぜん》です。これをもって、私の仲間が、すべての王族やバラモンが、世界中の人々が、教化《きょうけ》されるならば、それこそ全世界が、永遠《えいえん》の幸福につつまれるでしょう」

かつて戸田先生に「折伏《しゃくぶく》をするというのは、自分自身への折伏にも通《つう》じるものですか」という質《しつ》問《もん》をしたことがあった。先生は、こう答えられた。

「自分自身が南無妙法蓮華経で生きているということです。それ以外に折伏《しゃくぶく》はないのです。手練《てれん》手管《てくだ》も方法もなにもありません。ただただ、自分は南無妙法蓮華経以外になにもない! と決めることを、末法《まっぽう》の折伏というのです」と。

また「自分は南無妙法蓮華経だと決めるのが、最後《さいご》の折伏《しゃくぶく》です」とも言われていた。

青年に本当のことを教えておこうという、決然《けつぜん》たる口調《くちょう》であった。

大聖人の仰《おお》せの通《とお》りにやろう！　これが「随《ずい》喜《き》」の信心です。学会は「御書の通りに」を根本《こんぽん》精神《せいしん》に戦ってきた。ゆえに学会だけに本当の歓喜《かんき》があり、功徳《くどく》があるのです。

要《よう》するに、広布に生きる喜《よろこ》びにまさる功徳《くどく》はありません。弘教《ぐきょう》以上の歓喜《かんき》はない。自分の対話をきっかけとして、他人がどんどん幸せになっていく姿《すがた》を見る。これ以上の喜びはありません。そして、人の幸福を喜べば、ますます自身の生命が浄《じょう》化《か》されていく。

ゆえに折伏《しゃくぶく》は傲慢《ごうまん》ではなく、人間として生まれて、一言でも法を説《と》ける喜《よろこ》びに燃《も》えて行《ぎょう》じていくことです。

そして、大切なことは、折伏《しゃくぶく》したときに、相手《あいて》が聞くか聞かないかは別問題だということです。随喜品《ずいきほん》には、「法華経《ほけきょう》の話があるから」と人を誘《さそ》うこと自体《じたい》が、すでに功徳《くどく》を積《つ》んでいるのだと説《と》いてある。会場で、座《ざ》をつめて座《すわ》らせてあげるだけで功徳があると説かれている。いわんや、自分から人に仏法の話をしてあげるのは、莫大《ばくだい》な功徳を積んでいるのです。

相手《あいて》がどうかではなく、こちらが妙法を称《たた》え、聞かせていけば、それだけで大功徳《だいくどく》になる。そう自覚《じかく》していけば、またまた「歓喜《かんき》」です。

そして、弘教《ぐきょう》を実践《じっせん》している人を、心《こころ》から称《たた》えていくことです。最高《さいこう》に尊貴《そんき》なる「仏《ほとけ》の使《つか》い」なのだから。そうすれば、自他《じた》ともに歓喜《かんき》がわくゆえに、さらに広宣流布が進むのです。

ともあれ、御本尊が大好き、唱題《しょうだい》が大好き、学会活動が大好きという強盛《ごうじょう》な「信心」にこそ「随《ずい》喜《き》功徳《くどく》」が無量《むりょう》にあふれてくるのです。

18-5 「忍難《にんなん》」と「慈悲《じひ》」

人々を幸福に導《みちび》く仏法対話において、何が大切であるかを語っています。

『開目抄講義』

池田先生の指針

大聖人は、御自身《ごじしん》の法華経《ほけきょう》の行者《ぎょうじゃ》としての御境《ごきょう》地《ち》を次のように述《の》べられています。

「されば日蓮が法華経《ほけきょう》の智解《ちげ》は天台《てんだい》・伝教《でんぎょう》には千万が一分《いちぶん》も及《およ》ぶ事《こと》なけれども難《なん》を忍《しの》び慈悲《じひ》のすぐれたる事は・をそれをも・いだきぬべし」（御書二〇二ジペー）

法華経《ほけきょう》に対する智解《ちげ》の深さは、仮《かり》に、天台《てんだい》・伝《でん》教《ぎょう》のほうが勝《まさ》っているとしても、「忍難《にんなん》」と「慈《じ》悲《ひ》」においては、はるかに大聖人が勝っていると の仰《おお》せです。

もちろん、末法《まっぽう》の弘通《ぐつう》にあっても、法華経《ほけきょう》に対する「智解《ちげ》」、すなわち道理《どうり》を尽《つ》くして、理路《りろ》整然《せい ぜん》たる教義《きょうぎ》の展開《てんかい》から語りゆくことは重要《じゅうよう》です。大聖人も、理論的解明《りろんてきかいめい》の功績《こうせき》を天台《てんだい》・伝教《でんぎょう》に譲《ゆず》られることはあっても、その必要性《ひつようせい》を否定《ひてい》されているわけではありません。

しかし、それ以上に重要《じゅうよう》なことがある。それは、悪世末法《あくせまっぽう》に現実《げんじつ》に法《ほう》を弘《ひろ》め、最《もっと》も苦《くる》しんでいる人々を救《すく》い切っていく「忍難《にんなん》」と「慈悲《じひ》」です。

この「忍難《にんなん》」と「慈悲《じひ》」は、表裏一体《ひょうりいったい》です。民《みん》衆救済《しゅうきゅうさい》の慈悲が深いからこそ、難《なん》を忍《しの》んで法《ほう》を弘《ひろ》めていく力《ちから》も勝《すぐ》れているのです。

「難《なん》を忍《しの》び」とは、決《けっ》して一方的《いっぽうてき》な受《う》け身《み》の姿《すがた》ではありません。末法《まっぽう》は「悪《あく》」が強い時代です。その悪を破《やぶ》り、人々を目覚《めざ》めさせる使命《しめい》を自覚《じかく》した人は、誰《だれ》であれ、難と戦い続ける覚悟《かくご》を必要《ひつよう》とするからです。

その根底《こんてい》には、末法《まっぽう》の人々に謗法《ほうぼう》の道を歩《あゆ》ませてはならないという厳父《げんぷ》の慈悲《じひ》があります。その厳愛《げんあい》の心《こころ》こそが、末法の民衆救済《みんしゅうきゅうさい》に直結《ちょっけつ》します。

慈悲《じひ》は忍難《にんなん》の原動力《げんどうりょく》であり、忍難は深き慈悲の証明《しょうめい》です。

『御書の世界』

18-6 仏法対話の要諦《ようてい》

なぜ化他行《けたぎょう》が重要《じゅうよう》なのか。仏法対話は、どのように実践《じっせん》すべきか。日蓮大聖人の諸宗破折《しょしゅうはしゃく》の意義《いぎ》は何か——。仏法対話の要諦《ようてい》について、さまざまに論《ろん》じています。

池田先生の指針

一人《ひとり》の人間の生命における「魔性《ましょう》と仏性《ぶっしょう》の戦い」を徹底的《てっていてき》に究《きわ》められたのが、大聖人の仏法なのです。四度の大難《だいなん》は、その根底的《こんていてき》な戦いの場でした。そして、大聖人は、厳然《げんぜん》と勝《か》ち抜《ぬ》かれたのです。どこまでも「仏法は勝負《しょうぶ》」です。

人類《じんるい》の宿命転換《しゅくめいてんかん》は、この根本的《こんぽんてき》な生命の戦いによってのみあるのです。

その意味で、「争《あらそ》いの時代」の様相《ようそう》をいよいよ深めている現代《げんだい》においてこそ、日蓮仏法の「戦う人間主義《にんげんしゅぎ》」が時代の要請《ようせい》となってくるのです。

日蓮大聖人の仏法は「師弟《してい》の仏法」です。大聖人御自身《ごじしん》が、まず、自他《じた》の仏性《ぶっしょう》を敬《うやま》う折伏行《しゃくぶくぎょう》の「さきがけ」として、法戦《ほうせん》の先頭《せんとう》に立たれ、魔性《ましょう》を破《やぶ》り、人々の仏性の顕現《けんげん》のために闘争《とうそう》されました。

そして、竜《たつ》の口《くち》の法難《ほうなん》、佐渡流罪《さどるざい》を機《き》に、民衆《みんしゅう》救済《きゅうさい》の大闘争《だいとうそう》を門下《もんか》にも強く呼《よ》びかけられる。佐渡流罪以後は、弟子《でし》たちが戦う時が来たのです。

その戦いとは「魔性《ましょう》との戦い」すなわち「折《しゃく》伏《ぶく》」です。現代《げんだい》において創価学会が出現《しゅつげん》したのも、まさに現代こそが、この戦いの正念場《しょうねんば》であるからと考えたい。

折伏《しゃくぶく》は、「自他《じた》の仏性《ぶっしょう》を信ずる」信念《しんねん》の実践《じっせん》であり、「人を敬《うやま》う」最高《さいこう》の人間の行動です。

折伏《しゃくぶく》の核心《かくしん》は、「慈悲《じひ》」と「哲理《てつり》」である。

「慈悲《じひ》」とは、苦悩《くのう》する人々を救《すく》う仏《ほとけ》の心《こころ》です。これは、私たちが実践《じっせん》するうえで、友《とも》への「思いやり」であり、具体的《ぐたいてき》には、粘《ねば》り強《づよ》い「忍耐力《にんたいりょく》」と、正義《せいぎ》を語り抜《ぬ》く「勇気《ゆうき》」として現《あらわ》れると言えます。

「哲理《てつり》」とは、すべての人が成仏《じょうぶつ》できる〝だれもが幸福になる権利《けんり》をもつ〟という法華経《ほけきょう》の哲理に対する「確信《かくしん》」です。

折伏《しゃくぶく》の根本《こんぽん》は、〝すべての人を何としても幸福に〟という仏《ほとけ》の願《ねが》いです。その心《こころ》をわが心とすることが、末法広宣流布《まっぽうこうせんるふ》に戦う本物《ほんもの》の弟子《でし》、地涌《じゆ》の菩薩《ぼさつ》の誓願《せいがん》です。

「慈悲《じひ》」は、しばしば「慈《じ》」と「悲《ひ》」に分けて論《ろん》じられます。「慈」は、人々をわが子のように慈《いつく》しみ、教え導《みちび》くことです。「悲」は、人々の苦悩《くのう》を悲《かな》しみ、同苦《どうく》することです。

いわゆる母性的《ぼせいてき》な温《あたた》かく包《つつ》み込《こ》む愛《あい》と、いわゆる父性的《ふせいてき》な厳《きび》しく導《みちび》く愛の両方《りょうほう》に育《はぐく》まれてこそ、人間は心豊《こころゆた》かにまっすぐ育っていくことができる。溺愛《できあい》では、自立心《じりつしん》が育たない。抑圧《よくあつ》では、個性《こせい》が伸《の》びない。

仏《ほとけ》は、父母両方《ふぼりょうほう》の親の徳《とく》を具《そな》えて、人々を導《みちび》く。苦悩《くのう》から解放《かいほう》するだけにとどまらず、さらに正《ただ》しい生《い》き方《かた》を教えて、境涯《きょうがい》を変革《へんかく》させ、現実《げんじつ》に幸福を得《え》られるように働《はたら》きかけるのです。

折伏《しゃくぶく》とは、この抜苦与楽《ばっくよらく》の慈悲《じひ》の実践《じっせん》にほかならない。

折伏《しゃくぶく》とは、「真実《しんじつ》」を語ることです。勇気《ゆうき》をもって言い切っていくことです。「正義《せいぎ》」の旗《はた》を高く掲《かか》げることです。

だれもが大切にすべき普遍的《ふへんてき》な価値《かち》・正義《せいぎ》を確立《かくりつ》し、実現《じつげん》していくための戦いです。ゆえに、偏狭《へんきょう》な宗派主義《しゅうはしゅぎ》などでは決してない。また、そうってはならない。

法華経《ほけきょう》は、仏《ほとけ》の悟《さと》りの真実《しんじつ》をただちに説《と》いているので、「折伏《しゃくぶく》の経典《きょうてん》」とされる。

あの人も、この人も、一人《ひとり》も残《のこ》らず、かけがえのない尊《とうと》い存在《そんざい》である。生命尊厳《そんげん》という真実《しんじつ》、人間尊敬《そんけい》という最高《さいこう》の実践《じっせん》を、徹《てっ》して教えているのが法華経《ほけきょう》です。

その法華経《ほけきょう》の心《こころ》を、この苦悩渦巻《くのううずま》く現実《げんじつ》世界で、御自身《ごじしん》の不惜身命《ふしゃくしんみょう》の実践《じっせん》で教え示《しめ》してくださったのが、御本仏《ごほんぶつ》日蓮大聖人であられる。

そして、大聖人は、法華経《ほけきょう》の心《こころ》を「南無妙法蓮華経」と顕《あらわ》し、私たちが生命の明鏡《めいきょう》とすべき御本尊として御図顕《ごずけん》してくださったのです。

「如説修行抄《にょせつしゅぎょうしょう》」等には「法華経《ほけきょう》の敵《かたき》を責《せ》める」（御書五〇三ページ、趣意）と仰《おお》せです。この点について、誤解《ごかい》のないように一言《いちごん》しておきたい。

誤《あやま》った教えに執着《しゅうちゃく》している人は、たとえ正しい教えが示《しめ》されても、かえって反発《はんぱつ》し、誤った教えへの執着を強める。だからこそ、粘《ねば》り強《づよ》い対話で、教えそのものの誤り、そしてそれを信じることの誤りの両方《りょうほう》を明確《めいかく》に指摘《してき》し、気づかせ、目覚《めざ》めさせることが大事です。

相手《あいて》が邪見《じゃけん》に毒《どく》されて悪口《あっこう》している場合は、破折《はしゃく》が表になるのは当然です。「破折」を忘《わす》れたら、大聖人の弟子《でし》ではない。悪への「破折」がなくなったら、創価学会の魂《たましい》はありません。

ただし、「責《せ》める」といっても、決して言い争《あらそ》いをするとか、まして言論《げんろん》以外の手段《しゅだん》を用《もち》いるということではない。「正邪《せいじゃ》を明《あき》らかにしていく」ことであり、具体的《ぐたいてき》には、「正法《しょうほう》を言い切っていく」ことです。

〝間違《まちが》っている〟という指摘《してき》だけでは、不十分《ふじゅうぶん》です。言われた側《がわ》も納得《なっとく》できない。〝これが正《ただ》しい〟と明確《めいかく》に示《しめ》してこそ、現実《げんじつ》に変革《へんかく》へと一歩《いっぽ》、踏《ふ》み出《だ》すことができる。

根本《こんぽん》は、やはり慈悲《じひ》です。

大聖人は、「開目抄《かいもくしょう》」で、御自身《ごじしん》が折伏《しゃくぶく》を行《ぎょう》じ、諸宗《しょしゅう》を厳《きび》しく破折《はしゃく》されている意味を、涅槃経《ねはんぎょう》を解《かい》釈《しゃく》した章安大師《しょうあんだいし》の言葉を引いて示《しめ》されている。

（「仏法を壊乱《えらん》するは仏法中《ちゅう》の怨《あだ》なり　慈無《じな》くして詐《いつわ》り親しむは是《こ》れ彼が怨なり　能《よ》く糾治《きゅうじ》せんは是れ護法《ごほう》の声聞《しょうもん》真の我《わ》が弟子《でし》なり　彼が為《ため》に悪を除《のぞ》くは即《すなわ》ち是れ彼が親なり　能く呵責《かしゃく》する者は是れ我が弟子駈遣《くけん》せざらん者は仏法中の怨なり」〈御書二三六ページ〉）

大聖人の実践《じっせん》される折伏行《しゃくぶくぎょう》は、どこまでも邪法《じゃほう》に惑《まど》わされている人々を目覚《めざ》めさせ、救《すく》っていこうとの、大慈悲《だいじひ》の御精神《ごせいしん》に基《もと》づくものです。

私たちの折伏《しゃくぶく》の実践《じっせん》もまた、どこまでも大聖人の大慈悲《だいじひ》の御精神《ごせいしん》に連《つら》なって、一人《ひとり》の人を必《かなら》ず救《すく》っていこうとの一念《いちねん》に基《もと》づくものでなければならない。

法華経本門《ほけきょうほんもん》で久遠実成《くおんじつじょう》を明《あ》かした後、釈尊自身《しゃくそんじしん》の過去世《かこせ》の修行《しゅぎょう》が説《と》かれるのは、唯一《ゆいいつ》、不軽品《ふきょうほん》だけです。そのことから考えると、久遠《くおん》の釈尊の成《じょう》仏《ぶつ》の本因《ほんいん》も、不軽の実践《じっせん》にあったと考えることができるのではないだろうか。

「御義口伝《おんぎくでん》」では、不軽菩薩《ふきょうぼさつ》の礼拝行《らいはいぎょう》について、寿量品《じゅりょうほん》の「我本行菩薩道《がほんぎょうぼさつどう》」の文《もん》に言及《げんきゅう》し、「我《が》とは本因妙《ほんいんみょう》の時を指《さ》すなり、本行菩薩道の文は不軽菩薩なり　此《こ》れを礼拝の住処《じゅうしょ》と指すなり」（御書七六八ページ）と仰《おお》せです。

つまり、久遠《くおん》において成仏《じょうぶつ》の本因《ほんいん》を修行《しゅぎょう》する釈《しゃく》尊《そん》とは、不軽菩薩《ふきょうぼさつ》に他《ほか》ならないとの仰《おお》せと拝《はい》することができます。

久遠《くおん》の釈尊《しゃくそん》は、万人《ばんにん》の生命に具《そな》わる三世永遠《さんぜえいえん》の妙法を覚知《かくち》し、修行《しゅぎょう》して成仏《じょうぶつ》したのです。

〝だれもが妙法を欠《か》けるところなく具《そな》えた尊《とうと》い存在《そんざい》である〟との真実《しんじつ》への目覚《めざ》めによって、自身を仏界《ぶっかい》という最高《さいこう》の境涯《きょうがい》へ高めていくことができたのです。

また、「御義口伝《おんぎくでん》」では、不軽《ふきょう》の礼拝行《らいはいぎょう》は寿量品《じゅりょうほん》の「毎自作是念《まいじさぜねん》」の文《もん》にあたるとも仰《おお》せです。仏《ほとけ》は成仏《じょうぶつ》する前も成仏した後《あと》も、つねに万人《ばんにん》の成仏を願《ねが》い続けるのです。それが、すべての生命の奥《おう》底《てい》に本来ある永遠《えいえん》の願いだからです。不軽菩薩《ぼさつ》の一念《いちねん》は、この仏の心《こころ》と同じだということと拝《はい》することができます。

これらの仰《おお》せから、不軽菩薩《ふきょうぼさつ》の実践《じっせん》すなわち折《しゃく》伏《ぶく》とは、自他《じた》の成仏《じょうぶつ》の直道《じきどう》であり、自他ともの幸福を開く崇高《すうこう》な実践であることが分かります。

実際《じっさい》に不軽菩薩《ふきょうぼさつ》と同様に、妙法の真髄《しんずい》を人々に語り、命《いのち》に及《およ》ぶ激《はげ》しい迫害《はくがい》に遭《あ》われたのが大聖人です。真実《しんじつ》の「如説修行《にょせつしゅぎょう》」「法華経《ほけきょう》の行者《ぎょうじゃ》」はこうである、と示《しめ》してくださった。言葉だけ、形だけの実践《じっせん》を打《う》ち破《やぶ》り、妙法の心《こころ》を実践し、生《い》き抜《ぬ》かれた。その尊《とうと》い御振《おふ》る舞《ま》いによって、未来永遠《みらいえいえん》の幸福の道を切り開かれたのです。

すべての根幹《こんかん》は、仏《ほとけ》の心《こころ》、法華経《ほけきょう》の心と一致《いっち》することです。仏と一体《いったい》となり、妙法に合致《がっち》すれば、どんな困難《こんなん》も乗《の》り越《こ》えられないことはない。

仏《ほとけ》の心《こころ》は、万人救済《ばんにんきゅうさい》の大慈悲《だいじひ》の誓願《せいがん》です。その誓願に連《つら》なり成就《じょうじゅ》せんとする大闘争《だいとうそう》のなかで、自身の生命が鍛《きた》え磨《みが》かれるのです。

折伏行《しゃくぶくぎょう》には自他《じた》の無明《むみょう》を打《う》ち破《やぶ》っていく力《ちから》がある。

ダイヤモンドはダイヤモンドでしか磨《みが》けない。同様に、人間は人間によってのみ、磨かれ輝《かがや》くのです。偉大《いだい》な人生《じんせい》を歩《あゆ》むためには、折伏《しゃくぶく》が大切なのです。

一人《ひとり》の人の一生は、長いようで短い。そのなかでみずから体験《たいけん》できることは限《かぎ》られている。しかし、一人また一人と、他の人の悩《なや》みをわが悩みとして、共《とも》に祈《いの》り、共に戦い、共に勝《か》ち越《こ》えていけば、人生《じんせい》の豊《ゆた》かさは、二倍、三倍、十倍、百倍と無限《むげん》に広がっていく。

ほかの人のために悩《なや》んだ分だけ、戦った分だけ、「心《こころ》の財《たから》」を積《つ》むことができる。そして、どんなことが起《お》ころうとも揺《ゆ》るがぬ幸福境涯《きょうがい》を確立《かくりつ》していくことができるのです。

人々に日蓮大聖人の仏法を語っていくという行《こう》為《い》は、その人の成仏《じょうぶつ》への機縁《きえん》をつくっていく、最《もっと》も尊《とうと》い行為である。だからこそ、功徳《くどく》も大きいのです。

戸田先生は、こう語られていた。

「下種《げしゅ》には聞法《もんぽう》下種と、発心《ほっしん》下種の二種類がある。初めて会って折伏《しゃくぶく》した。けれど信心しなかった。これは聞法下種である。ところが、次の人が行って折伏し、御本尊様をいただかせた。これは発心下種である。どちらも下種には変《か》わりはない。功徳《くどく》は同じである」(『戸田城聖全集4』)

聞法下種《もんぽうげしゅ》も発心《ほっしん》下種も、いずれも、妙法を教えていく尊《とうと》い行《おこな》いです。御本仏《ごほんぶつ》のお使いをした功徳《くどく》は、いずれも絶大《ぜつだい》です。

そのうえで、大聖人は、妙法を説《と》き聞かせて、仏縁《ぶつえん》を結《むす》ぶ聞法下種《もんぽうげしゅ》を強調《きょうちょう》されている。

大聖人は「とてもかくても法華経《ほけきょう》を強《し》いて説《と》き聞かすべし、信ぜん人は仏《ほとけ》になるべし謗《ぼう》ぜん者《もの》は毒鼓《どっく》の縁《えん》となって仏になるべきなり」(御書五五二ページ)と仰《おお》せです。

「毒鼓《どっく》の縁《えん》」とは「逆縁《ぎゃくえん》」とも言います。法華《ほけ》経《きょう》を説《と》き聞かせれば、たとえ、その時は信ずることなく誹謗《ひぼう》しようとも、〝正法《しょうほう》を聞いた〟ことが「縁」となり、必《かなら》ず後《のち》に成仏《じょうぶつ》の道に入ることができるということです。

たとえ、すぐに正法《しょうほう》を信じることができなくても、妙法を聞いたことによって生命に下種《げしゅ》を受《う》けた人は、種子からやがて芽《め》が出るように、いつか必《かなら》ず正法を信ずる時がくる。

ゆえに、相手《あいて》が信じても信じなくても、その人の幸福を願《ねが》い、真心《まごころ》を尽《つ》くし、勇気《ゆうき》をもって、仏法のすばらしさを語っていくことが大切です。

大聖人も、たとえ、暴力《ぼうりょく》や権力《けんりょく》を用《もち》いて敵対《てきたい》し迫害《はくがい》してくる相手《あいて》に対しても、少しもひるむことなく堂々と正義《せいぎ》を訴《うった》え続けられた。

どんな人をも見捨《みす》てることなく、救《すく》いきっていく仏《ほとけ》の振《ふ》る舞《ま》いが、妙法の折伏行《しゃくぶくぎょう》です。

創価学会は、この仏《ほとけ》の心《こころ》と振《ふ》る舞《ま》いを継承《けいしょう》しているのです。その戦いに連《つら》なる一人《ひとり》一人に偉大《いだい》な功徳《くどく》がないわけがありません。


「正義《せいぎ》によって立て。汝《なんじ》の力《ちから》、二倍せん」——私が、青年時代から心《こころ》に刻《きざ》んできた箴言《しんげん》です。正義《せいぎ》に立った人間は無敵《むてき》です。真理《しんり》をたもった人間ほど強いものはありません。

大聖人は仰《おお》せです。

「然《しか》りと雖《いえど》も諸天善神《しょてんぜんじん》等は日蓮に力《ちから》を合《あわ》せ給《たも》う故《ゆえ》に竜口《たつのくち》までもかちぬ、其《そ》の外《ほか》の大難《だいなん》をも脱《まぬか》れたり、今は魔王《まおう》もこりてや候《そうろ》うらん」（御書八四三ページ）——（第六天《だいろくてん》の魔王自身が邪魔《じゃま》をしてきても）諸天善神等は日蓮に力を合わせてくださったゆえに、竜《たつ》の口《くち》の法難《ほうなん》さえも勝つことができた。そのほかの大難をも切《き》り抜《ぬ》けることができた。今は魔王も、こりていることであろう——。

全宇宙《ぜんうちゅう》の諸天善神《しょてんぜんじん》、仏《ぶつ》・菩薩《ぼさつ》——これ以上の強い味方《みかた》はいません。透徹《とうてつ》した正義《せいぎ》の信念《しんねん》に立てば、大宇宙の力《ちから》が全身にみなぎってくる。勇気《ゆうき》が、智慧《ちえ》が、こんこんと湧《わ》き出《で》てくるのです。

ゆえに、大聖人は「日蓮が流罪《るざい》は今生《こんじょう》の小苦《しょうく》なれば・なげかしからず、後生《ごしょう》には大楽《だいらく》を・うくべければ大《おおい》に悦《よろこ》ばし」（御書二三七ジベー）と、広大なる歓喜《かんき》の御境涯《ごきょうがい》を示《しめ》されています。

御本仏の御心に連《つら》なり妙法を弘《ひろ》める学会員の正義《せいぎ》の行動には、宇宙大《うちゅうだい》の福徳《ふくとく》が具《そな》わることを確信《かくしん》していきたい。

18-7 究極《きゅうきょく》の利他《りた》の行為《こうい》

弘教《ぐきょう》がなかなか実《みの》らずに悩《なや》む学生部員《がくせいぶいん》との語らいを紹介《しょうかい》しつつ、自身の思い出を交《まじ》えながら、弘教のあり方《かた》を教えています。

池田先生の指針

「随筆　新・人間革命」

（「広宣の旗高く」、『池田大作全集129』）


昨年（一九九七年）の秋、私は、創価大学を訪問《ほうもん》した折《おり》、数人の学生部員《がくせいぶいん》と、しばし懇談《こんだん》する機会《きかい》があった。

その時、一人《ひとり》のメンバーが言った。

「折伏《しゃくぶく》が、なかなかできないんです」

彼《かれ》は、そのことを真剣《しんけん》に悩《なや》んでいるようであった。

友《とも》に仏法を教え、幸福への種子《しゅし》を植《う》えようと悩《なや》む――なんと尊《とうと》く、崇高《すうこう》なる悩みであろうか。

私は最大《さいだい》の敬意《けいい》をこめ、全力《ぜんりょく》で励《はげ》ましを送った。

「どんなことでも、最初《さいしょ》から、うまくいくことはない。まして、折伏《しゃくぶく》というのは、御書にもあるとおり、難事中《なんじちゅう》の難事です。

私も、若《わか》い時は、試行錯誤《しこうさくご》の連続《れんぞく》でした。しかし、それは、すべて、将来《しょうらい》の成功《せいこう》のための土台《どだい》です。

何があっても、粘《ねば》り強《づよ》く、朗《ほが》らかに、愉快《ゆかい》に挑戦《ちょうせん》していくことです。〝愉快王〟でいこうよ！」

笑顔《えがお》でうなずいた、彼《かれ》の顔が忘《わす》れられない。

それから五カ月後、彼《かれ》は、折伏《しゃくぶく》ができたと、喜《よろこ》び勇《いさ》んで報告《ほうこく》してくれた。私は、本当に嬉《うれ》しかった。彼の心《こころ》が嬉しかった。

思えば、私の折伏第一号《しゃくぶくだいいちごう》は、大田区の小学校の教員《きょういん》をされている方《かた》であった。戸田先生の会社に勤《つと》めて、しばらくしたころのことである。

それまで、何人もの友《とも》に仏法の話をしてきた。戸田先生みずから、私の友人に会って、話してくださったこともあったが、信心をするにはいたらなかった。

自分が不甲斐《ふがい》なく、どう語ればよいのか、必死《ひっし》に研究《けんきゅう》もした。そして、祈《いの》りに祈り、〝もう一人《ひとり》〟〝もう一人〟との思いで、折伏行《しゃくぶくぎょう》を重《かさ》ねた。それが、どれほど大きな自身の力《ちから》となっていったか計《はか》り知《し》れない。

そのなかで、ようやく折伏《しゃくぶく》が成就《じょうじゅ》した時の、あの晴《は》れやかな感動と喜《よろこ》びは、筆舌《ひつぜつ》に尽《つ》くしがたい。

私は、自分の紹介《しょうかい》で入会した人を、どこまでも、どこまでも面倒《めんどう》をみながら、人生《じんせい》の勝利者《しょうりしゃ》にさせる決意をした。その折伏《しゃくぶく》をした人に、私のアパートに来ていただき、出勤前《しゅっきんまえ》に一緒《いっしょ》に勤行《ごんぎょう》し、ともに御書を拝《はい》したものである。また、仕事の帰りに、勤行指導《しどう》に通《かよ》ったことも懐《なつ》かしい。

広宣流布という前進は、一人《ひとり》の友《とも》を信仰《しんこう》に目覚《めざ》めさせていく、この地道《じみち》な、そして忍耐強《にんたいづよ》い活動の積《つ》み重《かさ》ねのなかにある。これが、真《しん》の仏道修《ぶつどうしゅ》行《ぎょう》だ。

戸田先生が第二代会長として立たれ、会員七十五万世帯《せたい》の達成《たっせい》を宣言《せんげん》された時、私は誓《ちか》った。

“先生は折伏《しゃくぶく》の師匠《ししょう》であられる。弟子《でし》である私は、断《だん》じて折伏の闘士《とうし》になる”

蒲田《かまた》で、文京《ぶんきょう》で、大阪で、山口で、私は、全力《ぜんりょく》で弘教《ぐきょう》の渦《うず》を巻《ま》き起《お》こした。

ある座談会《ざだんかい》では、参加《さんか》した七、八人の青年が、皆《みな》、入会を決意《けつい》したこともあった。

“絶対的《ぜったいてき》幸福への道は、この仏法しかない。皆《みな》に最高《さいこう》の人生《じんせい》を生きてほしい”と願《ねが》い、懸命《けんめい》に訴《うった》えた。

その確信《かくしん》と真剣《しんけん》さが、友《とも》の心《こころ》の扉《とびら》を開《ひら》き、共感《きょうかん》をもたらすのである。

折伏《しゃくぶく》は、友情《ゆうじょう》を深め、信頼《しんらい》を勝《か》ち取《と》っていくものでなくてはならない。

表面的《ひょうめんてき》な語らいはあっても、真実《しんじつ》の対話がない現代《げんだい》である。だが、折伏《しゃくぶく》は、ともに真実の充実《じゅうじつ》した幸福の道を歩《あゆ》みゆこうとの、友《とも》への深い思いやりの触発《しょくはつ》の語らいである。

人生《じんせい》の価値《かち》とは何か、何が正しく、何が悪《あく》なのかを、時に生活に即《そく》し、時にみずからの体験《たいけん》のうえから語り合う真心《まごころ》の仏法対話は、これ、人間主《にんげんしゅ》義《ぎ》の王道《おうどう》であり、それが折伏《しゃくぶく》だ。

また、苦悩《くのう》の根源的《こんげんてき》な解決《かいけつ》の道を教える折伏《しゃくぶく》は、究極《きゅうきょく》の利他《りた》の行為《こうい》であり、自己《じこ》の殻《から》を打《う》ち破《やぶ》る、人間革命《かくめい》の直道《じきどう》でもある。

折伏《しゃくぶく》を行《ぎょう》ずる人こそが、大聖人の大精神《だいせいしん》を受《う》け継《つ》ぐ、まことの弟子《でし》である。

日興上人《にっこうしょうにん》は「弘通《ぐつう》の法師《ほっし》に於《おい》ては下輩為《げはいた》りと雖《いえど》も老僧《ろうそう》の思《おもい》を為《な》す可《べ》き事《こと》」（御書一六一八㌻）と、折伏《しゃくぶく》の勇者《ゆうしゃ》を賞讃《しょうさん》されている。また、その功徳《くどく》は、無量無辺《むりょうむへん》である。

人々の幸福を思えばこそ、世界の平和を願《ねが》えばこそ、非難《ひなん》され、中傷《ちゅうしょう》されても、広宣《こうせん》の旗《はた》を高く掲《かか》げて、仏法の慈光《じこう》を送り続けてきたのが、わが創価学会の尊《とうと》き歴史《れきし》だ。

18-8 最極《さいごく》の友情《ゆうじょう》の証《あか》し

小説『新・人間革命』には、山本伸一会長が、仏法対話の心構《こころがま》えや実践《じっせん》について語る場面《ばめん》が、さまざまに描《えが》かれています。

池田先生の指針

『新・人間革命』

〈一九六〇年十一月、女子部総会でのスピーチで〉

女子部の皆《みな》さんのなかには、「私には折伏《しゃくぶく》なんてできません」という人もいるかもしれませんが、それでも構《かま》いません。牧口先生の時代も、戸田先生の時代も、学会では、折伏をしてください などと、お願《ねが》いしたことは、ただの一度もありません。

大聖人が、折伏《しゃくぶく》をすれば宿命《しゅくめい》を転換《てんかん》し、成仏《じょうぶつ》できると、お約束《やくそく》なさっている。ですから、自分の宿命の転換のため、幸福のためにやろうというのです。しかも、それが友《とも》を救《すく》い、社会の繁栄《はんえい》と平和を築《きず》く源泉《げんせん》となっていく。これほどの〝聖業《せいぎょう》〟はありません。

なかには、一生懸命《いっしょうけんめい》に弘教《ぐきょう》に励《はげ》んでいても、なかなか実《みの》らないこともあるかもしれない。こう言うと、女子部長に怒《おこ》られてしまうかもしれませんが、皆《みな》さんは、まだ若《わか》いのですから、決《けっ》して、結《けっ》果《か》を焦《あせ》る必要《ひつよう》はありません。

布教《ふきょう》していくということは、自身を高める、人間としての最高《さいこう》の慈愛《じあい》の修行《しゅぎょう》であるとともに、人びとを幸福と平和へと導《みちび》きゆく、最極《さいごく》の友情《ゆうじょう》の証《あか》しなんです。

大切なことは、〝あの人がかわいそうだ。幸福になってほしい〟という心《こころ》で、周囲《しゅうい》の人に、折《おり》に触《ふ》れ、仏法を語り抜《ぬ》いていくことです。今は信心しなくとも、こちらの強い一念《いちねん》と友情《ゆうじょう》があれば、やがて、必《かなら》ず仏法に目覚《めざ》める時が来ます。

また、幹部《かんぶ》は、弘教《ぐきょう》が実《みの》らずに悩《なや》んでいる人を追及《ついきゅう》したり、叱《しか》るようなことがあってはならない。むしろ優《やさ》しく包《つつ》み、仏《ほとけ》の使《つか》いとして、懸命《けんめい》に生きようとしている姿勢《しせい》を讃《たた》え、励《はげ》ましてあげていただきたい。

（第2巻「民衆の旗」の章）

〈一九六一年四月、広島を訪問《ほうもん》した折《おり》、移動《いどう》の列車《れっしゃ》の中で、「なかなか折伏《しゃくぶく》ができないのですが」と打《う》ち明《あ》け

た友《とも》に対して〉

みんな、そうなんです。折伏《しゃくぶく》は最《もっと》も困難《こんなん》な仏道《ぶつどう》修行《しゅぎょう》なんですから、簡単《かんたん》なものではありません。

仏法の力《ちから》を教えるというのは、たとえば、千年も前に、原子力《げんしりょく》のことを教えたり、ラジオやテレビのことを説明《せつめい》するようなものなんです。だから、一生懸命《いっしょうけんめい》に話をしても、なかなかわからないかもしれない。

しかし、実際《じっさい》に信心をしてみれば、そのすばらしさがわかる。なぜ、もっと早く信心をしなかったのかと思うようになります。皆《みな》さん方《がた》も、そうだったでしょう。

ですから、友情《ゆうじょう》を大切にしながら、諦《あきら》めずに、粘《ねば》り強《づよ》い対話を重《かさ》ねていくことです。

（第4巻「凱旋」の章）

〈「仕事が忙《いそが》しくて休日《きゅうじつ》も取れません。でも、なんとか折伏《しゃくぶく》をしたいと思っています。ところが、なかなかできないもので悩《なや》んでおります」という壮年《そうねん》に対して〉

人を救《すく》おうとして悩《なや》むなんて、すごいことではないですか。尊《とうと》く誇《ほこ》り高い、最高《さいこう》の悩みです。本当の慈悲《じひ》の姿《すがた》です。それ自体《じたい》、地涌《じゆ》の菩薩《ぼさつ》の悩みであり、仏《ほとけ》の悩みです。

折伏《しゃくぶく》を成《な》し遂《と》げる要諦《ようてい》は何か。

それは決意《けつい》です。一念《いちねん》が定《さだ》まれば、必《かなら》ず状況《じょうきょう》を開くことができる。

折伏《しゃくぶく》は、どこでもできるんです。戸田先生は、牢獄《ろうごく》のなかでも法華経《ほけきょう》の極理《ごくり》を悟《さと》り、看守《かんしゅ》を折伏していています。

まず、折伏《しゃくぶく》をさせてくださいと、御本尊に懸命《けんめい》に祈《いの》り抜《ぬ》くことです。すると、そういう人が出てきます。また、ともかく、あらゆる人と仏法の対話を話をしていくんです。

もちろん、信心の話をしても、すぐに入会するとは限《かぎ》りません。それでも、粘《ねば》り強《づよ》く、交流《こうりゅう》を深めながら、相手《あいて》の幸福を日々《ひび》祈《いの》り、対話を重《かさ》ねていくことです。種《たね》を蒔《ま》き、それを大切に育て続けていけば、いつか、必《かなら》ず花《はな》が咲《さ》き、果実《かじつ》が実《みの》ります。焦《あせ》る必要《ひつよう》はない。

さらに、入会しなくとも、ともに会合に参加《さんか》して教学《きょうがく》を勉強《べんきょう》したり、一緒《いっしょ》に勤行《ごんぎょう》したりすることもよいでしょう。自然《しぜん》な広がりが大事《だいじ》です。

ともあれ、苦労《くろう》して弘教《ぐきょう》に励《はげ》んだ分《ぶん》は、全部《ぜんぶ》、自分の福運《ふくうん》になります。相手《あいて》が信心しようが、しまいが、成仏《じょうぶつ》の因《いん》を積《つ》んでいるんです。

また、対話してきた人を入会させることができれば、何ものにもかえがたい、最高最大《さいこうさいだい》の喜《よろこ》びではないですか。

折伏《しゃくぶく》は、一人《ひとり》一人の人間を根本《こんぽん》から救《すく》い、未来《みらい》永遠《えいえん》の幸福を約束《やくそく》する、極善《ごくぜん》の実践《じっせん》です。寄付《きふ》をするとか、橋《はし》を造《つく》ったとかいうような慈善事業《じぜんじぎょう》などよりも、百千万億倍《おくばい》も優《すぐ》れた、慈悲《じひ》の行為《こうい》なんです。


（第13巻「北斗」の章）


日蓮仏法の最《さい》たる特徴《とくちょう》は、世界の広宣流布を指《し》標《ひょう》に掲《かか》げ、その実践《じっせん》を説《と》いていることにある。「広宣流布の宗教」ゆえに日蓮大聖人は、自行化他《じぎょうけた》にわたる仏道修行《ぶつどうしゅぎょう》、すなわち、唱題《しょうだい》とともに修行の柱《はしら》として折伏《しゃくぶく》・弘教《ぐきょう》を打ち立てているのだ。

では、なぜ大聖人は弘教《ぐきょう》を叫《さけ》ばれたのか。衆生《しゅじょう》自身《じしん》が大聖人と同じく広宣流布を誓願《せいがん》し、弘教に励《はげ》みゆくなかにこそ、一生成仏《いっしょうじょうぶつ》の大道《だいどう》があるからだ。

大聖人は、仰《おお》せである。

「日蓮と同意ならば地涌《じゆ》の菩薩《ぼさつ》たらんか」（御書一三六〇㌻）、「法華経《ほけきょう》を一字一句《いちじいっく》も唱《とな》え又人《またひと》にも語り申《もう》さんものは教主釈尊《きょうしゅしゃくそん》の御使《おんつかい》なり」（御書一一二一㌻）。

大聖人の御心《おこころ》である広宣流布を使命《しめい》とし、正法《しょうほう》を弘《ひろ》めゆく人は、地涌《じゆ》の菩薩《ぼさつ》であり、仏の使《つか》いであるとの宣言《せんげん》である。その実践《じっせん》のなかで自身《じしん》が御《ご》本仏《ほんぶつ》に連《つら》なり、仏・菩薩の生命《せいめい》が涌現《ゆげん》するのである。清浄《せいじょう》にして強き大生命力《だいせいめいりょく》と無限《むげん》の智慧《ちえ》とが脈《みゃく》動《どう》するのだ。そこに自身の生命の変革《へんかく》があり、「人間革命《かくめい》」「境涯《きょうがい》革命」の道が開かれるのである。

自分の生命が変《か》わるならば、「色心不二《しきしんふに》」「依正《えしょう》不二」なるがゆえに、病苦《びょうく》も、経済苦《けいざいく》も、家庭《かてい》の不和《ふわ》も克服《こくふく》していくことができる。そして、さらには、宿命《しゅくめい》をも転換《てんかん》することができるのである。

創価学会は、大聖人の教えのままに、まっしぐらに広宣流布の道を突《つ》き進《すす》んできた。

戸田城聖《じょうせい》は、第二代会長に就任《しゅうにん》した日、自身《じしん》の生涯《しょうがい》の願業《がんぎょう》として、会員《かいいん》七十五万世帯《せたい》を達成《たっせい》することを宣言《せんげん》している。彼《かれ》が、この大目標《だいもくひょう》を示《しめ》したのは、すべての同志《どうし》に、「絶対的幸福境涯《ぜったいてきこうふくきょうがい》」への道を開きたかったからである。

師《し》のこの誓願《せいがん》を、弟子《でし》として必《かなら》ずや成就《じょうじゅ》しようと、ともに立ち上がったのが山本伸一であり、その彼《かれ》に、青年が、数多《あまた》の同志《どうし》が続いたのだ。

同志《どうし》の胸《むね》には、勇気《ゆうき》の火が赤々《あかあか》と燃《も》えていた。必《かなら》ず幸福になれるのだという、強い、強い確信《かくしん》が芽生《めば》えていた。

皆《みな》、さまざまな苦悩《くのう》をかかえていたが、その苦悩に押《お》しつぶされてはいなかった。地涌《じゆ》の菩薩《ぼさつ》として、仏《ほとけ》の使《つか》いとして、弘教《ぐきょう》に励《はげ》む、歓喜《かんき》と誇《ほこ》りに満《み》ちあふれていた。

同志《どうし》は、むしろ、自分の生活苦《せいかつく》や病苦《びょうく》よりも、友《とも》の悩《なや》みに胸《むね》を痛《いた》めた。社会の、日本の将来《しょうらい》を憂《うれ》え、世界の平和に思いをめぐらせた。

既《すで》に、その一念《いちねん》においては、自身の苦悩《くのう》に煩《わずら》わされることのない、大《おお》いなる境涯《きょうがい》を会得《えとく》していたのである。

境涯《きょうがい》の革命《かくめい》は現実《げんじつ》生活の転換《てんかん》をもたらし、功徳《くどく》の花々《はなばな》を咲《さ》かせ、幸福の果実《かじつ》を実《みの》らせていった。

師《し》と共《とも》に広布の誓願《せいがん》に生きる――そこにこそ、絶対的《ぜったいてき》幸福へと至《いた》る自身の人間革命《かくめい》と宿命転換《しゅくめいてんかん》の直道《じきどう》がある。この広宣流布の聖業《せいぎょう》に参加《さんか》できることとは、われら創価学会員に与《あた》えられた栄誉《えいよ》であり、特権《とっけん》といえようか。

（第13巻「北斗」の章）

18-9 ありのままの対話を

仏法対話のあり方《かた》について、質問《しつもん》にわかりやすく答《こた》えています。

池田先生の指針

『青春対話』

〈「親《した》しい友人に信仰《しんこう》を教えてあげたいのですが、どうしたらいいでしょうか」という声に〉

自然《しぜん》でいい。ただし、食事も、いきなりステーキが出てくると驚《おどろ》いてしまう（笑い）。必《かなら》ず前菜《ぜんさい》がある。何でも順序《じゅんじょ》がある。よその家に行っても、玄関《げんかん》の戸《と》を開《あ》けて、あいさつをしてから上にあがる。

同じように、仏法を教えてあげたいのならば、友人として、「私は、こういう仏法をもっている。仏法とは人生哲学《じんせいてつがく》であり、生命とは、宇宙《うちゅう》とは等々、とても重要《じゅうよう》な内容《ないよう》である。学校の勉強では学べない、もっと根本的《こんぽんてき》な課題《かだい》を学び、知ることができる。人生にとって深い価値《かち》がある。一度、生命哲学というもの、仏法というものを、一緒《いっしょ》に語りあわないか？　本を読んでみないか？」と、自然《しぜん》な気持ちで語ったらよいと思う。

友《とも》だちが「やだよ」と言っても、それで仏縁《ぶつえん》を結《むす》んでいるのだから、その人は、また必《かなら》ず仏法に巡《めぐ》り合《あ》う日がくる。

これは、部員さんを励《はげ》ました場合も、同じことだ。だから、あせる必要《ひつよう》はない。

信心は一生の課題《かだい》だし、三世永遠《さんぜえいえん》の次元《じげん》のものです。

大事なのは、友人をたくさんつくり、友情《ゆうじょう》を固《かた》めることです。折伏《しゃくぶく》といい、広宣流布といっても、「友《とも》の幸福を願《ねが》う」という友情の気持ちを広げたものなのです。

〈「今の自分の姿《すがた》で、学会を判断《はんだん》されたくないので、立派《りっぱ》になってから話したいんですが」という声に〉

全部《ぜんぶ》、自由です。その声のように、自分自身が「信仰《しんこう》の実証《じっしょう》」を示《しめ》すことが大事だ。

ただし、見栄《みえ》っぱりはいけない。自分のありのままの姿《すがた》で、素直《すなお》に、自然《しぜん》に、仏法を語っていく姿でいいのです。

人によく思ってもらうために信仰《しんこう》はあるわけではない。相手《あいて》にどう思われようと、相手の幸福を願《ねが》って祈《いの》り、行動するのが慈悲《じひ》です。

その時は、自分の真心《まごころ》は通じないかもしれない。しかし、誠意《せいい》を尽《つ》くしておけば、いつか、「あの時、自分を励《はげ》ましてくれた友《とも》だちがいた」「悩《なや》みを解決《かいけつ》しようと頑張《がんば》ってくれた友だちがいた」と、思い出してもらえる。

そのような生き方をすればいいのではないだろうか。

18-10 確信《かくしん》と体験《たいけん》を堂々《どうどう》と語る

世界から研修《けんしゅう》に集《つど》った青年部との勤行《ごんぎょう》会《かい》の折《おり》、池田先生は「聞きたいことがあれば、どんなことでも質問《しつもん》してください」と呼《よ》び掛《か》け、多くの友《とも》の求道《きゅうどう》の問《と》いに懇切丁寧《こんせつていねい》に答《こた》えました。

池田先生の指針

「世界平和祈念勤行会」(二〇〇二年九月八日、東京)

〈「友人を折伏《しゃくぶく》するために、懸命《けんめい》に対話に励《はげ》んでいます。『君《きみ》の言うことはわかる。でも自分は、やらない』という人には、どうすればよいでしょうか」との男子

部員の質問《しつもん》に答《こた》えて〉

「祈《いの》る」ことです。断固《だんこ》たる決意《けつい》をこめて、御本尊に祈ることです。

祈《いの》りに勝《まさ》るものはありません。これは理屈《りくつ》ではない。祈りがなければ、何をやっても空転《くうてん》です。

祈《いの》って、祈って、祈り通して、そのうえで語っていけば、必《かなら》ず変《か》わっていきます。

また、人には、それぞれ「時」というものがあります。いつか、その人も、正しい仏法に目覚《めざ》める時が来る。祈《いの》っていれば、必《かなら》ずそうなります。焦《あせ》ってはいけない。

忍耐強《にんたいづよ》くいきなさい。戦いは忍耐です。

また、なかなか思うとおりにいかない人がいるからこそ、題目がたくさん唱《とな》えられるのではないですか（笑い）。その功徳《くどく》は、全部《ぜんぶ》、自分のものです。

広布《こうふ》への行動に無駄《むだ》はない。「損《そん》」はない。学会活動は、「得《とく》」ばかりなのです。

〈「同世代の若《わか》い友人たちに仏法の素晴《すば》らしさを伝《つた》えていく上での指針《ししん》を教えてください」との女子部員の質問《しつもん》に答《こた》えて〉

大切なのは、誠実《せいじつ》に話すことです。

相手《あいて》の方《かた》は仏法を初めて聞く方でしょう。だから誠実《せいじつ》に、誠実に、わかりやすく話していくことです。

仏法の偉大《いだい》さと信心の素晴《すば》らしさを自信満々《じしんまんまん》と話していくことです。

そして人生《じんせい》の確信《かくしん》ある生《い》き方《かた》、未来《みらい》への限《かぎ》りなき希望《きぼう》に雄々《おお》しく生き抜《ぬ》く、価値《かち》ある生活の実証《じっしょう》を語っていくことです。

結論《けつろん》して言えば、自分自身の確信《かくしん》と体験《たいけん》を堂々《どうどう》と語り抜《ぬ》いていくことです。

それが相手《あいて》の生命に、幸福と希望《きぼう》の種《たね》を植《う》えることになるのです。

その種《たね》は、いつか必《かなら》ず根《ね》を張《は》り、芽《め》を出《だ》し、花《はな》を咲《さ》かせます。それまで祈《いの》り続けて、時を待《ま》てばよいのです。

第十九章　御書根本《こんぽん》の大道《だいどう》

19-1 教学研鑽《けんさん》の三つの意義《いぎ》

人間革命とは、日蓮大聖人の御書に説《と》かれた生命哲学《てつがく》を実践《じっせん》することです。

池田先生は、小説『新・人間革命』第30巻〈上〉「雄飛《ゆうひ》」の章で、「創価教学」の意義《いぎ》を明確《めいかく》に記《しる》しています。

「（教学を研鑽《けんさん》するのは）自身の信心を深め、一生成仏《いっしょうじょうぶつ》をめざすためであり、広宣流布推進《すいしん》のための教学である」

「創価教学とは実践《じっせん》の教学であり、自《じ》他共《たとも》の幸福を創造《そうぞう》する生命の法理《ほうり》の探究《たんきゅう》である」

本章は、こうした「実践《じっせん》の教学」「広宣流布推進《すいしん》のための教学」の重要性《じゅうようせい》について述《の》べられた池田先生の指導《しどう》をまとめました。

ここでは、青年に向けた随筆《ずいひつ》のなかで、なぜ教学が必要《ひつよう》かについて大事な点を論《ろん》じています。

池田先生の指針

「随筆　新・人間革命」

（「青年と教学」、『池田大作全集129』）

最高峰《さいこうほう》の人間をつくる、最高峰の哲学《てつがく》が教学である。その宝《たから》の思想・哲学をもった青年の熱《ねつ》と力《ちから》が、新しき世紀《せいき》を創《つく》るのだ。

青年に、なぜ教学が必要《ひつよう》なのか。さまざまに論《ろん》じられるが、私は、教学研鑽《けんさん》の意義《いぎ》は、次の三点にあると考えている。

第一に、「**信心を深めゆくための教学**」である。

戸田先生は、戦時中《せんじちゅう》の軍部政府《ぐんぶせいふ》の弾圧《だんあつ》で、同志《どうし》の大多数《だいたすう》が退転《たいてん》していったことについて、無念《むねん》きわまりない様子《ようす》で、こう言われていたことが忘《わす》れられない。

「皆《みな》、教学なきゆえに、信心がわからず、臆病《おくびょう》になり、法難《ほうなん》に負《ま》けてしまったのだ。残念《ざんねん》なことだ。もう、こんな失敗《しっぱい》はしないぞ」

教学は、信心の軌道《きどう》を照《て》らし出す灯台《とうだい》である。競《きそ》い起《お》こる障魔《しょうま》の複雑《ふくざつ》な様相《ようそう》も、仏法の明鏡《めいきょう》に照らせば、すべて明《あき》らかになる。

自己《じこ》の堅固《けんご》なる信心の骨格《こっかく》をつくり、人間革命の源泉《げんせん》となっていくのが教学といってよい。ゆえに、戸田先生は、教学をもって学会の再建《さいけん》に着手《ちゃくしゅ》され、まず法華経講義《ほけきょうこうぎ》を始められたのだ。

第二に、「**広布推進《こうふすいしん》の原動力《げんどうりょく》のための教学**」である。

御書には、日蓮仏法の正義《せいぎ》が、破邪顕正《はじゃけんせい》の折伏《しゃくぶく》・弘教《ぐきょう》の道が示《しめ》されている。また、広宣流布の戦いに臨《のぞ》む姿勢《しせい》も、仏法指導者《しどうしゃ》の在《あ》り方《かた》も、人材育成《じんざいいくせい》の要諦《ようてい》も、余《あま》すところなく説《と》き明《あ》かされている。

御書を学ぶことは、大聖人の御精神《ごせいしん》にふれることである。御本仏《ごほんぶつ》より、広宣流布の御指南《ごしなん》を仰《あお》ぎ、最大《さいだい》の励《はげ》ましをいただくことでもある。

その御書に仰《おお》せのとおりに行動してこそ、初めて、教学を学んだことになる。いわば「実践《じっせん》の教学」なくして、仏法の研鑽《けんさん》はない。また、そこに、無限《むげん》の勇気《ゆうき》が湧《わ》き、最高《さいこう》の力《ちから》を発揮《はっき》することができるのだ。

第三に、「**新しき人間主義《にんげんしゅぎ》の哲学《てつがく》を確立《かくりつ》するための教学**」である。

核《かく》戦争の脅威《きょうい》、民族紛争《みんぞくふんそう》、環境《かんきょう》問題、教育の荒《こう》廃等々《はいとうとう》、現代《げんだい》のかかえる問題はあまりにも深刻《しんこく》といえる。人々は、世界の「平和」と「幸福」を希《き》求《きゅう》しながらも、事態《じたい》はますます混迷《こんめい》の度《ど》を深めている。生命の哲学《てつがく》なきゆえである。

その解決《かいけつ》の光源《こうげん》は、もはや、仏法以外にない。生命の尊厳《そんげん》と慈悲《じひ》の哲理《てつり》、色心不二《しきしんふに》、依正《えしょう》不二などの原理《げんり》に立《た》ち返《かえ》ってこそ、新しき人間主義《にんげんしゅぎ》の道が開かれる。戸田先生の、あの「原水爆禁止宣言《げんすいばくきんしせんげん》」も、人類《じんるい》を守りゆく、仏法の哲理から発したものであった。

二十一世紀《せいき》を担《にな》う青年たちが、仏法思想を身《み》につけずしては、人類《じんるい》の未来《みらい》の栄光《えいこう》はない。われらの哲学《てつがく》は、全人類を幸福にする世界最高《さいこう》の哲学である。その大法《だいほう》を持《たも》った青年も、さまざまな次元《じげん》で、世界的指導者《しどうしゃ》となるのだ——それが、戸田先生の確信《かくしん》であられた。

教学に取り組む先生の姿勢《しせい》は、つねに剣豪《けんごう》の修行《しゅぎょう》を思わせた。ある時、先生は、大阪へ一般講義《いっぱんこうぎ》に行かれたが、最悪《さいあく》の体調《たいちょう》で、いったんは、教学部長に代講《だいこう》の準備《じゅんび》を指示《しじ》されたことがあった。しかし、夕方になると、すっくと起《お》き上《あ》がって言われた。

「やはり自分が講義《こうぎ》しよう。寿量品《じゅりょうほん》に『所作仏事《しょさぶつじ》、未曽暫癈《みぞうざんはい》（作《な》す所《ところ》の仏事は、未《いま》だ曽《かつ》て暫《しばら》くも癈せず）』（法華経四八二ページ）の文《もん》がある。仏様《ほとけさま》は、しばしも休むことなく不幸《ふこう》な民衆《みんしゅう》を救《すく》っておられるということである。わざわざ講義のために来ておりながら、代講《だいこう》ですませるわけにはいかない。もし、講義の途中《とちゅう》で死んだとしても、それで本望《ほんもう》だ」

命がけで講義《こうぎ》されたお姿《すがた》を通し、私は、大聖人の仏法を伝《つた》える峻厳《しゅんげん》さを教えていただいたのである。

私も青年時代、徹《てっ》して御書を研鑽《けんさん》してきた。主《しゅ》要《よう》な御書は、暗記するほど真剣《しんけん》に学んだものである。それが、今日《こんにち》の私の全人生《ぜんじんせい》の基盤《きばん》となっている。

19-2 信心で掘《ほ》り下《さ》げていく教学

教学には「学問的な研究《けんきゅう》の教学」と「信心で掘《ほ》り下《さ》げていく教学」があるとの戸田先生の指導《しどう》に触《ふ》れて、御書を身《み》で拝《はい》し、命に刻《きざ》みつけていくことの大切さを強調《きょうちょう》しています。

池田先生の指針

「随筆　我らの勝利の大道」「信心錬磨の教学 下」
（二〇一一年九月十日、聖教新聞）

今日も、御書を開き、御書を拝《はい》し、御書を学ぶ。

それは、御本仏《ごほんぶつ》であられる日蓮大聖人と常《つね》に御一《ごいっ》緒《しょ》に、この人生《じんせい》を歩《あゆ》み、戦えるということである。

大聖人は、若《わか》くして夫《おっと》に先立《さきだ》たれ、幼子《おさなご》たちを育《そだ》て上《あ》げてきた南条時光《なんじょうときみつ》の母に語りかけておられる。

「夫《そ》れ浄土《じょうど》と云《い》うも地獄《じごく》と云うも外《ほか》には候《そうら》はず・ただ我等《われら》がむね《胸》の間《あいだ》にあり、これをさとる《悟》を仏《ほとけ》といふ・これにまよふ《迷》を凡夫《ぼんぷ》と云う、これをさとる《悟》は法華経《ほけきょう》なり、もし《若》しからば法華経をたも《持》ちたてまつるものは地獄即寂光《そくじゃっこう》とさとり候《そうろう》ぞ」（御書一五〇四ページ）

最《もっと》も深遠《しんえん》な生命哲理《てつり》が、最も簡明《かんめい》に説《と》かれている。ありがたい仏法である。

たとえ、いかなる地獄《じごく》の苦しみの淵《ふち》にあろうと、わが胸《むね》に仏《ほとけ》の命を厳然《げんぜん》と顕現《けんげん》していける。今いる現実《げんじつ》のこの場所で、妙法を唱《とな》え抜《ぬ》き、断《だん》じて寂光《じゃっこう》の都《みやこ》を築《きず》いていくのだ。絶対《ぜったい》に誰人《たれびと》たりとも、自他共《じたとも》に永遠《えいえん》に崩《くず》れざる幸福の境涯《きょうがい》を開いていけるのだ。

そのための信心である。

そのための教学である。

「すりはむどくは三箇年《さんかねん》に十四字を暗《そら》にせざりしかども仏《ほとけ》に成《な》りぬ　提婆《だいば》は六万蔵《ろくまんぞう》を暗にして無《む》間《けん》に堕《お》ちぬ」（御書一四七二ページ）と、御書には峻厳《しゅんげん》に警告《けいこく》されている。愚鈍《ぐどん》といわれた須利槃特《しゅりはんどく》は弟《で》子《し》の道を貫《つらぬ》いて成仏《じょうぶつ》し、膨大《ぼうだい》な経《きょう》を知っていた提《だい》婆達多《ばだった》は仏に背《そむ》き、無間地獄《じごく》に堕ちた。

要《よう》するに、教学ができるから偉《えら》いのではない。よく知っているというだけなら、世間《せけん》の知識《ちしき》とどこが違《ちが》うのか。

教学ができることと、信心があることとは、そのままイコールではない。これまでも教学を得意《とくい》にふりかざしながら、退転《たいてん》したり、反逆《はんぎゃく》した愚《おろ》かな増上慢《ぞうじょうまん》が出たではないか。

我《われ》らの人生《じんせい》の根本目的《こんぽんもくてき》は、一生成仏《いっしょうじょうぶつ》であり、広宣流布である。それは「法華経《ほけきょう》の兵法《へいほう》」をもって、信心一筋《ひとすじ》で怒濤《どとう》の中を戦い抜《ぬ》いていくしかないのだ。

偉大《いだい》な信心の行者《ぎょうじゃ》、信行《しんぎょう》の勇者《ゆうしゃ》に成長《せいちょう》するための教学である。ここをはき違《ちが》えては、絶対《ぜったい》にならない。

戸田先生は、「学問的な研究《けんきゅう》の教学」と「信心で掘《ほ》り下《さ》げていく教学」があると言われたことがある。不二《ふに》の師弟《してい》として、戸田先生も私も、「信心で掘り下げていく教学」で戦ってきた。だから学会は勝った。実践《じっせん》のなかで教学を学んだ学会員が堂々《どうどう》と勝ってきたのだ。

御書には無限《むげん》の希望《きぼう》がある。勇気《ゆうき》が湧《わ》き、未来《みらい》がある。人生勝利《じんせいしょうり》の智慧《ちえ》が湧き、確信《かくしん》が深まり、戦う心《こころ》が燃《も》えてくる。

ただ御書を身《み》で拝《はい》してこそ、いかなる不可能《ふかのう》をも可能にしゆく利剣《りけん》を持《たも》つことができるのだ。

あの「〝まさか〟が実現《じつげん》」の大阪の戦い――。

私たちは最初《さいしょ》に拝《はい》した。

「何《いか》なる世《よ》の乱《みだ》れにも各各《おのおの》をば法華経《ほけきょう》・十羅《じゅうら》刹《せつ》・助《たす》け給《たま》へと湿《しめ》れる木《き》より火《ひ》を出《いだ》し乾《かわ》ける土《つち》より水《みず》を儲《もう》けんが如《ごと》く強盛《ごうじょう》に申《もう》すなり」（御書一一三二㌻）

この御金言《ごきんげん》を皆《みな》が深く命に刻《きざ》みつけ、揺《ゆ》れ動《うご》く時代に、大確信《だいかくしん》の祈《いの》り、強盛《ごうじょう》なる信心から出発した。

仕事をはじめ、経済苦《けいざいく》に悩《なや》む友《とも》とは「法華経《ほけきょう》を信《しん》ずる人《ひと》は冬《ふゆ》のごとし冬は必《かなら》ず春《はる》となる」（御書一二五三ページ）を拝《はい》した。今は冬のごとき生活であっても、まじめに信心を貫《つらぬ》けば、必ず春のような悠々《ゆうゆう》たる未来《みらい》が開けると励《はげ》ました。

そのように、個人《こじん》個人の状況《じょうきょう》や行動に当てはまる御書を拝読《はいどく》し、実践《じっせん》の教学の重要性《じゅうようせい》を伝《つた》えていった。

燃《も》え上《あ》がる求道《きゅうどう》の心《こころ》。そして戦う師弟《してい》の教学が、勝利《しょうり》を開いたのだ。

この昭和三十一年（一九五六年）に行《おこな》った教学試験《しけん》も、試験のための試験などではない。幸福勝《しょう》利《り》のための試験であった。一騎当千《いっきとうせん》の闘士《とうし》を鍛《きた》えるための試験であった。

大聖人は、法華経《ほけきょう》の文字について「肉眼《にくげん》の者《もの》は文字と見る二乗《にじょう》は虚空《こくう》と見る菩薩《ぼさつ》は無量《むりょう》の法門《ほうもん》と見る、仏《ほとけ》は一一《いちいち》の文字を金色《こんじき》の釈尊《しゃくそん》と御覧《ごらん》あるべきなり即持仏身《そくじぶっしん》とは是《これ》なり」（御書一〇二五ページ）と教えられている。

同じ御文《ごもん》であっても、拝《はい》する境涯《きょうがい》や一念《いちねん》の作用《さよう》によって深さが変わる。

御書根本《こんぽん》に戦おう！　そう決めて、学《まな》び抜《ぬ》く人には、無限《むげん》の力《ちから》が涌現《ゆげん》するのだ。

19-3 創価三代の師弟《してい》と御書

池田先生は、教学運動を担《にな》う青年リーダーと懇談《こんだん》した折《おり》、戸田先生のもとでの教学研鑽《けんさん》の思い出に触《ふ》れながら、教学の意義《いぎ》や学ぶ姿勢《しせい》について、さまざまに語りました。

池田先生の指針

「二十一世紀へ『青年との対話』」

（一九九四年、「大白蓮華」連載）

戸田先生はよく語っておられた。

「語句《ごく》の意味をわかろうとするよりも、大聖人の偉大《いだい》なる大確信《だいかくしん》、広宣流布への峻厳《しゅんげん》なる大情《だいじょう》熱《ねつ》、そして民衆《みんしゅう》を救《すく》おうとする大慈悲《だいじひ》に触《ふ》れるべきである」と。

少しずつでいい。初めはよくわからなくてもいい。御書に挑戦《ちょうせん》していくことです。一つ一つ生命に刻《きざ》んでいくことです。その積《つ》み重《かさ》ねが、自分の心《こころ》に「哲学《てつがく》の柱《はしら》」をつくる。心に「柱」のある人は、揺《ゆ》れ動《うご》く変化《へんか》のなかでも揺るがない。

どこまでも幸福になるための教学です。人をも幸福にするための仏道修行《ぶつどうしゅぎょう》です。

〈青年部が「青年部教学試験一級」に取り組んだ報告を受けて〉

仏法の大哲理《だいてつり》を研鑽《けんさん》する。まことに尊《とうと》い姿《すがた》です。少しずつでもいい、日々、御書に接《せっ》していく人は、自身の生命に、常《つね》に新しい風を送ることができる。その清風《せいふう》が、信心を健康《けんこう》にしていく。

御書は、本当に深い。拝《はい》するたびに新しい発見がある。新たな決意が漲《みなぎ》ってくる。

私は、戸田先生のもとで学びに学んだ。徹底的《てっていてき》に訓練《くんれん》していただいた。

忘《わす》れもしない、昭和二十五年(一九五〇年)の十一月のことです。事業に失敗《しっぱい》された戸田先生は、その責任《せきにん》が学会に及《およ》ばないよう、理事長職を辞任《じにん》された。多くの人が、先生から離《はな》れていった。手のひらを返したように、先生を批判《ひはん》し始めた。しかし、戸田先生は一人《ひとり》、悠然《ゆうぜん》と未来《みらい》を見つめておられた。そして、先生は私に、(万般《ばんぱん》の学問とともに)毎朝の御書講義《こうぎ》を始めてくださったのです。

朝八時すぎから、およそ一時間。戸田先生と一対一の研鑽《けんさん》です。それはそれは厳《きび》しかった。先生も真剣《しんけん》、私も懸命《けんめい》だった。途中《とちゅう》、やむなく中断《ちゅうだん》されたこともありましたが、先生は、逝去《せいきょ》される直前まで、ほぼ十年にわたって続けてくださった。この先生の厳愛《げんあい》に、私は一から育《そだ》てていただいた。これが私の原点《げんてん》です。

「立正安国論《りっしょうあんこくろん》」から始まり、「開目抄《かいもくしょう》」「報恩抄《ほうおんしょう》」「撰時抄《せんじしょう》」「観心本尊抄《かんじんのほんぞんしょう》」の五大部、そして「当体義抄《とうたいぎしょう》」「御義口伝《おんぎくでん》」「三世諸仏総勘文教相廃立《さんぜしょぶつそうかんもんきょうそうはいりゅう》」等々《とうとう》と進んでいきました。

戸田先生の言々句々《げんげんくく》は、常《つね》に信心の大確信《だいかくしん》に満《み》ち溢《あふ》れていた。とともに、仏法の本質《ほんしつ》を平易《へいい》な言葉で語ってくださった。

「立正安国論《りっしょうあんこくろん》」の講義《こうぎ》の折《おり》、先生は、ユーモアを込《こ》められながら、「妙法は〝打出《うちで》の小槌《こづち》〟だよ。祈《いの》れば何でも出てくる。絶対《ぜったい》に幸福になる」とおっしゃった。

モンテーニュやベルクソンなどの西洋哲学《せいようてつがく》に親

しんでいた私にとって、仏法はどこかしら難解《なんかい》だった。しかし、この先生の言葉には、はっとさせられました。戦後《せんご》の混乱《こんらん》と貧困《ひんこん》のなかにあって、誰《だれ》もが、そうした力《ちから》ある思想を求《もと》めていた。何気《なにげ》ない一言のようだけれども、仏法は観念《かんねん》ではなく、現実《げんじつ》に生きる哲学であることを教えていただいた。

こんな思い出があります。戸田先生が理事長を辞《や》められた翌月《よくげつ》のことだったと思う。私は、先生とご一緒《いっしょ》して、伊東《いとう》まで湘南電車《しょうなんでんしゃ》で二人《ふたり》だけの旅をした。その車中で、戸田先生は「観心本尊抄《かんじんのほんぞんしょう》」を講義《こうぎ》してくださった。そして、車窓《しゃそう》に広がる大《おお》海原《うなばら》を眺《なが》めながら、言われた。

「あの太平洋のような大境涯《だいきょうがい》の信心で、御書を拝《はい》していかなければ、大聖人の御心《おこころ》に近づくことはできないよ。ただ才智《さいち》で御書をわかろうとすると、大きな過《あやま》ちを犯《おか》してしまうものだ」と。

最大《さいだい》の苦境《くきょう》にあって、戸田先生は御書を深く拝《はい》しておられた。

「教学のための教学」ではいけない。〝確信《かくしん》〟へ、そして〝行動〟へと連動《れんどう》しゆく「信心の教学」――これが、真《しん》の仏弟子《ぶつでし》の道です。

世界も、時代も、変化《へんか》変化の連続《れんぞく》です。いつまでも、同じ状態《じょうたい》が続くはずがない。その変化のなかで、さまざまな事象《じしょう》の本質《ほんしつ》を、どう正しく見極《みきわ》めていくか――。

大聖人は、「法華《ほっけ》を識《し》る者《もの》は世法《せほう》を得可《うべ》きか」(御書二五四ジペー)と仰《おお》せです。仏法には、確《たし》かな世界観や人間観、そして正しき社会観、普遍的《ふへんてき》な時代観など、あらゆる知見《ちけん》が収《おさ》められている。

ゆえに、「仏法の眼《まなこ》」で見ていく人は強い。何があっても揺《ゆ》るがない。御書を学ぶ意義《いぎ》も、ここにあります。

「行者《ぎょうじゃ》とは何《なん》ぞや」――牧口先生が拝読《はいどく》された御書の中に、力強《ちからづよ》く書《か》き込《こ》まれてある言葉です。

その頁《ページ》には、「法華経《ほけきょう》の行者あらば必《かなら》ず三類《さんるい》の怨《おん》敵《てき》あるべし」（御書二三〇ページ）との「開目抄《かいもくしょう》」の一《いっ》節《せつ》に、朱線《しゅせん》が引かれています。

前進すれば、魔《ま》が動く。

真《しん》の仏法者には、必《かなら》ず、魔《ま》が出現《しゅつげん》する。

その魔《ま》と戦ってこそ「行者《ぎょうじゃ》」であり、仏《ほとけ》である――。

この仏法の究極《きゅうきょく》を、牧口先生は会得《えとく》されていました。ゆえに、魔《ま》が宗門《しゅうもん》に巣《す》くったとき、その正《しょう》体《たい》を見破《みやぶ》り、敢然《かんぜん》と戦われた。五百日に及《およ》ぶ投獄《とうごく》にも、「全《すべ》て御書の通《とお》りである」と、悠然《ゆうぜん》とされていた。

なぜ、教学を学ぶのか。それは、魔《ま》を見抜《みぬ》くためです。教学とは「魔と戦う剣《つるぎ》」なのです。

牧口先生は、獄中《ごくちゅう》にあって、大聖人の御書を身《み》をもって読みきられた。学会の万年の規範《きはん》を残《のこ》してくださった。

牧口先生は、「開目抄《かいもくしょう》」の「大願《だいがん》を立てん」（御書二三二ページ）との一節《いっせつ》に、二重線を引かれています。そして、ご自身の字で大きく「大願」と――。

獄中《ごくちゅう》に倒《たお》れた牧口先生は、一面から見れば「悲《ひ》劇《げき》」であったかも知れない。しかし、今、世界の多くの人々が、牧口先生の〝「大願《だいがん》」に生きた生《しょう》涯《がい》〟を賛嘆《さんたん》してやまない。

私たちは、この先師《せんし》のごとく、「御書根本《こんぽん》」「大聖人直結《ちょっけつ》」の三世《さんぜ》栄光《えいこう》の道を堂々《どうどう》と進んでいきたい。

19-4 「行学《ぎょうがく》の二道《にどう》をはげみ候《そうろう》べし」

創価学会が草創《そうそう》以来《いらい》、「行学《ぎょうがく》の二道《にどう》」を貫《つらぬ》いてきた峻厳《しゅんげん》な歴史《れきし》について語っています。

池田先生の指針

巻頭言「行学の二道は人間の最極の光道」

（二〇〇六年九月、「大白蓮華」）

初代《しょだい》・牧口常三郎《つねさぶろう》先生の座右《ざゆう》の御書がある。私は、この御書を、学会の根本《こんぽん》の宝《たから》として大切にしている。その中に、ひときわ強く朱線《しゅせん》が引かれ、二重丸が付《ふ》された一節《いっせつ》がある。

「行学《ぎょうがく》の二道《にどう》をはげみ候《そうろう》べし、行学たへなば仏法《ぶっぽう》はあるべからず、我《われ》もいたし人《ひと》をも教化候《きょうけそうら》へ」（御書一三六一ジペー）

牧口先生は、この「諸法実相抄《しょほうじっそうしょう》」の仰《おお》せ通《どお》り「行学《ぎょうがく》の二道《にどう》」に励《はげ》み抜《ぬ》かれた。紛然《ふんぜん》と競《きそ》い起《お》こる「三障四魔《さんしょうしま》」を受け切られ、法難《ほうなん》の獄中《ごくちゅう》でも御書を身読《しんどく》なされた。

軍部政府《ぐんぶせいふ》の圧迫《あっぱく》を恐《おそ》れて、臆病《おくびょう》にも御書を削除《さくじょ》した宗門《しゅうもん》とは、天地雲泥《てんちうんでい》である。

苛烈《かれつ》な取り調べに対しても、牧口先生は「立正《りっしょう》安国《あんこく》」の大精神《だいせいしん》を厳然《げんぜん》と訴《うった》え、看守《かんしゅ》にまで大誠実《だいせいじつ》の仏法対話をされた。さらにまた獄死《ごくし》に至《いた》るまで、仏法を根幹《こんかん》として世界の大哲学《だいてつがく》を学び続けられたのである。

これが、全世界の新しき光《ひかり》となって進みゆく創価学会の創立者《そうりつしゃ》が開かれた「行学《ぎょうがく》の二道《にどう》」である。ここにこそ、仏法の真髄《しんずい》の行動、そして人間にとっての最極《さいごく》の実相《じっそう》が明確《めいかく》に示《しめ》されているのだ。

「行学《ぎょうがく》は信心《しんじん》よりをこるべく候《そうろう》」（御書一三六一ページ）——。「信心」が深まれば「行学」は前進する。「行学」が前進すれば「信心」は深まる。この因果《いんが》の連動《れんどう》の中でこそ、悪を滅《めっ》し善《ぜん》を生《しょう》じゆける「功徳《くどく》」が湧《わ》く。「幸福」が決まる。永遠《えいえん》の「福運《ふくうん》」が積《つ》める。

「行学《ぎょうがく》の二道《にどう》」がなければ、飛行機《ひこうき》が、方角《ほうがく》も、高度《こうど》も、目的地《もくてきち》もわからぬまま、燃料《ねんりょう》も補給《ほきゅう》せずに、飛《と》んでいくようなものだ。それでは迷走《めいそう》し、いずれ失速《しっそく》してしまうだけだ。ひとたび乱気流《らんきりゅう》にあえば、たちまち墜落《ついらく》してしまうであろう。

行学《ぎょうがく》を貫《つらぬ》く人こそ、人間にとって尊極《そんごく》の勝者の道を歩《あゆ》む人であり、永遠《えいえん》に不退必勝《ふたいひっしょう》の人なのだ。

人気《にんき》などは、うつろな虚像《きょぞう》に過《す》ぎない。行動こそが、充実《じゅうじつ》した人間の実像《じつぞう》なのだ。

わが創価の母《はは》たちは、どんなに悪口罵詈《あっくめり》されようとも、勇敢《ゆうかん》に粘《ねば》り強《づよ》く、妙法という究極《きゅうきょく》の幸福の法則《ほうそく》を、一人《ひとり》また一人と語り抜《ぬ》いてこられたのである。かくも神々《こうごう》しき英姿《えいし》が、どこにあろうか。

あの忌《い》まわしき戦争のせいで、学校にも通《かよ》えなかった草創《そうそう》の婦人部の方が、ある大学教授を美事《みごと》に折伏《しゃくぶく》した。その報告《ほうこく》を聞かれた戸田城聖《じょうせい》先生が、会心《かいしん》の笑《え》みを浮《う》かべて、誉《ほ》め讃《たた》えておられた姿《すがた》を、私たちは忘《わす》れることができない。

狡賢《ずるがしこ》い退転《たいてん》・反逆《はんぎゃく》の徒《と》に共通《きょうつう》していることは、地道にして真剣《しんけん》な「行学《ぎょうがく》の二道《にどう》」を怠《おこた》っているという事実の一点だ。慢心《まんしん》である。傲慢《ごうまん》である。見《み》栄《え》っ張《ぱ》りである。

行学《ぎょうがく》の動きが止まれば、絶対的《ぜったいてき》幸福への生命は停滞《ていたい》する。その淀《よど》みに、必《かなら》ずといってよいほど、増上慢《ぞうじょうまん》と堕落《だらく》と怨嫉《おんしつ》が生《しょう》ずる。

戸田先生は「行学《ぎょうがく》の実践《じっせん》なき幹部《かんぶ》は、会員を惑《まど》わすだけだ」と、それはそれは厳粛《げんしゅく》に戒《いまし》められた。

戸田大学の講義《こうぎ》では、万般《ばんぱん》の学問とともに、教学の研鑽《けんさん》も含《ふく》まれていた。「当体義抄《とうたいぎしょう》」を、深く鋭《するど》く学ばせていただいた。まさに剣豪《けんごう》の修行《しゅぎょう》の如《ごと》き厳格《げんかく》なる鍛錬《たんれん》であった。

講義《こうぎ》を終える際《さい》、先生は修了証書《しゅうりょうしょうしょ》をくださった。小さく質素《しっそ》な紙である。笑《わら》った人もいた。

しかし私は、何よりも誇《ほこ》り高き英知《えいち》の記別《きべつ》として、報恩《ほうおん》の誓願《せいがん》を込《こ》めて拝受《はいじゅ》した。

この一念《いちねん》が、今日《こんにち》、世界からの二百に及《およ》ぶ（＝当時）名誉学術称号《めいよがくじゅつしょうごう》に結実《けつじつ》したと、私は確信《かくしん》する。

これが、因果微妙《いんがみみょう》なる「蓮華《れんげ》の法《ほう》」を行《ぎょう》じ抜《ぬ》いた師弟《してい》の実証《じっしょう》であるからだ。

私の尊敬《そんけい》するトインビー博士は、たとえ気分が乗《の》らなくとも、必《かなら》ず毎朝《まいあさ》、行動を自《みずか》ら開始《かいし》しゆくこと、そして必ず自身のきょう一日の一頁《ページ》を開きゆくことを、絶対《ぜったい》の日課《にっか》として峻厳《しゅんげん》に課《か》しておられた。

一行《いちぎょう》でもよい、御書を拝《はい》することだ。一文一句《いちもんいっく》でもよい、仏法を語ることだ。

「行《ぎょう》」を立て、「声《こえ》」を発《はっ》し、「体《からだ》」を動《うご》かすことで、新しき生命が、大宇宙《だいうちゅう》の運行《うんこう》のリズムと合《がっ》致《ち》しながら、回転《かいてん》を始《はじ》める。

永遠《えいえん》の師《し》・大聖人の仏法を広め、そして人生《じんせい》の師・戸田先生との誓《ちか》いを果《は》たすために、私は断固《だんこ》として「行学《ぎょうがく》の二道《にどう》」に励《はげ》んできた。いな、励んでいく決意は微塵《みじん》も変《か》わらない。「行学の二道」を離《はな》れて、「師弟《してい》の光道《こうどう》」はないからだ。

19-5

教学を学ぶこと自体《じたい》が勝利《しょうり》

二〇〇二年九月、日本全国で教学部中級試験《しけん》が行われた折《おり》、池田先生は試験会場を訪《おとず》れ、緊張《きんちょう》した面持《おもも》ちの受験者《じゅけんしゃ》を温《あたた》かく励《はげ》ましました。

池田先生の指針

教学部中級試験での激励

（二〇〇二年九月二十九日、東京）

きょうは、お休みのところ、本当にご苦労《くろう》さまです。

日蓮大聖人の仏法は、宇宙《うちゅう》の一切の根源《こんげん》を解《と》き明《あ》かした、人類《じんるい》の究極《きゅうきょく》の哲学《てつがく》です。永久普遍《えいきゅうふへん》の大哲学は、仏法しかありません。

大聖人は「行学《ぎょうがく》の二道《にどう》をはげみ候《そうろう》べし、行学た絶《た》へなば仏法はあるべからず、我《われ》もいたし人《ひと》をも教《きょう》化候《けそうら》へ、行学は信心《しんじん》よりをこるべく候」（御書一三六一ページ）と仰《おお》せです。

行学《ぎょうがく》の二道《にどう》がなくなれば、もはや仏法はない。仏《ほとけ》にはなれない。

きょうは、遠くの方《かた》、また、お疲《つか》れの方もおられたことでしょう。そのなかを、皆様《みなさま》は教学の研《けん》鑽《さん》に集《つど》ってこられた。すべてが自分自身のためであり、大福運《だいふくうん》を積《つ》みゆく道です。生々《しょうじょう》世々、最優《さいゆう》秀《しゅう》の学者以上の、偉大《いだい》な哲学者《てつがくしゃ》として仰《あお》がれゆく皆様なのです。

大事なのは、題目をあげることです。きょうの試験《しけん》は、できても、できなくても、思《おも》う存分《ぞんぶん》、頑《がん》張《ば》ってください。広宣流布のために挑戦《ちょうせん》したことは、全部、永遠《えいえん》の福運《ふくうん》となり、深き思い出になるのです。

行学《ぎょうがく》の二道《にどう》に励《はげ》んだ皆様《みなさま》を、だれよりも大聖人がほめてくださることは間違《まちが》いありません。

最高《さいこう》の大仏法を覚知《かくち》している人は、大聖人しかおられない。多くの権力者《けんりょくしゃ》も、有名人も、真実の仏法を知らない。

仏法は、宇宙《うちゅう》と生命を貫《つらぬ》く永遠《えいえん》の法則《ほうそく》です。幸福を築《きず》く根本《こんぽん》を教えている。その仏法を蔑《さげす》んだり、避《さ》けたりすれば、永久《えいきゅう》に幸福はない。平和は訪《おとず》れない。

人類《じんるい》の歴史《れきし》にあって、偉大《いだい》なる仏法流布の先駆《せんく》をきっておられるのが、皆様《みなさま》なのです。どうか自《じ》信《しん》をもって、試験《しけん》に臨《のぞ》んでください。

教学を学ぶ場に、ここに集《つど》ったこと自体《じたい》が勝利《しょうり》です。歴史《れきし》です。生涯《しょうがい》にわたる、自分自身の大いなる信心の原動力《げんどうりょく》になるのです。本当に、ご苦労《くろう》さまです！

19-6 民衆《みんしゅう》の哲学運動《てつがくうんどう》

小説『新・人間革命』には、一九六一年二月の本部幹部会の席上《せきじょう》、山本伸一会長が翌月《よくげつ》に開催《かいさい》される教学試験《しけん》について言及《げんきゅう》する場面が描《えが》かれています。そして、その教学試験の当日、山本会長は受験者《じゅけんしゃ》への深き慈愛《じあい》の思いを語っていきます。ここには、教学試験に寄《よ》せる池田先生の真情《しんじょう》が綴《つづ》られています。

池田先生の指針

『新・人間革命4』(「春嵐」の章)

伸一は、三月初旬《しょじゅん》に行《おこな》われる教学試験《しけん》について語っていった。

「試験《しけん》を前にして、今、皆《みな》さんの頭《あたま》のなかも、非常《ひじょう》に忙《いそが》しいのではないかと思います。

本日、私が申《もう》し上《あ》げたいことは、試験《しけん》に合格《ごうかく》した方は威張《いば》らず、また、合格しなかった方も、卑《ひ》屈《くつ》になったりしてはならないということです。

学会の試験《しけん》は、日蓮大聖人の大生命哲理《てつり》を、生《しょう》涯《がい》、研鑽《けんさん》していくための、一つの目安《めやす》、励《はげ》みとして実施《じっし》されるものであります。

したがって、試験《しけん》に合格《ごうかく》しても、慢心《まんしん》を起《お》こして、周囲《しゅうい》の同志《どうし》を見下《みくだ》すようになれば、信心の不《ふ》合格者《ごうかくしゃ》となってしまいます。

仮《かり》に、試験《しけん》には、受《う》からないとしても、それを契機《けいき》に奮起《ふんき》して教学に励《はげ》み、信心の合格者《ごうかくしゃ》となっていけばいいんです。むしろ、それが大事なんです。そして、御書を心肝《しんかん》に染《そ》めて、どのような難《なん》が競《きそ》い起《お》ころうが、微動《びどう》だにしない、強い、強い信心を確立《かくりつ》していっていただきたいのであります」

教学の試験《しけん》は、三月五日の日曜日に、全国百二十五都市で、百八十余《よ》の会場で行《おこな》われた。

まず午前九時には、講師《こうし》、助師《じょし》から助教授《じょきょうじゅ》、講師への昇格試験《しょうかくしけん》が、続いて午後二時からは、新たに教学部員となる任用《にんよう》試験が実施《じっし》された。

昇格《しょうかく》、任用《にんよう》を含《ふく》めた、全国の総受験者数《そうじゅけんしゃすう》は十一万余《よ》で、それは、一九五九年（＝二年前）に行《おこな》われた試験《しけん》の受験者の約《やく》三・三倍となっていた。

ここにも、伸一の会長就任後《しゅうにんご》の、学会の目覚《めざ》ましい大前進の姿《すがた》があった。

受験者《じゅけんしゃ》のなかには、主婦もいれば、会社の社長も、学生も、教師《きょうし》もいた。年齢《ねんれい》も、十代半《だいなか》ばの少年もいれば、高齢者《こうれいしゃ》もいた。

そうした人たちが仕事や学業、さらに、学会活動の合間《あいま》を縫《ぬ》って、御書に取り組み、最高《さいこう》の仏法哲理《てつり》の研鑽《けんさん》に励《はげ》んできたのである。

この勉強を通《とお》し、読み書きができなかった人が、できるようになったという話も、各地《かくち》で聞かれた。

時代、社会の建設《けんせつ》は、民衆《みんしゅう》が確固《かっこ》たる生命の哲《てつ》学《がく》をもち、自己《じこ》の使命《しめい》を自覚《じかく》していくことから始《はじ》まる。それは、まさに、民衆の未聞《みもん》の哲学運動《うんどう》であり、大教育運動であった。

教学試験《しけん》が行われた日の夜、山本伸一は、学会本部で、教学部長の山平忠平《やまだいらちゅうへい》に、声《こえ》をかけた。

「全国の採点《さいてん》は、順調《じゅんちょう》に進んでいますか」

「ええ。順調《じゅんちょう》です」

伸一は、つぶやくように言った。

「受験者《じゅけんしゃ》は、みんな頑張《がんば》ったんだから、全員《ぜんいん》、合《ごう》格《かく》にしてあげたいな……」

「それはできません！」

山平《やまだいら》は、力《ちから》を込《こ》めて答えた。伸一は、思わず笑《わら》いを浮《う》かべた。

「当然《とうぜん》だよ。試験《しけん》だもの……。ただ、それが私の気持ちなんです。

たとえば、子育《こそだ》てで忙《いそが》しい婦人が、学会活動をしながら、そのうえ懸命《けんめい》に御書を学ぶ。大変なことです。ゆっくり勉強しようと思っても、子どもは泣《な》くし、掃除《そうじ》や食事のしたくもしなければならない。戦場で御書を開くようなものでしょう。


仏道修行《ぶつどうしゅぎょう》だから、当然《とうぜん》かもしれないが、そういう人たちを、試験《しけん》の結果《けっか》で落胆《らくたん》させたくないんです。合格《ごうかく》した人はよい。合格できなかった人を、どうすれば励《はげ》ませるかを、私は、いつも考えているんです」

19-7 創価学会は御書根本《こんぽん》

創価学会は、御書根本《こんぽん》を貫《つらぬ》いてきたからこそ、いかなる難《なん》にも揺《ゆ》るがずに前進することができたと語っています。

池田先生の指針

「各部代表者会議」(二〇〇八年十二月二十六日、東京)

「行学《ぎょうがく》の二道《にどう》」に励《はげ》みゆく求道《きゅうどう》の息吹《いぶき》は、世界中に広がっている。人間主義《しゅぎ》の大仏法を、世界の民《みん》衆《しゅう》が学び、実践《じっせん》している。

大聖人の御遺命《ごゆいめい》は、仏意仏勅《ぶっいぶっちょく》の学会によって現《げん》実《じつ》のものとなってきたのである。

学会は、どこまでも御書根本《こんぽん》である。

御書は、全人類《ぜんじんるい》に「冬《ふゆ》は必《かなら》ず春《はる》となる」(一二五三ページ)と示《しめ》し切った「希望《きぼう》の経典《きょうてん》」である。

御書は、「命こそ第一の財《たから》なり」と断《だん》ずる「生命尊厳《そんげん》の経典《きょうてん》」である。〈「いのちと申《もう》す物《もの》は一切《いっさい》の財の中《なか》に第一の財なり」(御書一五九六ページ)〉

御書は、「立正安国《りっしょうあんこく》」の道を開いた「平和の経《きょう》典《てん》」である。

そして御書は、「道理《どうり》は権力《けんりょく》に勝《か》つ」「正義《せいぎ》は邪《じゃ》悪《あく》に勝つ」ことを説《と》き切った「勝利《しょうり》の経典《きょうてん》」なのである。〈「仏法《ぶっぽう》と申《もう》すは道理なり道理と申すは主《しゅ》に勝つ物《もの》なり」(御書一一六九ページ)、「悪は多けれども一《いち》善《ぜん》にかつ事《こと》なし」(御書一四六三ページ)〉

御書を開けば、希望《きぼう》の光線《こうせん》を浴《あ》びる。

御書を学べば、勇気《ゆうき》が出る。智慧《ちえ》がわく。

大聖人の大精神《だいせいしん》が、わが生命に脈打《みゃくう》つからだ。

そこにこそ「難《なん》を乗《の》り越《こ》える信心」の炎《ほのお》が燃《も》えあがる。

私の妻《つま》は、幼《おさな》き日《ひ》、自宅《じたく》の座談会で、特高警察《とっこうけいさつ》の監視《かんし》の中、御書を拝《はい》して師子吼《ししく》される牧口先生のお姿《すがた》を生命に刻《きざ》みつけた。そして戸田先生のもと、「女子部は教学で立て！」と薫陶《くんとう》を受けた。ゆえに、どんな時でも、御書を真剣《しんけん》に拝読《はいどく》し続けてきた。

婦人部となってからも、時には台所の片隅《かたすみ》で、寸暇《すんか》を惜《お》しんで御書を拝《はい》していた。いわゆる言論《げんろん》問題《もんだい》の嵐《あらし》の渦中《かちゅう》、ある新聞記者が、取材《しゅざい》のため、私のもとに来た。そこで偶然《ぐうぜん》、妻《つま》が黙々《もくもく》と御書を研鑽《けんさん》している姿《すがた》を目の当《ま》たりにした。その記者は

〝こんな時にも、仏法の教えを学んでいるのか〟と驚《おどろ》いたという。

だから、妻《つま》は負けなかった。婦人部は揺《ゆ》るがなかった。大難《だいなん》の中にも泰然自若《たいぜんじじゃく》として、微笑《ほほえ》みながら、同志《どうし》を励《はげ》ましていった。その勝利《しょうり》の源泉《げんせん》こそ、「唱題《しょうだい》」であり、「御書」なのである。

戸田先生は、御書研鑽《けんさん》の姿勢《しせい》について「一行一行《いちぎょう》、拝《はい》しながら、『その通《とお》りだ。まったく、その通りだ』と深く拝読《はいどく》していくべきだ」と教えられた。

御書の一節《いっせつ》だけでもよい。日々、拝読《はいどく》しながら、実践《じっせん》していくことが大切だ。

どうか、大いに学び、大いに実践《じっせん》して、仏法勝《しょう》負《ぶ》の金字塔《きんじとう》を堂々《どうどう》と打ち立てていっていただきたい。

19-8 女子部は教学で立て

池田先生は、女子部に贈《おく》った「永遠《えいえん》の五指針《ごししん》」の第二項目《こうもく》として「世界一の生命哲学《てつがく》を学ぶ」を掲《かか》げ、女子部時代に教学を深めていく意義《いぎ》を強調《きょうちょう》しました。

池田先生の指針

「創価女子会館開館三周年記念協議会」
（二〇〇九年六月四日、東京）

日蓮大聖人は明確《めいかく》に、「持《たも》たれる法《ほう》さえ第一《だいいち》ならば、持つ人《ひと》も同《おな》じく第一なのである」（御書四六五ジペー、通解）と仰《おお》せであられる。

人間の本当の偉《えら》さは、何で決まるか。財産《ざいさん》や名声《めいせい》、美貌《びぼう》などでは、決まらない。有名になって、一時的に脚光《きゃっこう》を浴《あ》びたとしても、長い一生にあって、不幸《ふこう》な流転《るてん》をたどってしまう人生模様《じんせいもよう》も少なくない。

人間の究極《きゅうきょく》の偉《えら》さは、いかなる法《ほう》を持《たも》ち、いかなる哲学《てつがく》を学び、実践《じっせん》し抜《ぬ》いたかで決まる。

「世界一の生命哲学《てつがく》」を持《たも》った皆《みな》さん方《がた》は、「世界一の充実《じゅうじつ》した高貴《こうき》な青春」を、そして「世界一の価値《かち》ある勝利《しょうり》の人生《じんせい》」を歩《あゆ》みゆく方々《かたがた》なのである。

人は、どうしても、きらびやかな世界に目を奪《うば》われがちだ。世間《せけん》でもてはやされると、偉《えら》そうに見える。社会的地位《しゃかいてきちい》が高いと、立派《りっぱ》に思う。いずれも愚《おろ》かな錯覚《さっかく》にすぎない。

自分以上の宝《たから》はないのだ。自分を離《はな》れて幸福はない。本来《ほんらい》、自分ほど素晴《すば》らしいものはないのである。

これが仏法である。自分という最高《さいこう》の宝《たから》を輝《かがや》かせるのだ。これが真実の哲学《てつがく》である。

大抵《たいてい》、人を見ると、自分と比《くら》べてしまう。もちろん、人から優《すぐ》れた点《てん》を学ぼうという気持ちは大事だ。しかし、「あの人はいいな。幸福そうだ。立派《りっぱ》そうだ」と、うらやんでも、つまらない。何にもならない。自分自身を磨《みが》いて、自分自身が生きがいを感じて、生きていくのが勝利《しょうり》の人なのだ。これを深く心《こころ》に刻《きざ》んでいただきたい。

法華経《ほけきょう》は、「女人成仏《にょにんじょうぶつ》」を通《とお》して、全人類《ぜんじんるい》の平《びょう》等《どう》と尊厳《そんげん》と幸福の道を開き切った、世界史を画《かく》する生命哲学《てつがく》である。

御書には、「この法華経《ほけきょう》は、女人成仏《にょにんじょうぶつ》を手本《てほん》として、一切衆生《いっさいしゅじょう》の成仏《じょうぶつ》が説《と》かれている」「法華経の中では、女人成仏が第一《だいいち》である」（一三一一ページ、通解）等《とう》と記《しる》されている。

皆《みな》さん方《がた》の尊《とうと》き先輩《せんぱい》たちの真剣《しんけん》な祈《いの》りと、粘《ねば》り強《づよ》い努力《どりょく》によって、いよいよ「女性《じょせい》の世紀《せいき》」が開かれてきた。皆さん方が躍《おど》り出《で》る晴れ舞台《ぶたい》は、世界中に広がっている。

「行学《ぎょうがく》の二道《にどう》をはげみ候《そうろう》べし、行学たへ《絶》なば仏《ぶっ》法《ぽう》はあるべからず、我《われ》もいたし人《ひと》をも教化候《きょうけそうら》へ、行学は信心《しんじん》よりをこるべく候、力《ちから》あらば一文一句《いちもんいっく》なりともかたら《談》せ給《たも》うべし」（御書一三六一ページ）とは、「諸法実相抄《しょほうじっそうしょう》」の重大《じゅうだい》な一節《いっせつ》である。

この仰《おお》せ通《どお》り、「行学《ぎょうがく》の二道《にどう》」に励《はげ》んだ青春が、いかに崇高《すうこう》であるかを、皆《みな》さん自身が体験《たいけん》し、そして証明《しょうめい》していっていただきたい。

御聖訓《ごせいくん》には、こうも記《しる》されている。

「法華経《ほけきょう》を、他の人が読《よ》むのは、口《くち》でばかり、言《こと》葉《ば》ばかりでは読むけれども、心《こころ》では読まない。心では読んでも、身《み》では読まない。(あなたはこのように難《なん》にあって)身と心とで共《とも》に読まれたことは、じつに貴《とうと》いことである」(御書一二一三ジペー、通解)

大聖人の御心《おこころ》に寸分違《すんぶんたが》わず、正義《せいぎ》を師子吼《ししく》したゆえに、命にも及《およ》ぶ難《なん》を受《う》け、ありとあらゆる障《しょう》魔《ま》と戦い切ってきた。これが、創価の師弟《してい》である。女子部の皆《みな》さんは、栄光輝《えいこうかがや》くこの道を、真《ま》っすぐに受け継《つ》いでいっていただきたい。

「女子部は教学で立て」――これは、戸田先生の不滅《ふめつ》の指針《ししん》である。

この日蓮仏法が、どれほど偉大《いだい》な人類究極《じんるいきゅうきょく》の幸福と平和の大哲学《だいてつがく》であるか。

人間自身を革命《かくめい》し、民衆《みんしゅう》の心《こころ》を結《むす》び、世界の運命をも転換《てんかん》していく。その根本的方途《こんぽんてきほうと》は、仏法の英知《えいち》によるしかない。

戸田先生は、鋭《するど》く喝破《かっぱ》された。

「外界がいかに究《きわ》め尽《つ》くされても、生命自体《じたい》の幸福の世界へは手のつけようがない」

「日蓮大聖人は、いかにすれば人類《じんるい》が幸福になれるかを探究《たんきゅう》なされた。この大聖人の生命哲学《てつがく》を、我々《われわれ》が学び、実践《じっせん》し切《き》った時に、絶対《ぜったい》に幸福になれる、最高《さいこう》の哲学が輝《かがや》いていくのです」

また哲学《てつがく》の意義《いぎ》について、先生は、こうも述《の》べておられた。

「何のために、哲学《てつがく》は人間に必要《ひつよう》なのか。何のために、仏法は人生《じんせい》に必要なのか。

ただ自由勝手でよいならば、学校に行く必要《ひつよう》もない。勉強する必要もない。信仰《しんこう》をする必要もない。しかし、それでは、必《かなら》ず後悔《こうかい》が残《のこ》る。

哲学《てつがく》を学び、仏法を学び、生命の奥深《おくぶか》さを見出《みいだ》していく。そして広々《ひろびろ》とした心《こころ》で、深く感涙《かんるい》し、感動しながら、永遠《えいえん》の喜《よろこ》び、真実《しんじつ》の幸福を探求《たんきゅう》し、体得《たいとく》することが、どれだけ大いなる歓喜《かんき》であるか。人生《じんせい》の深き不思議《ふしぎ》さとともに、無限《むげん》の喜びに充《み》ち満《み》ちる自己《じこ》の生命を知ることの嬉《うれ》しさは、いかばかりであろうか」

さらに先生は、こう断言《だんげん》なされた。

「創価学会は御本尊を根本《こんぽん》として、広宣流布という崇高《すうこう》なる目的《もくてき》をもって進んでいる。そして、世界最高《さいこう》の東洋仏法の真髄《しんずい》であり、全世界最高《さいこう》の大哲学《だいてつがく》である教学をもって、実践《じっせん》しているのである」

創価とともに、広宣流布に生きる皆《みな》さん方《がた》の宿《しゅく》縁《えん》の深さは、計《はか》り知《し》れないのである。

戸田先生は、女子部に教えられた。

「人生《じんせい》をよく見つめ、自分観、人生観、社会観、宇宙観《うちゅうかん》、この四つを、きちっとまとめているのが仏法なのです」

「もっと御書をよく拝《はい》するのだ。なんでも御書に、ちゃんと書かれている」

「どんな問題が起《お》ころうとも、御書を根本《こんぽん》とすれば、決して紛動《ふんどう》されることはない」

「妙法という最高《さいこう》の価値観《かちかん》に立てば、何事《なにごと》も、どう進めばよいかがわかるのだ」

信心の眼《まなこ》で見れば、進むべき道が見えてくる。虚栄《きょえい》や偽善《ぎぜん》に惑《まど》わされてはならない。

揺《ゆ》れ動《うご》く多感《たかん》な青春の心《こころ》に、教学という揺るがぬ柱《はしら》を打ち立てる意義《いぎ》は、実に大きい。

19-9 教学は人間革命の原動力《げんどうりょく》

御書を身《み》で読むとは、どういうことか。戸田先生が創価学会の再建《さいけん》にあたって教学を重視《じゅうし》したのは、なぜか。これらの重要《じゅうよう》なテーマについて語っています。

池田先生の指針

「随筆 人間世紀の光」

（「御書を心肝に染めよ」、『池田大作全集136』）

それは、あの竜《たつ》の口《くち》の法難《ほうなん》の嵐《あらし》が、日蓮大聖人を襲《おそ》った直後の文永《ぶんえい》八年（一二七一年）十月のことである。流罪《るざい》の地である佐渡《さど》へのご出発を前にして、大聖人は、わが弟子《でし》たちに、真心《まごころ》をもって書き送られた。

「法華経《ほけきょう》は、紙に書かれてあるままに声に出して読むことはできても、その経文通《きょうもんどお》りに振《ふ》る舞《ま》い、行動することは難《むずか》しいであろう」（御書一〇〇一ジベー、通解）

そして、今、大聖人お一人《ひとり》が大難《だいなん》を受けられ、「軽賤憎嫉《きょうせんぞうしつ》」（法華経一九九ジベー）、「猶多怨嫉《ゆたおんしつ》。況滅《きょうめつ》度後《どご》」（同三六三ジベー）等の経文《きょうもん》を如説修行《にょせつしゅぎょう》し、〝身《み》に当てて読んでいる〟と、厳然《げんぜん》と、高らかに宣言《せんげん》されたのである。

その師子《しし》の王者の声は、愛《あい》する弟子《でし》たちの胸中《きょうちゅう》を激《はげ》しく揺《ゆ》さぶったにちがいない――わが弟子よ、お前たちは、どう戦うのか、と。

御書は「永遠《えいえん》の経典《きょうてん》」である。

御書は大聖人の魂《たましい》の叫《さけ》びである。

この魔性《ましょう》に覆《おお》われた悪世末法《あくせまっぽう》に、法華経《ほけきょう》を修行《しゅぎょう》する我《われ》らのために――「勇敢《ゆうかん》に戦い、絶対《ぜったい》に退転《たいてん》するな！」「人生《じんせい》を勝《か》ち飾《かざ》れ！」「断固《だんこ》として悪《あく》を打《う》ち破《やぶ》れ！」と、師子《しし》の声、厳然《げんぜん》と、大聖人が遺《のこ》された正義《せいぎ》の絶叫《ぜっきょう》である。

ゆえに、我《われ》ら弟子《でし》一同《いちどう》もまた、御書を拝《はい》するたびに、深く自《みずか》らに問いかけていかねばならない。汝《なんじ》は、いかに生きるのか、汝は、いかに戦うのかと。

「身《み》で読む」とは、他人事《ひとごと》として、また、昔話《むかしばなし》としてではなく、「自分のこと」として、「現在《げんざい》のこと」として拝《はい》し、わが人生《じんせい》の闘争《とうそう》に立ち向かうことだ。そこに厳粛《げんしゅく》なる、「師弟一体《していいったい》」となる正しき軌道《きどう》があるからだ。

たとえ一節《いっせつ》でもよい。一行《いちぎょう》でもよい。「この仰《おお》せの通《とお》りだ！」「この御書は今の自分にいただいたものだ！」と深く生命に刻《きざ》みつけ、厳然《げんぜん》たる信心で、新たな広布の戦いを起《お》こしゆくのだ！

それが「御書を心肝《しんかん》に染《そ》め」（御書一六一八ページ）よとの、日興上人《にっこうしょうにん》の遺誡《ゆいかい》を守ることになるのだ。

あの戦時中《せんじちゅう》、戸田先生は、軍部政府《ぐんぶせいふ》の弾圧《だんあつ》で二年間の暗《くら》い獄中《ごくちゅう》生活を送られた。

先生は牢獄《ろうごく》で、「一生涯《いっしょうがい》の自分の使命《しめい》は広宣流布にあり」と、究極《きゅうきょく》の使命を自覚《じかく》された。無念《むねん》にも獄死《ごくし》された牧口先生の弟子《でし》として、傲慢《ごうまん》にして卑劣《ひれつ》な連中《れんちゅう》への仇討《あだう》ちを誓《ちか》った。銃殺刑《じゅうさつけい》も恐《おそ》れなかった。そして、出獄《しゅつごく》と同時に、広宣流布の大闘《だいとう》争《そう》を開始《かいし》されたのだ。

しかし、その同じ法難《ほうなん》は、他の弟子《でし》たちをことごとく退転《たいてん》させた。

「開目抄《かいもくしょう》」には、「つたな《拙》き者《もの》のならひは約束《やくそく》せし事《こと》を・まことの時はわするるなるべし」（御書二三四ページ）と仰《おお》せである。彼《かれ》らは「まことの時」に、怖《お》じけづき、臆病《おくびょう》になり、自分で正義《せいぎ》の宝剣《ほうけん》を捨《す》ててしまったのだ。

戸田先生は嘆《なげ》いた。戸田先生は泣《な》いた。どうして牢《ろう》に入ったことで退転《たいてん》してしまうのか。最《もっと》も晴れがましい、永遠《えいえん》にわたる大功徳《だいくどく》を受けるチャンスであったではないか。臆病《おくびょう》の信心などは、御書のどこにも書かれていない。

戸田先生は反省《はんせい》した。熟慮《じゅくりょ》した。昼となく、夜となく、考《かんが》え抜《ぬ》いた。どうして退転《たいてん》してしまうのか――天才《てんさい》である戸田先生の結論《けつろん》は、こうであった。

信心の推進力《すいしんりょく》となるべき、信心の何《なん》たるかを明《あ》かす教学がなかった。御書を読ませることを忘《わす》れていた。

教学、すなわち御書を、心肝《しんかん》に染《そ》めさせてさえいれば、退転《たいてん》などあるはずはない。臆病者《おくびょうもの》が奮《ふる》い立《た》って、勇気《ゆうき》を持って、戦い抜《ぬ》いていくのだ。御書だ！　御書だ！

その深い体験《たいけん》から悟《さと》り抜《ぬ》いた戸田先生の指導《しどう》のもと、学会は、幹部《かんぶ》も会員も、御書をわが身《み》から離《はな》さなかった。教学なき仏法はない。信心なき仏法は、仏法ではない。

時間さえあれば御書の研鑽《けんさん》に励《はげ》んだ。時あるごとに、その会合で御書を拝読《はいどく》し、御書を論《ろん》じ、御書を学び合った。新しい魂《たましい》の火が燃《も》えた。新しい遠大《えんだい》な未来《みらい》を見つめる目が輝《かがや》いた。

御書の拝読《はいどく》は、人間革命であった。

御書の拝読《はいどく》は、信心を無限《むげん》に深めていく原動力《げんどうりょく》であった。

ここでいう教学とは、観念《かんねん》の教学ではない。物《もの》覚《おぼ》えの教学でもない。学者になるための教学でもない。

大聖人の教学とは、生《い》き抜《ぬ》く力《ちから》、戦い抜く力、広宣流布への力となってゆく教学であった。

その教学は、自身の血肉《けつにく》となって、あらゆる現《げん》実《じつ》の人生《じんせい》と戦い進む、社会にあって断《だん》じて勝つための教学であり、大哲学《だいてつがく》であったのだ。

19-10 心《こころ》に刻《きざ》む御聖訓《ごせいくん》

小説『新・人間革命』には、山本伸一会長が自《みずか》ら心《こころ》に刻《きざ》んできた御文《ごもん》について、後継《こうけい》の友《とも》に語る場面《ばめん》があります。

池田先生の指針

『新・人間革命26』(「厚田」の章)

「戸田先生にお仕《つか》えして以来《いらい》、深く心《こころ》に刻《きざ》んできた『御義口伝《おんぎくでん》』の一節《いっせつ》がある。

『一念《いちねん》に億劫《おくごう》の辛労《しんろう》を尽《つく》せば本来無作《ほんらいむさ》の三身念《さんじんねん》念《ねん》に起《おこ》るなり所謂《いわゆる》南無妙法蓮華経は精進行《しょうじんぎょう》なり』(御書七九〇ジペー)の御文《ごもん》です」

——ここには、一生成仏《いっしょうじょうぶつ》の要諦《ようてい》が説《と》き明《あ》かされている。

「本来無作《ほんらいむさ》の三身《さんじん》」とは、一言《いちごん》すれば、自身に具《そな》わった仏《ほとけ》の大生命である。その大生命を、瞬間《しゅんかん》、瞬間、湧《わ》き出《いだ》していくための要件《ようけん》とは、わが一念《いちねん》に「億劫《おくごう》の辛労《しんろう》」を尽《つ》くすことだ。

「億劫《おくごう》」とは、長遠《ちょうおん》の時間を意味《いみ》する。その長い間にわたる無数《むすう》の辛労《しんろう》を一瞬《いっしゅん》に凝縮《ぎょうしゅく》したような、全身全霊《ぜんしんぜんれい》を傾《かたむ》けた仏道修行《ぶつどうしゅぎょう》のなかに、仏《ほとけ》の智慧《ちえ》と生命力《せいめいりょく》が湧《わ》き上《あ》がってくるのである。

「この御文《ごもん》は、苦難《くなん》を恐《おそ》れぬ、真剣勝負《しんけんしょうぶ》の戦いがあってこそ、自身の一生成仏《いっしょうじょうぶつ》、人間革命、境涯《きょうがい》革命があることを教えられているんです。

私の日々《ひび》は、ある意味《いみ》で、大地にわが身《み》を叩《たた》きつけるような、苦闘《くとう》の連続《れんぞく》だった。涙《なみだ》も涸《か》れるような悲痛《ひつう》な時を、何度《なんど》も経験《けいけん》してきました。そのなかで、この御文《ごもん》を心《こころ》の支《ささ》えに、わが心を燃《も》え上《あ》がらせ、唱題《しょうだい》に唱題を重《かさ》ね、すべて乗《の》り越《こ》えてきたんです。

私は勝ちました。君《きみ》も、広宣流布のため、人びとの幸せのため、自身の未来《みらい》のために、勇《いさ》んで辛《しん》労《ろう》を尽《つ》くしていくんだよ」

【参考】

創価学会によって、日蓮大聖人の御書は十言語以上に翻訳《ほんやく》され、世界に広がっています。そのうち、スペイン語版御書の発刊《はっかん》に際《さい》して、池田先生は序文《じょぶん》を寄《よ》せました。ここには、日蓮仏法、創価学会が世界宗教たるゆえんが深く論《ろん》じられるとともに、現代において、御書を研鑽《けんさん》し、教学を深めていく意義《いぎ》が明確《めいかく》に記《しる》されています。

『スペイン語版 御書「序文」』（二〇〇八年五月三日）

人間にいかに希望《きぼう》を与《あた》えるか、人生《じんせい》にいかに意《い》味《み》を与えるか。――ここに、全《すべ》ての宗教の本来《ほんらい》の使命《しめい》があるはずだ。人間の安心立命《あんしんりつめい》、民衆《みんしゅう》の幸福と平和こそ、本来、あらゆる宗教の目指《めざ》すものである。その意味で、全ての宗教は「人間のための宗教」を根本的《こんぽんてき》に目指しているはずだ。

この共通点《きょうつうてん》を深く自覚《じかく》していくことこそ、グローバル化といわれる現代《げんだい》世界における宗教の要件《ようけん》であると、私は確信《かくしん》する。文明的《ぶんめいてき》な課題《かだい》といわれる宗教間の対話を進めていく基盤《きばん》もここにある。

当然《とうぜん》、各宗教には個性《こせい》があり、違《ちが》いがある。例《たと》えば、何が真《しん》の安心立命《あんしんりつめい》なのかという点についても、各宗教によって意見が異《こと》なるであろう。「神の愛《あい》」「見えない力《ちから》に対する依存《いそん》の感情《かんじょう》」「良心《りょうしん》に従《したが》うこと」「心《こころ》の平安《へいあん》」「煩悩《ぼんのう》のコントロール」等々《とうとう》、多くの答えが多くの宗教から示《しめ》されている。

宗教の種々《しゅじゅ》の違《ちが》いは、人間の多様性《たようせい》、時代の違い、地域《ちいき》の違い、歴史的経緯《れきしてきけいい》の違いなどの要因《よういん》が複雑《ふくざつ》に影響《えいきょう》しあって生《しょう》じてきたものである。しかし、それぞれの異《こと》なった教義《きょうぎ》の中には、人間の幸福を実現するための何らかの洞察《どうさつ》と真実《しんじつ》が含《ふく》まれている。現代《げんだい》の宗教間の対話において、それぞれの違いは違いとして認《みと》め合いつつ、各宗教の洞察と真実を学びあっていけば、人間の幸福のための宗教として、互《たが》いに錬磨《れんま》していくことができるに違いない。

そして、この対話と相互錬磨《そうごれんま》の道をどこまでも歩み続けて、人類《じんるい》の全宗教がそれぞれの固有《こゆう》の価《か》値《ち》を発揮《はっき》しつつ、「人間のための宗教」として結《むす》びつき、世界平和実現《じつげん》への最大《さいだい》の力《ちから》になっていくことを、私は念願《ねんがん》している一人《ひとり》である。

二十世紀《せいき》は、人類《じんるい》の諸宗教《しょしゅうきょう》が初めて互《たが》いを認識《にんしき》するようになった時代であるともいわれる。確《たし》かに、二度の世界大戦がもたらした悲劇《ひげき》への深刻《しんこく》な反省《はんせい》から、人間の幸福、人類の平和という宗教本《ほん》来《らい》の大目的《だいもくてき》を自覚《じかく》し直《なお》し、その観点《かんてん》から宗教が相《そう》互《ご》に認識しあっていく流れが起《お》こってきたのが二十世紀である。この流れを本格的《ほんかくてき》な潮流《ちょうりゅう》にしていくのが今世紀《こんせいき》、二十一世紀における宗教の使命《しめい》であろう。

創価学会は、二十世紀《せいき》の二つの大戦の中間の時期に創立《そうりつ》された。当時の日本の宗教は、総《そう》じて国家のための宗教として国家の体制《たいせい》の中に組み込《こ》まれていたため、社会が戦争へと傾斜《けいしゃ》していくことを阻止《そし》する勇気《ゆうき》も力《ちから》も持てなかった。そのような宗教的状況《じょうきょう》の中で、創価学会は、「人間の幸福のための宗教」という観点《かんてん》から日蓮大聖人の仏法の可能性《かのうせい》、および、その基盤《きばん》である法華経《ほけきょう》の可能性を再発見《さいはっけん》し、人間の幸福を実現《じつげん》するための信仰実《しんこうじっ》践《せん》を展開《てんかい》した。その結果《けっか》、時の軍部政府《ぐんぶせいふ》による厳《きび》しき弾圧《だんあつ》を受け、初代会長の牧口常三郎《つねさぶろう》先生は殉《じゅん》教《きょう》したのである。

大乗仏教《だいじょうぶっきょう》の精髄《せいずい》というべき法華経《ほけきょう》によれば、「自他共《じたとも》の幸福」を目指《めざ》す大乗菩薩《ぼさつ》の願《ねが》いこそ、すべての人間の、そして生きとし生けるものの本《ほん》源的《げんてき》な願望《がんぼう》である。そして、その本源的な願いに人々を目覚《めざ》めさせ、人間の善性《ぜんせい》を触発《しょくはつ》することこそが、仏教のみならず、すべての宗教の本来《ほんらい》の使《し》命《めい》といってよい。

法華経《ほけきょう》では、この宗教本来《ほんらい》の使命《しめい》を担《にな》った菩薩《ぼさつ》が現実《げんじつ》世界に無数《むすう》に出現《しゅつげん》すると説《と》かれている。いわゆる「地涌《じゆ》の菩薩」である。これは、生命本源《ほんげん》の願《ねが》いに目覚《めざ》めれば、あらゆる人が地涌の菩薩になりうるという、非常《ひじょう》に重要《じゅうよう》な課題《かだい》を示《しめ》しているのである。

さらに、法華経《ほけきょう》では、会う人ごとに「我《わ》れは深く汝等《なんだち》を敬《うやま》い」と唱《とな》えて礼拝《らいはい》し、迫害《はくがい》を受けても、この礼拝行をやめなかった「常不軽菩薩《じょうふきょうぼさつ》」の実践《じっせん》が、鋭《するど》く光《ひか》っているのだ。これは、自他《じた》の仏《ぶっ》性《しょう》を信じ、どこまでも人を敬っていくことが、菩薩の実践の核心《かくしん》であることを示《しめ》していると言っていいだろう。

日蓮大聖人は、「一代《いちだい》の肝心《かんじん》は法華経《ほけきょう》・法華経の修行《しゅぎょう》の肝心は不軽品《ふきょうほん》にて候《そうろう》なり、不軽菩薩《ぼさつ》の人《ひと》を敬《うやま》いしは・いかなる事《こと》ぞ 教主釈尊《きょうしゅしゃくそん》の出世《しゅっせ》の本《ほん》懐《かい》は人の振舞《ふるまい》にて候《そうらい》けるぞ」（御書一一七四ジペ）と厳然《げんぜん》と述《の》べられた。不軽菩薩の「人を敬う」という実践《じっせん》こそが、法華経の修行の肝要《かんよう》であり、仏《ほとけ》の教えの真髄《しんずい》であると、叫《さけ》んでいるのだ。

十三世紀《せいき》の日本に出現《しゅつげん》した日蓮大聖人は、自《みずか》らが生きる時代を、万人《ばんにん》の成仏《じょうぶつ》の実現《じつげん》という仏《ほとけ》の大《だい》願《がん》が見失《みうしな》われつつある時代であると認識《にんしき》された。

生命の最高《さいこう》の可能性《かのうせい》を指《さ》し示《しめ》した仏《ほとけ》の大願《だいがん》を見《み》失《うしな》えば、人間はエゴイズムに走り、貪《むさぼ》り、瞋《いか》り、癡《おろ》かさの三毒《さんどく》が、人間の生命と社会を濁流《だくりゅう》の如《ごと》く侵《おか》し、やがて不幸《ふこう》から不幸へ、悪から悪への連鎖《れんさ》が恒常化《こうじょうか》する時代が訪《おとず》れてしまう。

大聖人は、そのような危機的《ききてき》な時代にあって、仏《ほとけ》の大願《だいがん》を実現するためには、地涌《じゆ》の菩薩《ぼさつ》の使命《しめい》と常不軽菩薩《じょうふきょうぼさつ》の実践《じっせん》を継承《けいしょう》し、世の人々に強く深く広げていくべきであると叫《さけ》ばれた。そして、そのための教法《きょうほう》を縦横《じゅうおう》に展開《てんかい》し、さらに自《みずか》ら先頭に立って実践《じっせん》されたのである。

本書（＝『スペイン語版 御書』）に収《おさ》められている日蓮大聖人の著作《ちょさく》や書簡《しょかん》において展開《てんかい》される所《しょ》説《せつ》の核心《かくしん》は、まさに「自他共《じたとも》の幸福」を目指《めざ》す菩《ぼ》薩《さつ》の使命《しめい》と実践《じっせん》を明《あ》かし、人々に勧《すす》め、励《はげ》ますことにあるのである。

思えば、本書の日本語原典である創価学会版の『日蓮大聖人御書全集』が刊行されたのは、一九五二年四月、私の恩師《おんし》・戸田城聖《じょうせい》先生が第二代会長に就任《しゅうにん》されてから、約《やく》一年後のことであった。

いわば、戸田先生を中心とする、第二次世界大戦後の本格的《ほんかくてき》な創価学会の前進は、御書の発刊《はっかん》とともに始まったと言えるのである。

以来《いらい》、日本の学会員はこの御書全集を信心と生活の根幹《こんかん》として、人類《じんるい》の平和と幸福のため、大聖人の御遺命《ごゆいめい》である広宣流布に走《はし》り抜《ぬ》いてきた。そして、見事に法華経《ほけきょう》が描《えが》く菩薩像《ぼさつぞう》を体現《たいげん》していった。

ここで、本書を自《みずか》らの信仰《しんこう》を深めていく糧《かて》にしていくであろうSGIの友《とも》のために、御書拝読《はいどく》の心《こころ》ともいうべきことを申《もう》し上《あ》げておきたい。

それは、御書を拝読《はいどく》することは、民衆救済《みんしゅうきゅうさい》のために身命《しんみょう》をささげて正法《しょうほう》を護《まも》り、弘《ひろ》めていかれた大聖人の高潔《こうけつ》にして峻厳《しゅんげん》なる御精神《ごせいしん》に触《ふ》れていくことにほかならない、ということである。

大聖人の御精神《ごせいしん》の輝《かがや》きは、御書の随所《ずいしょ》に拝《はい》することができる。

一例《いちれい》を挙《あ》げれば、「一切衆生《いっさいしゅじょう》の同一苦《どういつく》は悉《ことごと》く是《これ》日蓮一人《いちにん》の苦《く》と申《もう》すべし」（御書五八七ジペー）との大聖人の誓願《せいがん》に触《ふ》れるたびに、私は「苦しんでいる人を救《すく》わずにおくものか」との真実の大慈悲《だいじひ》を感じ、粛然《しゅくぜん》とせざるを得《え》ない。

この御精神《ごせいしん》に触《ふ》れ、わが心《こころ》として一分《いちぶん》でも実践《じっせん》していこうと立ち上がったのが創価学会なのである。すなわち、民衆《みんしゅう》の苦悩《くのう》に同苦《どうく》し、万人《ばんにん》に仏性《ぶっしょう》があるとの究極《きゅうきょく》の希望《きぼう》を指《さ》し示《しめ》して、民衆を励《はげ》まし、蘇生《そせい》させていく実践を貫《つらぬ》いてきたのである。

それゆえに、今日《こんにち》の世界に広がる、輝《かがや》かしき哲学《てつがく》を基盤《きばん》とした希望の連帯《れんたい》が出来上《できあ》がってきたのである。

もう一例《いちれい》を挙《あ》げれば、「王地《おうち》に生《う》まれたれば身《み》をば随《したが》えられたてまつるやうなりとも心《こころ》をば随えられたてまつるべからず」（御書二八七ジペー）との珠玉《しゅぎょく》の御文《ごもん》を拝《はい》するたびに、私は全身を貫《つらぬ》かれるような深い感動を覚《おぼ》えるのであった。

現代的《げんだいてき》にいえば、この御文《ごもん》には「精神《せいしん》の自由」「信教《しんきょう》の自由」「思想の自由」が表現《ひょうげん》されているとも拝《はい》することができるのだ。

そして、いかなる権力《けんりょく》の魔性《ましょう》をも恐《おそ》れぬ「師子《しし》王《おう》の心《こころ》」こそが、それらの自由を勝ち取っていく根源《こんげん》の力《ちから》であることを知らねばなるまい。私たちが、事実の上で、この「師子王の心」を取り出して、苦難《くなん》を勝《か》ち越《こ》え、正義《せいぎ》の信念《しんねん》の生涯《しょうがい》を生ききっていったとき、この御文《ごもん》を、真《しん》に身《み》で読んだと言えるのではないだろうか。

御書を学ぶ目的《もくてき》は、大聖人の御精神《ごせいしん》に触《ふ》れて、信心を深めていくことにある。また、仏法の極理《ごくり》に学んで、わが内《うち》なる永遠不変《えいえんふへん》の希望《きぼう》と平和と幸福を確信《かくしん》していくことにあるのだ。そして、難《なん》を勝《か》ち越《こ》えてきた大聖人の実践《じっせん》に学んで、苦難《くなん》に挑《ちょう》戦《せん》していく勇気《ゆうき》を奮《ふる》い起《お》こすことにある。

この「実践《じっせん》の教学」の要諦《ようてい》は、三世永遠《さんぜえいえん》に不滅《ふめつ》である。

世界のSGIの友《とも》が、より一層《いっそう》の求道心《きゅうどうしん》と深い信心を燃《も》え上《あ》がらせて、御書の真剣《しんけん》な研鑽《けんさん》に励《はげ》まれることを心《こころ》から願《ねが》うものである。

第二十章　青年に贈《おく》る

黄金時代《おうごんじだい》であり、勇気《ゆうき》と確信《かくしん》と希望《きぼう》こそ青年の宝《たから》であると強調《きょうちょう》しています。

20-1 勇気《ゆうき》と確信《かくしん》と希望《きぼう》

池田先生は常《つね》に呼《よ》び掛《か》けています。「青年ほど尊貴《そんき》なものはない」「青年に勝《まさ》るものは何もない」「青年は宝《たから》だ。いな宝の中の宝だ！」――

池田先生ほど、青年を愛《あい》し、青年を信じ、青年に励《はげ》ましと慈愛《じあい》の言葉を贈《おく》り続けてきた指導者《しどうしゃ》はいないでしょう。本章は、その池田先生の青年への指導・激励《げきれい》を収《おさ》めています。

ここでは、青年期は人生《じんせい》の土台《どだい》を築《きず》く

池田先生の指針

『私はこう思う』

青年時代は、だれしも思い出多いものであろう。いや、思い出のないようでは青年期を生きたとは決していえまい。私もまた例外《れいがい》ではない。

私の家は、貧《まず》しく、そのあげく、四人の兄は、全員兵隊《ぜんいんへいたい》にとられ、戦地に行かされてしまった。そんな状態《じょうたい》で、金銭的《きんせんてき》にも、時間的にも余裕《よゆう》なく、商業学校も、専門学校も、自力《じりき》で夜学に通《かよ》わねばならなかった。そのうえ身体《からだ》もあまり丈夫《じょうぶ》ではなかった。

だが、自分の仕事には、全精魂《ぜんせいこん》を打《う》ち込《こ》んできたつもりだ。会社の用事で、大八車《だいはちぐるま》を引いて銀座《ぎんざ》を歩いたこともある。秋風の吹《ふ》くころまで、開襟《かいきん》シャツ一枚でいたこともある。

それでも、なにかしら自分には、恥《は》ずかしいという気持ちは毛頭起《もうとうお》こらなかった。むしろ、青年として莞爾《かんじ》として辛苦《しんく》と闘《たたか》うことに、劇《げき》のごとく、誇《ほこ》らしくさえ思っていたことを覚《おぼ》えている。事実《じじつ》、これらの苦労《くろう》が、今日《こんにち》の人生《じんせい》の土台《どだい》になっていたことは確《たし》かであろう。

私には、当時ひとつの確信《かくしん》があった。いやそれは決意に近《ちか》いものであった。――青年は虚栄《きょえい》に生きるべきではない。素《す》っ裸《ぱだか》な自分で、社会を闊歩《かっぽ》し、あらゆる力《ちから》をつけ、人生《じんせい》を生ききっていくということであった。この決意が当時の私を力強《ちからづよ》く支《ささ》えたのである。

私のこの決心《けっしん》は、今でも少しも変わっていない。地位《ちい》、財産《ざいさん》、名誉《めいよ》を、すべて捨《す》て去《さ》って、最後《さい》に残《のこ》る人間として、勝利《しょうり》を得《え》ることが、人生最高《じんせいさいこう》の勝利者であることを、生涯忘《しょうがいわす》れないつもりだ。

しかし私には深《ふか》い反省《はんせい》がある。それは、十代、二十代の時に、もっともっと基本的《きほんてき》な勉強をしておきたかった。また身体《からだ》を丈夫《じょうぶ》に、鍛《きた》えておけばよかったということである。

自分でも青年時代の大切であることは自覚《じかく》していた。多少《たしょう》本も読んだつもりであった。だが、今となっては、あの十倍も二十倍も、やればよかったと悔《く》やまれてならない。

今、自分の青年時代を振《ふ》り返《かえ》り、いかに青年期が重要《じゅうよう》であるかを痛感《つうかん》している一人《ひとり》である。所詮《しょせん》、人間の一生こそは、青年時代をどのように過《す》ごしたかによって決定されるといっても過言《かごん》ではない。

青年は建設《けんせつ》である。青年は未完《みかん》でもある。だからこそ、無限《むげん》の可能性《かのうせい》を秘《ひ》めた未知数《みちすう》ともいえよう。また青年とは、革新《かくしん》の息吹《いぶき》であり、はちきれんばかりの生命力《せいめいりょく》の持《も》ち主《ぬし》だ。これほど偉大《いだい》なものはなかろう。

私は、青年の価値《かち》は、勇気《ゆうき》と確信《かくしん》と希望《きぼう》であるということを実感《じっかん》している。青年の勇気ある実践《じっせん》は、あらゆるものを創造《そうぞう》していく根源《こんげん》である。そして、その勇気を支《ささ》えていくものは確信であるといえまいか——。

確信《かくしん》には、逡巡《しゅんじゅん》はない。迷《まよ》いもない。しかして、その確信は、自《みずか》らの使命《しめい》と、責任《せきにん》を全《まっと》うしきる実践《じっせん》のなかから生まれるものだ。

さらに、人生《じんせい》で最《もっと》も優《すぐ》れた人とは、青年期にもった理想、青年時代に築《きず》いた夢《ゆめ》をば、一生涯貫《いっしょうがいつらぬ》き通《とお》してゆける人だ——。

青年は一国の宝《たから》であり、次代《じだい》の世界の財産《ざいさん》である。この財宝《ざいほう》に勝《まさ》る力《ちから》はない。これらの青年の未《み》来《らい》を蝕《むしば》み、生気《せいき》を奪《うば》い去《さ》るものは、まさに財宝を海に捨《す》てるごときであろう。ましてや、戦争等に追《お》いやり、あたら若《わか》き生命を断《た》たしめるがごとき指導者《しどうしゃ》は、極悪人《ごくあくにん》であると言わざるをえない。

私は青年が好《す》きだ。青年の成長《せいちょう》が、最《もっと》もうれしい。英知《えいち》と、平和と、幸福に、育《そだ》ちゆく姿《すがた》を見ると、心《こころ》はずむ思いがする。

私もまた、生涯《しょうがい》、青年とともに歩《あゆ》み、青年の息《い》吹《ぶき》を貫《つらぬ》き通《とお》してゆきたいと念願《ねんがん》している昨今《さっこん》である。そして、やがて私たちの築《きず》いた土台《どだい》の上に、次々と、青年が世界の平和と、文化の創造《そうぞう》に雄飛《ゆうひ》していってくれることが、唯一《ゆいいつ》の願《ねが》いであり、最《さい》上《じょう》の喜《よろこ》びである。

20-2 青春《せいしゅん》の悩《なや》みは光《ひかり》

青年の心《こころ》に寄《よ》り添《そ》うように、渾身《こんしん》の励《はげ》ましを送っています。自分を励ませる人に！　自分を好《す》きになれる人に！　悩《なや》みを薪《たきぎ》にして輝《かがや》く人に！　と。

池田先生の指針

「写真紀行『光は詩う』」（二〇〇〇年二月二十七日、聖教新聞）

青春《せいしゅん》は、苦しい。悩《なや》みばかりだ。しかし、悩みがあるから、心《こころ》は育《そだ》つ。うんと悩んだ日々こそ、一番不幸《いちばんふこう》だと思った日こそ、あとから振《ふ》り返《かえ》ると、一番かけがえのない日々だったとわかるものだ。

だから苦しみから逃《に》げず、苦しみの真《ま》ん中《なか》を突《つ》っきって行くことだ。それが森を抜《ぬ》ける近道《ちかみち》だからだ。

寂《さび》しければ、その寂しさを大事にすることだ。寂しさや悲しさを、遊びなんかで、ごまかすな。使《つか》い捨《す》てるな。耐《た》えて、耐えて、自分を育《そだ》てる「こやし」にしていけ。

人間だって、花と同じように、光《ひかり》がいる。人も、人から大事にされないと、心《こころ》が枯《か》れてしまう。だから君が、みんなの太陽になれ。

人間だって、花と同じように、水がいる。自分で自分を励《はげ》ましたり、喜《よろこ》ばせたり、心《こころ》を生き生きさせないと、心は枯《か》れてしまう。

自分で自分を励《はげ》ませる人は、すてきな人だ。人のつらさも、わかる人だ。自分で自分を喜《よろこ》ばせる言葉を、強さを、賢《かしこ》さを！　落《お》ち込《こ》んだ心《こころ》を、よいしょと自分で持《も》ち上《あ》げて！

自分で自分を好《す》きになれないと、人だって愛《あい》せない。

恥《は》ずかしがり屋《や》なら、そのままでいい。無神経《むしんけい》になり、デリカシーをなくすことが「大人になる」ことじゃない。

コンクリートみたいに固《かた》い花はない。花は、みんな柔《やわ》らかい。初々《ういうい》しい。傷《きず》つきやすい。人の思いに敏感《びんかん》なままの、その心《こころ》を一生咲《いっしょうさ》かせ続ける人が、本当に「強い」人なのだ。

運命は外《そと》からやってくるんじゃない。君の心《こころ》の中で毎日、育《そだ》っているのだ。

毎日がつまらない時。

それは自分が、つまらない人間になっているからかもしれない。

人生《じんせい》をむなしく感じる時。

それは自分が、からっぽの人間になっているからかもしれない。

人生《じんせい》に、うんざりした時。

人生《じんせい》のほうが君にうんざりしたと言っているのかもしれない。

人間は結局《けっきょく》、自分自身にふさわしい人生《じんせい》しか生きられない。

だから、成績《せいせき》は中《ちゅう》くらいでもいい、人間が大《だい》であればいい。頭《あたま》がいいとか悪いとか、成績だけで分《わ》かるものじゃないし、生きる上で大《たい》したことではない。

ただ、自分が「不思議《ふしぎ》だ」と思う疑問《ぎもん》を大事に追求《ついきゅう》することだ。そのことを考《かんが》えて、考えて、考え抜《ぬ》くことだ。

そして、いざという時、真理《しんり》と正義《せいぎ》のためなら、自分を犠牲《ぎせい》にできる人になれ。そんな人が一人《ひとり》でも増《ふ》えた分だけ、この世は美しくなる。

世界のどこかに、君にしかできない使命《しめい》が、君の来る日を待《ま》っている。指折《ゆびお》り数《かぞ》えて待っている。

待《ま》たれている君は、あなたは生きなければ!

めぐりあう、その日のために!

輝《かがや》くためには、燃《も》えなければならない。

燃《も》えるためには、悩《なや》みの薪《たきぎ》がなければならない。

青春《せいしゅん》の悩《なや》みは即《そく》、光《ひかり》なのだ。

『青春対話』

20-3 皆《みな》かけがえのない使命《しめい》の人

だれもが、自分にしかできない使命《しめい》をもって生まれてきた、かけがえのない存在《そんざい》なのだと強調《きょうちょう》しています。

池田先生の指針

どんな人にも必《かなら》ず「使命《しめい》」がある。使命があるから生《う》まれてきたのです。

だから、何があろうと、生きて生きて生き抜《ぬ》かなければならない。

使命《しめい》——何に「命《いのち》」を「使《つか》」うか。自分は、どんな「命《めい》」を受けて宇宙《うちゅう》から「使わされた」のか。派遣《はけん》されたのか。

仏法では、全宇宙《ぜんうちゅう》を「一つの巨大《きょだい》な生命」と見る。個々《ここ》の生命は、その大海《たいかい》の波《なみ》のようなものです。波が盛《も》り上《あ》がれば「生《せい》」。波が宇宙に溶《と》け込《こ》めば「死」。生も死も、宇宙と一体《いったい》です。

一つの生命が生まれてくるには、全宇宙《ぜんうちゅう》が賛同《さんどう》し、全宇宙が協力《きょうりょく》している。全宇宙が祝福《しゅくふく》して送り出してくれたのが、諸君《しょくん》なのです。

生命の尊《とうと》さは平等《びょうどう》です。生命には序列《じょれつ》がつけられない。

生命には、それぞれ個性《こせい》がある。どの人の生命も、全宇宙《ぜんうちゅう》と同じように尊《とうと》い。全宇宙の生命と一体《いったい》であり、同等《どうとう》の重《おも》さをもっている。

そのことを日蓮大聖人は、こう仰《おお》せだ。

「命《いのち》というのは、一切《いっさい》の宝《たから》のなかで第一の宝である」（御書一五九六ジペー、通解）

「命《いのち》というのは、全宇宙《ぜんうちゅう》の財宝《ざいほう》をもってしても買うことができないと、仏《ほとけ》は説《と》かれている」（御書一〇五九ジペー、通解）

「一日の命《いのち》は、全宇宙《ぜんうちゅう》の財宝《ざいほう》よりも尊《とうと》い」（御書九八六ジペー、通解）

だから絶対《ぜったい》に自殺《じさつ》はいけない。絶対に、暴力《ぼうりょく》はいけない。人を傷《きず》つけてはいけない。人をいじめてはいけない。尊《とうと》い生命を傷つける資格《しかく》など、だれにもありません。

なぜ自分は生まれてきたのか。それを探求《たんきゅう》するのが青春《せいしゅん》です。

青春《せいしゅん》は「第二の誕生《たんじょう》」の時だ。一回目は肉体《にくたい》の誕生。青春時代は、真《しん》の「人間」として生まれ出る時です。だから苦《くる》しい。だから悩《なや》む。卵《たまご》からヒナが生まれるときみたいに、もがく。

そこで、絶対《ぜったい》にあきらめてはいけない。もがきながら、祈《いの》り、考え、学《まな》び、友《とも》と語りあい、今なすべきことに、ぶつかっていくことだ。

あきらめずに挑戦《ちょうせん》していけば、必《かなら》ず、自分にしかできない自分の使命《しめい》がわかってくる。

20-4 鍛錬《たんれん》こそ青春《せいしゅん》の誉《ほま》れ

誓《ちか》いを貫《つらぬ》き、信念《しんねん》を貫きながら、苦労《くろう》を求《もと》め、鍛錬《たんれん》を重《かさ》ねていく青春《せいしゅん》にこそ、晴《は》れやかな勝利《しょうり》の春が到来《とうらい》すると語っています。

池田先生の指針

「本部幹部会」（一九九五年六月二十八日、東京）

「春の喜《よろこ》び」——それを知るのは、「冬のつらさ」を知る人だけである。人生《じんせい》も同じである。

スイスの哲学者《てつがくしゃ》ヒルティは言った。

「喜びとはなんであるかを知る者《もの》は、元来《がんらい》、多くの苦《くる》しみを耐《た》え忍《しの》んできた人々のみにかぎられます。自余《じよ》（＝その他）の人々は、真《しん》の喜《よろこ》びとは似《に》ても似つかぬ単《たん》なる快楽《かいらく》を経験《けいけん》しているにすぎないのです」（『不幸における幸福』岸田晩節訳、『ヒルティ著作集7』所収、白水社）

苦労《くろう》をしていない人に、「本当の喜《よろこ》び」はわからない――そのとおりである。

ヒルティは言う。

「人生《じんせい》の幸福は、艱難《かんなん》が少ないとか無《な》いとかいうことにあるのではなく、それらのすべてを常勝《じょうしょう》的《てき》にかがやかしく克服《こくふく》するにある」（『眠られぬ夜のために』小池辰雄訳、『ヒルティ著作集4』所収、白水社）

あらゆる困難《こんなん》を悠々《ゆうゆう》と乗《の》りきっていく、そこに人生《じんせい》の幸福はある、と。仏法の煩悩即菩提《ぼんのうそくぼだい》にも通じる人生観である。

世間《せけん》には、苦労《くろう》しないで、うまく泳《およ》いでいる人たちがいる。楽《らく》して得《とく》をしよう、偉《えら》くなろう、と。しかし、その結末《けつまつ》が幸福かどうか。虚飾《きょしょく》は、いつかはげる。見栄《みえ》は、いつか行き詰《づ》まる。

自然の世界では、冬は必《かなら》ず春となる。人間の世界がそうなるには何が必要《ひつよう》か。ヒルティは叫《さけ》ぶ。

「貫《つらぬ》け！　この短言《たんげん》は、内的《ないてき》生活の危機《きき》にあたっていくたびとなく、ほとんど魔術的《まじゅつてき》な効力《こうりょく》を発《はっ》揮《き》するものである」（同前）

貫《つらぬ》け！　持続《じぞく》せよ！　どんな困難《こんなん》があろうと、貫いていけ！

この一言の中に、一切《いっさい》がある。これが彼《かれ》の結論《けつろん》であった。彼は呼《よ》びかける。

――知性《ちせい》が眠《ねむ》りに落ちそうな時。また、けだるい気分《きぶん》に負《ま》けそうな時。その時こそ「貫《つらぬ》け！」。

この短い言葉は、健全《けんぜん》な意志《いし》に衝撃《しょうげき》をあたえ、目《め》覚《ざ》めさせる。そして高貴《こうき》な魂《たましい》はふたたび自由になって、真実《しんじつ》に向かい、正義《せいぎ》に向かって動くであろう。

ゆえに、あなたが、むなしさやけだるさに「縛《しば》られている」と感じたら、その時こそ「貫《つらぬ》け!」。

組織《そしき》のこと、仕事のこと、人間関係《にんげんかんけい》のこと――当然《とうぜん》、悩《なや》みや、行き詰《づ》まりはあるであろう。その時こそ、「貫《つらぬ》け!」。

前進を貫《つらぬ》いて、自分で自分を勝利《しょうり》させる以外《いがい》に道はない。

生きることが、何《なん》となくもの憂《う》く感じられることもあるかもしれない。何かに「縛《しば》られている」ように感じる時。すべてが受《う》け身《み》になっている時。何となく迷《まよ》いが感じられる時。

その時こそ、受《う》け身《み》の一念《いちねん》を逆転《ぎゃくてん》させて、「さあ、この道を貫《つらぬ》こう!」「きょうの使命《しめい》を貫こう!」。こう決めていく時に、その一念のなかに、真実《しんじつ》の「春」が到来《とうらい》する。花が咲《さ》いていく。

「貫《つらぬ》く」。それは私どもでいえば、題目をあげていこう、一人《ひとり》また一人に語っていこうという実践《じっせん》である。

冬から春へ――転換《てんかん》の具体的《ぐたいてき》な道を知っている私どもは、幸《しあわ》せである。

青年部の中から、創価学会の「二十一世紀《せいき》の大《だい》指導者《しどうしゃ》」が陸続《りくぞく》と出てほしい。そう強く期待《きたい》するゆえに、「徹底《てってい》して苦労《くろう》を」と重《かさ》ねて申《もう》し上《あ》げたい。

戸田先生は、よく言われていた。

「私は、なぜ会長になったのか。それは、私は妻《つま》も亡《な》くしました。愛《あい》する娘《むすめ》も亡くしました。そして、人生《じんせい》の苦労《くろう》を、とことん、なめつくしました。

だから会長になったのです」と。

苦労《くろう》をし抜《ぬ》いたからこそ、会長の資格《しかく》がある。

これが戸田先生の哲学《てつがく》であった。

苦労《くろう》してこそ、「信心」も深《ふか》まるのである。

よく語りあった松下幸之助《まつしたこうのすけ》さんの言葉が、今でも耳朶《じだ》から離《はな》れない。

「池田先生、やっぱり、若《わか》いときの苦労《くろう》は、買ってでもせな、あきまへんなぁ」と。

今の時代は、皆《みな》、苦労《くろう》から逃《に》げようとしている。苦労することを、時代遅《じだいおく》れのように思っている。また苦労するのが損《そん》のように勘違《かんちが》いしている。そうではない。苦労は全部《ぜんぶ》、自分のためである。

甘《あま》えようと思えば、いくらでも甘えられる〝鍛《たん》錬《れん》なき時代〟である。鍛錬なきゆえに、自己《じこ》が崩《ほう》壊《かい》し、日本という国自体《くにじたい》が、崩壊の様相《ようそう》を呈《てい》してきた。

こういう時代だからこそ、自分から求《もと》めて「苦《く》労《ろう》しよう」と自覚《じかく》した人が得《とく》をする。何ものにも「負《ま》けない」自分へと、鍛錬《たんれん》し抜《ぬ》いた人が勝《か》つ。

その貴重《きちょう》なる「自己《じこ》教育」の世界はどこにあるか——。

ここにある。創価学会にある。

ここにこそ、人生《じんせい》を最高《さいこう》に勝利《しょうり》させる「道」がある。

20-5 人生《じんせい》は常《つね》に「これから！」

人生《じんせい》の土台《どだい》を築《きず》く青年時代にあって大切なのは、常《つね》に「さあ、これからだ」と未来《みらい》を見つめて力強《ちからづよ》く生きる姿勢《しせい》であると強調《きょうちょう》しています。

池田先生の指針

「中国青年平和総会」（一九九五年五月七日、東京）

ドイツの哲人《てつじん》ニーチェは言った。

「今後、あなたがたに栄誉《えいよ》を与《あた》えるのは、『どこから来たか』ではなくて、『どこへ行くか』なのだ！　あなたがた自身を超《こ》えて行こうとするあなたがたの意志《いし》と足、——これこそ、あなたがたの新しい栄誉であらねばならぬ！」（『ツァラトゥストラはこう言った』氷上英廣訳、岩波文庫）

「これから！」、常《つね》に「これから！」。仏法も現《げん》当二世《とうにせ》の精神《せいしん》を教える。

価値《かち》ある人生《じんせい》、なかんずく「価値ある青春《せいしゅん》」を開くもの——それは「今まで、どうであったか」ではない。「これから、どう生きるか」。その力強《ちからづよ》い前向きの一念《いちねん》である。そこに偉《えら》さがあり、勝利《しょうり》がある。

今の自分を超《こ》える労作業《ろうさぎょう》に、絶《た》えず挑戦《ちょうせん》していく。その「向上《こうじょう》する心《こころ》」にこそ、青年の魂《たましい》がある。

戸田先生は、青年に訴《うった》えられた。

「青年たる者は、たえず向上《こうじょう》し、品位《ひんい》と教養《きょうよう》を高めて、より偉大《いだい》な自己《じこ》を確立《かくりつ》しなければならぬ」（『戸田城聖全集1』）

青年よ、自分をつくれ！――と。

そして「読書と思索《しさく》をせよ」と常《つね》に言われた。

将来《しょうらい》、社会の指導者《しどうしゃ》、そして広宣流布の指導者となるべき皆様《みなさま》である。だからこそ、人の何倍《なんばい》も思索《しさく》し、苦労《くろう》し抜《ぬ》くべきである。先頭に立って苦労し、先頭に立って勉強していただきたい。

その自覚《じかく》で進む時、目も輝《かがや》き、生命も充実《じゅうじつ》してくる。

反対に、苦労《くろう》を避《さ》けよう、逃《に》げようとすれば、青春《せいしゅん》のみずみずしさはなくなってしまう。

私は「一日を一週間、一カ月分に生きよう」との思いで、動き、語り、挑戦《ちょうせん》を続けている。全《ぜん》部《ぶ》、会員の皆様《みなさま》のためである。広宣流布のためである。私はこの「目的《もくてき》」を絶対《ぜったい》に忘《わす》れない。

修行《しゅぎょう》なき生活は、堕落《だらく》である。修行なき人生《じんせい》は、最後《さいご》は敗北《はいぼく》である。

自分をつくらず、鍛《きた》えず、手練手管《てれんてくだ》や要領《ようりょう》だけで生きる人もいる。しかし、その人の人生《じんせい》の最終《さいしゅう》章《しょう》は、むなしい。必《かなら》ず悔《く》いるにちがいない。「もう一度、青春《せいしゅん》をやり直《なお》したい」と。

何事《なにごと》にも順序《じゅんじょ》がある。若《わか》い時から何《なん》でも物があり、自由であるのは、かえって不幸《ふこう》である。

青春時代《せいしゅんじだい》に、精神《せいしん》を鍛《きた》え抜《ぬ》く。自分を磨《みが》き抜く。その土台《どだい》の上に、ある年代に達《たっ》した時、精神《せいしん》面《めん》でも、物質面《ぶっしつめん》でも、花《はな》が開くようになっていくのが道理である。それが人生《じんせい》の正しい軌道《きどう》である。

20-6 もがきながら前に進め

青春《せいしゅん》とは挑戦《ちょうせん》の異名《いみょう》です。何があろうと負けずに、前へ、そして前へと進み続ける苦闘《くとう》の中にこそ、勝利《しょうり》と栄光《えいこう》が輝《かがや》くと語っています。

池田先生の指針

『青春対話』

青春《せいしゅん》に、取《と》り返《かえ》しのつかないことなど絶対《ぜったい》にない。むしろ、青春の失敗《しっぱい》とは、失敗を恐《おそ》れて挑戦《ちょうせん》しないことです。また、自分で自分をあきらめてしまうことです。

過去《かこ》は過去、未来《みらい》は未来です。つねに「さあ、きょうから！」「これから！」「今から！」「この瞬間《しゅんかん》から！」と未来を見つめて進むことです。これが日蓮大聖人の「本因妙《ほんいんみょう》」の仏法の真髄《しんずい》です。

人生《じんせい》は四十代、五十代にならないと勝敗《しょうはい》はわからない。

決して目先《めさき》だけで絶望《ぜつぼう》したり、あせってはならない。後悔《こうかい》することがあっても、悩《なや》みがあっても、失敗《しっぱい》があっても、未来《みらい》は長いのです。いちいち、くよくよしたり、いちいち、やけになるような、そんな安《やす》っぽい自分になってはいけない。

歴史《れきし》に名《な》を残《のこ》した人を見ても、青春《せいしゅん》はさまざまです。たとえばイギリスの政治家《せいじか》チャーチルは〝万年落第生《まんねんらくだいせい》〟。ガンジーは目立《めだ》たない生徒《せいと》でした。内気《うちき》で、気が弱く、話《はな》し下手《べた》。アインシュタインは劣等生《れっとうせい》。ただし数学だけは、ずば抜《ぬ》けてよかった。X線《せん》の発見者レントゲンは工業学校《こうぎょうがっこう》を退《たい》学処分《がくしょぶん》です。級友《きゅうゆう》が起《お》こした事件《じけん》のぬれぎぬを着《き》せられたのです。

では、彼《かれ》らの青春《せいしゅん》に共通《きょうつう》することは何か。それは「自分で自分をあきらめなかった」ということでしょう。成績《せいせき》が悪《わる》かった人、いじめられた人、裏切《うらぎ》られた人、失敗《しっぱい》した人、病気や経済苦《けいざいく》で悩《なや》んだ人のほうが、その分、人の心《こころ》がわかる。人生《じんせい》の深《ふか》さがわかる。だから「負《ま》けない」ことです。負けなければ、苦《くる》しんだ分だけ、将来《しょうらい》、必《かなら》ず大きな花が咲《さ》くのです。

自分を大切にしなくてはならない。社会の差別《さべつ》や、軽薄《けいはく》な風潮《ふうちょう》や矛盾《むじゅん》に左右《さゆう》されては不幸《ふこう》だ。自分自身に生きていくことを忘《わす》れてはならない。

戸田先生は「人生《じんせい》の最後《さいご》の数年間に、どういう幸福感をもったかで人生は決まる」と厳《きび》しく言っておられた。若《わか》い時の調子《ちょうし》のよさなどは問題ではない。また若い時の失敗《しっぱい》なんか、いくらでも挽回《ばんかい》できるのです。

小学校の時にだめなら中学校で、中学校の時にだめなら高校で、高校でだめなら大学で、大学でだめなら社会で、社会に出てつまずいたら、四十代になったら、五十代になったら、七十代になったらと、つねに大志《たいし》を抱《いだ》いていく。そして、今世《こんぜ》でだめなら来世《らいせ》で、と永遠《えいえん》の生命へと達観《たっかん》した時に仏法となる。仏法は最高《さいこう》の大志なのです。

たとえ諸君《しょくん》が、自分で自分をだめだと思っても、私はそうは思わない。全員が使命《しめい》の人であることを疑《うたが》わない。だれが諸君をばかにしようと、私は諸君を尊敬《そんけい》する。諸君を信じる。今がどうであれ、すばらしい未来《みらい》が開けることを私は絶対《ぜったい》に確信《かくしん》しています。

倒《たお》れたって、そのたびに起《お》きればいい。起きれば、また前に進める。若《わか》いのです。建設《けんせつ》です。戦いです。今、これからです。今、何かを始めるのです。

ある意味で、どんな時代にも、深刻《しんこく》な苦《くる》しみはある。どんな時代にも、青春《せいしゅん》は悩《なや》みとの葛藤《かっとう》です。また、勉強のことだけではない。家族のこと、健康《けんこう》や容姿《ようし》のこと、異性《いせい》のこと、友人のこと、いろいろな悩みがある。苦しみもある。不安《ふあん》もある。悔《くや》しさもある。悲《かな》しみもある。あらゆる悩みとの戦いが青春時代です。

そのなかで、もがきながら、暗雲《あんうん》をかきわけ、太陽に向かっていこう、希望《きぼう》に向かっていこう。この力《ちから》が青春《せいしゅん》です。

悩《なや》みや、失敗《しっぱい》や、後悔《こうかい》があるのは当たり前です。大事なのは、それらに負《ま》けないことだ。悩みながら、苦《くる》しみながら、前へ前へ進むことです。

道に迷《まよ》った。海に出るには、どうするか。どの道でもいいから前へ進めばいい。そうすれば川に出る。川筋《かわすじ》をたどっていけば、いつか必《かなら》ず海へ出る。

前へ進むことです。もがきながら、題目《だいもく》をあげ、一ミリでも二ミリでもいいから、前へ進む。そうやって生《い》き抜《ぬ》いていけば、あとで振《ふ》り返《かえ》って、ジャングルを抜けたことがわかる。

そして、苦《くる》しんだ分だけ、悲《かな》しんだ分だけ、題《だい》目《もく》をあげた分だけ、深《ふか》い人生《じんせい》となっている。それが二十一世紀《せいき》の指導者《しどうしゃ》となるための栄養《えいよう》になっているのです。

20-7 負《ま》けじ魂《だましい》の生《い》き方《かた》を

揺《ゆ》れ動《うご》く青春《せいしゅん》の心《こころ》は、時として、境遇《きょうぐう》をはかなんだり、環境《かんきょう》に左右《さゆう》されたりすることもあります。だからこそ、青年にとって大切なのは、負《ま》けじ魂《だましい》の生《い》き方《かた》であると語っています。

池田先生の指針

『希望対話』

「恵《めぐ》まれた環境《かんきょう》だから幸《しあわ》せ」とはかぎらない。「大変な環境《かんきょう》だから不幸《ふこう》」ともかぎらない。幸不幸《こうふこう》は、環境《かんきょう》で決まるのではない。自分で決まる。環境に負《ま》けるか、打《う》ち勝《か》つか。それで決まる。

勉強だけに、かぎらない。人生《じんせい》には、困《こま》ったこと、つらいこと、イヤなこと、悩《なや》むことがいっぱいある。

そんなとき、二つの生《い》き方《かた》しかない。

一つは、文句《もんく》を言って、環境《かんきょう》のせいにして、敗《はい》北《ぼく》してしまうことだ。人は同情《どうじょう》してくれるかもしれないが、結局《けっきょく》、自分が損《そん》だし、何を言っても弁《べん》解《かい》になる。

もう一つの生《い》き方《かた》。

それは、環境《かんきょう》がどうあれ、自分の道を自分で開いていくという「負《ま》けじ魂《だましい》」の生《い》き方《かた》です。

どっちを選《えら》ぶかは、自分で決めることです。

インドには「カースト制度《せいど》」が、今も習慣《しゅうかん》として、根深《ねぶか》く残《のこ》っている。

そのいちばん下の出身《しゅっしん》でありながら、国の大統領《だいとうりょう》になった人がいる。現在（＝二〇〇〇年）のナラヤナン大統領。私の古《ふる》い友人です。

ナラヤナンさんは、七人きょうだいの四番目。家は本当に貧乏《びんぼう》で、お風呂《ふろ》もなかった。いつも飢《う》えに苦《くる》しんでいたそうだ。

小学校まで片道《かたみち》七キロメートル。来る日も来る日も、歩いて通《かよ》った。雨の季節《きせつ》には、足首《あしくび》まで泥《どろ》だらけです。

そのなかを、ナラヤナン少年は、いつも何かを読みながら歩いた。本が買《か》えないので、目にふれる新聞《しんぶん》や本を片《かた》っぱしから読んでは、メモを取った。

「弟は勉強好《ず》きだ。応援《おうえん》しよう！」――彼《かれ》のためにお兄《にい》さんや、お姉《ねえ》さんは、小学校への通学《つうがく》をあきらめた。それでも、たった一人分《ひとりぶん》の学費《がくひ》が払《はら》えなかった。学費が払えないから、先生に、罰《ばつ》として立たされた。

ナラヤナン少年は、どうしたか。彼《かれ》は立たされながら、それでも教室《きょうしつ》の外から、授業《じゅぎょう》を懸命《けんめい》に聞いたのです。

やがて、ガンジーがつくった「奨学金《しょうがくきん》」をもらって勉強を続け、大学をトップで卒業《そつぎょう》し、外交官《がいこうかん》になったのです。

しかも、「外交官《がいこうかん》は図々《ずうずう》しくないとできないので、人前《ひとまえ》で立たされるのは、いい訓練《くんれん》だったんですよ！」と、苦労《くろう》を笑《わら》い話《ばなし》にしておられる。

強《つよ》い方《かた》です。強い人が幸福です。幸福は「強い、強い心《こころ》」の中にあるのです。

何をするにせよ、「人のせい」にする弱さがあるかぎり、希望《きぼう》の大道《だいどう》は開けません。

まず、「全部《ぜんぶ》、自分で決まるんだ！」「自分が強くなるんだ！」と、決意《けつい》することだ。それもしないで、グチを言ってるだけなら、あまりにも、かっこ悪《わる》い。

「先生が悪《わる》い」「親が悪い」「友《とも》だちが悪い」――人のせいにするなんて、かっこ悪い生《い》き方《かた》だ。

ナポレオンは言った。「環境《かんきょう》がなんだって？　環境は、私自身がつくるものだ」――環境のせいにしないで、自分が満足《まんぞく》できる環境を自分でつくろう、という決意《けつい》です。

いつも私は信じている。使命《しめい》ある諸君《しょくん》が、何があろうと負《ま》けるわけがない、と。

君たちは、「勝《か》つために生まれてきた」のだから！　夢《ゆめ》に向《む》かって、がんばってもらいたい。

たとえ遠回《とおまわ》りしても、最後《さいご》に、勝利《しょうり》のテープを切ればいいのです。強くなることです。強い人が幸福の人です。

苦《くる》しい環境《かんきょう》であっても、そこで歯《は》をくいしばってがんばる人は、人が見つけられない「財産《ざいさん》」を自分のものにできる。反対《はんたい》に、弱い人は、どんなに「恵《めぐ》まれた環境」でも、「自分をダメにする環境」にしてしまう。

あなたが選《えら》んだ、その生《い》き方《かた》が、あなたの「将来《しょうらい》」を決めるんです。

だれが決めるものでもない。だれのせいでもない。全部《ぜんぶ》、あなたの人生《じんせい》です。

「環境《かんきょう》」に振《ふ》りまわされるだけなら、環境が、あなたの人生《じんせい》の主人公《しゅじんこう》ということになってしまう。

それでは、つまらない。

あなたの人生《じんせい》を決める主人公《しゅじんこう》は、「あなた自身《じしん》」なのです。

⑳-8 女子部の友《とも》へ

二十一世紀《せいき》の開幕《かいまく》にあたり、女子部の友《とも》に大切な指針《ししん》を贈《おく》りました。〝女子部は一人残《ひとりのこ》らず幸福に!〟――これが池田先生の願《ねが》いです。

池田先生の指針

東京女子部部長会へのメッセージ

（二〇〇一年二月九日）

大聖人は、女性《じょせい》の門下《もんか》に仰《おお》せである。

「夫《そ》れ浄土《じょうど》と云《い》うも地獄《じごく》と云うも外《ほか》には候《そうら》はず・ただ我等《われら》がむね《胸》の間《あいだ》にあり、これをさとる《悟》を仏《ほとけ》といふ・これにまよふ《迷》を凡夫《ぼんぷ》と云う」（御書一五〇四ページ）と。

幸福というも、地獄《じごく》というも、皆《みな》、自分自身の胸《むね》の中にある。心《こころ》の中にある。

有名人だから、幸福とはいえない。人気者《にんきもの》だから、幸福とはいえない。いくら礼賛《らいさん》されても、真実《しんじつ》の幸福者とはいえない。いかに財宝《ざいほう》に恵《めぐ》まれても、幸福とはいえないだろう。

真実《しんじつ》の幸福は、汝《なんじ》自身の生命を開拓《かいたく》しながら、未完成《みかんせい》の生命の奥《おく》の魂《たましい》に輝《かがや》く、南無妙法蓮華経という、永遠不滅《えいえんふめつ》の絶対的《ぜったいてき》幸福の血脈《けつみゃく》に触《ふ》れることである。これが、仏法の真髄《しんずい》だ。

勝《か》つための信仰《しんこう》だ。また仏法は、勝てるための法則《ほうそく》だ。

わが人生《じんせい》を勝《か》ち誇《ほこ》るために、平凡《へいぼん》な生活といつも変わらず、日常《にちじょう》の務《つと》めを果《は》たして、一歩強《いっぽつよ》く、この広宣流布の道を歩《あゆ》んでいくのだ。

そこには、はてしもない高貴《こうき》な魂《たましい》が輝《かがや》く。そして、数限《かずかぎ》りない三世十方《さんぜじっぽう》の仏《ほとけ》が、無名《むめい》の愛《あい》らしき仏の使いとしての貴女《あなた》を、世界一の女王として、護《まも》り仕《つか》えていくのだ。

幻《まぼろし》のような現象《げんしょう》の中に、流されてはならない。真実《しんじつ》の幸福の法則《ほうそく》を知らない人間の後《あと》についても、決して幸福になれない。

幸福への大道《だいどう》を厳然《げんぜん》と残《のこ》された王者の大聖人の仏法に従《したが》うことが、究極的《きゅうきょくてき》に正しいのだ。

その信仰《しんこう》を持《たも》つ者は、永遠《えいえん》に勝利《しょうり》の輝《かがや》きを持《も》つ、王女の夢《ゆめ》のごとき世界が待《ま》っていることを忘《わす》れてはならない。

人生《じんせい》は、だれにつくか。これで決まる。策略《さくりゃく》の政治家《せいじか》につくか、悪魔《あくま》のごとき虚栄家《きょえいか》につくか、貪欲《どんよく》な狡猾《こうかつ》な人間につくか、騙《だま》されてはならない。宇宙《うちゅう》そのものの当体《とうたい》であられる大聖人につくことが、根本的《こんぽんてき》な決定《けつじょう》への歩《あゆ》みでなければならないのだ。

どんなお父《とう》さんでも、どんなお母《かあ》さんでも、どんな兄弟姉妹《きょうだいしまい》であっても、自分自身が仏《ほとけ》になれば、皆《みな》を救《すく》える。

幸福な、強き自分自身を創《つく》るのが、創価だ。

結婚《けっこん》が、すなわち幸福であると、錯覚《さっかく》する人も多い。結婚しないから、不幸《ふこう》であるということも、まったくない。正しき信仰《しんこう》という土台《どだい》の上に、揺《ゆ》るがぬ自己《じこ》を築《きず》いていく。これが、真実《しんじつ》の幸福のあり方《かた》だ。

飛《と》ばない鳥は、飛べなくなる。幸福の翼《つばさ》をはぎ取られ、幸福の大空へ、飛べない鳥になってしまう。走らない、練習しないオリンピック選手は、勝《か》てない。戦わない、動かない、進まない、億劫《おっくう》な人は、最終的《さいしゅうてき》には、人生《じんせい》の落伍者《らくごしゃ》になる。

何かに戦い、何かに前進していく。これが、幸福の本質《ほんしつ》である。

人のため、法《ほう》のために、青春時代《せいしゅんじだい》から、活躍《かつやく》することで、どれほど偉大《いだい》な人間になっていくか。

自分自身を革命しながら、どれほど偉大な生命になっていくか。

ご存《ぞん》じのように、私の妻《つま》も女子部の結成式《けっせいしき》に班《はん》長《ちょう》として出席《しゅっせき》し、ここ本陣《ほんじん》・東京を青春《せいしゅん》の本舞台《ほんぶたい》にして、広宣流布の活動を繰《く》り広《ひろ》げてきた。あの歴史《れきし》に残《のこ》る蒲田《かまた》支部の「二月闘争《とうそう》」でも、妻は、東京女子部の誇《ほこ》りをもって、寒風の中、友人の折《しゃく》伏《ぶく》に、同志《どうし》の激励《げきれい》に、生き生きと飛《と》び出《だ》していった。

また家が拠点《きょてん》であったので、座談会に職場《しょくば》の上《じょう》司《し》を誘《さそ》ったり、会合を率先《そっせん》して盛《も》り上《あ》げるとともに、毎日毎晩《まいばん》、集まってこられる方々《かたがた》を、さわやかな笑顔《えがお》でお迎《むか》えした。婦人部のお子さんたちに、優《やさ》しく楽しく、絵本を読んであげるのも、女子部である妻《つま》の役割《やくわり》だった。

だれが誉《ほ》めなくとも、だれが見ていなくとも、妻《つま》は、牧口先生との誓《ちか》いを果《は》たし、戸田先生をお守りするために、支部婦人部長の母を支《ささ》え、地区部長の父《ちち》を励《はげ》ましながら、真剣《しんけん》に、誠実《せいじつ》に、粘《ねば》り強《づよ》く、戦い続けた。

この新鮮《しんせん》な女子部の時代こそが、最《もっと》も思い出深く、最も信仰《しんこう》と人生《じんせい》の基盤《きばん》を築《きず》くことができたと、妻《つま》は振《ふ》り返《かえ》っている。

世界の同志《どうし》も、皆《みな》、絶対的《ぜったいてき》幸福の道を、必死《ひっし》で歩《あゆ》んでいる。

宇宙《うちゅう》の大法則《だいほうそく》である妙法！　これ以外に、二十一世紀《せいき》の平和の道はない。

一緒《いっしょ》に、歩《あゆ》んでいこう！

身分や財産《ざいさん》や地位《ちい》、家柄《いえがら》などは、まったく幸福とは関係ない。ああなれば、こうなれば、ああしたい、こうしたい、そうすれば幸せなのに……。

これは、真《しん》の仏法ではない。

「心《こころ》こそ大切なれ」（御書一一九二ジ ペー）とは、大聖人の御言葉《おことば》である。「心」は「信心」であり、「信心」は「幸福」の要件《ようけん》である。

その境遇《きょうぐう》で、その環境《かんきょう》で、今いる、その場所で、そのままの自分自身で、幸福になりゆくことだ。

若《わか》き貴女《あなた》よ、生命の開拓者《かいたくしゃ》たれ！

偉大《いだい》なる幸福の勝利者《しょうりしゃ》たれ！

安逸《あんいつ》な、そして虚栄的《きょえいてき》な、平凡《へいぼん》な快楽《かいらく》、享楽《きょうらく》からは、目をそらせ！

根本的《こんぽんてき》な幸福への行列の先頭《せんとう》を歩《あゆ》め！

そこに、ありとあらゆる喜《よろこ》び躍《おど》る天使が、仏菩薩《ぶつぼさつ》が、赫々《かっかく》と光《ひか》り輝《かがや》きながら、貴女《あなた》の勇《いさ》み躍りゆく生命を護《まも》り、最大《さいだい》に讃歎《さんたん》しながら、幸福の旅の道案内《みちあんない》をするだろう。

20-9 よき先輩《せんぱい》、よき友人を持て

女子部の友《とも》のために大切な幸福論を語りながら、真実《しんじつ》の幸福への道は、よき先《せん》輩《ぱい》、よき友人を持つことにあるなど、さまざまな角度《かくど》からアドバイスを送っています。

池田先生の指針

「女子部・婦人部合同協議会」

（二〇〇六年二月十四日、東京）

長い人生《じんせい》の経験《けいけん》のうえから、女子部の皆《みな》さんの将来《しょうらい》のために、大事な話をしておきたい。

結婚《けっこん》したら幸《しあわ》せで、結婚しないと不幸《ふこう》なのか。そうではない。人生《じんせい》は、そう簡単《かんたん》ではない。複雑《ふくざつ》であり、非常《ひじょう》に微妙《びみょう》なものだ。

きょうまで幸《しあわ》せだった人が、明日《あす》は不幸《ふこう》の底《そこ》に落ちるかもしれない。きょうまで不幸だった人が、明日は一挙《いっきょ》に運命《うんめい》が開ける場合もある。

また、外からは幸《しあわ》せな境遇《きょうぐう》に見えて、じつは不《ふ》幸《こう》に泣《な》いている人がいる。外からは不幸な境遇に見えても、生《い》き生きと充実《じゅうじつ》の人生《じんせい》を生きる人がいる。

結局《けっきょく》、幸福を決めるのは「心《こころ》」である。

わが心《こころ》こそ、仏界《ぶっかい》の生命がそなわる宝《たから》の器《うつわ》である。信行《しんぎょう》に励《はげ》み、この仏界の生命をわき出《いだ》してこそ、生涯《しょうがい》にわたって確実《かくじつ》な幸福の軌道《きどう》を歩《あゆ》み、所《しょ》願満足《がんまんぞく》の人生《じんせい》を飾《かざ》ることができる。

日蓮大聖人は「さいわい《福》は心《こころ》よりいでて我《われ》をか

ざる」(御書一四九二ジペー)と仰《おお》せである。

皆様《みなさま》は、この正しき人生《じんせい》を歩《あゆ》んでいただきたい。そのためには、学会という清浄《せいじょう》な信心の世界を、まっすぐに進んでいくことだ。

「御義口伝《おんぎくでん》」には、こう仰《おお》せである。

「南無妙法蓮華経と唱《とな》える日蓮の一門《いちもん》は、一同《いちどう》に『皆《みな》、共《とも》に宝処《ほうしょ》に至《いた》る』のである。この『共』の一字は、日蓮と『共』に進む時は必《かなら》ず宝処に至る。『共』に進まないならば阿鼻大城《あびだいじょう》(=無間地獄《むけんじごく》)に堕《お》ちるということである」(御書七三四ジペー、通解)

わが創価学会は、日蓮大聖人の仰《おお》せのとおりに「信・行・学」に励《はげ》み、御聖訓《ごせいくん》のとおりに「三障《さんしょう》四魔《しま》」「三類《さんるい》の強敵《ごうてき》」と戦っている。そして御聖訓のとおりに「異体同心《いたいどうしん》」の和合僧《わごうそう》で、広宣流布へ「勇猛精進《ゆうみょうしょうじん》」している。

ゆえに、この仏意仏勅《ぶついぶっちょく》の創価学会とともに生《い》き抜《ぬ》くことこそが、すなわち、日蓮大聖人とともに宝処《ほうしょ》へ至《いた》る、唯一無二《ゆいいつむに》の道なのである。

具体的《ぐたいてき》には、女子部の皆《みな》さんは、よき先輩《せんぱい》、よき友人を持つことである。そして、何でも、心《こころ》おきなく相談《そうだん》していくことだ。よき人と離《はな》れてしまってはいけない。

一人《ひとり》で問題を抱《かか》えたり、自分勝手《じぶんかって》になって、道を間違《まちが》えてはいけない。

悪友《あくゆう》に染《そ》まれば、自分も悪へと堕《お》ちていく。善《ぜん》友《ゆう》に縁《えん》すれば、自分も善の方向へ伸《の》びていくことができる。これが人間の世界であり、数多くの人生《じんせい》を見てきた私の結論《けつろん》である。

結婚《けっこん》についても、決してあせる必要《ひつよう》はない。結婚するかしないか、幾《いく》つで結婚するか——それらは、永遠《えいえん》の生命の次元《じげん》から見れば、じつは小さいことだ。それで、人生《じんせい》のすべてが決まってしまうのではない。一生懸命《いっしょうけんめい》に、この信心を貫《つらぬ》けば、幸福にならないわけがない。

女子部の皆《みな》さんは、安心して、この創価の道を、希望《きぼう》と勇気《ゆうき》にあふれて進んでいただきたい。

そして、婦人部・壮年部の先輩方《せんぱいがた》は、誠実《せいじつ》に、親身《しんみ》になって、女子部の皆《みな》さんの人生《じんせい》の相談《そうだん》にも乗《の》り、全力《ぜんりょく》で応援《おうえん》していただきたいのである。

かけがえのない青春《せいしゅん》である。一生《いっしょう》の幸福の土台《どだい》をつくる、大切な時である。

よき師《し》を求《もと》め、よき先輩《せんぱい》から学《まな》び、よき同志《どうし》と励《はげ》まし合《あ》い、よき後輩《こうはい》を育《そだ》てていくことだ。そして、父母を大切にしていただきたい。

私は、女子部の皆《みな》さんに、「ウクライナのソクラテス」と呼《よ》ばれた大哲学者《だいてつがくしゃ》スコヴォロダの言葉を贈《おく》りたい。

「私は、裕福《ゆうふく》な人たちを哀《あわ》れむ。彼《かれ》らが、自《みずか》らの欲《ほっ》するものを手に入れるなら、それもよかろう。しかし、真《しん》の幸福者は、友《とも》を持つ者であり、私に友人がいるならば、私は自身を最大《さいだい》の果報者《かほうもの》であると思うのだ」

「真実《しんじつ》の哲学《てつがく》」を持ち、「真実の同志《どうし》」とともに、「真実の友情《ゆうじょう》」を広げゆかれる創価の乙女《おとめ》たちこそ、いかなる富豪《ふごう》よりも、いかなる権力者《けんりょくしゃ》よりも、「真実の幸福の大道《だいどう》」を歩《あゆ》んでいるのである。

20-10 親孝行《おやこうこう》こそ人間の根本《こんぽん》

青年門下《もんか》・南条時光《なんじょうときみつ》への御聖訓《ごせいくん》「法華《ほけ》経《きょう》を持《たも》つ人は父と母との恩《おん》を報《ほう》ずるなり」（御書一五二八ページ）を拝《はい》し、真《しん》の親孝《おやこう》行《こう》の生《い》き方《かた》を教えています。

池田先生の指針

『御書と師弟』

戸田先生は青年部と懇談《こんだん》の折《おり》、「大聖人門下《もんか》の中で、誰《だれ》が一番好感《こうかん》が持てるか」と問《と》われたことがあります。私はすかさず「南条殿《なんじょうどの》です」と答《こた》えたことを懐《なつ》かしく思《おも》い起《お》こします。

時光《ときみつ》は、わずか七歳の時に立派《りっぱ》な父親を病気《びょうき》で亡《な》くしました。この時、墓参《ぼさん》のために足を運《はこ》んでくださった大聖人と、永遠《えいえん》に輝《かがや》く出会いを刻《きざ》んだと拝《はい》されます。以来《いらい》、大聖人を師《し》と仰《あお》ぎ、母と共《とも》に真剣《しんけん》に信心に励《はげ》むようになりました。

そして時光《ときみつ》は、学《まな》び鍛《きた》え、凜々《りり》しき若武者《わかむしゃ》と生《お》い立《た》って、身延《みのぶ》に入山《にゅうざん》された大聖人のもとへ自《みずか》ら進んで馳《は》せ参《さん》じたのです。

この時、十六歳。見事《みごと》に成長《せいちょう》した時光《ときみつ》の逞《たくま》しい姿《すがた》を、大聖人はどれほど喜《よろこ》ばれたことでしょう。

そして翌年、この御手紙《おてがみ》を送《おく》られたのです。自分を育《はぐ》んでくれた親を大切にすること、とりわけ、その恩《おん》に報《むく》いていくことが、仏法の道であると教えられています。

御文《ごもん》の直接《ちょくせつ》の意味は、「法華経《ほけきょう》を持《たも》っていること自体《じたい》が親孝行《おやこうこう》である」、すなわち法華経には親の恩《おん》を報《ほう》ずる力《ちから》があることが説《と》かれています。

それとともに、「法華経《ほけきょう》を持《たも》つ人こそ、親孝行《おやこうこう》をおろそかにしてはならない」という御指南《ごしなん》と拝《はい》されます。

有名な（戸田先生の）「青年訓《せいねんくん》」の一節《いっせつ》には、こうあります。

「衆生《しゅじょう》を愛《あい》さなくてはならぬ戦いである。しかるに、青年は、親をも愛さぬような者も多いのに、どうして他人《たにん》を愛せようか。その無慈悲《むじひ》の自分を乗《の》り越《こ》えて、仏《ほとけ》の慈悲の境地《きょうち》を会得《えとく》する、人間革命の戦いである」

親への愛情《あいじょう》と報恩《ほうおん》の心《こころ》は、人間としての根本《こんぽん》であります。

一流《いちりゅう》の人ほど、親を大切にします。それは、私が世界中の指導者《しどうしゃ》と友情《ゆうじょう》を結《むす》んできた実感《じっかん》です。

大聖人は時光《ときみつ》に仰《おお》せになられました。

「母親は子どもが胎内《たいない》にいる時、死ぬほどの苦《くる》しみを味わっている。産《う》み落《お》とす時の苦痛《くつう》は堪《た》え難《がた》いと思うほどである」（御書一五二七ページ、通解）

お母《かあ》さんは、死ぬほどの苦《くる》しみをして、皆《みな》さんを産《う》んでくれたのです。出産《しゅっさん》とは、まさに命を懸《か》けた戦いです。この一点でも、母に感謝《かんしゃ》し、恩返《おんがえ》ししていかなければなりません。

ゆえに、戸田先生は、親不孝《おやふこう》に対しては、それはそれは厳《きび》しかった。親に心配《しんぱい》をかける青年を「親の涙《なみだ》を知らないのか！」と烈火《れっか》のごとく叱《しか》られたこともあります。

大聖人は、御文《ごもん》の直後《ちょくご》で「我《わ》が心《こころ》には報《ほう》ずると思《おも》はねども此《こ》の経《きょう》の力《ちから》にて報ずるなり」（御書一五二八ページ）と教えてくださっております。

妙法には、万人《ばんにん》を幸福に導《みちび》く力《ちから》があります。その妙法を根本《こんぽん》に深《ふか》く祈《いの》り、正しい人生《じんせい》を強く生《い》き抜《ぬ》いていく。そこに諸天《しょてん》も動き、自然《しぜん》のうちに親《おや》孝行《こうこう》できる境涯《きょうがい》になる、との仰《おお》せです。

皆《みな》さんのお父《とう》さん、お母《かあ》さんは、究極《きゅうきょく》の正義《せいぎ》のために、毎日毎日、岩盤《がんばん》に爪《つめ》を立てる思いで必死《ひっし》に戦っておられる。

人間として最《もっと》も崇高《すうこう》なる広宣流布の大使命《だいしめい》に、私と共《とも》に生き抜《い》いてこられました。《ぬ》

一番正《いちばんただ》しいのに、心《こころ》ない悪口罵詈《あっくめり》をされることもある。悔《くや》しい思いをじっと耐《た》えながら、法《ほう》のため、友《とも》のため、社会のために、一身《いっしん》をなげうち、歯《は》を食《く》いしばって進んでおられます。どんな有名人よりも、どんな権力者《けんりょくしゃ》よりも尊《とうと》い信念《しんねん》の行動です。

無名《むめい》の偉大《いだい》な庶民《しょみん》が、創価学会をつくり上《あ》げてくれたのです。一人一人《ひとりひとり》と忍耐強《にんたいづよ》く対話を重《かさ》ね抜《ぬ》いて、創価学会を世界の平和・文化・教育の大連帯《だいれんたい》に築《きず》き上げてくれたのです。

それもすべて、愛《あい》する皆《みな》さんの福運《ふくうん》を願《ねが》い、皆さんの勝利《しょうり》の道を開くための不屈《ふくつ》の挑戦《ちょうせん》であります。

たとえ言葉《ことば》に出して言わなくとも、皆《みな》さんのために命を削《けず》りながら、祈《いの》りに祈り、働《はたら》きに働き、戦いに戦っておられる。親心《おやごころ》とは、そういうものです。

わが子の健康《けんこう》と成長《せいちょう》と幸福を願《ねが》う親御《おやご》さんの信心の一念《いちねん》に、皆《みな》さんはどれほど深《ふか》く包《つつ》まれ、大きく守られていることでしょうか。

皆《みな》さんは、そうしたご両親たちを、誇《ほこ》りとしてください。また、お父《とう》さん、お母《かあ》さん方《がた》の信心一筋《ひとすじ》、学会一筋の生《い》き方《かた》がわかる一人一人《ひとりひとり》となってください。

そして父母を心《こころ》から尊敬《そんけい》し、感謝《かんしゃ》し、その恩《おん》に応《こた》えゆく「大賢人《だいけんじん》」となっていただきたいのです。

時光《ときみつ》のように、お父《とう》さんを亡《な》くした人、また、お母《かあ》さんがいない人もいるでしょう。しかし、胸《むね》の中にお父さんもいる。お母さんもいる。題目《だいもく》を唱《とな》えれば、御本尊の中におられる。生命は、いつも一緒《いっしょ》です。

さらに、親が未入会《みにゅうかい》であったり、親子の関係が思うようにいかなかったりする場合《ばあい》でも、皆《みな》さんが大きな心《こころ》で父母の幸福を祈《いの》っていくことです。

皆《みな》さん自身が勇敢《ゆうかん》に一人《ひとり》立って、強く強く信心に生《い》き抜《ぬ》くのです。断《だん》じて青春《せいしゅん》に勝《か》ち、堂々《どうどう》と人生《じんせい》に勝つのです。大《おお》いに学《まな》び、「頭脳《ずのう》」も「心《しん》身《しん》」も鍛《きた》え、広布と社会の偉大《いだい》な指導者《しどうしゃ》になることです。

今は苦《くる》しくとも頑張《がんば》ることが、「父と母との恩《おん》を報《ほう》ずる」最極無上《さいごくむじょう》の生《い》き方《かた》なのです。

そして、その健気《けなげ》な生《い》き方《かた》にこそ「師弟《してい》」の魂《たましい》も発光《はっこう》していくからです。

どうか、父母の心《こころ》を、学会の魂《たましい》を、そして創価の師弟《してい》の血脈《けつみゃく》を、立派《りっぱ》に継《つ》ぎゆく皆《みな》さんであってください。

20-11 青年は信用《しんよう》が財産《ざいさん》

自身の若《わか》き日の苦闘《くとう》を振《ふ》り返《かえ》りながら、「信用《しんよう》を勝《か》ち取《と》る」「失敗《しっぱい》を恐《おそ》れない」という、青年にとって大切な指針《ししん》を示《しめ》しています。

池田先生の指針

『私はこう思う』

一般的《いっぱんてき》にいっても、信頼感《しんらいかん》は、人間生活の最《もっと》も大切な要件《ようけん》である。特《とく》に、青年にとって、信用《しんよう》が最上《さいじょう》の財産《ざいさん》ともいえまいか。

もし信用《しんよう》の蓄積《ちくせき》のない青年であれば、必《かなら》ずといってよいほど、敗残者《はいざんしゃ》になってしまうからだ。信用《しんよう》というものは、積《つ》むに難《かた》く崩《くず》すに易《やす》いものだ。十年かかって積んだ信用も、いざという時のほんのちょっとした言動《げんどう》で失《うしな》ってしまうこともある。小才《こさい》で表面だけ飾《かざ》ったメッキは、大事な時には、はげてしまうものだ。

苦難《くなん》のなかを、まっしぐらに自《みずか》らの使命《しめい》に生《い》き抜《ぬ》く人こそ、最後《さいご》にあらゆる人の信用《しんよう》を勝《か》ち得《え》るものではあるまいか。

毎日、地味《じみ》な、だれも見ていないような仕事であっても、それを大切にし、一歩《いっぽ》一歩を忍耐《にんたい》づよく自己《じこ》の建設《けんせつ》のために進んでいく人こそ私は心《こころ》から尊敬《そんけい》したい。

信用《しんよう》が大事であるからといって、あまりにせせこましく、事《こと》なかれ主義《しゅぎ》に陥《おちい》ることは、青年として致命的《ちめいてき》な損失《そんしつ》となってしまう。

むしろ、若《わか》い時の失敗《しっぱい》が、どんなに将来《しょうらい》の基盤《きばん》を作るうえに大切なことか計《はか》り知《し》れない。ゆえに――未完成《みかんせい》を自覚《じかく》して、自分らしく、勇気《ゆうき》ある一日一日を過《す》ごしてほしいものだ。

失敗《しっぱい》や挫折《ざせつ》を知らない人生《じんせい》より、どんな絶望《ぜつぼう》からも不死鳥《ふしちょう》のごとく立ち上がる「負《ま》けじ魂《だましい》」の持《も》ち主《ぬし》――そうした不屈《ふくつ》の人生にこそ、最終章《さいしゅうしょう》の勝《しょう》利《り》が輝《かがや》くのだと思う。

恐《おそ》れるべきは失敗《しっぱい》に「遭《あ》う」ことではなく、失敗に「屈《くっ》する」ことである。

一度や、二度の失敗《しっぱい》でくじけることはまことに愚《おろ》かだ。人生《じんせい》は、長い長い旅路《たびじ》である。途中《とちゅう》で、いかに素晴《すば》らしい、華《はな》やかな人生を歩《あゆ》んでも、最《さい》後《ご》に不幸《ふこう》な、敗《やぶ》れた人生と化《か》してしまったならば、これほどみじめなことはない。

青春時代《せいしゅんじだい》は、失敗《しっぱい》すればするほど、新《あら》たなる人《じん》生《せい》、一生の幸福への基礎《きそ》が築《きず》かれるのだと、勇気《ゆうき》をもって進むことだ。

さらに、失敗《しっぱい》は失敗として、青年らしく、率直《そっちょく》に認《みと》める大胆《だいたん》さと潔《いさぎよ》さが必要《ひつよう》であろう。自己《じこ》の失敗をみとめず他人のせいにするような卑劣《ひれつ》なことは、絶対《ぜったい》に避《さ》けたいものである。

そして、その失敗《しっぱい》の原因《げんいん》を、冷静《れいせい》に判断《はんだん》していく心《こころ》のゆとり、それが次の価値創造《かちそうぞう》の源泉《げんせん》となろう。

青年が、ある一つの目標《もくひょう》に向かい、努力《どりょく》していく姿《すがた》は、最《もっと》も力強《ちからづよ》く、最もすがすがしく、最も美しい。

世界中のどこを探《さが》しても、青年の苦闘《くとう》にまさる美しきものはない――。

20-12 職場《しょくば》は人間革命の舞台《ぶたい》

職業《しょくぎょう》について、戸田先生のもとで働《はたら》いた経験《けいけん》や戸田先生の指導《しどう》を通して、青年に温《あたた》かなアドバイスを送っています。

池田先生の指針

「本部幹部会」(一九九五年六月二十八日、東京)

青年にとって、職業《しょくぎょう》の悩《なや》みは大きい。自分には、どういう職業が向いているのか。今の職業で、いいのだろうか――こう悩む人も多いにちがいない。

私も青年時代に、悩《なや》んだ。はじめ私は、戸田先生の出版社《しゅっぱんしゃ》で少年雑誌《しょうねんざっし》の編集《へんしゅう》をした。あこがれの職業《しょくぎょう》であった。しかし、経営《けいえい》が悪化《あっか》し、雑誌は廃刊《はいかん》。

私の仕事は、いちばん嫌《きら》いな金融《きんゆう》の仕事に替《か》わってしまった。しかも、月給《げっきゅう》さえもらえない時期《じき》が続いた。冬になっても、オーバーも買《か》えなかった。

しかし私は、文句《もんく》など一言《ひとこと》も言わなかった。願《ねが》いは、ただ戸田先生の苦境《くきょう》を打開《だかい》することであった。そのために、ひたむきに働《はたら》いた。

戸田先生は、職業《しょくぎょう》の悩《なや》みをもつ青年に対し、こう指導《しどう》されていた。

「職業《しょくぎょう》を選《えら》ぶ基準《きじゅん》。これには三つある。すなわち美《び》・利《り》・善《ぜん》の価値《かち》だ。

『自分が好《す》き(美《び》)であり、得《とく》(利《り》)であり、社会に貢献《こうけん》できる(善《ぜん》である)仕事』につくのが、だれにとっても理想である。

しかし、実社会は、君たちが考えるほど甘《あま》くない。はじめから希望《きぼう》どおり理想的な職業《しょくぎょう》につく人は、まれだろう。思いもかけなかったような仕事をやらなければならない場合のほうが多い」

たとえば――。

〝生活ができて、社会の役《やく》に立《た》つが、どうしても向いていない、好《す》きになれない〟（利《り》があり、善《ぜん》だが、美《び》ではない）

〝「好《す》き」で「人の役《やく》に立《た》つ」職業《しょくぎょう》でも、食べていけない〟（美《び》と善《ぜん》があっても利《り》がない）

〝「もうかって」「好《す》き」な仕事でも、社会の迷惑《めいわく》になる〟（利《り》であり、美《び》であるが、悪《あく》である）

このように、現実《げんじつ》には「美《び》」「利《り》」「善《ぜん》」の三つの価値《かち》は、なかなかそろわない。とくに今は、不《ふ》景気《けいき》でもあり、就職《しゅうしょく》の困難《こんなん》は増《ま》している。

それでは、どうすればよいのか。戸田先生は教えられた。

「こういう時、青年は決して、へこたれてはいけない。自分の今の職場《しょくば》で全力《ぜんりょく》をあげて頑張《がんば》ることだ。『なくてはならない人』になることだ。

嫌《いや》な仕事から逃《に》げないで、御本尊に祈《いの》りながら努力《どりょく》していくうちに、必《かなら》ず最後《さいご》には、自分にとって『好《す》きであり、得《とく》であり、しかも社会に大きな善《ぜん》をもたらす』仕事に到着《とうちゃく》するだろう。これが信心の功徳《くどく》だ。

それだけではない。その時に振《ふ》り返《かえ》ると、これまでやってきた苦労《くろう》が、一つのむだもなく、貴重《きちょう》な財産《ざいさん》として生きてくるのです。全部《ぜんぶ》、意味があったとわかるのだ。私自身の体験《たいけん》からも、こう断言《だんげん》できる。

信心即《そく》生活、信心即社会であり、これが仏法の力《ちから》なんだよ」と。

戸田先生は、不世出《ふせいしゅつ》の天才的《てんさいてき》な指導者《しどうしゃ》であられた。先生の言葉の正しさは、私の経験《けいけん》からも本当によく実感《じっかん》できる。

自分が今いる場所で、勝《か》つ以外《いがい》にない。

仏法でも「本有常住《ほんぬじょうじゅう》」「娑婆即寂光《しゃばそくじゃっこう》（＝現実《げんじつ》の娑婆世界が本来、仏《ほとけ》の住《す》む寂光土《じゃっこうど》であること）」と説《と》く。

その場で光《ひか》ることである。当面《とうめん》の仕事を避《さ》けないで、全力《ぜんりょく》で頑張《がんば》り抜《ぬ》いていけば、必《かなら》ずいちばん良い方向へと道が開けていく。

やがて〝これまでの苦労《くろう》には、全部《ぜんぶ》、意味があった。すべて、自分の財産《ざいさん》になった〟――こうわかるようになる。その時こそ、諸君《しょくん》は勝利者《しょうりしゃ》である。

妙法を持《たも》った青年は幸福である。必《かなら》ず「これでよし」という人生《じんせい》にしていける。

「自分は〝幸福青年〟である。苦労《くろう》それ自体《じたい》が幸福なのだ」。こう思える境涯《きょうがい》になっていただきたい。そのほうが賢明《けんめい》である。

その人の生命の真実《しんじつ》は、姿《すがた》に表れる。「諸法実相《しょほうじっそう》」である。

自己《じこ》の境遇《きょうぐう》を嘆《なげ》いて、いつも下ばかり向いて沈《しず》んでいるようでは、自分がみじめであるし、周囲《しゅうい》も評価《ひょうか》してくれるはずがない。

いつも、快活《かいかつ》に生き生きと行動したほうが得《とく》である。そのほうが道が開ける。一念《いちねん》ですべては決まる。

一人《ひとり》一人が、それぞれの道で「成功者《せいこうしゃ》」になっていただきたい。「成功者」とは中途半端《ちゅうとはんぱ》ではないということである。自分が決めた道を最後《さいご》まで貫《つらぬ》き通《とお》すことである。

そのためには、職場《しょくば》を「自分を成長《せいちょう》させる人間《にんげん》修行《しゅぎょう》の場」と自覚《じかく》することである。「人間修行の場」とは「仏道《ぶつどう》修行の場」であり、「信心修行の場」といえる。

そう捉《とら》えていけば、一切《いっさい》、文句《もんく》は消える。いつもつまらない文句を言っている人間ほど、哀《あわ》れなものはない。

20-13 仕事と信心は一体《いったい》

青年に対して、信心のうえから、仕事に取り組む姿勢《しせい》を語っています。

池田先生の指針

「若き君へ――新時代の主役に語る」

（二〇一二年五月二十二日、聖教新聞）

日蓮大聖人は、「御《おん》みやづかい《仕官》を法華経《ほけきょう》とをぼしめせ、『一切世間《いっさいせけん》の治生産業《ちせいさんぎょう》は皆実相《みなじっそう》と相違背《あいいはい》せず』とは此《こ》れなり」（御書一二九五ジペー）と仰《おお》せになられました。

自分の仕事を法華経《ほけきょう》の修行《しゅぎょう》であると思っていき

なさい。現実《げんじつ》社会のあらゆる営《いとな》みは、全部、妙法と合致《がっち》するものなのですと、教えてくださっています。

どんな仕事であれ、どんな立場であれ、題目《だいもく》を唱《とな》える自分自身が智慧《ちえ》を出し、力《ちから》を尽《つ》くして、世のため、人のため、誠実《せいじつ》に価値《かち》を創造《そうぞう》していく。それは、全《すべ》て「心《こころ》の財《たから》」を積《つ》む仏道修行《ぶつどうしゅぎょう》になります。

仕事と信心は、別々ではない。むしろ、仕事を最大《さいだい》に充実《じゅうじつ》させていく原動力《げんどうりょく》が、信心であり、学会活動なのです。

この御聖訓通《ごせいくんどお》りに戦って自身を鍛《きた》え上《あ》げてきたのが、学会の誇《ほこ》り高き伝統《でんとう》です。

草創期《そうそうき》、職場《しょくば》で信心に反対されることが多かった先輩《せんぱい》たちは、「信心は一人前《いちにんまえ》、仕事は三人前」と歯《は》を食《く》いしばって、両方とも頑張《がんば》ってきました。「仕事で実証《じっしょう》を示《しめ》してみせる！」と祈《いの》り抜《ぬ》き、仕事をやり切ってきました。大変だからこそ、策《さく》によらず、真《ま》っ正面《しょうめん》から腹《はら》を決めて祈って、人の何倍も努力《どりょく》し抜いたんです。

仕事の姿勢《しせい》には、その人の人生観《じんせいかん》も人間観も表れる。「何のために」生きるのかという一念《いちねん》が表れる。その最《もっと》も深く、最も強く、最も正しい一念こそが、信心です。

皆《みな》さんには、広宣流布という、世界の平和と人《じん》類《るい》の幸福を実現《じつげん》しゆく究極《きゅうきょく》の大目的《だいもくてき》がある。「広宣流布」という世界一の大願《だいがん》に立って、自《みずか》らの日々の仕事に全力《ぜんりょく》で挑《いど》むこと――それが「御《おん》みやづかいを法華経《ほけきょう》」の心《こころ》です。

「世界一の大願《だいがん》」に向かって戦う一人《ひとり》の青年として、「この仕事で世界一の自分にさせてください」「世界一の職場《しょくば》にさせてください」「世界一の会社にさせてください」と大きく強く祈ることです。

信心は、一個の人間としての実力《じつりょく》となって発揮《はっき》されます。真剣《しんけん》に祈《いの》り抜《ぬ》き、勉強し、精進《しょうじん》し、創意工夫《そういくふう》して、若《わか》いエネルギーを仕事にぶつけていく。そうして出た結果が、その時の最高《さいこう》の結果です。思うようにいかなければ、また祈って挑戦《ちょうせん》し、開拓《かいたく》すればいいんです。

私もそうしてきました。世界一の師匠《ししょう》に薫陶《くんとう》を受けているのだから、世界一の仕事をするのだ。世界一の戸田先生を仕事で宣揚《せんよう》してみせるのだと、私は祈《いの》り、働《はたら》きました。

ともあれ、会社の大小や職場《しょくば》の環境《かんきょう》で、自分の仕事や人生《じんせい》の勝《か》ち負《ま》けは決まらない。全《すべ》て自分です。自身の一念《いちねん》で決まるのです。

20-14 一人《ひとり》立てる時に強き者《もの》は真正《しんせい》の勇者《ゆうしゃ》

青年にとって大切なのは「一人《ひとり》立つ勇《ゆう》気《き》」であると呼《よ》び掛《か》けています。

池田先生の指針

『青春対話』

詩人《しじん》であったドイツのシラーが、こう言った。「一人《ひとり》立てる時に強き者は、真正《しんせい》の勇者《ゆうしゃ》なり」と。青春時代《せいしゅんじだい》から、私が大事にしてきた言葉です。

反対に、付和雷同《ふわらいどう》は「悪《あく》」です。みんながこうしようと言うから、何《なん》となく、ついていく。みんながこれでいいんだという堕落《だらく》の方向に行ってしまう。これがこわい。

みんなが「戦争はいいんだ」と言うと、悪《あく》の方向であっても抵抗《ていこう》しない。一人《ひとり》、敢然《かんぜん》と立ち上がって、「それは間違《まちが》っている！」と叫《さけ》ぶ勇気《ゆうき》がない。周囲《しゅうい》の空気に流され、表面的《ひょうめんてき》に格好《かっこう》のよいものに流されてしまう。

しかし、こういう時に、断《だん》じて「道」を踏《ふ》みはずしてはいけない。平和への思い、学《まな》ぶ姿勢《しせい》、人《にん》間愛《げんあい》を断じて捨《す》ててはいけない。

それらを実行《じっこう》し、広げていこうというのが「勇《ゆう》気《き》」です。勇気は「自分自身」の心《こころ》の中にある。その心の中から「自分自身」が出すのです。

「みんなと一緒《いっしょ》であればいい」というのは、勇《ゆう》気《き》ではなく、臆病《おくびょう》だ。民主主義《みんしゅしゅぎ》ではなく、ファシズムです。民主主義というのは、民衆《みんしゅう》一人一人《ひとり》が「自分が社会の主人公《しゅじんこう》だ。自分に責任《せきにん》があるんだ」と自覚《じかく》しなければいけない。

そうでなく、「自分さえよければいい」という利《り》己主義《こしゅぎ》、「大勢《おおぜい》の言うことに従《したが》っていればいい」という付和雷同《ふわらいどう》。これが多すぎる。

「一人《ひとり》立つ」勇気《ゆうき》をもってこそ、平和の方向へ、善《ぜん》の方向へもっていけるのです。

その「勇者《ゆうしゃ》」が団結《だんけつ》し、連帯《れんたい》してこそ、社会が変わるのです。

まず、自分が勇気《ゆうき》を出すことだ。そこから、すべては始まる。

「勇気《ゆうき》」とは「正義《せいぎ》」と一体《いったい》なのです。「正しいことをやるんだ」「正しい社会をつくるのだ」「人間としての正しい道を行くのだ」と。

〝自分のために〟だけでなく、〝人のため、世《よ》のために〟という善《ぜん》の行動をする。そのための「宝《たから》の力《ちから》」が勇気《ゆうき》です。いちばん地味《じみ》であるけれど、いちばん光《ひか》り輝《かがや》く行為《こうい》です。

「いじめ」をやめさせるのも勇気《ゆうき》です。耐《た》え抜《ぬ》いて、生《い》き抜いていくのも「勇気《ゆうき》」です。一日一日、堅実《けんじつ》な日常《にちじょう》生活を生《い》き抜《ぬ》いていこうというのも、立派《りっぱ》な勇気《ゆうき》です。

家族のなかでも、友人のなかでも、正しい方向へと意見を明確《めいかく》に言う。その方向に行こう、行かせようという心構《こころがま》えも、立派《りっぱ》な勇気《ゆうき》です。

だれが何《なん》と言おうと「正しい」ことは断《だん》じて為《な》す。この「勇気《ゆうき》」をもった人は、無限《むげん》の力《ちから》のある「宝剣《ほうけん》」をもった人です。仏法では、その人のことを菩薩《ぼさつ》と言い、仏《ほとけ》と言う。

本当に勇気《ゆうき》のある人は「卑《いや》しい心《こころ》」をもっていない。愚直《ぐちょく》です。だから、かえって悪者《わるもの》にされ、誤解《ごかい》される場合も多い。

反対に、うまく立ち回って、売名《ばいめい》や策略《さくりゃく》をして有名になったり、人気者《にんきもの》になる人もいる。そういう華《はな》やかな姿《すがた》を見て、うらやましく思ったり、多くの人々が錯覚《さっかく》している場合も多い。

しかし、人は人です。誤解《ごかい》されようが、笑《わら》われようが、いじめられようが、「正しい」ことをやった人は、心《こころ》が晴《は》ればれとしている。その人が勝利者《しょうりしゃ》です。

勇気《ゆうき》の定義《ていぎ》は、後《うし》ろに「正義《せいぎ》」があり、「慈愛《じあい》」があるかどうか、それで決まる。

戸田先生は、おっしゃっていた。

「凡夫《ぼんぷ》は、なかなか慈悲《じひ》というものはもてない。どうしても感情《かんじょう》が入ったり、面倒《めんどう》くさがったりして、必要《ひつよう》なんだが、なかなかもてないものだ。しかし、勇気《ゆうき》はもてる。慈悲といっても、具体的《ぐたいてき》にわれわれができることは勇気をもつことである」と。

実際《じっさい》、勇気《ゆうき》を出して行動すれば、人への慈愛《じあい》がさらに強まっていくものです。
「勇気《ゆうき》」こそ「至高《しこう》」の美徳《びとく》なのです。

20-15 若《わか》き友《とも》の人間関係の悩《なや》みに答えて

高校生からの質問《しつもん》に答える形で、友情《ゆうじょう》や人間関係について、さまざまな角度から語っています。

池田先生の指針

『青春対話』

人生《じんせい》において最《もっと》も美しく、強く、尊《とうと》いもの。それが友情《ゆうじょう》です。友情が諸君《しょくん》の財産《ざいさん》です。
どんなに偉《えら》くなり、金持ちになっても、友人のない人生《じんせい》はわびしく、寂《さび》しい。また独《ひと》りよがりの偏頗《へんぱ》な人生になってしまう。

広大《こうだい》な宇宙《うちゅう》のなかの小さな地球に、同じ時代に、ともに生まれた。しかも人類《じんるい》五十八億（＝一九九六年当時）のなかで、何もくどくど言わなくても心《こころ》が通じ、何《なん》の構《かま》える必要《ひつよう》もない、純粋無垢《じゅんすいむく》な絆《きずな》で結《むす》ばれた関係は、そうめったにあるものではない。今、一緒《いっしょ》に学んでいるというだけで、深《ふか》い縁《えにし》があるのです。

そのなかで、「本当の友人だ」という人もいるでしょう。その友人を大事にしてほしい。また今、親友《しんゆう》と呼《よ》べる友《とも》がいない人は、あせることはない。将来《しょうらい》、最高《さいこう》の友人ができるために今はいないんだ、と決めていけばいい。今は自分を立派《りっぱ》につくっていけばいいのです。将来、世界に友人ができる人もいるでしょう。

ともあれ、友情《ゆうじょう》というのは自分で決まるのです。相手《あいて》じゃない。自分がどうかです。いい時はいいが、何かあるとすぐに別《わか》れてしまうというのではなくて、自分は変わらない。貫《つらぬ》いていく。

卒業《そつぎょう》する時も、「僕《ぼく》は一生、君を忘《わす》れない。どんなことも相談《そうだん》してくれ。僕も相談したいんだ」という度量《どりょう》というか、心《こころ》のゆとりを忘れないでもらいたい。

〈『自分に思い当たることがないのに、急に冷《つめ》たくされた』というような時には、どうしたらいいでしょうか」との質問《しつもん》に答えて〉

本当は、勇気《ゆうき》を出して聞いてみるのがいちばんいい。案外《あんがい》、向こうではそんなつもりがない場合だって、いっぱいあると思う。傷《きず》つくのを恐《おそ》れて、疎遠《そえん》になったまま、相手《あいて》のほうも、寂《さび》しく思っていたということだって実際《じっさい》あるんです。

人間関係は「鏡《かがみ》」みたいなものだから、自分が

「もう少し優《やさ》しくしてくれたら、自分も何でも話せるんだけどなあ」と思っていると、相手《あいて》だって「もう少し何でも話してくれたら、自分ももっと優しくできるんだけどなあ」と思っている。そんな場合が多いのです。

だから「自分から話しかける」ことです。それでも冷《つめ》たくされたら、本当は人間としてみじめなのは、相手《あいて》のほうです。自分じゃない。

人の心《こころ》は、どうしようもない場合がある。変わる場合もある。その時にどうするか。「人は変われど、われは変わらず」でいきなさい。冷《つめ》たくされても、自分は人に冷たくしない。裏切《うらぎ》られても、自分は裏切らない。裏切るほうが、みじめです。自分の心を大きなクギで傷《きず》つけているようなものだ。それが自分ではわからない。

釈尊《しゃくそん》も「自分から声をかける」人だったと伝《つた》えられています。強い人だから、それができるのです。

人間、裏切《うらぎ》られることもある。日蓮大聖人だって、多くの弟子《でし》に裏切られた。御本仏《ごほんぶつ》でさえもそうだった。私も裏切られてきました。本当によくしてあげて、裏切られた。しかし、少しも驚《おどろ》かない。むしろ当たり前のことと思っている。

勇気《ゆうき》を出すんです。自分は何も悪くないんだから、堂々《どうどう》と生きるんです。裏切《うらぎ》ったほうが悪いんだから。いじめたほうが悪いんだから。かわいそうな人なのだから。

たとえ裏切《うらぎ》られたって、また新しい友情《ゆうじょう》を結《むす》んでいけばいい。傷《きず》ついたからといって、「だれも信じない」なんていけない。

だれも信じなければ、裏切《うらぎ》られることもなく、傷《きず》つくこともないかもしれない。しかし、それでは閉《と》じこもった狭《せま》い人生《じんせい》になってしまう。本当は、つらい思いをした人ほど、人に優《やさ》しくできるのです。強くならなければいけない。

太陽になるんです。太陽の光《ひかり》は、全部が全部、光を反射《はんしゃ》してくれる星の上に落ちるわけではない。まったく光が無駄《むだ》に使われたかのような方向にも、太陽は光を送っている。それでも太陽は平《へい》然《ぜん》と輝《かがや》いている。

光《ひかり》を受けとめなかった人は、あなたの前からいなくなるかもしれない。しかし、あなたは光を送った分だけ、自分自身が輝《かがや》いていくのです。

人がどうであろうと、自分が「正しい」と信ずる道を行く。自分が変わらなければ、いつか必《かなら》ず、本当のことがわかるものです。

しかも皆《みな》さんには、題目がある。「いじめられていたが、懸命《けんめい》に唱題《しょうだい》また唱題し、気がついたら、いじめがなくなっていた」という体験《たいけん》を、いくつも知っています。

苦《くる》しい時に題目をあげることで、苦境《くきょう》を自然《しぜん》のうちに乗《の》り切《き》れている。あとから振《ふ》り返《かえ》って、そう気づくことが多いのです。

また、友人のことを祈《いの》ってあげることです。それがいちばんの友情《ゆうじょう》です。

友《とも》が病気になった。学校に来《こ》られない。家庭の問題で悩《なや》んでいる――。全部、お題目を送ってあげればいいんです。無線電信《むせんでんしん》のように、目には見えなくとも、必《かなら》ず通じます。

また自分が嫌《きら》いな人、苦手《にがて》な人、憎《にく》たらしい人、そういう人のことも祈《いの》ってあげるんです。初《はじ》めはむずかしいかもしれない。できないかもしれない。しかし挑戦《ちょうせん》し、祈っていけば、必《かなら》ず変わっていく。

自分が変わるか、相手《あいて》が変わるか、いずれにしても、何か、いい方向へ道が開けることは多くの人が実感《じっかん》しています。何より、そういう人のことを祈《いの》ってあげられる自分に変わったということが、いちばんの財産《ざいさん》になるのです。

友人の影響《えいきょう》は、ある時には、親よりもだれよりも強い。いい友《とも》だち、向上《こうじょう》しようとしている人と付《つ》き合《あ》えば、自分も向上する。

鉄鋼王《てっこうおう》カーネギーは、自分のことをこう呼《よ》んでいたという。「自分より優《すぐ》れた者を周《まわ》りに集めた者」と。これが彼《かれ》の人生観《じんせいかん》であったのでしょう。

結局《けっきょく》、「いい友人をつくる」には、「自分がいい友人になる」以外にない。いい人の周《まわ》りには、いい人が集まるものです。

人を包《つつ》みゆくことです、大きな河《かわ》のような自分になるのです。大きな海のような自分になるのです。大きな大きな青空のような自分になるのです。

その「大きな心《こころ》」から、大いなる友情《ゆうじょう》のドラマは生まれてくるのです。

20-16 自分を大きく育《そだ》てる恋愛《れんあい》を

青年に対して、ともに人間として高めあい、生き生きと成長《せいちょう》していく理想の恋《れん》愛《あい》のあり方を語っています。

池田先生の指針

『青春対話』

春になれば花が咲《さ》き、冬になれば雪が降《ふ》るように、青春時代《せいしゅんじだい》に異性《いせい》に憧《あこが》れ、好意《こうい》をもち、胸《むね》を熱《あつ》くするのは自然《しぜん》なことです。人生《じんせい》の一つの段階《だんかい》です。おたがいが、キラキラした夜明けの新しい太陽が昇《のぼ》るような、新しい時代に入るようなものだ。

もとより、恋愛《れんあい》の悩《なや》みといっても、十人十色《じゅうにんといろ》。性格《せいかく》も違《ちが》うし、環境《かんきょう》も状況《じょうきょう》も違う。〝こうすれば必《かなら》ず解決《かいけつ》する〟というような、だれにでも当てはまる法則《ほうそく》はないでしょう。

また、人を好《す》きになるのも、〝きれいだな〟と思うのも自由。お付《つ》き合《あ》いするのも自分の意志《いし》であり、本来《ほんらい》、人がとやかく言うものではないかもしれない。

ただ、人生《じんせい》の先輩《せんぱい》として、皆《みな》さんに語っておきたいことは、「自分自身を大きく育《そだ》てていく」という根本軌道《こんぽんきどう》を忘《わす》れてはいけないということです。

勉強もクラブ活動も、「強い自分」という人生《じんせい》の土台《どだい》をつくるためにある。性格《せいかく》の悩《なや》み、友人関係の悩みも、「強い自分」を築《きず》く肥料《ひりょう》となる。

恋愛《れんあい》も同じです。自分が大きく成長《せいちょう》し、生き生きとして、力《ちから》を出していくようでなければならない。それが大前提《だいぜんてい》です。

しかし、「恋《こい》は盲目《もうもく》」と言われるように、ともすれば、自分を冷静《れいせい》に見るゆとりがなくなってしまうのも恋愛《れんあい》の現実《げんじつ》です。

親に心配《しんぱい》をかけたり、非行的《ひこうてき》になったり、勉強をおろそかにするようでは、おたがいが「魔《ま》」（邪《じゃ》魔《ま》）になっている。おたがいが、傷《きず》つけあうことになっては不幸《ふこう》です。

大事なことは「あの人がいるから、もっと勉強しよう」なのか。

それとも「勉強よりも、あの人」なのか。

「あの人がいるから、もっとクラブ活動に挑戦《ちょうせん》しよう」「あの人がいるから、もっと友《とも》だちや親を大切にしよう」「あの人がいるから、未来《みらい》の目標《もくひょう》に向かって、もっと頑張《がんば》ろう」なのか。

それとも「クラブ活動よりも、あの人」「友《とも》だちや親よりも、あの人」「未来《みらい》の目標《もくひょう》よりも、あの人」なのか。

今、自分たちは何をすべきか、その目的《もくてき》を忘《わす》れての付《つ》き合《あ》いは邪道《じゃどう》です。目的を達成《たっせい》させようという励《はげ》まし、希望《きぼう》をもちあっていくことが大切です。

恋愛《れんあい》は、感動し、元気になり、希望《きぼう》を生《う》み、生《い》き抜《ぬ》く源泉《げんせん》とならなくてはいけない。

ダンテと言えば、西洋《せいよう》の最高峰《さいこうほう》の詩人《しじん》です。彼《かれ》にとっては、ベアトリーチェという一人《ひとり》の女性《じょせい》が生きる源泉《げんせん》だった。

少年の日から彼女《かのじょ》を慕《した》い続け、十八歳の時、道で再会《さいかい》した。彼《かれ》は感動を『新生《しんせい》』と題《だい》する詩《し》につづる。そして、彼女への思いを〝どう表現《ひょうげん》すればいいか〟と悩《なや》むなかで、ダンテは新しい詩のスタイルをつくりだしていく。まさに、彼女がダンテの芸術《げいじゅつ》の扉《とびら》を開いてくれたのです。

しかし、ダンテにとって、彼女《かのじょ》は〝憧《あこが》れの人〟で終わる。ベアトリーチェは、他の男性《だんせい》と結婚《けっこん》し、若《わか》くして死んでしまう。それでも、ダンテは、ベアトリーチェを愛《あい》し続けた。それが、結果《けっか》として彼《かれ》の心《こころ》を高貴《こうき》なるものに鍛《きた》え、高め、深《ふか》めていく。ライフワークの『神曲《しんきょく》』では、ベアトリーチェは、ダンテ自身を天上界《てんじょうかい》へと導《みちび》いていく尊貴《そんき》な存在《そんざい》として描《えが》かれている。

皆《みな》さんにとって、ダンテは、時代も国も違《ちが》うかもしれない。しかし、相手《あいて》がどうであろうと自分の思いを見失《みうしな》わず、その愛情《あいじょう》を〝生きる希望《きぼう》〟に変えていったダンテに学《まな》ぶことは多いと思う。

恋愛《れんあい》は、生きるバネに、生きる強さのバネにならなければいけないと私は思う。

20-17 結婚《けっこん》にとって大切なこと

小説『新・人間革命』には、一九八一年六月、イタリアを訪問《ほうもん》した山本伸一会長が、宿舎《しゅくしゃ》の一室で、青年の代表らと懇《こん》談《だん》した様子が描《えが》かれています。そのなかで、結婚観《けっこんかん》についても語られています。

池田先生の指針

『新・人間革命30上』(「暁鐘」の章)

〈山本伸一は、イタリアの青年のために結婚観《けっこんかん》について言及《げんきゅう》した〉

「結婚《けっこん》は、自分の意思《いし》が最重要《さいじゅうよう》であるのは言うまでもないが、若《わか》いということは、人生経験《じんせいけいけん》も乏《とぼ》しく、未熟《みじゅく》な面《めん》もあることは否定《ひてい》できない。ゆえに、両親《りょうしん》や身近《みぢか》な先輩《せんぱい》のアドバイスを受け、周囲《しゅうい》の方々《かたがた》から祝福《しゅくふく》されて結婚することが大切であると申《もう》し上《あ》げたい。

また、結婚《けっこん》すれば、生涯《しょうがい》、苦楽《くらく》を共《とも》にしていくことになる。人生《じんせい》にはいかなる宿命《しゅくめい》があり、試練《しれん》が待ち受けているか、わからない。それを二人《ふたり》で乗《の》り越《こ》えていくには、互《たが》いの愛情《あいじょう》はもとより、思《し》想《そう》、哲学《てつがく》、なかんずく信仰《しんこう》という人生の基盤《きばん》の上に、一つの共通《きょうつう》の目的《もくてき》をもって進んでいくことが重要《じゅうよう》になる。

二人《ふたり》が共《とも》に信心をしている場合《ばあい》は、切磋琢磨《せっさたくま》し、信心、人格《じんかく》を磨《みが》き合《あ》う関係《かんけい》を築《きず》いていただきたい。

もし、恋愛《れんあい》することで組織《そしき》から遠《とお》ざかり、信心の歓喜《かんき》も失《うしな》われ、向上《こうじょう》、成長《せいちょう》もなくなってしまえば、自分が不幸《ふこう》です」

人生《じんせい》の荒波《あらなみ》を越《こ》えゆく力《ちから》の源泉《げんせん》こそ、仏法である。崩《くず》れざる幸福を築《きず》く道は、学会活動の最前線《さいぜんせん》にこそある。広布のために流す汗《あせ》は、珠玉《しゅぎょく》の福運《ふくうん》となり、その一歩《いっぽ》一歩の歩《あゆ》みが、宿命《しゅくめい》を転換《てんかん》し、幸《さち》と歓喜《かんき》の人生行路《こうろ》を開いていく——ゆえに伸一は、信仰《しんこう》の炎《ほのお》を、絶対《ぜったい》に消してはならないと訴《うった》えたのである。

さらに、伸一は語った。

「近年《きんねん》は、世界的な傾向《けいこう》として、すぐに離婚《りこん》してしまうケースが増《ふ》えつつあると聞いています。

しかし、どちらかが、しっかり信心に励《はげ》み、発心《ほっしん》して、解決《かいけつ》の方向《ほうこう》へ歩《あゆ》みゆくならば、聡明《そうめい》に打開《だかい》していける場合《ばあい》が多いと、私は確信《かくしん》しています。

ともかく、確固《かっこ》たる信心に立つことが、最《もっと》も肝《かん》要《よう》です。

よき人生《じんせい》を生《い》き抜《ぬ》き、幸福になり、社会に希望《きぼう》の光《ひかり》を送るための信心です。ゆえに、よき夫婦《ふうふ》となり、よき家庭《かてい》を築《きず》き、皆《みな》の信頼《しんらい》、尊敬《そんけい》を集め、仏法の証明者《しょうめいしゃ》になることです」

20-18 学《がく》は光《ひかり》、無学《むがく》は闇《やみ》

学《まな》び続ける人は永遠《えいえん》に若《わか》い。青年時代に学びの習慣《しゅうかん》を身《み》につけた人は幸《しあわ》せであると綴《つづ》っています。

池田先生の指針

『心の四季』

ロシアのことわざに、「学《がく》は光《ひかり》、無学《むがく》は闇《やみ》」という言葉がある。

もちろん「学《がく》」とは、大学での勉強などに限《かぎ》るものではないだろう。いうなれば、「学」は向上《こうじょう》であり、「無学《むがく》」は停滞《ていたい》である。「学」の心《こころ》には、

「平和」があり「進歩《しんぽ》」があり「繁栄《はんえい》」がある。逆《ぎゃく》に「無学」であっては、「悲惨《ひさん》」「不幸《ふこう》」「貧困《ひんこん》」へとつながってしまう。

私自身、働《はたら》きながら学《まな》ぶ青春期《せいしゅんき》を送った。恩師《おんし》戸田先生の事業が行き詰《づ》まっていた昭和二十五年（一九五〇年）前後は、体も弱《よわ》かった私にとって、最《もっと》も多難《たなん》だった時代である。

だが、辛《つら》いなどと思ったことはなかった。「師《し》」と決めた人の側《そば》にあって奮闘《ふんとう》する日々に一点の悔《く》いもなかった。ただ一つ、勉学《べんがく》が思うようにはかどらないことがもどかしかった。

恩師《おんし》はそんな私の心《こころ》を知るかのように、あるとき、こう言われた。

「心配《しんぱい》するな。僕《ぼく》が大学の勉強を、みんな教えるからな。待っていてくれ給《たま》え。学校は、僕に任《まか》しておけ」と。

そして、このころから、毎《まい》日曜日、先生のお宅《たく》にお邪魔《じゃま》しての個人授業《こじんじゅぎょう》が始まったのである。

政治、経済、文学から、科学、物理学、天文学にいたるまで、博学《はくがく》の学者でもあった恩師《おんし》が、まるでそれまでの人生《じんせい》の蓄積《ちくせき》をすべて教えこもうとするかのような、それは完璧《かんぺき》な家庭教師《かていきょうし》であった。

やがて日曜だけでは足《た》りず、会社の始業《しぎょう》時間前の早朝《そうちょう》にも行《おこな》われるようになった。厳《きび》しい真剣勝《しんけんしょう》負《ぶ》の授業《じゅぎょう》であった。私の基礎《きそ》を築《きず》いたのは、激闘《げきとう》のなかの、この恩師《おんし》の薫陶《くんとう》そのものであった。

恩師《おんし》は、徹《てっ》して学《まな》びの人であった。逝去《せいきょ》の二週間ほど前のことである。恩師は私に「きょうは何《なん》の本を読んだか」と厳《きび》しく尋《たず》ね、「何があっても読書を忘《わす》れてはならない。私は『十八史略《じゅうはっしりゃく》』を第三巻まで読んだよ」と言われた。

衰弱《すいじゃく》がはなはだしく、自分の力《ちから》のみでは、もはや立って歩くことすらできなかったときである。その烈々《れつれつ》たる声の響《ひび》きは、今も耳朶《じだ》を離《はな》れない。

学《まな》び続ける人、行動し続ける人は永遠《えいえん》に若《わか》い。向上《こうじょう》しゆく生命は、たゆみなく流れる水のように常《つね》に新しく、清《きよ》らかさがある。

私が出会った多くの方々《かたがた》のなかでも、とくに、そのひたぶるな向学《こうがく》の姿勢《しせい》に敬服《けいふく》せずにはいられなかったのは、二十世紀《せいき》を代表する歴史家《れきしか》、故《こ》アーノルド・トインビー博士である。

私は、博士より再三《さいさん》にわたる要請《ようせい》をいただき、一九七二年と翌年、四十時間にわたって語り合う機会《きかい》を得《え》た。

その内容《ないよう》をまとめた対談集『二十一世紀《せいき》への対話』が、七五年に刊行《かんこう》された。以来《いらい》、英語、フランス語、ドイツ語などに翻訳《ほんやく》され、幸《さいわ》い大きな反《はん》響《きょう》をいただいている。若《わか》い私を相手《あいて》に誠意《せいい》をもって真剣《しんけん》に対話を重《かさ》ねてくださった博士の真心《まごころ》に、少しでも応《こた》えられたかと、喜《よろこ》んでいる。

対談を終えた翌年《よくねん》、博士は病床《びょうしょう》につかれた。残《ざん》念《ねん》なことに、回復《かいふく》は思わしくなく、意識《いしき》もはっきりとは戻《もど》らなかったようである。

ベロニカ夫人《ふじん》からいただいた手紙には、そんな博士の様子《ようす》を細《こま》かに伝《つた》えながら、こう記《しる》されてあった。

「本当に読めているのかどうか分《わ》かりませんが、主人は病床《びょうしょう》にあってもなお、本を手にし、そのページをめくっているのです」

私は深《ふか》く心《こころ》を動かされた。博士にとって、学者としての研究《けんきゅう》の努力《どりょく》は、病魔《びょうま》に意識《いしき》を奪《うば》いとられながらもなお、学《まな》ぼう、向上《こうじょう》しようという生き姿勢《しせい》そのものに昇華《しょうか》されていたといえるのではないだろうか。さすがに今世紀《こんせいき》（＝20世紀）を代表する知識人《ちしきじん》と呼《よ》ぶに相応《ふさわ》しい、透徹《とうてつ》した人間像《にんげんぞう》を見る思いがする。

生涯勉強《しょうがいべんきょう》を、と言うことはたやすい。経済大国《けいざいたいこく》日本となって、余暇《よか》も増《ふ》えた。趣味《しゅみ》も多様化《たようか》している。しかし、時間があれば、学校に通《かよ》えば、それだけで自分が豊《ゆた》かになるかというと、そうではない。その人の心《こころ》の中に〝向上《こうじょう》の心〟が生き生きと躍動《やくどう》しているかどうか、それが鍵《かぎ》であろう。

病床《びょうしょう》にあっても本を離《はな》さないトインビー博士。博士にとって〝学《まな》ぶ〟ということが、いわば良い意味で「癖《くせ》」となっているのである。こういう「癖」を若《わか》いときに自分の中に築《きず》けた人は幸《しあわ》せである。

仕事の場でも家庭《かてい》でも、日常《にちじょう》の瑣事《さじ》の中からでも、得《え》がたい勉強をしていくことができる。五分の間に新聞を読む、本をひもとく、ニュースに耳を傾《かたむ》ける、人との出会いからも必《かなら》ず何かをつかみとっていく。忙《いそが》しそうに見えても、その人は、「多《た》忙《ぼう》」そのものを「学《まな》び」に変えていけるのである。

横着《おうちゃく》な心《こころ》は停滞《ていたい》の第一歩だ。何に対しても新鮮《しんせん》な感動と興味《きょうみ》を抱《いだ》く〝向上《こうじょう》の心の泉《いずみ》〟を、満々《まんまん》とたたえゆく人生《じんせい》でありたいものである。

20-19 仏界《ぶっかい》の太陽を輝《かがや》かせよ

アメリカの青年に対して、人生《じんせい》について、信心について、さまざまな角度から語り掛《か》けています。

池田先生の指針

「アメリカSGI青年研修会」

（一九九〇年二月二十六日、アメリカ）

青春《せいしゅん》とは悩《なや》みの連続《れんぞく》の時代である。あらゆる面で、心《こころ》が揺《ゆ》れ動《うご》いていく。

自分の前途《ぜんと》、個性《こせい》、また異性《いせい》のことや、社会と人生《じんせい》の課題《かだい》。つねに迷《まよ》いがあり、不安《ふあん》がある。現《げん》実《じつ》と理想とのギャップに苦《くる》しみ、時には自己嫌悪《じこけんお》に陥《おちい》り、またノイローゼのようになってしまう場合もある。

動揺《どうよう》と苦悩《くのう》の季節《きせつ》。それがどこの国でも共通《きょうつう》した青春《せいしゅん》の実相《じっそう》であろう。ある意味で、それでよいのである。決して、自分一人《ひとり》の苦《くる》しさでもないし、変化と成長《せいちょう》の時代であるゆえに、いたしかたないともいえる。

ゆえに皆《みな》さんは、あせってはならない。いっきょに精神的《せいしんてき》にも社会的にも安定しようとしても、無理《むり》が生《しょう》じる。

助走《じょそう》もしないで飛《と》び立《た》とうとしても、飛行機《ひこうき》は事故《じこ》を起《お》こす。また、飛び立ったとしても、十分《じゅうぶん》な燃料《ねんりょう》と機体《きたい》の整備《せいび》がなければ、長続きしない。時には墜落《ついらく》してしまう。

人生《じんせい》も、信仰《しんこう》も、マラソンのようなものである。

途中《とちゅう》では、後《あと》になり、先《さき》になり、さまざまである。

しかし勝敗《しょうはい》は、最終《さいしゅう》のゴールで決まる。

青春《せいしゅん》時代の鍛錬《たんれん》は、その最後《さいご》の、真実《しんじつ》の勝利《しょうり》のためである。

ゆえに今こそ、勉強しきっておくことである。唱題《しょうだい》し抜《ぬ》いて、生命力《せいめいりょく》の貯金《ちょきん》をたくさんつくっておくことである。

そして自分らしく、堅実《けんじつ》に、「信心即《そく》生活」の根《こん》本《ぽん》の軌道《きどう》を進んでいただきたい。

太陽は毎日、昇《のぼ》る。一日もたゆまない。そのように、妙法という宇宙《うちゅう》の絶対《ぜったい》の法則《ほうそく》にのっとって、粘《ねば》り強《づよ》く歩《あゆ》んでいくならば、必《かなら》ずや、自分では想像《そうぞう》もしなかった、大《おお》いなる「所願満足《しょがんまんぞく》」の人《じん》生《せい》を、総仕上《そうしあ》げしていくことができる。

これがもっとも確《たし》かな、価値《かち》ある青春《せいしゅん》の生《い》き方《かた》であることを確信《かくしん》していただきたい。


人類《じんるい》がいまだ知らない大宗教を、他の人に先駆《さきが》けて持《たも》った私どもは、そのすばらしさを示《しめ》していくためにも、何より人生《じんせい》と生活のうえの「実証《じっしょう》」が大切である。人々は、それを見て初《はじ》めて〝この仏法は、これまでの宗教とは違《ちが》う〟と、その偉大《いだい》さ、新しさを知っていく。

大聖人は「道理《どうり》証文《しょうもん》よりも現証《げんしょう》にはすぎず」（御書一四六八㌻）――仏法は道理と文証《もんしょう》が大切だが、それ以上に現実《げんじつ》の証拠《しょうこ》がもっとも大事である――と仰《おお》せである。

もちろん、「実証《じっしょう》」といっても、決して背伸《せの》びをする必要《ひつよう》はない。生活のうえに、人格《じんかく》のうえに、また家族の中で、職場《しょくば》・地域《ちいき》の中で、自分らしく着実《ちゃくじつ》な向上《こうじょう》の姿《すがた》を示《しめ》していただきたい。

〝あの人はいつも、はつらつとしている〟

〝あの人には希望《きぼう》と信念《しんねん》を感じる〟
〝あの人の顔を見ると、ほっとする〟
〝あの人のようになってみたい〟
――自然《しぜん》のうちに、周囲《しゅうい》の人がそう思えるような、自分らしい人間革命に、挑戦《ちょうせん》していけばよい。それ自体《じたい》が、無言《むごん》のうちに、弘教《ぐきょう》の土壌《どじょう》をつくっていることになる。

そして弘教《ぐきょう》は、決してあせる必要《ひつよう》はない。むしろ厳格《げんかく》に、「入りたくても、なかなか入れない」というぐらいであってよいと思う。

だれの生命にも〝すばらしき新世界〟がある。それを「仏界《ぶっかい》」という。しかし、ほとんどすべての人類《じんるい》は、いまだこの〝生命の新世界〟に気づいていない。

信心とは、「仏界《ぶっかい》」という、この無限《むげん》の力《ちから》と可《か》能性《のうせい》を秘《ひ》めた〝わが新世界〟を、どこまでもどこまでも開発しきっていく作業である。

この「仏界《ぶっかい》」に目覚《めざ》めたならば、「歓喜の中《なか》の大歓喜」（御書七八八ジベー）の人生《じんせい》となる。まったく〝新しい世界〟が、生活に、人生に、社会に開かれてくる。そのことを教えていくのが私どもの使命《しめい》である。

こに人生《じんせい》の大《おお》いなる分岐点《ぶんきてん》があるということである。

戸田先生は、よく私ども青年に語ってくださった。

「大事業は、二十代、三十代でやる決意が大切だ。四十代に入ってから〝さあ、やろう〟といっても、けっしてできるものではない」と。

また「青年は、望《のぞ》みが大きすぎるくらいで、ちょうどよいのだ。この人生《じんせい》で実現《じつげん》できるのは、自分の考えの何分の一かだ。初《はじ》めから、望みが小さいようでは、なにもできないで終わる。それでは何《なん》のための人生か」とも教えられた。

二十代、三十代という青春《せいしゅん》の日々を、いかに「大《おお》いなる理想」をいだいて戦いきっていくか。そこにこそ、長いようで短いこの一生を、最大《さいだい》に満足《まんぞく》と充実《じゅうじつ》で飾《かざ》りゆくための〝ホシ〟がある。

20-20 大《おお》いなる理想に生きよ

戸田先生の指導《しどう》を通して、大《おお》いなる理想に向かって完全燃焼《かんぜんねんしょう》の青春《せいしゅん》を、と呼《よ》び掛《か》けています。

池田先生の指針

「本部幹部会」（一九八八年一月二十日、東京）

青年の生《い》き方《かた》は多彩《たさい》であり、画一的《かくいつてき》に論《ろん》じる必《ひつ》要《よう》もないだろう。ただ申《もう》し上《あ》げておきたいことは、どのような〝道〟にあっても、青春《せいしゅん》時代を、自分らしく完全燃焼《かんぜんねんしょう》で生ききったか、それとも中《ちゅう》途半端《とはんぱ》な不完全《ふかんぜん》燃焼で終わってしまったか、そ青春《せいしゅん》はふたたび返らない。四十代、五十代になって、わびしい悔《く》いをかみしめるような人生《じんせい》であっては、不幸《ふこう》である。また不完全燃焼《ふかんぜんねんしょう》の燃《も》えさしのような、ブスブスとくすぶるグチの人生となっては哀《あわ》れである。

ゆえに、健康《けんこう》で思う存分働《ぞんぶんはたら》ける青春《せいしゅん》時代にこそ、若《わか》き生命を完全燃焼《かんぜんねんしょう》しきっていくべきである。それが、ほかならぬ自分自身のためである。

青年よ、高く大《おお》いなる理想に生きよ、炎《ほのお》となって進め——それが戸田先生の教えであった。

その理想の峰《みね》が高ければ高いほど、つきせぬ充《じゅう》実《じつ》がある。パッション（情熱《じょうねつ》）がわき、成長《せいちょう》がある。信心の無限《むげん》の力《ちから》がみなぎってくる。

そして「広宣流布」こそ、人類《じんるい》の最高峰《さいこうほう》にして、もっとも意義深《いぎぶか》き偉大《いだい》なる理想である。またもっとも現実的《げんじつてき》にして、時代と世界が求《もと》めてやまぬ理想である。

この広布の大理想に青春《せいしゅん》を、人生《じんせい》を、余《あま》すところなく燃《も》やしきっていく。そこにこそ日蓮大聖人の仰《おお》せにかなった一生涯《いっしょうがい》があり、不変《ふへん》の学会精神《せいしん》の骨髄《こつずい》がある。

20-21 人権《じんけん》の夜明けを開きゆけ

一九九一年、池田先生は3・16「広宣流布記念の日」にあたり、青年部にメッセージを贈《おく》りました。そのなかで、日蓮大聖人の人権《じんけん》の叫《さけ》びに世界の良識《りょうしき》が注目《ちゅうもく》していることを紹介《しょうかい》し、その人権闘争《とうそう》の継承《けいしょう》を青年に託《たく》しています。

池田先生の指針

メッセージ「『魂の炎のバトン』を君たちに」

（一九九一年三月十六日、聖教新聞）

ここにユネスコが編纂《へんさん》した一冊の書がある――『語録《ごろく》　人間の権利《けんり》』（日本語版は桑原武夫監訳、平凡社刊）。

「世界人権宣言《じんけんせんげん》」（一九四八年）の二十周年を記念《きねん》し、古今東西《ここんとうざい》の〝人権への戦い〟の言を集大成《しゅうたいせい》している。その中に日蓮大聖人のお言葉も収録《しゅうろく》されている。「撰時抄《せんじしょう》」の一節《いっせつ》である。

「王地《おうち》に生《うま》れたれば身《み》をば随《したが》えられたてまつるやうなりとも心《こころ》をば随えられたてまつるべからず」（御書二八七ジペー）――王の権力《けんりょく》が支配《しはい》する地に生まれたのであるから、身は従《したが》えられているようであっても、心は従えられません――と。

大聖人が佐渡御流罪《さどごるざい》から鎌倉《かまくら》に戻《もど》られた時のお言葉である。当時の権力者《けんりょくしゃ》・平左衛門尉《へいのさえもんのじょう》に対して、厳然《げんぜん》と仰《おお》せになった。

――汝《なんじ》らは権力者《けんりょくしゃ》である。私を処刑《しょけい》し流罪《るざい》することも、また許《ゆる》して自由にすることもできよう。

しかし、心《こころ》を縛《しば》ることまでは絶対《ぜったい》にできない。断《だん》じて私は、汝ら権力者の奴隷《どれい》にはならぬ、と。

まさに大聖人の御生涯《ごしょうがい》の一つの核心《かくしん》を凝縮《ぎょうしゅく》したお言葉と拝《はい》される。

問答無用《もんどうむよう》の権力者《けんりょくしゃ》と戦い抜《ぬ》かれた御一生《ごいっしょう》であられた。ただ精神《せいしん》の力《ちから》、ただ道理《どうり》の力で――。

〝汝《なんじ》は権力者《けんりょくしゃ》という政治上《せいじじょう》の王者《おうじゃ》かもしれない。しかし、私は精神界《せいしんかい》の王者である〟との御本仏の御確信《ごかくしん》が鋭《するど》く伝《つた》わってくる。

そして、このお言葉は、私の胸《むね》の中で、恩師《おんし》の師子吼《ししく》と響《ひび》き合《あ》う。かの「3・16記念式典《きねんしきてん》」での〝学会は宗教界の王者《おうじゃ》である〟との大音声《だいおんじょう》と。

師《し》の宣言《せんげん》は、弟子《でし》を立《た》たせた。弟子は昼夜《ちゅうや》を分《わ》かたず、戦った。そして七百年の時を超《こ》えて、御《ご》金言《きんげん》を世界に燦然《さんぜん》と輝《かがや》かしめたのである。いかなる巧言《こうげん》、いかなる奸計《かんけい》も、この事実の太陽の前には夜露《よつゆ》のごとくはかない。

大聖人のこのお言葉は、『語録《ごろく》　人間の権利《けんり》』の中で「権力《けんりょく》の限界《げんかい》」の章に収《おさ》められている。

どんな絶大《ぜつだい》な権力《けんりょく》も精神《せいしん》までは縛《しば》れない。自由の叫《さけ》びを抑《おさ》えられない。正義《せいぎ》そのものを殺すことはできない。何よりも真実《しんじつ》を隠《かく》し通すことは不可《ふか》能《のう》である――。

この書のみならず、今、世界の多くの人々は、大聖人の御生涯《ごしょうがい》に「人類《じんるい》のための人権闘争《じんけんとうそう》」を見ている。そして、まさに「人権宣言《せんげん》」の偉大《いだい》なる先駆者《せんくしゃ》と賛嘆《さんたん》し、崇敬《すうけい》しているのである。

この御本仏《ごほんぶつ》の戦いを継承《けいしょう》し、現代の大民衆運動《だいみんしゅううんどう》として世界へ展開《てんかい》しているのが、わがＳＧＩである。

日本では、これまで本格的《ほんかくてき》な、また根本的《こんぽんてき》な「人権闘争《じんけんとうそう》」がなかった。そのためか、人権に対する感覚《かんかく》も鈍《にぶ》い。私どもの運動《うんどう》の崇高《すうこう》な意義《いぎ》も、なかなか理解《りかい》されない面がある。

「人間の権利《けんり》」に鈍感《どんかん》な者《もの》は、他人の人権《じんけん》を踏《ふ》みにじりがちである。それでは、やがて自分の人権も奪《うば》われてしまうことになろう。断《だん》じて、そうした不幸《ふこう》な時代をもたらしてはならない。

「人権《じんけん》の夜明け」を開かねばならない。そのために青年がいる。諸君《しょくん》がいる。

20-22 「頼《たの》んだよ！　青年の皆《みな》さん！」

池田先生は、小説『新・人間革命』を、後継《こうけい》の青年に対する烈々《れつれつ》たる期待《きたい》で結《むす》んでいます。それは、二〇〇一年十一月、「創価学会創立記念日《そうりつきねんび》」を祝賀《しゅくが》する本部幹部会での師子吼《ししく》です。

池田先生の指針

『新・人間革命30下』(「誓願」の章)

山本伸一は、スピーチのなかで、皆《みな》の労《ろう》を心《こころ》からねぎらい、「『断《だん》じて負《ま》けまいと一念《いちねん》を定《さだ》め、雄々《おお》しく進め！』『人生《じんせい》、何があろうと〝信心〟

で進め！』――これが仏法者の魂《たましい》です」と力説《りきせつ》した。そして、青年たちに、後継《こうけい》のバトンを託《たく》す思いで語った。

「広宣流布の前進にあっても、〝本物の弟子《でし》〟がいるかどうかが問題《もんだい》なんです！」

広宣流布という大偉業《だいいぎょう》は、一代《いちだい》で成《な》し遂《と》げることはできない。師《し》から弟子《でし》へ、そのまた弟子へと続く継承《けいしょう》があってこそ成就《じょうじゅ》される。

厳《げん》とした彼《かれ》の声《こえ》が響《ひび》いた。

「私は、戸田先生が『水滸会《すいこかい》』の会合の折《おり》、こう言われたことが忘《わす》れられない。

『中核《ちゅうかく》の青年がいれば、いな、一人《ひとり》の本物の弟《で》子《し》がいれば、広宣流布は断《だん》じてできる』

その『一人《ひとり》』とは誰《だれ》であったか。誰が戸田先生の教えのごとく、命がけで世界にこの仏法を弘《ひろ》めてきたか――私は〝その一人こそ、自分であった〟との誇《ほこ》りと自負《じふ》をもっています。

どうか、青年部の諸君《しょくん》は、峻厳《しゅんげん》なる『創価の三《さん》代《だい》の師弟《してい》の魂《たましい》』を、断《だん》じて受《う》け継《つ》いでいってもらいたい。その人こそ、『最終《さいしゅう》の勝利者《しょうりしゃ》』です。また、それこそが、創価学会が二十一世紀《せいき》を勝《か》ち抜《ぬ》いていく『根本《こんぽん》の道』であり、広宣流布の大誓願《だいせいがん》を果《は》たす道であり、世界平和創造《そうぞう》の大道《だいどう》なんです。

頼《たの》んだよ！　男子部、女子部、学生部！　そして、世界中の青年の皆《みな》さん！」

「はい！」という、若々《わかわか》しい声《こえ》が講堂《こうどう》にこだました。

会場の後方《こうほう》には、初代会長《しょだいかいちょう》・牧口常三郎《まきぐちつねさぶろう》と第二《だいに》代《だい》会長・戸田城聖《とだじょうせい》の肖像《しょうぞう》画《が》が掲《かか》げられていた。二人《ふたり》が、微笑《ほほえ》み、頷《うなず》き、慈眼《じがん》の光《ひかり》で包《つつ》みながら、青年たちを、そして、同志《どうし》を見守ってくれているように、伸一には思えた。

彼《かれ》は、胸《むね》の中で、青年たちに語りかけた。

〝さあ、共《とも》に出発しよう！　命ある限《かぎ》り戦おう！　第二の「七つの鐘《かね》」を高らかに打《う》ち鳴《な》らしながら、威風堂々《いふうどうどう》と進むのだ〟

彼《かれ》の眼《まなこ》に、「第三の千年」の旭日《きょくじつ》を浴《あ》びて、澎湃《ほうはい》と、世界の大空《おおぞら》へ飛翔《ひしょう》しゆく、創価の凛々《りり》しき若鷲《わかわし》たちの勇姿《ゆうし》が広がった。

それは、広宣流布の大誓願《だいせいがん》に生《い》き抜《ぬ》く、地涌《じゆ》の菩薩《ぼさつ》の大陣列《だいじんれつ》であった。

第三部　広宣流布と世界平和

第二十一章　広宣流布に生きる

21-1　日蓮仏法の目的《もくてき》は広宣流布

「その広布の大河《たいが》の流れが　歴史《れきし》の必《ひつ》然《ぜん》であるか否《いな》かを　君よ問うなかれ　汝《なんじ》自身《じしん》の胸中《きょうちゅう》に　自《みずか》らの汗《あせ》と労苦《ろうく》により広布を必然たらしめんとする　熱情《ねつじょう》のありや無《な》しやを　常《つね》に問え」——池田先生の長編詩「青は藍《あい》よりも青し」の有名な一節です。

「広宣流布」即《そく》「世界平和」——この実現《じつげん》にこそ、池田先生が生涯《しょうがい》を捧《ささ》げてきた大理想があり、日蓮仏法の目的《もくてき》があります。

第三部は「広宣流布と世界平和」と題して、仏法に基《もと》づいた池田先生の平和哲《てつ》学《がく》を紹介《しょうかい》します。

最初《さいしょ》の章は「広宣流布に生きる」。広宣流布とは何か、仏法者の使命《しめい》とは何か——池田先生が確信《かくしん》を込《こ》めて語ります。

池田先生の指針

『新・人間革命』

人生《じんせい》の目的《もくてき》——それは、幸福。
人生《じんせい》の願望《がんぼう》——それは、平和。
その幸福と平和に向かって、歴史《れきし》は展開《てんかい》されていかねばならない。

人間は、その確《たし》かなる軌道《きどう》の法則《ほうそく》を、追求《ついきゅう》する生き物である。

科学《かがく》も、政治《せいじ》も、社会も、宗教も、目的《もくてき》はこの一点にあらねばならない。

日蓮大聖人は、人類《じんるい》の苦悩《くのう》をわが苦とされ、立《りっ》正安国《しょうあんこく》の旗《はた》を掲《かか》げて立たれた。まさに幸福と平和への軌道《きどう》の法則《ほうそく》を示《しめ》されたのである。そして、「法華経《ほけきょう》の大白法《だいびゃくほう》の日本国並《なら》びに一閻浮提《いちえんぶだい》に広宣流布せん事《こと》も疑《うたが》うべからざるか」（御書二六五ジペー）と、世界の広宣流布を予言《よげん》され、その実現《じつげん》を後世《こうせい》の弟子《でし》たちに託《たく》された。

日蓮仏法は、一切衆生《いっさいしゅじょう》が、等《ひと》しく仏性《ぶっしょう》を具《そな》え、一念三千《いちねんさんぜん》の当体《とうたい》であることを明かしている。また、人間を拘束《こうそく》する、すべての鉄鎖《てっさ》を解《と》き放つ方《ほう》途《と》を示《しめ》している。

まさに、人間の「尊厳《そんげん》」と「平等《びょうどう》」と「自由《じゆう》」を打ち立てた、この日蓮大聖人の仏法こそ、二十一世紀《せいき》の未来《みらい》を照《て》らし、世界に普遍《ふへん》なる幸《さち》の大光《たいこう》を放《はな》つ、全人類《ぜんじんるい》の平和のための世界宗教にほかならない。


（第1巻「旭日」の章）


日蓮仏法の最《さい》たる特徴《とくちょう》は、「広宣流布の宗教」ということにある。

つまり、妙法という生命の大法《だいほう》を世界に弘《ひろ》め、全民衆《ぜんみんしゅう》の幸福と平和を実現《じつげん》するために生きよ。それこそが、この世《よ》に生《せい》を受けた使命《しめい》であり、そこに自身の幸福の道がある——との教えである。

したがって、自分が法《ほう》の利益《りやく》を受けるために修《しゅ》行《ぎょう》に励《はげ》むだけでなく、他人《たにん》に利益を受けさせるために教化《きょうけ》、化導《けどう》していく「自行化他《じぎょうけた》」が、日蓮仏法の修行となる。

大聖人は「我《われ》もいたし人《ひと》をも教化候へ《きょうけそうら》」「力《ちから》あらば一文一句《いちもんいっく》なりともかたらせ《談》給《たも》うべし」（御書一三六一ジベー）と仰《おお》せである。ゆえに、唱題《しょうだい》と折伏《しゃくぶく》が、仏道修行《ぶつどうしゅぎょう》の両輪《りょうりん》となるのだ。

そしてまた、日蓮仏法は「立正安国《りっしょうあんこく》の宗教」である。

「立正安国《りっしょうあんこく》」とは、「正《しょう》を立《た》て国《くに》を安《やす》んずる」との意義《いぎ》である。

正法《しょうほう》を流布し、一人《ひとり》一人の胸中《きょうちゅう》に仏法の哲理《てつり》を打ち立てよ。そして、社会の平和と繁栄《はんえい》を築《きず》き上《あ》げよ——それが、大聖人の御生涯《ごしょうがい》を通《とお》しての叫《さけ》びであられた。

一次元《いちじげん》からいえば、「立正《りっしょう》」という正法《しょうほう》の流布が、仏法者の宗教的使命《しめい》であるのに対して、「安《あん》国《こく》」は、仏法者の社会的使命であるといってよい。

大聖人は「一身《いっしん》の安堵《あんど》を思《おも》わば先《ま》ず四表《しひょう》の静謐《せいひつ》を禱《いの》らん者《もの》か」（御書三一ジベー）と仰《おお》せになっている。「四表の静謐」とは社会の平和である。

現実《げんじつ》に社会を変革《へんかく》し、人びとに平和と繁栄《はんえい》をもたらす「安国《あんこく》」の実現《じつげん》があってこそ、仏法者の使《し》命《めい》は完結《かんけつ》するのである。

（第15巻「開花」の章）

21-2 二陣《にじん》、三陣と続け

世界広宣流布の生命線《せいめいせん》は、師《し》から弟子《でし》へ、平和と幸福の大道《だいどう》を開きゆく行動の継承《けいしょう》にこそあると語っています。

池田先生の指針

「ＳＧＩ世界青年部幹部部会」（一九九一年七月十日、東京）

「世界広宣流布」は御本仏《ごほんぶつ》の仏意仏勅《ぶついぶっちょく》である。大聖人はその壮大《そうだい》な使命《しめい》を、後《あと》に続く門下《もんか》に託《たく》された。「種種御振舞御書《しゅじゅおんふるまいごしょ》」には次のように述《の》べられている。

「わたうども《和党共》二陣《にじん》三陣つづきて迦葉《かしょう》・阿難《あなん》にも勝《す》ぐれ天台《てんだい》・伝教《でんぎょう》にもこへよかし」（御書九一一ページ）——わが門下《もんか》よ、二陣三陣と私に続き、インドの迦葉・阿難にもすぐれ、中国の天台、日本の伝教をも超《こ》えなさい——。

これは竜《たつ》の口《くち》の法難《ほうなん》を前に、緊迫《きんぱく》した状況《じょうきょう》のなか、門下《もんか》を激励《げきれい》されたお言葉である。

〝後継《こうけい》の人々〟に対する大聖人の御期待《ごきたい》は、初めから世界的スケールで語られていた。仏教史《ぶっきょうし》に、また人類史《じんるいし》に燦然《さんぜん》と光《ひかり》を放《はな》つインドの釈尊《しゃくそん》の十大弟子《じゅうだいでし》たち、中国の南岳《なんがく》・天台《てんだい》、日本の伝教《でんぎょう》、それらを超《こ》える存在《そんざい》たれ、と。

なお、ここではインド、中国の正師《しょうし》たちの名《な》が出ているが、大聖人がつねに全世界を志向《しこう》されていたことは間違《まちが》いない。

この御文《ごもん》の前には、妙法蓮華経の五字を、釈尊《しゃくそん》滅後《めつご》、誰人《たれびと》も弘《ひろ》めなかったとされ、「末法《まっぽう》の始《はじめ》に一閻浮提《いちえんぶだい》にひろまらせ給《たも》うべき瑞相《ずいそう》に日蓮さきが《魁》けしたり」（御書九一〇ページ）——末法のはじめに全世界に必《かなら》ず弘まっていく瑞相として、日蓮は先陣《せんじん》を切った——と、堂々《どうどう》と述《の》べておられる。

全世界への妙法流布——その先陣《せんじん》に続け！　と大聖《たいせい》は叫《さけ》ばれた。そして世界に不朽《ふきゅう》の功績《こうせき》を残《のこ》せ！　と。

そのとおり実践《じっせん》したのは、ただ創価学会である。私を中心とした諸君《しょくん》の先輩《せんぱい》である。この誉《ほま》れは無上《むじょう》である。世界の青年は、断《だん》じてこの道を二《に》陣《じん》、三陣、四陣と続かねばならない。

法華経薬王品《ほけきょうやくおうぼん》には「閻浮提《えんぶだい》に広宣流布して、断《だん》絶《ぜっ》して悪魔《あくま》・魔民《まみん》・諸天《しょてん》・竜《りゅう》・夜叉《やしゃ》・鳩槃茶《くはんだ》等に其《そ》の便《たより》を得《え》しむること無《な》かれ」（法華経六〇一ページ）

——この大法《だいほう》を全世界に広宣流布して、断絶《だんぜつ》させることなく、悪魔《あくま》、魔民《まみん》、諸天《しょてん》（＝第六天《だいろくてん》の魔王《まおう》など）、悪い竜《りゅう》、夜叉《やしゃ》、鳩槃茶《くはんだ》（＝人の精気《せいき》を吸《す》う変《へん》幻自在《げんじざい》の悪神《あくしん》）などに、つけ入るスキを与《あた》えてはならない——と。

「断絶《だんぜつ》させてはならない」「魔《ま》につけ入らせてはならない」と法華経《ほけきょう》は説《と》く。師《し》から弟子《でし》へという「師弟《してい》の道」「後継《こうけい》の道」を断絶し、分断《ぶんだん》し、切断《せつだん》しようと、魔は働《はたら》く。また、その分断のスキ間に悪鬼《あっき》は働くのである。

ゆえに「二陣三陣《にじん》つづきて」と仰《おお》せの「つづきて」（後継《こうけい》）に意味がある。その「不二《ふに》」への一《いち》念《ねん》、精神《せいしん》と行動の脈々《みゃくみゃく》たる連続性《れんぞくせい》に「全世界広宣流布」の生命がある。核心《かくしん》がある。これが法華経《ほけきょう》と御書の教えである。

また、大聖人は先《さき》の「天台《てんだい》・伝教《でんぎょう》にもこへよかし」の御文《ごもん》に続けて、次のように断《だん》じておられる。
「わづかの小島《こじま》のぬしら《主等》がをどさん《威嚇》を・をぢては閻魔王《えんまおう》のせめ《責》をばいかんがすべき、仏《ほとけ》の御使《おんつかい》と・なのりながら・をくせん《臆》は無下《むげ》の人人《ひとびと》なり」（御書九一一ページ）

――日本のようなわずかの小島の主《ぬし》たち（＝権《けん》力者《りょくしゃ》）がおどすのを恐《おそ》れていては、死後、閻魔大《えんまだい》王《おう》の責《せ》めをどうして耐《た》えられようか。仏《ほとけ》の御使《おんつか》いと名乗《なの》りながら迫害《はくがい》を恐れて臆《おく》する者《もの》は、最低《さいてい》の人々である――と。

このように、門下《もんか》を大慈大悲《だいじだいひ》のお心《こころ》で叱咤《しった》され、励《はげ》ましておられる。

一国《いっこく》の権力者《けんりょくしゃ》をも「小島《こじま》の主《ぬし》」と見おろして、「前へ進め！」「後《あと》に続け！」と、大聖人は先陣《せんじん》を切られた。

その御境涯《ごきょうがい》は人類《じんるい》の永遠《えいえん》の指標《しひょう》である。その大境涯を深《ふか》く拝《はい》し、全世界に「正法《しょうほう》」を弘《ひろ》め、全人類のための「平和」と「幸福」の大道《だいどう》を開いているのが、わがＳＧＩである。

この永遠《えいえん》の誉《ほま》れの大道《だいどう》を、私とともに、また私の後《あと》を継《つ》ぎ、ＳＧＩの青年部が進み抜《ぬ》いていただきたい。

めにある。法《ほう》のすばらしさ、正しさも、それを信《しん》受《じゅ》した人の境涯《きょうがい》の変革《へんかく》によって証明《しょうめい》する以外にないのである。

私の恩師《おんし》・戸田先生は、「仏法は、だれ一人《ひとり》をも苦《くる》しめない、あらゆる民衆《みんしゅう》の苦しみをば救《すく》うというのが根本《こんぽん》であり、今一つの根本は、あらゆる民衆に楽しみをあたえることであり、仏《ほとけ》の慈悲《じひ》というのは、これをいうのである」(「王法と仏法」、『戸田城聖全集1』所収)と言われている。

この根本《こんぽん》を忘《わす》れた時には、仏法は形骸化《けいがいか》していくしかないであろう。

また、戸田先生は、こう述《の》べられている。

「それ(=「如来《にょらい》の使《つか》い」としての学会員の使命《しめい》)は、いっさいの人をして、仏《ほとけ》の境涯《きょうがい》におくことでありります。すなわち、全人類《ぜんじんるい》の人格《じんかく》を最高《さいこう》の価値《かち》にまで引き上げることであります。

21-3 全人類《ぜんじんるい》の宿命転換《しゅくめいてんかん》

〝この世《よ》から「悲惨《ひさん》」の二字《にじ》をなくしたい。そのために全人類《ぜんじんるい》の人格《じんかく》を向上《こうじょう》させるのだ〟——この戸田先生の宿願《しゅくがん》を受《う》け継《つ》いで、全人類の宿命転換《しゅくめいてんかん》を大目的《だいもくてき》として進むのが創価学会であると語っています。

池田先生の指針

「ドイツ広布三十周年記念総会」

(一九九一年六月八日、ドイツ)

仏法は、一人《ひとり》一人の民衆《みんしゅう》を救《すく》い、成仏《じょうぶつ》させるたいかにして全人類《ぜんじんるい》の人格《じんかく》を最高度《さいこうど》に引き上げえましょうか。いかにも、これは困難《こんなん》な問題《もんだい》であります。しかし、これを知ることができなかったならば、ほんとうに、地球上に真《しん》の幸福はありませぬ。

全人類《ぜんじんるい》を仏《ほとけ》の境涯《きょうがい》、すなわち、最高《さいこう》の人格価値《じんかくかち》の顕現《けんげん》においたなら、世界に戦争もなければ飢《き》餓《が》もありませぬ。疾病《しっぺい》もなければ、貧困《ひんこん》もありませぬ。

全人類《ぜんじんるい》を仏《ほとけ》にする、全人類の人格《じんかく》を最高価値《さいこうかち》のものとする。これが『如来《にょらい》の事《じ》』を行《ぎょう》ずることであります」（『如来の事を行ぜよ』、『戸田城聖全集1』所収）

「全人類《ぜんじんるい》の人格《じんかく》の引き上げ」こそ一切《いっさい》のカギとなる——まさに戸田先生の卓見《たっけん》である。先生は今《こん》日《にち》の世界まで見とおされていた。

人類《じんるい》の「人格《じんかく》」が低《ひく》く、六道《ろくどう》の野獣性《やじゅうせい》に支配《しはい》されたままでは、どんな政策《せいさく》も方策《ほうさく》も、結局《けっきょく》は悪に引きずられてしまうであろう。

地上から一切《いっさい》の「悲惨《ひさん》」をなくしたい——これが恩師《おんし》の生命の叫《さけ》びであった。そのためには全人《ぜんじん》類《るい》を仏《ほとけ》にし、全人類を最高価値《さいこうかち》のものとせねばならない。それこそが私ども学会員の使命《しめい》である——と。

この恩師《おんし》の信念《しんねん》のごとく、「人類《じんるい》の救済《きゅうさい》」という根本目的《こんぽんもくてき》に向かって、着実《ちゃくじつ》に足元《あしもと》を固《かた》めながら、私とともに進んでいただきたい。

21-4

立正安国《りっしょうあんこく》こそ生きた宗教の証《あか》し

日蓮大聖人は、災害《さいがい》や飢饉《ききん》、疫病《えきびょう》など民衆《みんしゅう》が塗炭《とたん》の苦悩《くのう》に喘《あえ》いでいた現実《げんじつ》を憂《うれ》い、当時の日本の最高権力者《さいこうけんりょくしゃ》に対して「立正安国論《りっしょうあんこくろん》」を提出《ていしゅつ》し、生命尊厳《そんげん》の確《かく》たる思想・哲学《てつがく》に、よらなければ民衆の苦しみを救《すく》うことはできないと訴《うった》えました。この立正安国の精神《せいしん》こそ、日蓮仏法の魂《たましい》であり、創価学会の根本《こんぽん》の柱《はしら》であると語っています。

池田先生の指針

「『SGIの日』記念協議会」
（二〇一〇年一月二十六日、東京）

大聖人の御一代《ごいちだい》の弘法《ぐほう》は「立正安国論《りっしょうあんこくろん》に始まり、立正安国論に終わる」と言われる。

「立正安国論《りっしょうあんこくろん》」には、正法《しょうほう》によって断《だん》じて民衆《みんしゅう》の幸福と平和を実現《じつげん》するのだとの、御本仏《ごほんぶつ》の大慈悲《だいじひ》と大情熱《だいじょうねつ》が脈打《みゃくう》っている。

私たちは、この立正安国《りっしょうあんこく》の御精神《ごせいしん》のままに、いかなる迫害《はくがい》の嵐《あらし》も乗《の》り越《こ》えて、広宣流布へ進んできた。大聖人の御賞讃《ごしょうさん》は間違《まちが》いないと確信《かくしん》する。

「立正安国論《りっしょうあんこくろん》」には記《しる》されている。

「汝《なんじ》須《すべから》く一身《いっしん》の安堵《あんど》を思《おも》わば先《ま》ず四表《しひょう》の静謐《せいひつ》を禱《いの》らん者《もの》か」（御書三一《ジペー》）

自《みずか》らの幸福を願《ねが》うならば、まず社会の安定や繁《はん》栄《えい》、世界の平和を祈《いの》っていくべきであるとの仰《おお》せである。

国土が戦乱《せんらん》や災害《さいがい》に覆《おお》われてしまえば、個人《こじん》の幸福の実現もありえない。自分一人《じぶんひとり》の幸せではない。社会の平穏《へいおん》と繁栄《はんえい》を祈《いの》り、その実現《じつげん》に尽《つ》くしてこそ、真実《しんじつ》の幸福は実現される。

また、そうした生《い》き方《かた》を貫《つらぬ》いてこそ、自己《じこ》の小さな殻《から》を打《う》ち破《やぶ》り、本当に価値《かち》のある、充実《じゅうじつ》した人生《じんせい》を築《きず》いていくことができるのである。

戸田先生は青年部に語っておられた。

「社会をどう変革《へんかく》するか、理想の社会を構築《こうちく》するためには、どのような実践行動《じっせんこうどう》が必要《ひつよう》かを考えよ！　その大局観《たいきょくかん》に立った一切の振《ふ》る舞《ま》いであってほしい」

青年こそ、理想の社会建設《けんせつ》の先頭《せんとう》に立ってもらいたい。勇《いさ》んで現実《げんじつ》社会の真《ま》っただ中《なか》に飛《と》び込《こ》み、泥《どろ》まみれになって民衆《みんしゅう》のため、地域《ちいき》のために尽《つ》くし抜《ぬ》くことだ。ここに日蓮仏法の魂《たましい》もある。

国といい、社会といっても、その根本《こんぽん》は人間である。人間の行動を決めるのは思想であり、哲学《てつがく》だ。宗教である。

民衆《みんしゅう》が、何を規範《きはん》とし、何を求《もと》めて生きるのか。それによって、社会のあり方は大きく変わってくる。だからこそ、民衆一人《ひとり》一人が確固《かっこ》たる哲学《てつがく》を持つことが重要《じゅうよう》なのだ。私たちの広宣流布の運動は即《そく》、立正安国《りっしょうあんこく》の戦いなのである。

大聖人は御断言《ごだんげん》された。

「結句《けっく》は勝負《しょうぶ》を決《けっ》せざらん外《ほか》は此《こ》の災難《さいなん》止《や》み難《がた》かるべし」（御書九九八ジペー）

仏法は「勝負《しょうぶ》」である。正義《せいぎ》が勝《か》ち、正法《しょうほう》が興《こう》隆《りゅう》してこそ、真《しん》の平和と繁栄《はんえい》の実現《じつげん》もあるのである。

人生《じんせい》も戦いだ。真剣《しんけん》に祈《いの》り、努力《どりょく》し、行動し抜《ぬ》いてこそ、勝利《しょうり》の結果が生まれる。私たちは信念《しんねん》の行動で、誠実《せいじつ》の対話で、すべてに勝《か》ちゆく一人《ひとり》一人でありたい。

国主諫暁《こくしゅかんぎょう》を断行《だんこう》されたことで、大聖人は国家権《こっかけん》力《りょく》から厳《きび》しい迫害《はくがい》を受けた。

大聖人は、なぜ大難《だいなん》を覚悟《かくご》の上で、「立正安国《りっしょうあんこく》論《ろん》」を著《あらわ》されたのか。

「安国論御勘由来《あんこくろんごかんゆらい》」には、その理由について「ただひとえに国のため、法《ほう》のため、人のためであって、自分の身《み》のために言うのではない」（御書三五頁《ページ》、通解）と綴《つづ》られている。

仏法のため、平和のため、民衆《みんしゅう》のために正義《せいぎ》を断《だん》じて叫《さけ》びきらねばならない。これが御本仏《ごほんぶつ》の御《ご》覚悟《かくご》であられた。

戸田先生は訴《うった》えておられた。

「日蓮大聖人は、首《くび》の座にのぼっても、佐渡《さど》の雪の中で凍《こご》えても、〝われ日本の柱《はしら》となるのだ！　眼目《がんもく》となるのだ！　大船《たいせん》となるのだ！〟と仰《おお》せになられた。そして、民衆《みんしゅう》のために、あれほど戦われたではないか！　我々《われわれ》も、強い自分に立ち返って、体当たりで戦うことだ！」

学会は大聖人の仏法を根幹《こんかん》として、全世界に平和と教育と文化の連帯《れんたい》を大きく広げてきた。「人間革命」の哲学《てつがく》を掲《かか》げて全民衆《ぜんみんしゅう》の幸福の実現《じつげん》を目《め》指《ざ》すとともに、共生《きょうせい》と調和《ちょうわ》の社会の実現を願《ねが》い、「文明間対話」を地球規模《ちきゅうきぼ》で推進《すいしん》してきた。

御書には「智者《ちしゃ》は、世間《せけん》の法《ほう》と別《べつ》のところに仏法を行《ぎょう》ずることはない。世間の治世《ちせい》の法を十分に心得《こころえ》ている人を、智者というのである」（一四六六頁《ページ》、通解）と仰《おお》せである。

現実《げんじつ》の社会の中で、仏法の智慧《ちえ》を発揮《はっき》し、貢献《こうけん》していく。そうであってこそ、真《しん》に〝生きた宗教〟として輝《かがや》いていくことができるのである。

今、SGIの人類貢献《じんるいこうけん》の活動に、各国の指導者《しどうしゃ》や識者《しきしゃ》からも多大《ただい》な賞讃《しょうさん》が寄《よ》せられている。日蓮大聖人の仰《おお》せのままに、大聖人に直結《ちょっけつ》して前進する我《われ》ら創価学会は、

世界の「平和の柱《はしら》」である。

青年の「教育の眼目《がんもく》」である。

人類《じんるい》の「文化の大船《たいせん》」である。

この深《ふか》き誇《ほこ》りと確信《かくしん》を胸《むね》に、威風《いふう》も堂々《どうどう》と進みたい。

『立正安国論講義』

21-5 広宣流布は流れそれ自体《じたい》

広宣流布とは、流れの到達点《とうたつてん》ではなく、流れそれ自体《じたい》であるという重要《じゅうよう》な観点《かんてん》が述《の》べられています。ゆえに、仏法の生命尊厳《そんげん》や人間復興《ふっこう》の思想をもって、人々を幸福へ、社会を繁栄《はんえい》へ、世界を平和へと潤《うるお》し続けていくことが、創価学会の使命《しめい》であると訴《うった》えています。

池田先生の指針

「諸法実相抄《しょほうじっそうしょう》」にいわく「末法《まっぽう》にして妙法蓮華

経の五字を弘《ひろ》めん者《もの》は男女《なんにょ》はきらふべからず、皆《みな》地涌《じゆ》の菩薩《ぼさつ》の出現《しゅつげん》に非《あら》ずんば唱《とな》へがたき題目《だいもく》なり、日蓮一人《いちにん》はじめは南無妙法蓮華経と唱へしが、二人《ににん》・三人・百人と次第《しだい》に唱へつたふるなり、未来《みらい》も又《また》しかるべし、是《これ》あに地涌の義《ぎ》に非ずや、剰《あまつさ》へ広宣流布の時は日本一同《いちどう》に南無妙法蓮華経と唱へん事《こと》は大地を的《まと》とするなるべし」（御書一三六〇ジペー）と。

「日興遺誡置文《にっこうゆいかいおきぶみ》」にいわく「未《いま》だ広宣流布せざる間《あいだ》は身命《しんみょう》を捨《す》て随力弘通《ずいりきぐつう》を致《いた》す可《べ》き事《こと》」（御書一六一八ジペー）と。

その他、広宣流布の実現を命《めい》ぜられた御文《ごもん》は枚《まい》挙《きょ》にいとまがない。

いやしくも、日蓮大聖人の門下《もんか》と名乗《なの》る以上は、広宣流布のため、身命《しんみょう》を捨《す》てて正法弘通《しょうほうぐつう》に邁《まい》進《しん》すべきであろう。

創価学会の根本目標《こんぽんもくひょう》として、どこまでも忘《わす》れてならないことは、日蓮大聖人の三大秘法《さんだいひほう》の仏法を広宣流布することである。私どもは、この日興上人《にっこうしょうにん》の御遺誡《ごゆいかい》を、永劫《えいごう》に変わることのない学会精神《せいしん》の原点として進みゆくのである。

ここで、広宣流布について一言《いちごん》しておきたい。

広宣流布とは、必《かなら》ずしも一つの固定的《こていてき》なゴールを意味するものではない。

大聖人が「南無妙法蓮華経は万年《まんねん》の外《ほか》・未来《みらい》までもながる《流布》べし」（御書三二九ジペー）と仰《おお》せになっているのは、広宣流布の流れは、悠久《ゆうきゅう》にしてとどまるところがないことを示《しめ》されたものである。

広宣流布は、流れの到達点《とうたつてん》ではなく、流れそれ自体《じたい》であり、生きた仏法の、社会への脈動《みゃくどう》をいうのである。

われわれの広宣流布の活動は、現実《げんじつ》社会のなかに三大秘法《さんだいひほう》の仏法の信仰《しんこう》を弘《ひろ》め、みずみずしい生命の泉《いずみ》が万人《ばんにん》を潤《うるお》して、個人《こじん》にとっては崩《くず》れることのない幸福生活を実現し、ひいては平和と繁栄《はんえい》の理想社会を現出《げんしゅつ》させることにほかならない。

すなわち、広宣流布、仏法流通《るつう》の活動それ自体《じたい》、現実《げんじつ》社会における、最《もっと》も本源的《ほんげんてき》な人間復興《ふっこう》、生命尊厳確立《そんげんかくりつ》の戦いなのである。

「如説修行抄《にょせつしゅぎょうしょう》」にいわく「法華折伏《ほっけしゃくぶく》・破権門理《はごんもんり》の金言《きんげん》なれば終《つい》に権教権門《ごんきょうごんもん》の輩《やから》を一人《いちにん》もなく・せめをとして法王《ほうおう》の家人《けにん》となし天下万民《てんかばんみん》・諸乗一仏《しょじょういちぶつ》乗《じょう》と成《な》って妙法独《みょうほうひと》り繁昌《はんじょう》せん時、万民一同《いちどう》に南無妙法蓮華経と唱《とな》え奉《たてまつ》らば吹《ふ》く風枝《かぜえだ》をならさず雨《あめ》壌《つちくれ》を砕《くだ》かず、代《よ》は羲農《ぎのう》の世《よ》となりて今生《こんじょう》には不祥《ふしょう》の災難《さいなん》を払《はら》ひ長生《ちょうせい》の術《じゅつ》を得《え》、人法共《にんぽうとも》に不老不死《ふろうふし》の理《ことわり》顕《あらわ》れん時を各各《おのおの》御覧《ごらん》ぜよ現世安穏《げんぜあんのん》の証文疑《しょうもんうたが》い有《あ》る可《べ》からざる者《もの》なり」（御書五〇二ページ）と。

さらに、この安国《あんこく》すなわち理想社会の実現とは、たんに日本一国の繁栄《はんえい》を意味するものではないことを知らなければならない。

本文（＝「立正安国論《りっしょうあんこくろん》」）に「四海万邦《しかいばんぽう》一切の四《し》衆《しゅ》其《そ》の悪に施《ほどこ》さず皆此《みなこ》の善《ぜん》に帰《き》せば何《いか》なる難《なん》か並《なら》び起《おこ》り何なる災《わざわい》か競《きそ》い来《きた》らん」（御書三〇ページ）、また「汝早《なんじはや》く信仰《しんこう》の寸心《すんしん》を改《あらた》めて速《すみやか》に実乗《じつじょう》の一善《いちぜん》に帰せよ、然《しか》れば則《すなわ》ち三界《さんがい》は皆仏国《みなぶっこく》なり仏国其《そ》れ衰《おとろえ》んや十方《じっぽう》は悉《ことごと》く宝土《ほうど》なり宝土何《なん》ぞ壊《やぶ》れんや」（御書三二ページ）と述《の》べられ、「三大秘法抄《さんだいひほうしょう》」には「三国並《さんごくならび》に一閻浮提《いちえんぶだい》の人」（御書一〇二二ページ）と述べられている。

三国《さんごく》とは日本、中国、インドであり、一閻浮提《いちえんぶだい》とは全世界である。

三界《さんがい》とは六道《ろくどう》であり、娑婆《しゃば》世界であり、全世界をいう。

四海万邦《しかいばんぽう》もまた全地球上を意味している。

二十一世紀《せいき》を〝生命の世紀〟とすべく、人類《じんるい》は新しい世紀の開拓《かいたく》をその方向にリードしていかなければならないと主張《しゅちょう》したい。

〝生命の世紀《せいき》〟とは、端的《たんてき》に言えば、生命の尊厳《そんげん》観《かん》を根底《こんてい》とする時代、社会、そして文明ということである。

生命の尊厳観《そんげんかん》とは、人間の生命、人格《じんかく》、個人《こじん》の幸福を、いかなることのためにも、決して手段《しゅだん》としないことである。

換言《かんげん》すると、人間の生命、人格《じんかく》、幸福は、すべての目的《もくてき》であって、絶対《ぜったい》に手段《しゅだん》にしてはならない、という考え方が確立《かくりつ》された社会であり、そのうえに築《きず》かれる文明ということである。

未来《みらい》の建設《けんせつ》の理念《りねん》をこの生命尊厳《そんげん》においた現在の粘《ねば》り強《づよ》い前進なくしては、二十一世紀《せいき》は破滅《はめつ》の世紀になることを恐《おそ》れるものである。

創価学会の実践《じっせん》活動は、この生命の世紀《せいき》を拓《ひら》くための、民衆共戦《みんしゅうきょうせん》の平和と文化興隆《こうりゅう》の大運動なのである。

21-6 世界広布の方程式《ほうていしき》

日蓮大聖人は、広宣流布を推進《すいしん》していくうえで心得《こころえ》るべき規範《きはん》として、「宗教の五綱《ごこう》」を説《と》いています。これは、当時の仏教全般《ぜんぱん》のあらゆる教義《きょうぎ》をはじめ、人々の機根《きこん》、時代性、その社会の思想的《しそうてき》土壌《どじょう》などを検証《けんしょう》し、末法《まっぽう》の日本、そして全世界に弘《ひろ》めるべき法《ほう》が南無妙法蓮華経であることを明《あき》らかにしたものです。この方程式《ほうていしき》を踏《ふ》まえながら、池田先生は、現代《げんだい》において人類《じんるい》の幸福と平和を目指《めざ》す広宣流布を世界に展開《てんかい》していくための指《し》針《しん》を示《しめ》しています。

池田先生の指針

「インド広布三十一周年記念総会」（一九九二年二月九日、インド）

「宗教の五綱《ごこう》」について、少々、お話ししておきたい。

いうまでもなく、日蓮大聖人の仏法は「世界宗教」である。必《かなら》ず、全世界に弘《ひろ》まり人類《じんるい》を救《すく》っていく。このことは、大聖人御自身《ごじしん》が明確《めいかく》に断言《だんげん》しておられる。

たとえば、大聖人は「大集経《だいじっきょう》の白法隠没《びゃくほうおんもつ》の時に次《つ》いで法華経《ほけきょう》の大白法の日本国並《なら》びに一閻浮提《いちえんぶだい》に広宣流布せん事《こと》も疑《うたが》うべからざるか」（御書二六五ページ）――大集経に予言《よげん》された、末法《まっぽう》に入って釈尊《しゃくそん》の正法《しょうほう》（白法）の功徳《くどく》が失《うしな》われた時の次に、法華経の大白法、日蓮大聖人の仏法が、日本国ならびに全世界に広宣流布することも、疑いないのである――と仰《おお》せになっておられる。

そして、大聖人は、世界に正法《しょうほう》を流布していくために心得《こころえ》るべき規範《きはん》を明《あ》かされている。それが、教《きょう》・機《き》・時《じ》・国《こく》・教法《きょうほう》流布の先後《せんご》という五つの具体的《ぐたいてき》な要件《ようけん》であり、これを「五綱《ごこう》」とも「五義《ごぎ》」ともいう。これらを弘法《ぐほう》の「人」がわきまえてこそ、正法流布が現実《げんじつ》となるのである。

第一に、「教《きょう》」を知る――大聖人の仏法こそ、現《げん》代《だい》と未来《みらい》を、永遠《えいえん》に救《すく》いゆく教えであると知ることである。

そのためにも、大聖人の仏法とはいかなるものか、他《ほか》の宗教と比較《ひかく》して、いかに勝《すぐ》れているかを、法理《ほうり》のうえで、また体験のうえから知ることが力《ちから》となる。

正しい信仰《しんこう》は、盲信《もうしん》や迷信《めいしん》ではない。道理のうえから納得《なっとく》でき、しかも事実の生活の中で体験し、実証《じっしょう》できるものである。御書をしっかり学《まな》ぶとともに、体験によっていよいよ確信《かくしん》を深《ふか》めながら、法《ほう》の正しさを訴《うった》えていってこそ、いかなる環《かん》境《きょう》の中でも、正法《しょうほう》は流布していくのである。

第二に、衆生《しゅじょう》の「機根《きこん》」を知る必要《ひつよう》がある。「機《き》」すなわち、人々の生命の中にひそんでいる、正法《しょうほう》を受け入れる可能性《かのうせい》を知らねばならない。末法《まっぽう》の人類《じんるい》は、大聖人の仏法によってこそ成《じょう》仏《ぶつ》できる「機」であると知ることである。

ただし、法《ほう》を聞いても、その人がすぐに入会するとは限《かぎ》らないことはいうまでもない。場合によっては、激《はげ》しく反対されたり、批判《ひはん》されることもあるだろう。しかし、正法《しょうほう》を聞かせた「聞法下《もんぼうげ》種《しゅ》」の功徳《くどく》は、友人が入会を決意した場合の「発《ほっ》心下種《しん》」の功徳と同じである。

また、「仏《ほとけ》」になる〝種子《しゅし》〟を、友《とも》の〝心の田《こころた》〟に植《う》えつけたのだから、いつかは必《かなら》ず「信心」が芽生《めば》えることを確信《かくしん》して、広い心で、あせらずに、悠々《ゆうゆう》と、着実に、多くの人々の幸福を祈《いの》っていっていただきたい。

第三に、「時《とき》」を知る――。今が、いかなる教えによって、人々が救《すく》われる時かを知ることである。仏法上、現在《げんざい》は「末法《まっぽう》」という時に当たる。過《か》去《こ》の正法《しょうほう》がいかにその当時、力《ちから》をもっていたとしても、今は「去年《きょねん》のカレンダー」のようなものである。この「時」を知ることが「五綱《ごこう》」のなかでもとくに肝要《かんよう》となる。

第四に、「国《くに》」を知ることである。

大聖人は、仰《おお》せである。

「仏教《ぶっきょう》は必《かなら》ず国《くに》に依《よ》って之《これ》を弘《ひろ》むべし 国には寒《かん》国《こく》・熱国《ねっこく》・貧国《ひんこく》・富国《ふこく》・中国《ちゅうごく》・辺国《へんごく》・大国《たいこく》・小《しょう》国《こく》・一向偸盗国《いっこうちゅうとうこく》・一向殺生国《せっしょうこく》・一向不孝国等之有《ふこうこくとうこれあ》り、又《また》一向小乗《しょうじょう》の国・一向大乗《だいじょう》の国・大小兼学《だいしょうけんがく》の国も之有り」（御書四三九ジ）

――仏教《ぶっきょう》は、必《かなら》ずその国に応《おう》じて法《ほう》を弘《ひろ》めるべきである。国には、寒《さむ》い国と熱《あつ》い国、貧《まず》しい国と富《と》める国、世界の中心的な国と周辺的《しゅうへんてき》な国、大国と小国、盗賊《とうぞく》ばかりの国、殺生者《せっしょうしゃ》ばかりの国、不《ふ》孝者《こうもの》ばかりの国などがある。また、小乗《しょうじょう》だけの国、大乗《だいじょう》だけの国、大乗と小乗を兼《か》ねて学《まな》ぶ国もある――と。

〝国の違《ちが》い〟を、いろいろな観点《かんてん》からあげられている。こうした、気候《きこう》や経済《けいざい》、文化、国際関係《こくさいかんけい》、道徳観《どうとくかん》などの違いに応《おう》じて、その国の人々の考え方《かた》や生き方も異なるので、そこでの弘教《ぐきょう》のあり方《かんが》も異《こと》なってくる。

仏法は、どこまでも現実《げんじつ》に即《そく》した教えである。現地《げんち》の人を最大《さいだい》に大切にする。決して一国《いっこく》だけの風習《ふうしゅう》や考え方《かんがかた》を押《お》しつけてはならない。それは大聖人の仏法ではない。

末法《まっぽう》の正法《しょうほう》である大聖人の教えを等《ひと》しく奉《ほう》じながら、SGIは、それぞれの国情《こくじょう》に応《おう》じて、知恵《ちえ》を発揮《はっき》し、賢明《けんめい》に、地域《ちいき》・国家に貢献《こうけん》しつつ、周囲の信頼《しんらい》と納得《なっとく》を得《え》てきた。それが「国《くに》」を知ることになるからである。ゆえに、ここまで仏法が弘《ひろ》まったのである。簡単《かんたん》なことではない。具体《ぐたい》的《てき》な「人」の、具体的な「行動」こそが決め手である。

第五に、「教法《きょうほう》流布の先後《せんご》」を知らねばならない。

大聖人は「必《かなら》ず先《さき》に弘《ひろ》まれる法《ほう》を知《し》って後《のち》の法を弘むべし」（御書四三九ジー）——必ず、先にその国に弘まった法を知って、後の法を弘めるべきである——と仰《おお》せである。

仏法を弘《ひろ》めるためには、その国にこれまで、いかなる教えが流布されてきたかを知って、これまで流布した法《ほう》よりも勝《すぐ》れた教えを弘めなければ、人々を救《すく》うことはできない。

大聖人の仏法は、最高《さいこう》にして究極《きゅうきょく》の教えであるゆえに、以前《いぜん》に弘まった教えがいかなるものであれ、その順序《じゅんじょ》を誤《あやま》る恐《おそ》れはまったくないのである。

日寛上人《にちかんしょうにん》は「今末法《いままっぽう》に於《おい》て応《まさ》に但要法《ただようほう》を弘通《ぐつう》すべきなり。此《か》くの如《ごと》く知《し》るを則《すなわ》ち之教法《これきょうほう》流布の前《ぜん》後《ご》を知ると謂《い》うなり」（「依義判文抄《えぎはんもんしょう》」）——今、末法においては、まさにただ、大聖人の五字七字の妙法を弘通すべきなのである。このように知ることを、すなわち、教法流布の先後《せんご》を知るというのである——と教えられている。そのうえで、その国と地域《ちいき》のこれまでの宗教的歴史《れきし》を知ることは、当然《とうぜん》、重要《じゅうよう》になってこよう。

このように、世界のあらゆる国において、大聖人の仏法が、教《きょう》・機《き》・時《じ》・国《こく》・教法流布《きょうほう》の先後《せんご》の、すべての条件《じょうけん》がそろって、必《かなら》ず流布していくことは間違《まちが》いない。

御書には「法自《ほうおのずか》ら弘《ひろ》まらず人《ひと》・法を弘むる故《ゆえ》に人法《にんぽう》ともに尊《とうと》し」（八五六ジペー）と仰《おお》せである。

大聖人の仏法を、御予言《ごよげん》どおり世界に弘《ひろ》めたのはSGIである。百カ国をはるかに超《こ》える国々に、続々《ぞくぞく》とSGIの地涌《じゆ》の友《とも》が生まれ、功徳《くどく》を満《まん》喫《きつ》しながら、地域《ちいき》に貢献《こうけん》しつつ広布を進めている。この現実自体《げんじつじたい》が、SGIが大聖人の仰《おお》せどおり、宗教の五綱《ごこう》をわきまえて、正しい軌道《きどう》で進んできた証左《しょうさ》である。

21-7 広布は一人《ひとり》から始まる

世界広布の第一歩を印《しる》した平和旅を振《ふ》り返《かえ》りながら、一人《ひとり》の人間が人間革命と宿命転換《しゅくめいてんかん》に立ち上がっていくなかに、広宣流布の実像《じつぞう》があると綴《つづ》っています。

池田先生の指針

「随筆　我らの勝利の大道」「『行学の道』を共々に」

（二〇一〇年十一月十二日、聖教新聞）

後世《こうせい》のために、あらためて「世界広宣流布」の原点の精神《せいしん》を書き留《かとど》めておきたい。

その日、一九六〇年（昭和三十五年）十月二日は、快晴《かいせい》の日曜日であった。私は羽田《はねだ》の東京国際空港からハワイへ飛《と》び立った。眼下《がんか》には、生まれ育《そだ》った大森《おおもり》の海が輝《かがや》いていた。

ハワイは太平洋戦争で日米開戦の舞台《ぶたい》となった。私は沖縄《おきなわ》に続いて、ハワイを訪《おとず》れ、海外訪問の第一歩《だいいっぽ》とすることを決めていた。

宿命《しゅくめい》を使命《しめい》に転《てん》じゆく仏法である。最《もっと》も苦《くる》しんだ人びとこそ、最も幸《しあわ》せになる権利《けんり》があるからだ。

ハワイをはじめアメリカ在住《ざいじゅう》の会員には、軍人《ぐんじん》らと結婚《けっこん》して渡米《とべい》し、〝戦争花嫁《はなよめ》〟と呼《よ》ばれた婦人たちも多かった。幸《しあわ》せを夢見《ゆめみ》た異国《いこく》で、文化や言語《げんご》の壁《かべ》に悩《なや》み、日本に帰りたいと嘆《なげ》く声《こえ》があちこちで上がった。

私は、その苦悩《くのう》の雲《くも》を打《う》ち破《やぶ》り、生命の奥《おく》の仏《ぶっ》性《しょう》を揺《ゆ》さぶり、呼《よ》び覚《さ》ますように強く励《はげ》まし続けた。

大聖人は、大難《だいなん》の佐渡《さど》の島で「我等《われら》が居住《きょじゅう》して一乗《いちじょう》を修行《しゅぎょう》せんの処《ところ》は何《いず》れの処にても候《そうら》へ常寂《じょうじゃっ》光《こう》の都《みやこ》為《た》るべし」（御書一三四三ページ）と断言《だんげん》されている。

今、自分がいる場所を、常寂光土《じょうじゃっこうど》へと変えていこうではないか。変毒為薬《へんどくいやく》の妙法を持《たも》つならば、幸福になれないわけはない、と。

いつしか、友《とも》の目に涙《なみだ》が光《ひか》り、頬《ほお》が輝《かがや》いた。

「負けません！」

「戦います！」

どこへ行っても、座談会であった。形式などない、膝詰《ひざづ》めの対話であった。

広宣流布とは、単《たん》に仏教《ぶっきょう》の知識《ちしき》や言葉《ことば》が弘《ひろ》まることではない。

この地球上《ちきゅうじょう》のいずこであれ、その土地で生きる一人《ひとり》が、仏法を抱《いだ》いて、勇気凛々《ゆうきりんりん》と宿命転換《しゅくめいてんかん》に立ち上がることだ。

尊《とうと》き地涌《じゆ》の使命《しめい》に目覚《めざ》め、自分の周囲《しゅうい》に理解《りかい》と信頼《しんらい》と歓《よろこ》びを広げていくことだ。

その一人《ひとり》立つ勇者《ゆうしゃ》を励《はげ》まし、育《そだ》てる以外に、世界広布の実像《じつぞう》はない。

今、創価の幸福の大スクラムは世界百九十二カ国・地域《ちいき》に広がった。悪戦苦闘《あくせんくとう》の草創期《そうそうき》を開拓《かいたく》したパイオニアの皆様方《みなさまがた》に、私は満腔《まんこう》の敬意《けいい》と感謝《かんしゃ》を捧《ささ》げるものである。

そして、洋々《ようよう》たる未来《みらい》を切り開きゆく後継《こうけい》の同《どう》志《し》が、陸続《りくぞく》と続いていることが嬉《うれ》しい。

21-8 創価学会は人間触発《しょくはつ》の大地

百年、二百年のスケールに立って広布を展望《てんぼう》していく時、大切なのは、深《ふか》き哲《てつ》学《がく》と慈悲《じひ》をもって、人類《じんるい》の幸福に貢献《こうけん》しゆく「人間」をつくり、育《そだ》てることだと語っています。

池田先生の指針

「ＳＧＩ総会」（一九八八年九月二十二日、東京）

御書には、「物《もの》だね《種》と申《もう》すもの一《ひとつ》なれども植《う》えぬれば多くとなり」（九七一ページ）——ものの種《たね》は一つであっても植えれば多数となる——との道理が説《と》かれている。

一人《ひとり》から始まる行動も、今はまだ大勢《おおぜい》の人の目には見えないかもしれないが、やがて大きな実《みの》りをもたらしていく――。

私は私の立場で、百年、二百年の単位《たんい》で、はるかな未来《みらい》を見つめながら広宣流布のために行動している。

私どもは未来《みらい》に大樹《たいじゅ》と育《そだ》ち、大輪《たいりん》の花を咲《さ》かせゆくであろう〝種子《しゅし》〟をあらゆる分野に蒔《ま》き植《う》えているのである。ゆえに目先《めさき》の変化など問題ではない。

御書には次のように仰《おお》せである。

「一切《いっさい》の草木《そうもく》は地《ち》より出生《しゅっしょう》せり、是《これ》を以《もっ》て思うに一切の仏法も又《また》人によりて弘《ひろ》まるべし」（四六五㌻）――一切の草木は大地から生《しょう》ずる。このことから考えると、一切の仏法もまた人によって弘まるのである――と。

私どもの次元《じげん》に即《そく》して、この御文《ごもん》を拝《はい》すれば、すべては「人」で決まるということである。ものでもなければ、建物《たてもの》でもない。

「教育」はもとより「平和」と「文化」もまた、詮《せん》ずるところ、それを担《にな》い創造《そうぞう》しゆく「人」をどれだけ育《そだ》てたかによって決まるのである。

恩師《おんし》・戸田先生も、つねに「要《よう》は『人間』をつくることだ」と言われていた。そして、「やがて創価学会は壮大《そうだい》なる『人間』触発《しょくはつ》の大地となる」と、先生と私はよく未来《みらい》の展望《てんぼう》を語りあったものである。

SGIの運動は、まさしく仏法という最高《さいこう》の哲《てつ》理《り》と慈愛《じあい》をもって「人間」をつくり、育《そだ》てゆく、未聞《みもん》の大事業であるといってよい。組織《そしき》だけではない。あくまでも「人間」をつくっていくことこそ肝要《かんよう》なのである。

世界へと広がる妙法流布の前進も、その先駆《せんく》をしゆく「一人《ひとり》」を、どう育成《いくせい》していくかにかかっており、皆様方《みなさまがた》こそ、その源《みなもと》となる誉《ほま》れの「一人」であると申《もう》し上《あ》げておきたい。

ともあれ、私どもが今なさんとしているのは「末法万年《まっぽうまんねん》」への壮大《そうだい》なる仕事である。しかも、妙法という無上《むじょう》の法則《ほうそく》に基《もと》づいて、人類《じんるい》の「平和」と「幸福」の大道《だいどう》を開きゆく大偉業《だいいぎょう》である。

この「大法《だいほう》」は、世界中、いまだ他《ほか》の誰人《たれびと》も知らない。いかなる財宝《ざいほう》をもっても贖《あがな》うこともできない。宇宙《うちゅう》に唯一《ゆいいつ》の「尊極《そんごく》の法」である。

この法《ほう》を根本《こんぽん》にしてこそ、真実《しんじつ》の〝人類《じんるい》の夜明け〟はある。これ以上の、すばらしき事業はない。これ以上に深《ふか》き意義《いぎ》ある人生《じんせい》もない。

この遠征《えんせい》のまえに、少々の困難《こんなん》や障害《しょうがい》など、むしろ当然《とうぜん》である。乗《の》り越《こ》えるべき苦難《くなん》があってこそ、成長《せいちょう》もあるし、壮快《そうかい》なる楽しみもある。また、潔《いさぎよ》き信心あるところ、苦難《くなん》はすべて福徳《ふくとく》の糧《かて》と変わる。未来《みらい》をひときわ輝《かがや》かせるためのバネとなる。

第二十二章　地涌《じゆ》の使命《しめい》と誓願《せいがん》

22-1　我《われ》、地涌の菩薩《ぼさつ》なり！

「地涌《じゆ》」の使命《しめい》と誓願《せいがん》こそ、創価学会の誉《ほま》れです。

池田先生は語っています。「創価学会とは、最高《さいこう》に意義《いぎ》ある究極《きゅうきょく》の人生《じんせい》を送りゆく人間王者《おうじゃ》の集《つど》いである。広宣流布と世界平和をなしゆく崇高《すうこう》なる使命《しめい》を持った地涌《じゆ》の菩薩《ぼさつ》の集いである」と。

地涌《じゆ》の菩薩《ぼさつ》とは、法華経本門《ほけきょうほんもん》において釈尊《しゃくそん》の滅後《めつご》に娑婆《しゃば》世界で万人《ばんにん》の幸福のために戦うことを誓《ちか》った、真《しん》の仏弟子《ぶつでし》です。末法《まっぽう》の広宣流布は地涌の菩薩でしか成《な》し遂《と》げられないのです。

この地涌《じゆ》の菩薩《ぼさつ》の意義《いぎ》について、池田先生は『法華経《ほけきょう》の智慧《ちえ》』で縦横《じゅうおう》に語っています。

池田先生の指針

『法華経の智慧』

〈法華経《ほけきょう》における地涌《じゆ》の菩薩《ぼさつ》の登場をめぐって〉

じつに、ドラマチックな登場です。大地が割《わ》れ、無数《むすう》の菩薩《ぼさつ》が同時に出現《しゅつげん》する。しかも、一人《ひとり》一人が黄金《おうごん》の輝《かがや》きを放《はな》っている。

一切経《いっさいきょう》のなかで、地涌《じゆ》の菩薩《ぼさつ》ほど絢爛《けんらん》たる菩薩はないでしょう。あらゆる仏国土《ぶっこくど》から集まった迹《しゃっ》化《け》・他方《たほう》の菩薩ですら驚嘆《きょうたん》している。(＝迹化の菩薩は始成正覚《しじょうしょうがく》の釈尊《しゃくそん》などの迹仏《しゃくぶつ》に教化《きょうけ》された菩薩。他方の菩薩は娑婆《しゃば》世界以外の他の国土《こくど》に住《す》む他仏の弟子《でし》である菩薩)

大聖人は、迹化《しゃっけ》・他方《たほう》の菩薩《ぼさつ》と地涌《じゆ》の菩薩とを対比《たいひ》して、あたかも〝猿《さる》の群《む》れの中に帝釈天《たいしゃくてん》が出《しゅつ》現《げん》したようなもの〟と譬《たと》えられている。経文《きょうもん》にも地涌の菩薩がどれほど尊《とうと》いかを説《と》かれている。

菩薩《ぼさつ》と言いながら、じつは仏《ほとけ》である。地涌《じゆ》の菩薩が「どこから」来たか。天台《てんだい》は「法性《ほっしょう》の淵底《えんてい》、玄宗《げんしゅう》の極地《ごくち》」(『法華文句』)に住《じゅう》していたと言っている。つまり、生命奥底《おうてい》の真理《しんり》であり、根本《こんぽん》の一《いっ》法《ぽう》である南無妙法蓮華経のことです。

地涌《じゆ》の菩薩《ぼさつ》とは、妙法を根本《こんぽん》とした「永遠《えいえん》の行動者」であり「永遠の前進」の生命です。その、はつらつたるエネルギーを、わが生命にわき立たせていくのが、個人《こじん》における「地涌の出現《しゅつげん》」です。これまでの小さな自分の殻《から》を叩《たた》き破《やぶ》っていくのです。

境涯《きょうがい》革命です。個人の境涯革命を一人《ひとり》一人、広げていくことによって――これが地涌《じゆ》の涌出《ゆじゅつ》だが――社会全体の境涯を変える戦いです。人類《じんるい》全体の境涯を高めるのです。この変革《へんかく》が「大地を打《う》ち破《やぶ》って」という姿《すがた》に、象徴的《しょうちょうてき》に表されているのではないだろうか。

あらゆる差異《さい》を突《つ》き抜《ぬ》け、人間としての根源《こんげん》の力《ちから》で人々を救《すく》うのが地涌《じゆ》の力です。〝裸一貫《はだかいっかん》〟の、ありのままの凡夫《ぼんぷ》、「人間丸出《まるだ》し」の勇者《ゆうしゃ》。それが地涌の誇《ほこ》りなのです。いわば、地涌の出現《しゅつげん》とは、「生命の底力《そこぢから》は、かくも偉大《いだい》なり!」という壮《そう》大《だい》な轟《とどろ》きです。地響《じひび》きです。

人種《じんしゅ》や民族《みんぞく》に、自分たちの〝ルーツ〟を求《もと》めても、それは虚構《きょこう》です。砂漠《さばく》に浮《う》かぶ蜃気楼《しんきろう》のようなものだ。人類共通《じんるいきょうつう》の〝生命の故郷《こきょう》〟にはなれない。むしろ、他者《たしゃ》との差異《さい》ばかりを際立《きわだ》たせ、対《たい》立《りつ》・抗争《こうそう》の元凶《げんきょう》となってしまう。

今、求《もと》められているのは「人間観《にんげんかん》の変革《へんかく》」です。これが変われば一切が変わる。

人間よ、国家や民族《みんぞく》の軛《くびき》にとらわれるな。また、自分を無力《むりょく》な存在《そんざい》と思うな。物質《ぶっしつ》の集まりにすぎないと思うな。遺伝子《いでんし》の奴隷《どれい》とも思うな。本来はもっと無限《むげん》の、大《おお》いなる可能性《かのうせい》をもつ存在なのだ――と。

本来、人間は、宇宙《うちゅう》と一体《いったい》の大《おお》いなる存在《そんざい》なのだ！　個人《こじん》の力《ちから》は、かくも偉大《いだい》なのだ！　これが法華経《ほけきょう》のメッセージです。

釈尊《しゃくそん》に言われて、しぶしぶ登場するのではない（笑い）。「さあ、自分たちの出番だ」と、待《ま》ってましたとばかり躍《おど》り出《で》るのが地涌《じゆ》の菩薩《ぼさつ》です。「躍り出ていく」自発《じはつ》の信心でこそ、「永遠《えいえん》の幸福」がつかめる。

信心の目的《もくてき》は、永遠《えいえん》の幸福です。今世《こんぜ》は夢《ゆめ》のようなものだ。その夢から覚《さ》めて、この一生《いっしょう》で「永遠の幸福」を固《かた》めるための信心です。それを一生成仏《じょうぶつ》と言う。だから今世を頑張《がんば》りなさいと言うのです。

そのためには、何が必要《ひつよう》か。日蓮大聖人は「日蓮と同意《どうい》ならば地涌《じゆ》の菩薩《ぼさつ》たらんか」（御書一三六〇ジ）と仰《おお》せです。大聖人と心《こころ》を同じくして広宣流布へ戦う人こそ、真《しん》の地涌の菩薩なのです。

広宣流布は「公転《こうてん》」です。人間革命は「自転《じてん》」です。両者は一体です。

「日蓮と同意《どうい》」ならば、何も恐《おそ》れるはずがない。牧口先生、戸田先生は戦時中《せんじちゅう》、軍部政府《ぐんぶせいふ》の弾圧《だんあつ》にも一歩も引かなかった。大聖人のご精神《せいしん》である師《し》子王《しおう》の心《こころ》を、まっすぐに受《う》け継《つ》いでおられた。

大事なことは、私どもの原点である戸田先生の悟達《ごだつ》が、「獄中《ごくちゅう》」でなされたという一点です。法華経《ほけきょう》ゆえの投獄《とうごく》です。そのなかで、戸田先生は「我《われ》、地涌《じゆ》の菩薩《ぼさつ》なり！」と、豁然《かつぜん》と悟《さと》られた。大難《だいなん》の真《ま》っただ中《なか》でこそ、人間革命されたのです。難即悟達《なんそくごだつ》です。

これこそ、まさに「日蓮と同意《どうい》ならば地涌《じゆ》の菩《ぼ》薩《さつ》たらんか」の御金言《ごきんげん》を身《み》をもって証明《しょうめい》された姿《すがた》と言えよう。厳《きび》しく言えば、難《なん》なくして、本当の「日蓮と同意」とは言えないのです。

この「獄中《ごくちゅう》の悟達《ごだつ》」こそ、私どもの永遠《えいえん》の原点です。法華経《ほけきょう》を現代に蘇《よみがえ》らせた一瞬《いっしゅん》であり、「人間革命」という太陽が現代に昇《のぼ》った一瞬だった。その時、闇《やみ》は深く、だれも気がつかなかったが、夜明けは戸田先生の胸中《きょうちゅう》で始まっていたのです。

「我《われ》、地涌《じゆ》の菩薩《ぼさつ》なり！」——。

この戸田先生の大確信《だいかくしん》から、広宣流布の壮大《そうだい》な流れが、ほとばしり始めた。

「仏《ほとけ》とは何か」を追求《ついきゅう》し抜《ぬ》いて、仏とはほかならぬ自分のことであり、宇宙《うちゅう》の大生命であり、それらは一体であると分かった。

〝足下《そっか》を掘《ほ》れ、そこに泉《いずみ》あり〟という言葉は有名だが、自身の根源《こんげん》を掘り下げていく時、そこに万《ばん》人《にん》に共通《きょうつう》する生命の基盤《きばん》が現《あらわ》れてきた。それが永《えい》遠《えん》の宇宙《うちゅう》生命です。

戸田先生は、まさに自身の根源《こんげん》を悟《さと》られるとともに、〝あらゆる人が、じつは根本《こんぽん》においては地《じ》涌《ゆ》の菩薩《ぼさつ》である〟という人類共通《じんるいきょうつう》の基盤《きばん》を悟られたのです。その〝生命の故郷《こきょう》〟を知ったのが、学会員です。

先生は、その胸中《きょうちゅう》の深いご確信《かくしん》を何《なん》とか学会員と分《わ》かち合《あ》おうと心《こころ》を砕《くだ》いておられた。時には「地涌《じゆ》の菩薩《ぼさつ》の皆《みな》さん、やろうではないか」と呼《よ》びかけられたこともある。

自身の本源《ほんげん》の生命に生《い》き抜《ぬ》いた人は、どれほど尊《とうと》いか。どれほど強いか——そのことを私どもに命懸《いのちが》けで教えてくださったのが戸田先生です。また、ご自身の一生を通して実証《じっしょう》してくださった。

〝一人《ひとり》の力《ちから》〟は偉大《いだい》です。まことの地涌《じゆ》の菩薩《ぼさつ》であれば、力が出ないわけがない。その確信《かくしん》がすべての出発点です。

自己の根源《こんげん》には、清浄《せいじょう》なる宇宙大《うちゅうだい》の生命が広がっている。この自覚《じかく》と証明《しょうめい》が「人間革命」なのです。

仏《ほとけ》という「一人《ひとり》」から「全民衆《ぜんみんしゅう》」への正法《しょうほう》広宣流布を担《にな》うのは、いかなる国土であってもつねに「地涌《じゆ》の菩薩《ぼさつ》」なのです。それはなぜか。

「地涌《じゆ》の菩薩《ぼさつ》」とは、内証《ないしょう》の境涯《きょうがい》が「仏《ほとけ》」と同じでありながら、しかも、どこまでも「菩薩」として行動していくからです。いわば「菩薩仏《ぼさつぶつ》」です。

境涯《きょうがい》が「仏《ほとけ》」と師弟不二《していふに》でなければ、正法《しょうほう》を正しく弘《ひろ》めることはできない。

しかも現実《げんじつ》の濁世《じょくせ》で、世間のなかへ、人間群《にんげんぐん》のなかへと同化《どうか》して入っていかなければ広宣流布はできない。

この両方の条件《じょうけん》を満《み》たしているのが「地涌《じゆ》の菩《ぼ》薩《さつ》」なのです。だから神力品《じんりきほん》の最後《さいご》に「斯《こ》の人は世間《せけん》に行《ぎょう》じて」（法華経五七五ジペー）とあるでしょう。「世間に」です。人間のなかへです。

地涌《じゆ》の菩薩《ぼさつ》は「太陽」なのです。また、「如蓮華《にょれんげ》在水《ざいすい》」（法華経四七一㌻）と言われるように、世間のなかにあって、しかも世間の悪に染《そ》まらない「蓮華」でもある。

自分が「太陽」になれば、人生《じんせい》に闇《やみ》はありません。自分の毎日はもちろん、他《ほか》の人をも明るく照《て》らしていける。

自分が「蓮華《れんげ》」になれば、〝煩悩《ぼんのう》〟の泥沼《どろぬま》も即《そく》幸福の〝菩提《ぼだい》〟にしていける。

涌出品《ゆじゅっぽん》に「如蓮華在水《にょれんげざいすい》」とあった。私ども地涌《じゆ》の菩薩《ぼさつ》は、世間の泥沼《どろぬま》の真《ま》ったただ中《なか》に入っていく。決して現実《げんじつ》から逃《に》げない。しかも、絶対《ぜったい》に世間の汚《けが》れに染《そ》まらないということです。

なぜなのか。それは「使命《しめい》を忘《わす》れない」からです。


大聖人は、地涌《じゆ》の菩薩《ぼさつ》について「但《た》だ唯一大事《ゆいいちだいじ》の南無妙法蓮華経を弘通《ぐつう》するを本《もと》とせり」（御書八三三㌻）と仰《おお》せです。

広宣流布です。折伏精神《しゃくぶくせいしん》です。広宣流布のために一切を捧《ささ》げていく信心が、地涌《じゆ》の菩薩《ぼさつ》の魂《たましい》です。

地涌《じゆ》の菩薩《ぼさつ》は、はるか昔から、ひたすら妙法を修行《しゅぎょう》してきた。妙法根本《こんぽん》、信心根本の生《い》き方《かた》を鍛《きた》えてきた。大聖人は、地涌の菩薩を「されば能《よ》く能く心《こころ》をきた《鍛》はせ給《たも》うにや」（御書一一八六㌻）と仰《おお》せです。

だからこそ娑婆《しゃば》世界で大難《だいなん》にも耐《た》えて弘教《ぐきょう》していける。仏界《ぶっかい》に住《じゅう》しているからです。

迹化《しゃっけ》の菩薩《ぼさつ》や他方《たほう》の菩薩は、あくまで「成仏《じょうぶつ》をめざす菩薩」です。それでは娑婆《しゃば》世界の弘教《ぐきょう》には耐《た》えられない。

久遠《くおん》の妙法に習熟《しゅうじゅく》し、練達《れんたつ》した本化地涌《ほんげじゆ》の菩薩《ぼさつ》でこそ、その任《にん》に耐《た》えられるのです。

牧口先生は「『塵《ちり》も積《つ》もれば山となる』というが、実際《じっさい》に塵が積もってできた山はない。できるのは、せいぜい塚《つか》ぐらいのものである。現実《げんじつ》の山は地殻《ちかく》の大変動《だいへんどう》によってこそできる。同じように、小善《しょうぜん》をいくら重《かさ》ねても大善《だいぜん》にはならない」

（『牧口常三郎全集10』所収、趣意）と言われた。

小善《しょうぜん》を重《かさ》ねて成仏《じょうぶつ》しようというのが「迹化《しゃっけ》の菩《ぼ》薩《さつ》」の生《い》き方《かた》とすれば、「本化《ほんげ》の菩薩」は法性《ほっしょう》の淵《えん》底《てい》、生命の奥底《おうてい》から、あたかも火山の爆発《ばくはつ》のごとき勢《いきお》いで、仏界《ぶっかい》の大生命力《だいせいめいりょく》を噴出《ふんしゅつ》させるのです。

地涌《じゆ》の菩薩《ぼさつ》は、つねに妙法を修行《しゅぎょう》し、瞬間《しゅんかん》瞬間、永遠《えいえん》の生命を呼吸《こきゅう》している菩薩です。修行する姿《すがた》は菩薩でも、内面《ないめん》の境涯《きょうがい》は仏《ほとけ》です。

しかし、仏《ほとけ》と言うと、どうしても超越的《ちょうえつてき》な感じに見られてしまう。

地涌《じゆ》の菩薩《ぼさつ》は、あくまで「修行《しゅぎょう》する人間」としての菩薩に徹《てっ》している。人間に徹しているのです。ここに重大《じゅうだい》な意義《いぎ》がある。

「人間」への信頼《しんらい》、「人間」への信仰《しんこう》――その復《ふっ》権《けん》こそ、「二十一世紀《せいき》の宗教」のカギなのです。ある意味では、偉大《いだい》なる「人間教」「生命教」の登場を、世界は待《ま》ち望《のぞ》んでいるのです。

22-2 創価学会員こそ地涌《じゆ》の菩薩《ぼさつ》

広宣流布を成《な》し遂《と》げゆく地涌《じゆ》の菩薩《ぼさつ》の徳《とく》について、法華経《ほけきょう》に基《もと》づきながら、勇《ゆう》気《き》、智慧《ちえ》、忍耐力《にんたいりょく》、人格《じんかく》といった特性《とくせい》に光《ひかり》を当《あ》てて論《ろん》じています。そして、これらの偉大《いだい》な徳を体現《たいげん》しているのが、創価学会員であると語っています。

池田先生の指針

『法華経　方便品・寿量品講義』

地涌《じゆ》の菩薩《ぼさつ》とは、久遠《くおん》の妙法を自身の生命に所持《しょ》《じ》した菩薩です。

大聖人は「本法所持《ほんぽうしょじ》の人に非《あらざ》れば末法《まっぽう》の弘法《ぐほう》に足《た》らざる者《もの》か」（御書二五一㌻）と仰《おお》せです。「本法」とは南無妙法蓮華経です。

末法《まっぽう》の衆生《しゅじょう》を救《すく》う大良薬《だいりょうやく》とは、寿量文底《じゅりょうもんてい》の南無妙法蓮華経です。南無妙法蓮華経は〝生命の法《ほう》〟です。

したがって、自《みずか》らの生命にこの法《ほう》を所持《しょじ》し、末《まっ》法《ぽう》の衆生《しゅじょう》のために顕《あらわ》していける人でなければ、末法の衆生を救《すく》うことはできません。

日蓮大聖人は、地涌《じゆ》の菩薩《ぼさつ》の上首《じょうしゅ》・上行《じょうぎょう》菩薩の再誕《さいたん》として、末法《まっぽう》の民衆《みんしゅう》を救《すく》うために、寿量品《じゅりょうほん》の文底《もんてい》に秘沈《ひちん》された南無妙法蓮華経を御自身《ごじしん》の魂《たましい》として、その御生命を御本尊として顕《あらわ》されたのです。

また、大聖人は「此《こ》の本法《ほんぽう》を受持《じゅじ》するは信の一字なり、元品《がんぽん》の無明《むみょう》を対治《たいじ》する利剣《りけん》は信の一字なり」（御書七五一㌻）、「日蓮と同意《どうい》ならば地涌《じゆ》の菩《ぼ》薩《さつ》たらんか」（御書一三六〇ページ）とも仰《おお》せです。

御本尊を信じ、大聖人と同じ心《こころ》で広宣流布に邁進《まいしん》する私どもも、大聖人と同じく本法《ほんぽう》を所持《しょじ》する地涌《じゆ》の菩薩《ぼさつ》なのです。

地涌《じゆ》の菩薩《ぼさつ》は〝娑婆《しゃば》世界の下方《かほう》の空中《くうちゅう》〟から涌出《ゆじゅつ》してきた菩薩であると、法華経涌出品《ほけきょうゆじゅっぽん》には説《と》かれています。この「下方」について大聖人は、「下方とは真理《しんり》なり」（御書七五一ページ）と示《しめ》されている。

地涌《じゆ》の菩薩《ぼさつ》は、〝真理《しんり》の世界〟から現実《げんじつ》の娑婆《しゃば》世界に涌出《ゆじゅつ》してきた菩薩です。すなわち、宇宙《うちゅう》の根源《こんげん》の大法《だいほう》——南無妙法蓮華経から、民衆《みんしゅう》のなかへ躍《おど》りでてきた勇者《ゆうしゃ》なのです。

だから、行き詰《づ》まりがない。妙法の世界から無尽蔵《むじんぞう》に本源《ほんげん》の生命力《せいめいりょく》と智慧《ちえ》を汲《く》み上《あ》げることができる。悪世末法《あくせまっぽう》においても、身《み》をもって妙法を弘《ひろ》め、大難《だいなん》を忍《しの》ぶことができるのです。

濁悪《じょくあく》の末法《まっぽう》で、大聖人の仰《おお》せのままに、仏法を現実《げんじつ》の大地に弘《ひろ》めている人は、皆《みな》、誰人《たれびと》も地涌《じゆ》の菩薩《ぼさつ》です。

今日《こんにち》においては、経文《きょうもん》に説《と》かれる地涌《じゆ》の菩薩《ぼさつ》の姿《すがた》は、すべて学会員の姿です。

地涌《じゆ》の菩薩《ぼさつ》は「志念堅固《しねんけんご》」（法華経四五九ページ）——一度決めたらやり通す堅《かた》き決意の人、持続《じぞく》の人です。

なかでも多宝会《たほうかい》の皆様方《みなさまがた》は、草創以来《そうそういらい》、何があっても信心を貫《つらぬ》いてこられた。どんな中傷《ちゅうしょう》のなかでも、一度決めた志《こころざし》を捨《す》てなかった。不退転《ふたいてん》という「地涌《じゆ》の勲章《くんしょう》」を輝《かがや》かせながら。

また、経文《きょうもん》に「善《よ》く菩薩《ぼさつ》の道を学び、世間《せけん》の法《ほう》に染《そ》まらないのは、蓮華《れんげ》が泥水《でいすい》のなかで華《はな》を咲《さ》かせるようである」（法華経四七一ページ、通解）と。

学会員は、五濁強盛《ごじょくごうじょう》な社会にあって、汚泥《おでい》に染《そ》まらず、たくましく、純粋《じゅんすい》に仏法の世界に生ききってきた。現実《げんじつ》の泥水《でいすい》の中で苦しむ人々を救《すく》ってきた。この人間の中に飛《と》び込《こ》むことを厭《いと》い、離れて、ただ山の中にこもっていては、地涌《じゆ》の使命《しめい》は果《は》たせません。

さらに、「難問答《なんもんどう》に巧《たく》みにして　其《そ》の心《こころ》に畏《おそ》る所無《ところな》く　忍辱《にんにく》の心は決定《けつじょう》し　端正《たんじょう》にして威徳有《いとくあ》り」（法華経四七二ページ）ともあります。

「難問答《なんもんどう》に巧《たく》み」――一言で言えば「対話の達《たつ》人《じん》」です。第一線の中に生きた智慧《ちえ》がある。いわれなき悪口《あっこう》に対しては、「では、人生《じんせい》の幸福とは何か、語り合ってからにしましょう」と、一言でしなやかに押《お》し返《かえ》す智慧。皆様《みなさま》こそ難問答に巧みな智者《ちしゃ》です。

「其《そ》の心《こころ》に畏《おそ》るる所無《ところな》く」――皆様方《みなさまがた》は何者《なにもの》をも畏れない「勇気《ゆうき》の戦士《せんし》」です。民衆《みんしゅう》を蹂躙《じゅうりん》する邪悪《じゃあく》な勢力《せいりょく》とは、断固《だんこ》、戦ってきた。

「忍辱《にんにく》の心《こころ》は決定《けつじょう》し」――粘《ねば》り強《づよ》さは、皆様《みなさま》の真《しん》骨頂《こっちょう》です。友《とも》の中にはグチばかりの人もいる。わがままな人もいたかもしれない。しかし、友を見《み》捨《す》てることは絶対《ぜったい》にしなかった。最高《さいこう》の忍辱の人です。

また、自身の困難《こんなん》にも、忍辱《にんにく》の二字で打《う》ち勝《か》ってきた。まさに「慈悲《じひ》の王者《おうじゃ》」「信念《しんねん》の王者」です。

「端正《たんじょう》にして威徳有《いとくあ》り」――心《こころ》が、生命が輝《かがや》いている。人を引きつけて止《や》まない人間的魅力《みりょく》にあふれている。その豊《ゆた》かな人徳《じんとく》には、だれもが納得《なっとく》せざるをえない。

このように、皆様方一人《みなさまがたひとり》一人が「地涌《じゆ》の力《ちから》」をもっているのです。

地涌《じゆ》の菩薩《ぼさつ》は、「人中《にんちゅう》の宝《たから》」（法華経四六九ページ）

です。地域《ちいき》の宝です。日本の、世界の宝です。それほど尊貴《そんき》な存在《そんざい》なのです。

皆様方一人《みなさまがたひとり》一人に「地涌《じゆ》の心《こころ》」がある。妙法厳《げん》護《ご》の「心」があり、「この人を励《はげ》まそう」「あの人の心の痛《いた》みを、少しでも和《やわ》らげてあげよう」という菩薩《ぼさつ》の「心」をもっている。

あらゆる人を心《こころ》から敬《うやま》う。そこにこそ、法華経《ほけきょう》の心があり、地涌《じゆ》の菩薩《ぼさつ》の精神《せいしん》があるのです。

また、皆様方一人《みなさまがたひとり》一人には「地涌《じゆ》の実践《じっせん》」がある。

地涌《じゆ》の菩薩《ぼさつ》は、人々が最《もっと》も苦《くる》しんでいる時、悲《かな》しんでいる所に生まれる。

大聖人は末法《まっぽう》の時代の様子を「執心弥強盛《しゅうしんいよいよごうじょう》にして小《しょう》を以《もっ》て大《だい》を打《う》ち権《ごん》を以て実《じつ》を破《やぶ》り国土《こくど》に大《だい》体謗法《たいほうぼう》の者充満《ものじゅうまん》するなり」（御書五〇七ジペー）と仰《おお》せです。

これは、大小《だいしょう》や権実《ごんじつ》の教えが雑乱《ぞうらん》していることを指《さ》している御文《ごもん》ですが、現代社会《げんだいしゃかい》の精神的風潮《せいしんてきふうちょう》をも見事《みごと》に言い当てています。

低《ひく》い価値観《かちかん》への執着《しゅうちゃく》が強く、卑小《ひしょう》なものを好《この》み偉大《いだい》なものを嫌《きら》う。かりそめのもの、偽物《にせもの》を好み本物を嫌う。末法《まっぽう》とは、浅《あさ》い思想・生《い》き方《かた》が受け入れられ、深《ふか》い生き方を軽蔑《けいべつ》する時代です。

そんな顛倒《てんどう》した社会のなかで、目的地《もくてきち》を失《うしな》い放《ほう》浪《ろう》する人に、真《しん》の生《い》き方《かた》を説《と》き続けてきたのが学会員です。

まさに「一人《ひとり》一人が大衆《だいしゅ》の唱導《しょうどう》の首《しゅ》」（法華経四五三ジペー、通解）とあるとおりの、民衆《みんしゅう》のリーダーとして光《ひかり》を送り続けてきた。

戸田先生は、断言《だんげん》された。

「われわれは末法《まっぽう》に七文字の法華経《ほけきょう》を流布すべき大任《たいにん》をおびて、出現《しゅつげん》したことを自覚《じかく》いたしました。この境地《きょうち》にまかせて、われわれの位《くらい》を判《はん》ずるならば、われわれは地涌《じゆ》の菩薩《ぼさつ》であります」(『戸田城聖全集3』)と。

皆様方《みなさまがた》が恩師《おんし》の師子吼《ししく》を事実《じじつ》のうえで証明《しょうめい》したのです。二十世紀《せいき》の地涌《じゆ》の菩薩《ぼさつ》が果《は》たした大偉業《だいいぎょう》を、御本仏《ごほんぶつ》が、そして諸仏《しょぶつ》がどれほど讃嘆《さんたん》し、どれだけ喝采《かっさい》を送っていることか。

しかし、世界には、まだまだ「悲惨《ひさん》」「苦悩《くのう》」がある。日本も世界も混迷《こんめい》の度《ど》を深《ふか》めている。地《じ》涌《ゆ》の長征《ちょうせい》は続きます。平和のために、幸福のために。

そのためにも、いっそう、健康《けんこう》ではつらつと、そして長寿《ちょうじゅ》で――。皆様《みなさま》の笑顔《えがお》を、世界が待《ま》っています。

22-3 四菩薩《しぼさつ》の力用《りきゆう》は我《わ》が生命に

現代《げんだい》における地涌《じゆ》の菩薩《ぼさつ》こそ創価学会員であると語り、地涌の菩薩のリーダーである四菩薩《しぼさつ》の徳《とく》を人間に即《そく》して具体的《ぐたいてき》に論《ろん》じています。

池田先生の指針

「全国代表者会議」(一九九六年三月二十九日、東京)

戸田先生は常《つね》に語っておられた。

「広宣流布をなさんとする学会員こそ地涌《じゆ》の菩《ぼ》薩《さつ》である」「地涌の菩薩と定《さだ》まれば、思うとおりの生活ができないわけは絶対《ぜったい》にない」と。

法華経《ほけきょう》では、地涌《じゆ》の菩薩《ぼさつ》のリーダーとして「四《し》菩薩《ぼさつ》」が登場する。上行菩薩《じょうぎょう》、無辺行菩薩《むへんぎょう》、浄行《じょうぎょう》菩薩、そして安立行菩薩《あんりゅうぎょう》である。

四菩薩《しぼさつ》は、どのような意義《いぎ》をもっているのか。さまざまに論《ろん》じることができるが、大聖人は、その一面を「御義口伝《おんぎくでん》」で「地水火風《ちすいかふう》の四大《しだい》」と関《かん》連《れん》して論じておられる。地水火風に代表される宇《う》宙《ちゅう》のあらゆる働《はたら》きが、その根本《こんぽん》において、四菩薩の働きであり、妙法蓮華経の慈悲《じひ》の働きなのである。

「御義口伝《おんぎくでん》」の仰《おお》せを根本《こんぽん》として、リーダーのあり方《かた》にそくして、わかりやすく敷衍《ふえん》して申《もう》し上《あ》げたい。

まず上行菩薩《じょうぎょうぼさつ》の働《はたら》きは「火」と対応《たいおう》できよう。「火は物を焼《や》くを以《もっ》て行《ぎょう》とし」(御書七五一ジペー)と。火は物を焼《や》く働《はたら》きがある。妙法の勇者《ゆうしゃ》は、煩悩《ぼんのう》を焼いて智慧《ちえ》の光《ひかり》を出し、世間《せけん》の闇《やみ》を照《て》らしていく。

燃《も》えさかる火が天に向かって隆々《りゅうりゅう》と炎《ほのお》をあげるように、ほとばしる勢《いきお》いに満《み》ち、周囲《しゅうい》の人々をわが熱《あつ》き一念《いちねん》につつんでいく。先頭に立って働《はたら》き、すべての人に勇気《ゆうき》と情熱《じょうねつ》の炎を点火《てんか》する。そして進むべき道を照《て》らす。

社会にあっても、世界にあっても、大指導者《だいしどうしゃ》としての働《はたら》きを示《しめ》すのである。

これは上行菩薩《じょうぎょうぼさつ》の徳《とく》の一面といえるのではないだろうか。

仏法のリーダーは常《つね》に自身を向上《こうじょう》させ、常に人々の先頭《せんとう》に立って、勇気《ゆうき》りんりんと行動しなければならない。自分が楽《らく》をして、「人にやらせよう」「人を使おう」とする傲慢《ごうまん》な指導者《しどうしゃ》であってはならない。

無辺行菩薩《むへんぎょうぼさつ》は「風」と対応《たいおう》できよう。

「御義口伝《おんぎくでん》」には「風は塵垢《じんく》を払《はら》うを以《もっ》て行《ぎょう》とし」（御書七五一ジベー）と。

風は塵《ちり》やホコリを吹《ふ》きはらう働《はたら》きがある。風が「無辺《むへん》」に吹きわたって塵やホコリを払《はら》っていくように、いかなる困難《こんなん》をも「風の前の塵なるべし」（御書一一三二ジベー）と吹きとばして、自由自在《じゆうじざい》に活躍《かつやく》していける。

これが無辺行菩薩《むへんぎょうぼさつ》の徳《とく》といえるのではないだろうか。

何があろうと、決して行き詰《づ》まることなき「智《ち》慧《え》」と「生命力《せいめいりょく》」をもっているのである。

浄行菩薩《じょうぎょうぼさつ》は「水」と対応《たいおう》できよう。

「水は物を浄《きよ》むるを以《もっ》て行《ぎょう》とし」（御書七五一ジベー）と。

水は物を清《きよ》める働《はたら》きがある。とうとうと流れる水のごとく、常《つね》に清らかな境涯《きょうがい》をたもち、現実《げんじつ》の汚濁《おじょく》に染《そ》まることなく、万物《ばんぶつ》を清めていく。

濁世《じょくせ》の真《ま》っただ中《なか》に飛《と》びこみながら、みずみずしく、美しき生命を汚《けが》されることがない。かえって周囲《しゅうい》にも清浄《せいじょう》な流れを広げていく。

これが浄行菩薩《じょうぎょうぼさつ》の徳《とく》といえるのではないだろうか。

安立行菩薩《あんりゅうぎょうぼさつ》は「大地」と対応《たいおう》できよう。

「大地は草木《そうもく》を長《ちょう》ずるを以《もっ》て行《ぎょう》とするなり」（同ジベー）と。

大地は草木を育成《いくせい》する働《はたら》きがある。多様な草木を育《はぐ》む大地のごとく、すべての人を公平《こうへい》に守り、平等《びょうどう》に慈《いつく》しんでいく。

皆《みな》をどっしりと支《ささ》え、励《はげ》ましの栄養《えいよう》を送っていく。何があっても揺《ゆ》るがない。動じない。そして皆に「この人と一緒《いっしょ》にいれば大丈夫《だいじょうぶ》だ!」という、限《かぎ》りない安心感《あんしんかん》をあたえる。

これが安立行菩薩《あんりゅうぎょうぼさつ》の徳《とく》といえるのではないだろうか。

地涌《じゆ》の菩薩《ぼさつ》のリーダーであられる御本仏《ごほんぶつ》日蓮大聖人と「同意《どうい》」の信心で、広宣流布へ生き抜《ぬ》くかぎり、この四菩薩《しぼさつ》の力用《りきゆう》が、私どもの生命にも、わいてくるのである。なんとすばらしいことであろうか。

この四菩薩《しぼさつ》のすべてに「行」の字が含《ふく》まれていることは、まことに意義《いぎ》が深《ふか》い。「行」がなければ菩薩ではない。「行動」してこそ仏《ほとけ》になる。

自分のためだけの人生《じんせい》では、むなしく、卑《いや》しい。人を尊敬《そんけい》し、人のために動いてこそ地涌《じゆ》の菩薩《ぼさつ》である。

皆様《みなさま》は、「上行《じょうぎょう》」のごとく広宣流布の一切《いっさい》の先頭《せんとう》に立ち、「無辺行《むへんぎょう》」のごとく自由自在《じゆうじざい》に、「浄行《じょうぎょう》」のごとく心清《こころきよ》らかに、「安立行《あんりゅうぎょう》」のごとく不動《ふどう》の確信《かくしん》で、尊《とうと》き学会員を厳然《げんぜん》と守っていただきたい。

私欲《しよく》を捨《す》て、毀誉褒貶《きよほうへん》など見おろして、ただひたすらに人々のため、未来《みらい》のために生《い》き抜《ぬ》くことである。それでこそ力《ちから》がわく。その人が仏《ほとけ》になる。

22-4 一人《ひと》立《り》つ誓願《せいがん》の信心

小説『新・人間革命』には、一九七七年の「教学の年」の年頭、山本伸一会長が聖教新聞紙上で「諸法実相抄《しょほうじっそうしょう》」講義《こうぎ》を行《おこな》ったことが綴《つづ》られています。そこでは、一人《ひとり》立つ誓願《せいがん》の信心こそ地涌《じゆ》の菩薩《ぼさつ》の本領《ほんりょう》であることが強調《きょうちょう》されています。

池田先生の指針

『新・人間革命24』(「厳護」の章)

伸一は、毅然《きぜん》と訴《うった》えた。

「私たちは、地涌《じゆ》の菩薩《ぼさつ》であり、大聖人の本眷属《ほんけんぞく》たる久遠《くおん》の弟子《でし》なるがゆえに、末法《まっぽう》広宣流布の大《おお》舞台《ぶたい》に躍《おど》り出《で》たのであります。

使命深《しめいふか》き、大聖人直結《ちょっけつ》の私たちです。本当に、広宣流布の大責任《だいせきにん》に立って悩《なや》み、苦《くる》しみ、祈《いの》り、戦うならば、大聖人の、南無妙法蓮華経の御命《おんいのち》が湧《わ》いてこないわけがない。私自身、誰《だれ》も頼《たよ》ることもできず、ただ一人《ひとり》で、決断《けつだん》し、敢然《かんぜん》と進まねばならない時も、断固《だんこ》、その確信《かくしん》を貫《つらぬ》いてまいりました」

伸一の心《こころ》には、常《つね》に〝大聖人直結《ちょっけつ》の信心を貫《つらぬ》いてきたのは、われら創価学会である〟との、富士《ふじ》のごとき不動《ふどう》の大確信《だいかくしん》があった。

伸一は、地涌《じゆ》の菩薩《ぼさつ》の本領《ほんりょう》とは何かについて、掘《ほ》り下《さ》げていった。

「菩薩《ぼさつ》の本領《ほんりょう》は、『誓願《せいがん》』ということにあります。そして、地涌《じゆ》の菩薩の誓願とは、『法華弘通《ほっけぐつう》』にあります。

ゆえに、心《こころ》から周囲《しゅうい》の人びとを幸《しあわ》せにしきっていく、広宣流布への『誓願《せいがん》』の唱題《しょうだい》が大切です。厳《きび》しく言えば、『誓願』なき唱題は、地涌《じゆ》の菩薩《ぼさつ》の唱題ではないのであります」

「誓願《せいがん》」には、魔《ま》に打《う》ち勝《か》ちゆく、仏《ほとけ》の生命のほとばしりがある。

伸一は、全同志《ぜんどうし》が、一人《ひとり》も漏《も》れなく、大功徳《だいくどく》に浴《よく》してほしかった。病苦《びょうく》、経済苦《けいざいく》など、すべてを乗《の》り越《こ》えて、幸《しあわ》せになってほしかった。そのための祈《いの》りの要諦《ようてい》こそ、「広宣流布への誓願《せいがん》」なのである。

皆《みな》、それぞれに、さまざまな問題《もんだい》や苦悩《くのう》をかかえていよう。その解決《かいけつ》のためには、〝広宣流布のため〟との一念《いちねん》が大事になるのだ。

たとえば、病《やまい》に苦《くる》しんでいるならば、〝この病を克服《こくふく》し、仏法の正《ただ》しさを必《かなら》ず証明《しょうめい》します。広宣流布に、自在《じざい》に動《うご》き回《まわ》るために、どうか大生命力《だいせいめいりょく》をください〟との誓願《せいがん》の心《こころ》が、克服の大きな力《ちから》となるのだ。

題目《だいもく》を唱《とな》えれば、もちろん功徳《くどく》はある。しかし、〝病気を治《なお》したい〟という祈《いの》りが、深《ふか》き使命感《しめいかん》と一致《いっち》していく時、自身の根本的《こんぽんてき》な生命の変革《へんかく》、境涯革命《きょうがいかくめい》、宿命《しゅくめい》の転換《てんかん》への力強《ちからづよ》い回転《かいてん》が始《はじ》まる。

広宣流布を誓願《せいがん》し、唱題《しょうだい》に励《はげ》む時、自身の胸中《きょうちゅう》に、地涌《じゆ》の菩薩《ぼさつ》の大生命が涌現《ゆげん》し、日蓮大聖人の御命《おんいのち》が脈動《みゃくどう》して、己心《こしん》の仏界《ぶっかい》が開かれるのである。そこに、境涯《きょうがい》革命があり、宿命《しゅくめい》の劇的《げきてき》な転換《てんかん》も可能《かのう》になるのだ。

また、弘教《ぐきょう》など、広宣流布のための挑戦課題《ちょうせんかだい》を成就《じょうじゅ》せんと悩《なや》み、唱題《しょうだい》すること自体《じたい》、既《すで》に地涌《じゆ》の菩薩《ぼさつ》の生命である。ゆえに、その実践《じっせん》のなかで、個々人《ここじん》のさまざまな苦悩《くのう》も、乗《の》り越《こ》え、解決《かいけつ》していくことができるのだ。

地涌《じゆ》の大生命という赫々《かっかく》たる太陽《たいよう》が昇《のぼ》れば、苦《く》悩《のう》の闇《やみ》は消《き》え去《さ》り、幸福への確《かく》たる道を、雄々《おお》しく歩《あゆ》み抜《ぬ》いていくことができる。

伸一は、「日蓮一人《いちにん》はじめは南無妙法蓮華経と唱《とな》へしが、二人《ににん》・三人・百人と次第《しだい》に唱へつたふるなり……」（御書一三六〇ジペー）の御文《ごもん》では、「一人《ひとり》立つ」勇気《ゆうき》の信心を力説《りきせつ》した。

「いつの時代《じだい》にあっても、絶対《ぜったい》に変わらない広宣流布の根本原理《こんぽんげんり》が、『一人《ひとり》立つ』ということです。大聖人も、そして牧口先生も、戸田先生も、決然《けつぜん》と一人立たれた。これが、仏法の精神《せいしん》であり、創価の師子《しし》の心《こころ》です。

『一人《ひとり》立つ』とは、具体的《ぐたいてき》に言えば、自分の家庭《かてい》や地域《ちいき》など、自身が関《かか》わっている一切《いっさい》の世界で、妙法の広宣流布の全責任《ぜんせきにん》をもっていくことです。

私たちは、一人《ひとり》一人が、家族《かぞく》、親戚《しんせき》、友人等々、他《ほか》の誰《だれ》とも代《か》わることのできない自分だけの人間《にんげん》関係《かんけい》をもっています。妙法のうえから見れば、そこが使命《しめい》の本国土《ほんこくど》であり、その人たちこそが、自身の眷属《けんぞく》となります。自分のいる、その世界を広宣流布していく資格《しかく》と責任《せきにん》を有《ゆう》しているのは、自分だけです。

ゆえに、『一人《ひとり》立つ』という原理が大事になります。御本仏《ごほんぶつ》・日蓮大聖人の御使《おんつか》いとして、自分は今、ここにいるのだと自覚《じかく》することです。そして、おのおの世界にあって、立ち上がっていくのが、地涌《じゆ》の菩薩《ぼさつ》です。そのなかにのみ、広宣流布があることを忘《わす》れないでください」

最《もっと》も身近《みぢか》なところで、仏法を弘《ひろ》めていくというのは、地味《じみ》で、それでいて最《もっと》も厳《きび》しい戦いといいえる。自分のすべてを見られているだけに、見栄《みえ》も、はったりも、通用《つうよう》しない。誠実《せいじつ》に、真面目《まじめ》に、粘《ねば》り強《づよ》く、大情熱《だいじょうねつ》をもって行動し、実証《じっしょう》を示《しめ》しながら、精進《しょうじん》を重《かさ》ねていく以外《いがい》にない。しかし、そこにこそ、真《しん》の仏道修行《ぶつどうしゅぎょう》があるのだ。

22-5

「ちかいし願《ねがい》やぶるべからず」

有名な「開目抄《かいもくしょう》」の一節《いっせつ》「我《われ》日本の柱《はしら》とならむ我日本の眼目《がんもく》とならむ我日本の大船《たいせん》とならむ等とちかいし願《ねがい》やぶるべからず」（御書二三二ジペー）を拝《はい》して、誓願《せいがん》に生《い》き抜《ぬ》く偉大《いだい》さを語っています。

池田先生の指針

『開目抄講義』

「我《われ》日本の柱《はしら》とならむ」
「我《われ》日本の眼目《がんもく》とならむ」
「我《われ》日本の大船《たいせん》とならむ」

あまりにも崇高《すうこう》な主師親《しゅししん》の三徳《さんとく》の誓《ちか》いでありましょう。

日蓮大聖人は、立宗《りっしゅう》の日に、この大願《だいがん》を決意《けつい》されたと拝《はい》することができます。

そして、二十年。あらゆる障魔《しょうま》の嵐《あらし》が吹《ふ》き荒《あ》れても、何ものも大聖人の「不退《ふたい》の心《こころ》」を揺《ゆ》るがすことはできませんでした。数々の悪口罵詈《あっくめり》、卑劣《ひれつ》な謀略《ぼうりゃく》、頸《くび》の座《ざ》、二度に及《およ》ぶ流罪《るざい》――。いかなる天魔《てんま》の暴風《ぼうふう》も、大聖人の胸中《きょうちゅう》の広宣《こうせん》の炎《ほのお》を消《け》すことはできなかった。いな、大聖人はその炎をいやまして燃《も》え上《あ》がらせていかれたのです。

「ちかいし願《ねがい》やぶるべからず」――この御文《ごもん》は、ひとたび誓《ちか》った誓願《せいがん》は、未来永劫《みらいえいごう》に断《だん》じて破《やぶ》ることはない、との御断言《ごだんげん》です。

この仏《ほとけ》の大願《だいがん》をわが誓願《せいがん》として生《い》き抜《ぬ》く強き信心の人にこそ、仏界《ぶっかい》の生命が涌現《ゆげん》するのです。わが創価学会は、この「誓願」を不惜身命《ふしゃくしんみょう》で貫《つらぬ》き通《とお》してきたからこそ、すべてに大勝利《だいしょうり》することができたのです。

「誓願《せいがん》」は、悪世末法《あくせまっぽう》に法を弘《ひろ》めるうえで根幹《こんかん》の柱《はしら》です。正義《せいぎ》に生きる強い誓《ちか》いの心《こころ》がなければ、濁世《じょくせ》の激流《げきりゅう》を押《お》し返《かえ》すことなどできません。魔性《ましょう》を打《う》ち返すことはできません。

いかなる大難《だいなん》をも恐《おそ》れない。いかなる苦難《くなん》にも怯《おび》えない。その勇気《ゆうき》を生み出す根源《こんげん》の力《ちから》が、広宣流布の誓願《せいがん》です。

誓願《せいがん》に生きれば、どのような障魔《しょうま》が出来《しゅったい》しても、悠然《ゆうぜん》たる王者《おうじゃ》の魂《たましい》が光《ひか》ります。どのような宿《しゅく》命《めい》が襲来《しゅうらい》しても、毅然《きぜん》たる勇者《ゆうしゃ》の魂が輝《かがや》きます。

そして「わが誓願の心《こころ》」が破《やぶ》られることがなければ、あらゆる障魔にも宿命にも負《ま》けることは断《だん》じてありません。

大聖人は「日本の柱《はしら》」「日本の眼目《がんもく》」「日本の大《たい》船《せん》」と仰《おお》せです。言うまでもなく、「日本の」とは日本中心主義ではなく、一国謗法《いっこくほうぼう》という末法《まっぽう》の典《てん》型《けい》とも言うべき、深《ふか》い悪世《あくせ》の様相《ようそう》を呈《てい》した国土《こくど》だからです。娑婆《しゃば》世界の中で、最《もっと》も苦《くる》しんでいる衆《しゅ》生《じょう》と国土を救《すく》えれば全人類《ぜんじんるい》を救えます。

大聖人御在世《ございせ》の日本は、精神《せいしん》の支柱《しちゅう》を失《うしな》って崩《ほう》壊寸前《かいすんぜん》の状況《じょうきょう》でした。謗法《ほうぼう》の毒《どく》を弘《ひろ》める悪僧《あくそう》が充《じゅう》満《まん》し、民衆《みんしゅう》は苦悩《くのう》の海に漂《ただよ》っていたのです。

柱《はしら》がなければ家は倒壊《とうかい》します。精神《せいしん》の柱なき社会。悪知識《あくちしき》が充満《じゅうまん》する社会。目的《もくてき》なき漂流《ひょうりゅう》の社会。その精神の荒野《こうや》に、日蓮大聖人は、ただ一人《ひとり》で立ち上がられたのです。

私が、倒壊《とうかい》した国の精神《せいしん》の柱《はしら》となろう。

私が、混迷《こんめい》した思想の正邪《せいじゃ》を見分《みわ》ける眼目《がんもく》となろう。

私が、漂流《ひょうりゅう》した民衆《みんしゅう》を救《すく》う大船《たいせん》となろう、と。

この御本仏《ごほんぶつ》の魂《たましい》を受《う》け継《つ》いだのが創価学会にほかなりません。いな、創価学会しかありません。

私の脳裏《のうり》には、会長就任直前《しゅうにんちょくぜん》の戸田先生の言葉が刻《きざ》まれています。

「私には広宣流布しかない」

「私は立つぞ！　誰《だれ》がなんと言おうが、恐《おそ》れるものか！　もう、何ものにも邪魔《じゃま》させるものか！」

「私は、一人《ひとり》立つぞ！」と。

いつの時代にあっても、いずれの国土《こくど》にあっても、広宣流布は、常《つね》に「一人《ひとり》立つ精神《せいしん》」から始まります。

「一人《ひとり》立つ」心《こころ》があれば、妙法の力用《りきゆう》は自在《じざい》に発《はっ》揮《き》されます。

22-6 行動こそ仏法者の本領《ほんりょう》

地涌《じゆ》の菩薩《ぼさつ》とは「行動者」であり、広宣流布の原動力《げんどうりょく》は現実《げんじつ》の大地で妙法を実践《じっせん》し弘《ひろ》めゆく行動にこそあると語っています。

池田先生の指針

「全国婦人部幹部会」（一九九二年四月十七日、東京）

人生《じんせい》は観念《かんねん》ではない。行動である。人生の真髄《しんずい》を説《と》いた仏法の生命も「行動」にある。

「教主釈尊《きょうしゅしゃくそん》の出世《しゅっせ》の本懐《ほんかい》は人の振舞《ふるまい》にて候《そうら》いけるぞ」（御書一一七四ページ）——教主釈尊が世《よ》に出られた根本目的《こんぽんもくてき》は、人として振《ふ》る舞《ま》う道を説《と》かれることであった——。

何度となく拝《はい》した御書であるが、「人の振舞《ふるまい》」すなわち人間としての「行動」をこそ、仏法は教えようとしたのである、と。「正しき仏法」に「正しき人生《じんせい》」があり、「正しき行動」もある。

また「行学《ぎょうがく》たへ《絶》なば仏法はあるべからず」（御書一三六一ページ）——行と学が絶《た》えてしまえば、仏法はない——と。

「行《ぎょう》」——仏法をみずから実践《じっせん》し、弘《ひろ》めゆく「行動」を離《はな》れて仏法はないとの仰《おお》せである。口《くち》で、どんなに立派《りっぱ》なことを言っても、それだけでは仏法ではない、と。重要《じゅうよう》な根本《こんぽん》のお言葉である。

さらに、「心地《しんじ》を九識《くしき》にもち修行《しゅぎょう》をば六識《ろくしき》にせよ」（御書一五〇六ページ）——心《こころ》の境地《きょうち》を九識（＝生命根本《こんぽん》の最《もっと》も清《きよ》らかな境涯《きょうがい》）に置《お》き、修行のほうは六識（＝心《こころ》を鍛《きた》える現実《げんじつ》の場）においてしなさい――。

現実《げんじつ》のなかでの行動こそが仏道修行《ぶつどうしゅぎょう》であると教えられている。

また法華経《ほけきょう》には、「地涌《じゆ》の菩薩《ぼさつ》」の姿《すがた》が説《と》かれている。大地から涌《わ》き出《い》ずる菩薩――その深義《じんぎ》は、さまざまあるが、久遠以来《くおんいらい》の本然《ほんねん》の使命《しめい》をもって、みずから民衆《みんしゅう》のなかへ躍《おど》り出《で》てきた菩薩である。表面上の権威《けんい》や形式など、何《なん》の関係もない、深《ふか》い次元《じげん》のことが説かれている。

また、現実《げんじつ》の大地で妙法を弘《ひろ》める人こそ、「地涌《じゆ》の菩薩《ぼさつ》」なのである。すなわち私どもである。

この地涌《じゆ》の菩薩《ぼさつ》のリーダーである四菩薩の名《な》も、上行《じょうぎょう》、無辺行《むへんぎょう》、浄行《じょうぎょう》、安立行《あんりゅうぎょう》――。いずれも「行」の字が含《ふく》まれている。

総《そう》じて「地涌《じゆ》の菩薩《ぼさつ》」とは「行動者」なのである。観念《かんねん》ではない。わが五体《ごたい》を使って「行動」し抜《ぬ》くことこそ〝地涌の証《あか》し〟である。

「行動」がなければ建設《けんせつ》はない。栄光《えいこう》も、幸福もない。それが人生《じんせい》、社会の万般《ばんぱん》に通《つう》ずる道理である。

「行動」なき批判《ひはん》は、愚痴《ぐち》に通《つう》ずる。愚痴は信心を破壊《はかい》し、幸福への軌道《きどう》から自分で外《はず》れていくようになってしまう。

生命は動きである。宇宙《うちゅう》も動いている。地球も動いている。動物も植物も、生きとし生けるものはみな、動いている。生きることは動くことである。働《はたら》くことである。

そして、よき人生《じんせい》とは、よき行動の結果《けっか》である。すばらしき人生は、正しき行動の地道《じみち》な繰《く》り返《かえ》しから花咲《はなさ》く。ゆえに、何があろうとも、前へ前へと行動し抜《ぬ》く人が、勝利《しょうり》の人なのである。

「さあ、また何か学ぼう！」と、求道心《きゅうどうしん》を燃《も》やして会合に足を運《はこ》ぶ。「さあ、ともに幸《しあわ》せになろう！」と、家族や地域《ちいき》の人々にあたたかい心《こころ》の対話を広げる――。

そうした皆様《みなさま》の日々の「行動」にこそ、仏法の真髄《しんずい》は脈動《みゃくどう》している。正法《しょうほう》の功徳《くどく》は輝《かがや》いていく。

22-7 地涌《じゆ》の使命《しめい》を広げるのが広宣流布

小説『人間革命』の結《むす》びには、山本伸一の第三代会長就任《しゅうにん》の場面《ばめん》が描《えが》かれ、創価の三代の師弟《してい》が、大難《だいなん》を越《こ》えて、地涌《じゆ》の使命《しめい》を自《みずか》らの生命に定《さだ》め、それを多くの民衆《みんしゅう》に広げていった崇高《すうこう》な歴史《れきし》が綴《つづ》られています。そして、地涌の義《ぎ》を世界に実現《じつげん》するという師弟の誓願《せいがん》こそ、広宣流布と世界平和を成《な》し遂《と》げゆく中心軸《ちゅうしんじく》であることが示《しめ》されています。

池田先生の指針

『人間革命12』(「新・黎明」の章)

創価学会の原点は、初代会長・牧口常三郎《つねさぶろう》の殉《じゅん》教《きょう》と、その弟子《でし》である戸田の獄中《ごくちゅう》の悟達《ごだつ》にこそある。

牧口は、総本山《そうほんざん》(=宗門)が戦時中《せんじちゅう》、軍部政府《ぐんぶせいふ》の弾圧《だんあつ》を恐《おそ》れて、謗法厳誡《ほうぼうげんかい》の御遺誡《ごゆいかい》をも破《やぶ》って神札を祭《まつ》るにいたった時、正法正義《しょうほうしょうぎ》を守《まも》り抜《ぬ》かんと、決然《けつぜん》と立ち上がった。

そして、御本仏《ごほんぶつ》・日蓮大聖人の仰《おお》せのままに、国家《こっか》への諫暁《かんぎょう》を叫《さけ》び、戦い、捕《と》らえられ、獄中《ごくちゅう》に逝《ゆ》いた。まさに、牧口は、法華経《ほけきょう》を身《み》で読み、如《にょ》来《らい》の行《ぎょう》を行じたのである。

この殉教《じゅんきょう》こそ、死身弘法《ししんぐほう》の証《あか》しであり、日蓮大聖人の御精神《ごせいしん》の継承《けいしょう》にほかならない。五濁《ごじょく》の闇夜《あんや》に滅《めっ》せんとした正法《しょうほう》の命脈《めいみゃく》は、ここに保《たも》たれ、学会は、大聖人に直結《ちょっけつ》し、信心の血脈《けつみゃく》を受《う》け継《つ》いだのである。

その牧口を師《し》と定《さだ》め、随順《ずいじゅん》した戸田は、共《とも》に牢《ろう》獄《ごく》につながれた。彼《かれ》の胸《むね》には、凡愚《ぼんぐ》の身《み》にして法《ほう》に命を賭《と》し、法華経《ほけきょう》を身で読める歓喜《かんき》が脈打《みゃくう》っていた。

戸田は、この獄中《ごくちゅう》で、唱題《しょうだい》の末《すえ》に、「仏《ほとけ》」とは「生命《せいめい》」であることを悟《さと》った。この時、難解《なんかい》な仏法の法理《ほうり》は、万人《ばんにん》に人間革命の方途《ほうと》を開く生命の哲《てつ》理《り》として、現代《げんだい》に蘇《よみがえ》ったのである。

さらに、彼《かれ》は、唱題《しょうだい》のなかで不可思議《ふかしぎ》な境地《きょうち》を会得《えとく》していく。大聖人が地涌千界《じゆせんがい》の上首《じょうしゅ》として口《く》決相承《けっそうじょう》を受けられた、法華経《ほけきょう》の虚空会《こくうえ》に連《つら》なり、金色燦然《こんじきさんぜん》たる御本尊に向かって合掌《がっしょう》している自分を感得《かんとく》したのであった。

戸田は、込《こ》み上《あ》げる歓喜《かんき》と法悦《ほうえつ》のなかで、自分は、師匠《ししょう》・牧口常三郎《つねさぶろう》と共《とも》に、日蓮大聖人の末弟《まってい》として、末法弘通《まっぽうぐつう》の付嘱《ふぞく》を受けた、地涌《じゆ》の菩薩《ぼさつ》であることを覚知《かくち》した。

地涌《じゆ》の菩薩《ぼさつ》の使命《しめい》は、広宣流布にある。彼《かれ》は、この時、この世《よ》に生を受けた自《みずか》らの久遠《くおん》の使命を、深《ふか》く自覚《じかく》することができた。

〝これで俺《おれ》の一生《いっしょう》は決まった。今日《きょう》の日を忘《わす》れまい。この尊《とうと》い大法《だいほう》を流布して、俺は生涯《しょうがい》を終わるのだ！〟

これこそが、戸田の獄中《ごくちゅう》の悟達《ごだつ》の結論《けつろん》であり、彼《かれ》の大業《たいぎょう》の原動力《げんどうりょく》であった。

さらに、この時、「御義口伝《おんぎくでん》」の「霊山一会儼然《りょうぜんいちえげんねん》未散《みさん》（霊山の一会は儼然として未《いま》だ散《ち》らず）」（御書七五七ページ）の御文《ごもん》を、生命の実感《じっかん》として拝《はい》することができた。

彼《かれ》は、師《し》に随順《ずいじゅん》することによって、大難《だいなん》に遭《あ》い、獄中《ごくちゅう》にあって悟達《ごだつ》を得《え》たことを思うと、不思《ふし》議《ぎ》な感慨《かんがい》を覚《おぼ》えた。

そして、牧口との師弟《してい》の絆《きずな》もまた、法華経《ほけきょう》化城《けじょう》喩品《ゆほん》の「在在諸仏土《ざいざいしょぶつど》　常与師俱生《じょうよしくしょう》（在在《いたるところ》の諸仏の土に　常《つね》に師《し》と俱《とも》に生《しょう》ず）」（法華経三一七ページ）の文《もん》のままに、久遠《くおん》の昔《むかし》より、永遠《えいえん》であることを感得《かんとく》したのである。

しかし、ちょうどそのころ、師《し》の牧口は、秋霜《しゅうそう》の獄舎《ごくしゃ》で息《いき》を引き取ったのであった。

戸田は、恩師《おんし》の三回忌法要《さんかいきほうよう》で、牧口の遺影《いえい》に向かい、感涙《かんるい》のなかで、嗚咽《おえつ》をこらえながら語っている。

「あなたの慈悲《じひ》の広大無辺《こうだいむへん》は、私を牢獄《ろうごく》まで連《つ》れて行《い》ってくださいました。そのおかげで『在在《ざいざい》

諸仏土《しょぶつど》　常与師俱生《じょうよししくしょう》』と、妙法蓮華経の一句《いっく》を、身《み》をもって読み、その功徳《くどく》で、地涌《じゆ》の菩薩《ぼさつ》の本事《ほんじ》を知り、法華経《ほけきょう》の意味を、かすかながらも身読《しんどく》することができました。なんたる幸《しあわ》せでございましょうか」

師《し》の牧口は、獄中《ごくちゅう》に散《ち》り、死身弘法《ししんぐほう》の大精神《だいせいしん》をとどめた。その精神を受《う》け継《つ》いだ弟子《でし》の戸田は、生きて獄門《ごくもん》を出て、広宣流布に一人《ひとり》立った。

この生死《しょうじ》を貫《つらぬ》く師弟《してい》の不二《ふに》の共戦《きょうせん》のなかに、創価の精神《せいしん》はある。

牧口と戸田とを不二《ふに》ならしめたもの――それは、根源《こんげん》の師《し》・日蓮大聖人の御遺命《ごゆいめい》である広宣流布に殉《じゅん》じゆく強き信心の一念《いちねん》であった。

山本伸一は、戸田という師《し》なくしては、広宣流布もなければ、民衆《みんしゅう》の幸福も、世界の平和の実現《じつげん》もあり得《え》ないことを、命に感じていた。事実《じじつ》、日蓮大聖人の御精神《ごせいしん》は、ただ一人《ひとり》、牧口の弟子《でし》・戸田城聖《じょうせい》に受《う》け継《つ》がれ、広宣流布の未来図《みらいず》は、彼《かれ》の一念《いちねん》のなかに収《おさ》められていた。

仏《ほとけ》といっても、決して架空《かくう》の存在《そんざい》ではない。衆生《しゅじょう》を離《はな》れては、仏はあり得《え》ない。法《ほう》を弘《ひろ》める人こそが仏使《ぶっし》であり、その人を守るなかにこそ、仏法の厳護《げんご》はある。

それゆえに伸一は、戸田の手駒《てごま》となり、徹《てっ》して師《し》を守《まも》り抜《ぬ》いてきた。その億劫《おくごう》の辛労《しんろう》を尽《つ》くしての精進《しょうじん》のなかで、彼《かれ》は、自《みずか》らの使命《しめい》と力《ちから》とを開花《かいか》させていった。そして、戸田の精神《せいしん》を体得《たいとく》し、師の境地《きょうち》に迫《せま》っていったのである。

戸田城聖《じょうせい》は、無名《むめい》の民衆《みんしゅう》に地涌《じゆ》の使命《しめい》を自覚《じかく》せしめ、七十五万世帯《せたい》の達成《たっせい》をもって、六万恒河沙《ろくまんごうがしゃ》の地涌の菩薩《ぼさつ》の出現《しゅつげん》を、現実《げんじつ》のものとしゆく原理《げんり》を示《しめ》した。それは、法華経《ほけきょう》の予言《よげん》の実現《じつげん》であり、日蓮大聖人の御精神《ごせいしん》の継承《けいしょう》の証明《しょうめい》といってよい。

山本伸一が、今、その師《し》の後《あと》を受け、創価学会の会長として、なすべき戦いもまた、この地涌《じゆ》の義《ぎ》を世界に実現《じつげん》することにあった。

一人《ひとり》一人の胸中《きょうちゅう》に打ち立てられた地涌《じゆ》の使命《しめい》の自覚《じかく》――それは、自身の存在《そんざい》に最《もっと》も深《ふか》く根源的《こんげんてき》な意味を与《あた》え、価値《かち》を創造《そうぞう》し、悲哀《ひあい》の宿命《しゅくめい》をも光輝《こうき》満《み》つ使命へと転《てん》じ、わが生命を変えゆく人間革命の回転軸《かいてんじく》にほかならない。

そして、その使命《しめい》を果《は》たしゆく時、一人《ひとり》の人間における偉大《いだい》な人間革命がなされ、やがて、一国《いっこく》の宿命《しゅくめい》の転換《てんかん》をも可能《かのう》にするのである。

第二十三章　一人《ひとり》の人を大切に

23-1　一人一人の幸福が広宣流布の目的《もくてき》

「一人《ひとり》の人を大切に」——池田先生が繰《く》り返《かえ》し訴《うった》えてきたこの簡潔《かんけつ》な指針《ししん》に、広宣流布の出発点があり、終着点《しゅうちゃくてん》があります。

そこには、〝一人《ひとり》の生命は宇宙《うちゅう》のあらゆる財宝《ざいほう》より尊《とうと》い〟という生命尊厳《そんげん》の思想があります。そして、〝万人《ばんにん》が一人も残《のこ》らず仏《ほとけ》である〟という平和の哲学《てつがく》が輝《かがや》いています。また、〝一人一人がかけがえのない人材《じんざい》である〟という異体同心《いたいどうしん》の

要諦《ようてい》が凝縮《ぎょうしゅく》しています。さらに、〝苦《くる》しみ悩《なや》む人を誰《だれ》も置《お》き去《ざ》りにしない〟という慈悲《じひ》と勇気《ゆうき》が脈打《みゃくう》っています。

本章では、一人《ひとり》を大切にして広宣流布の沃野《よくや》を開いてきた池田先生の数々《かずかず》の指導《どうし》を収録《しゅうろく》しています。

池田先生の指針

「本部幹部会」（二〇〇六年一月六日、東京）

「一人《ひとり》」を大切に——ここに、創価学会の原点がある。仏法の根本精神《こんぽんせいしん》も、ここにある。

「一人《ひとり》」の人間は、かけがえなく尊《とうと》い。世界中、どの一人一人にも、尊厳《そんげん》なる仏性《ぶっしょう》がある。そう見ていくのが、仏法である。

一人《ひとり》の尊《とうと》さを無視《むし》し、軽《かろ》んじて、人間を「集《しゅう》団《だん》」で見ていこうとするのは、権力者《けんりょくしゃ》の発想《はっそう》である。

それはなぜか。権力者《けんりょくしゃ》にとって、人間は「手《しゅ》段《だん》」にすぎないからである。

権力《けんりょく》は人間を、銃弾《じゅうだん》のように武器《ぶき》にする。金銭《きんせん》のように使いこなす。おのれの欲望《よくぼう》のために、大《おお》勢《ぜい》の人間をうまく動かし、全体《ぜんたい》を操作《そうさ》しようとする。

学会のいき方《かた》は、これに真《ま》っ向《こう》から反対する。一人《ひとり》一人の幸福こそが、広宣流布の「目的《もくてき》」だからである。

「一人《ひとり》」の人間がもつ計《はか》り知《し》れない可能性《かのうせい》を信じ、その力《ちから》に目覚《めざ》めさせ、発揮《はっき》させ、連帯《れんたい》を広げてきたのが、創価の民衆運動《みんしゅううんどう》の歴史《れきし》である。

全体《ぜんたい》があって、一人《ひとり》一人があるのではない。まず一人一人の人間があって、強く団結《だんけつ》していくのである。この根本《こんぽん》を間違《まちが》えたら大変なことになる。権力者《けんりょくしゃ》の発想《はっそう》をする人間が現《あらわ》れたら、それは学会を利用《りよう》する極悪人《ごくあくにん》である。

すべては、「一人《ひとり》」に帰着《きちゃく》する。私どもは、もう一度、「一人を大切に」との原点を確認《かくにん》しあいたい。そして、いちだんと「一人一人」に光《ひかり》をあて、励《はげ》ましの声をかけながら、宝《たから》の人材《じんざい》を大切に育《そだ》ててまいりたい。

一人《ひとり》一人が強くなる。賢《かしこ》くなる。それでこそ、二倍、三倍、十倍の力《ちから》を発揮《はっき》していけるのである。

23-2 どんな人にも使命《しめい》がある

どんな人も見捨《みす》てずに、目の前の一人《ひとり》を慈悲深《じひぶか》く導《みちび》いていった釈尊《しゃくそん》のエピソードに触《ふ》れ、誰人《たれびと》にもかけがえのない使命《しめい》があると強調《きょうちょう》しています。

池田先生の指針

「SGI総会」（一九九四年六月十一日、イギリス）

釈尊《しゃくそん》と美しい師弟《してい》の歴史《れきし》を刻《きざ》んだ一人《ひとり》の庶民《しょみん》に光《ひかり》をあてたい。それは、「どんな人にも使命《しめい》がある」という話である。

皆様《みなさま》もご存《ぞん》じの須利槃特《しゅりはんどく》――彼《かれ》は、もの覚《おぼ》えが悪いことで有名であった。自分の名前さえ忘《わす》れてしまうほどで、御書にも「闇浮第一《えんぶだいいち》の好《よ》く忘るる者《もの》」（九七六ジペー）――世界一の忘れん坊《ぼう》――と仰《おお》せである。

したがって、彼《かれ》は兄とともに釈尊《しゃくそん》の弟子《でし》となったものの、一生懸命《いっしょうけんめい》、努力《どりょく》しても、修行《しゅぎょう》は遅々《ちち》として進まず、皆《みな》からばかにされていた。

ある日、とうとう兄からも見はなされ、「お前には見込《みこ》みがない。だめだ。もう家へ帰れ！」と教《きょう》団《だん》を追いだされてしまった。

この日のことを、のちに彼自身《かれじしん》が、しみじみ振《ふ》り返《かえ》っている。

――追いだされ、私はがっかりして、道ばたに立ちつくしていた。〝こんな自分でも、救《すく》ってくれる教えが、まだあるのでは〟と、ひそかに期待《きたい》しながら……。

すると、そこにわが師《し》・釈尊《しゃくそん》が来《こ》られた。

師《し》はやさしく、私の頭をなでてくれた。そして、みずから私の手を取って、ふたたび教団《きょうだん》へ連《つ》れ帰《かえ》ってくれたのである――と。（『仏弟子の告白』中村元訳、岩波文庫、参照）

失意《しつい》の弟子《でし》にとって、師匠《ししょう》のこの慈愛《じあい》は、どれほどうれしかったことであろう。

だれから見捨《みす》てられようとも、師匠《ししょう》だけは自分のことをわかってくれる。信じてくれる。守ってくれる。彼《かれ》は発奮《はっぷん》した。

その後、釈尊《しゃくそん》は、この須利槃特《しゅりはんどく》が、喜《よろこ》びをもって仏子《ぶっし》に尽《つ》くしながら、境涯《きょうがい》を深《ふか》めていけるよう指導《しどう》している。

彼《かれ》は、この師匠《ししょう》につききり、ただ師匠の言うとおりに、真心《まごころ》の行動を貫《つらぬ》いた。そして彼は勝《か》ったのである。

法華経《ほけきょう》では、兄とともに「普明如来《ふみょうにょらい》」という成《じょう》仏《ぶつ》の記別《きべつ》を与《あた》えられている。

一見《いっけん》、愚《おろ》かなように見えて、じつは最高《さいこう》に価値《かち》ある聡明《そうめい》な人生《じんせい》となったのである。

大聖人は、一二七五年（建治《けんじ》元年）六月の門下へのお手紙でも、こう仰《おお》せである。

「すりはむどくは三箇年《さんかねん》に十四字《じ》を暗《そら》にせざりしかども仏《ほとけ》に成《な》りぬ提婆《だいば》は六万蔵《ろくまんぞう》を暗にして無《む》間《けん》に堕《お》ちぬ・是《こ》れ偏《ひとえ》に末代《まつだい》の今の世《よ》を表《ひょう》するなり、敢《あえ》て人の上《うえ》と思《おぼ》し食《め》すべからず」（御書一四七二ページ）

――須利槃特《しゅりはんどく》は三年かかっても、十四文字すら暗唱《あんしょう》できなかったけれども、仏《ほとけ》になった。提婆達《だいばだっ》多《た》は、六万蔵《ろくまんぞう》（という膨大《ぼうだい》な経典《きょうてん》）を暗記《あんき》したけれども、無間地獄《むけんじごく》に堕《お》ちた。このことは、ひとえに末法《まっぽう》の今の世《よ》のことを表しているのである。決《けっ》して他人のことと思ってはなりません――。

信仰者《しんこうしゃ》としての偉《えら》さは、どこにあるか。経歴《けいれき》や肩書《かたがき》、才覚《さいかく》などでは決して判断《はんだん》できない。皆《みな》の礎《いしずえ》となって、仏子《ぶっし》のために黙々《もくもく》と頑張《がんば》っている――その「信心」と「人間性」を見のがしてはならない。

その人こそ、だれよりも尊《とうと》き「成仏《じょうぶつ》の人」である。仏《ほとけ》になる方々《かたがた》である。

23-3 〝一人《ひとり》を大切に〟――それが仏《ほとけ》の心《こころ》

法華経《ほけきょう》では、どんな草木にも雨が等《ひと》しく降《ふ》り注《そそ》ぐなかで、それぞれが、かけがえのない個性《こせい》の花を咲《さ》かせ、実を結《むす》ぶという「三草二木《さんそうにもく》の譬《たと》え」が説《と》かれています。この法理《ほうり》をもとに、一人《ひとり》を大切にするところに法華経の人間主義《しゅぎ》があると語っています。

池田先生の指針

『法華経の智慧』

法華経《ほけきょう》という「大宗教文学」のなかでも、「三草《さんそう》二木《にもく》の譬《たと》え」には独自《どくじ》のおもしろさがあります。それは、〝衆生《しゅじょう》の多様性《たようせい》〟を強調《きょうちょう》していることです。これは法華経の七譬《しちひ》のなかでは唯一《ゆいいつ》です。また、それによって、同時に〝仏《ほとけ》の慈悲《じひ》の平等性《びょうどうせい》〟が浮《う》き彫《ぼ》りにされているのです。

仏《ほとけ》の慈悲《じひ》は、完全《かんぜん》に平等《びょうどう》であり、差別《さべつ》はない。一切《いっさい》の衆生《しゅじょう》を〝わが子《こ》〟と見て、自分と同じ仏の境涯《きょうがい》へと高めようとしている。

それは「衆生《しゅじょう》に差異《さい》がない」からではない。「仏《ほとけ》が衆生を差別《さべつ》しない」のです。むしろ仏は、衆生の違《ちが》いを十分に認《みと》めている。衆生の「個性《こせい》」を尊重《そんちょう》し、自分らしさを存分《ぞんぶん》に発揮《はっき》することを望《のぞ》んでいる。

衆生《しゅじょう》に違《ちが》いがあるからといって、偏愛《へんあい》したり、憎《にく》んだりしない。個性《こせい》を愛し、個性を喜《よろこ》び、個性を生かそうとする――それが仏《ほとけ》の慈悲《じひ》であり智慧《ちえ》です。

大事なことは「人間の多様性《たようせい》を認《みと》めるところから、仏《ほとけ》の説法《せっぽう》が出発している」という点です。状況《じょうきょう》も違《ちが》う、個性《こせい》も違う、機根《きこん》も違う具体的《ぐたいてき》な一人《ひとり》一人を、どうすれば成仏《じょうぶつ》させることができるか。

個々《ここ》の人間という「現実《げんじつ》」から一歩も離《はな》れずに、成仏への道筋《みちすじ》を明《あ》かすのが法華経《ほけきょう》です。

〝一人《ひとり》を大切に〟こそ、法華経《ほけきょう》の「人間主義《しゅぎ》」であり、「ヒューマニズム」なのです。それが「仏《ほとけ》の心《こころ》」です。〝一切衆生《いっさいしゅじょう》の成仏《じょうぶつ》〟という法華経の根本目的《こんぽんもくてき》も、〝一人を大切に〟から出発し、そこを徹底《てってい》させる以外にないのです。

抽象的《ちゅうしょうてき》な「人間愛《あい》」や「人類愛《じんるい》」を叫《さけ》ぶのは簡単《かんたん》です。現実《げんじつ》の個々《ここ》の人間への慈愛《じあい》はむずかしい。

ドストエフスキーは「人類《じんるい》を全体として愛《あい》すれ

ば愛するほど、個々《ここ》の人間を、つまり独立《どくりつ》した人格《じんかく》としての個々別々《べつべつ》の人間を愛することが少なくなる」(『カラマーゾフ兄弟1』小沼文彦訳、『ドストエフスキー全集10』所収、筑摩書房)、「抽象的《ちゅうしょうてき》に人類を愛するということは、ほとんど例外《れいがい》なく自分だけを愛するということになる」(『白痴』小沼文彦訳、『ドストエフスキー全集7』所収、筑摩書房)と言っている。

創価学会は、具体的《ぐたいてき》な「一人《ひとり》」から離《はな》れず、その「一人」を絶対《ぜったい》に幸福にするために戦ってきた。これは人類史《じんるいし》に燦然《さんぜん》と残《のこ》る崇高《すうこう》な歴史《れきし》です。

23-4 一人《ひとり》の生命は宇宙大《うちゅうだい》の宝塔《ほうとう》

法華経《ほけきょう》の見宝塔品《けんほうとうほん》に説《と》かれる巨大《きょだい》な宝塔は一人《ひとり》一人の生命を表している――その一人のことを示《しめ》した御聖訓《ごせいくん》を拝《はい》して、一人の人間に無上《むじょう》の尊厳《そんげん》を見いだす仏法の深《ふか》き人間主義《しゅぎ》を語っています。

池田先生の指針

「ドイツ・オーストリア合同最高会議」

(一九九一年六月五日、ドイツ)

「自己《じこ》」とは何か。「わが身《み》」の本来《ほんらい》の姿《すがた》とは、何《なん》なのか――。

日蓮大聖人は、門下《もんか》の阿仏房《あぶつぼう》に与《あた》えられたお手紙の中で、次のように仰《おお》せである。

「今阿仏上人《あぶつしょうにん》の一身《いっしん》は地水火風空《ちすいかふうくう》の五大《ごだい》なり、此《こ》の五大は題目《だいもく》の五字なり、然《しか》れば阿仏房《あぶつぼう》さながら宝塔《ほうとう》・宝塔さながら阿仏房」（御書一三〇四ページ）

——今、阿仏上人《あぶつしょうにん》の一身《いっしん》は地《ち》・水《すい》・火《か》・風《ふう》・空《くう》の五大《ごだい》である。この五大は題目《だいもく》の五字である。それゆえ、阿仏房《あぶつぼう》はそのまま宝塔《ほうとう》であり、宝塔はそのまま阿仏房である——。

阿仏房《あぶつぼう》が、法華経《ほけきょう》の見宝塔品《けんほうとうほん》で涌現《ゆげん》した宝塔の意義《いぎ》を質問《しつもん》したことに答えられた御文《ごもん》である。

大聖人は、巨大《きょだい》な宝塔《ほうとう》が出現《しゅつげん》した意義《いぎ》とは、釈《しゃく》尊《そん》の弟子《でし》たちが「己心《こしん》の宝塔を見る」（同ページ）、すなわち自分自身の生命の中に仏性《ぶっしょう》があることを悟《さと》ったことである、と端的《たんてき》に述《の》べられている。

法華経《ほけきょう》の見宝塔品《けんほうとうほん》に説《と》かれている宝塔は、高さ五百由旬《ゆじゅん》（＝インドの距離《きょり》の単位《たんい》。一由旬は帝王《ていおう》の一日の行軍距離《こうぐんきょり》をさす）、縦広《じゅうこう》二百五十由旬。一説《いっせつ》によれば、およそ地球の（直径《ちょっけい》の）三分の一から半分ほどの巨大《きょだい》な塔である。

地から涌出《ゆじゅつ》して空中に在《あ》り、金・銀・瑠璃《るり》・碼《め》瑙《のう》・真珠《しんじゅ》などの七宝《しっぽう》によって造《つく》られ、さまざまな旗《はた》や飾《かざ》りで荘厳《そうごん》され、すばらしい香《かお》りを放《はな》つとされている。そこから「七宝の塔《とう》」とも「宝塔《ほうとう》」とも呼《よ》ばれる。

この壮麗《そうれい》な宝塔《ほうとう》は、何を表しているのか。それは、仏性《ぶっしょう》、すなわち「仏界《ぶっかい》」の生命である。

天台大師《てんだいだいし》は、その巨大《きょだい》さについて、仏《ほとけ》の一切の因行《いんぎょう》、果徳《かとく》が具《そな》わっていることを意味している、と述《の》べている。宝《たから》で造《つく》り、飾《かざ》られている姿《すがた》は、仏《ぶっ》界《かい》の生命の荘厳《そうごん》さ、尊《とうと》さ、すばらしさを表現《ひょうげん》しているのである。

現代的《げんだいてき》にいえば、それは「生命の尊厳《そんげん》」を表現《ひょうげん》しているともいえる。真《しん》の「尊厳」とは、他の何物にも代《か》えられない、絶対的《ぜったいてき》な価値《かち》をもっているということである。仏界《ぶっかい》を具《そな》えたわれわれの生命こそ、絶対的な価値をもつ存在《そんざい》である。このことを、「宝塔《ほうとう》」という表現で示《しめ》していると捉《とら》えることができる。

大聖人は、庶民《しょみん》の代表ともいうべき阿仏房《あぶつぼう》を最《さい》大《だい》に顕彰《けんしょう》され、妙法を信受《しんじゅ》した阿仏房の一身《いっしん》が、そのまま荘厳《そうごん》な宝塔《ほうとう》であると教えることで、妙法を持《たも》った境涯《きょうがい》のすばらしさを自覚《じかく》させていかれたのである。

仏法は、徹底《てってい》した「平等主義《びょうどうしゅぎ》」「民主主義《みんしゅしゅ》」の教えである。しかも、一人《ひとり》一人が本来《ほんらい》、このうえなく尊貴《そんき》な存在《そんざい》であると説《と》いている。

われわれ凡夫《ぼんぷ》が、この身《み》このままで、仏《ほとけ》の境涯《きょうがい》に到達《とうたつ》できるのが、大聖人の仏法なのである。そのことを教えられたのが、「阿仏房《あぶつぼう》さながら宝塔《ほうとう》」の御文《ごもん》の本義《ほんぎ》と拝《はい》される。

このように、皆様《みなさま》は、尊極無上《そんごくむじょう》の「宝塔《ほうとう》」であり、「妙法の当体《とうたい》」であられる。

23-5 誰《だれ》もが尊極《そんごく》の当体《とうたい》である

「阿仏房御書《あぶつぼうごしょ》」の一節《いっせつ》「末法《まっぽう》に入《い》って法華経《ほけきょう》を持《たも》つ男女《なんにょ》の・すがたより外《ほか》には宝塔《ほうとう》なきなり、若《も》し然《しか》れば貴賤上下《きせんじょうげ》をえらばず南無妙法蓮華経と・となうるものは我《わ》が身《み》宝塔にして我が身又多宝如来《みまたたほうにょらい》なり」（御書一三〇四ジペー）を拝《はい》して、一人《ひとり》一人の限《かぎ》りない尊厳《そんげん》を説《と》き明《あ》かした日蓮仏法は、一切の差異《さい》を超《こ》える世界宗教であると語っています。

池田先生の指針

「世界を照らす太陽の仏法」（二〇一八年十月、「大白蓮華」）

自分こそが宝塔《ほうとう》である！

自分自身が最極《さいごく》の当体《とうたい》である！

初代会長・牧口常三郎《つねさぶろう》先生も、随所《ずいしょ》に線《せん》を引《ひ》かれ、深く拝《はい》された「阿仏房御書《あぶつぼうごしょ》」の一節《いっせつ》です。

一人《ひとり》を大切にする仏法の人間主義《しゅぎ》の根幹中《こんかんちゅう》の根幹とも言える御書です。

人間のもつ尊厳性《そんげんせい》、無限《むげん》の可能性《かのうせい》を高《たか》らかに謳《うた》い、自身の中にある尊極《そんごく》の仏《ほとけ》の生命を輝《かがや》かせゆく方途《ほうと》が広々《ひろびろ》と明《あ》かされています。

法華経《ほけきょう》では突然《とつぜん》、巨大《きょだい》な宝《たから》の塔《とう》が人々の眼前《がんぜん》に涌現《ゆげん》します。この宝塔品《ほうとうほん》の儀式《ぎしき》について、戸田先生は次のように教えてくださいました。

「われわれの生命には、仏界《ぶっかい》という大不思議《だいふしぎ》の生命が冥伏《みょうぶく》している。この生命の力《ちから》および状態《じょうたい》は想像《そうぞう》もおよばなければ、筆舌《ひつぜつ》にも尽《つ》くせない。

しかしこれを、われわれの生命体のうえに具現《ぐげん》することはできる。現実《げんじつ》にわれわれの生命それ自体も、冥伏《みょうぶく》せる仏界《ぶっかい》を具現できるのだと説《と》き示《しめ》したのが、この宝塔品《ほうとうほん》の儀式《ぎしき》である」

大聖人は、「末法《まっぽう》にあっては、妙法を受持《じゅじ》し、信心に励《はげ》む人こそ、荘厳《そうごん》で巨大《きょだい》な宝塔《ほうとう》そのものである」と仰《おお》せです。

あえて「すがたより外《ほか》には宝塔《ほうとう》なきなり」と、「すがた」を強調《きょうちょう》されています。現実《げんじつ》に見えている姿《すがた》や形《かたち》です。

当然《とうぜん》、一人《ひとり》一人、顔形《かおかたち》も、境遇《きょうぐう》も違《ちが》います。しかし、御本尊を持《たも》ち、題目を唱《とな》え、広宣流布に戦う一人一人が、その姿形《すがたかたち》を改《あらた》めず、ありのままで、七宝《しっぽう》で飾《かざ》られた荘厳《そうごん》な生命の宝塔《ほうとう》と輝《かがや》くことができる――。

ここに大聖人の仏法が、国や民族《みんぞく》、性別《せいべつ》など、一切の差異《さい》を超《こ》えた世界宗教たる所以《ゆえん》があります。

それだけではありません。その姿《すがた》のまま、多宝《たほう》如来《にょらい》であるとも仰《おお》せです。

妙法を持《たも》ち、信心に励《はげ》む私たちの姿《すがた》、振《ふ》る舞《ま》いが、そのまま多宝如来《たほうにょらい》としての行動となっていく。「法華経《ほけきょう》を持つ」以外の条件《じょうけん》は全《まった》くありません。ありのままです。

ですから、無理《むり》をしてつくろったり、見えを張《は》ったり、人を羨《うらや》んだりなどする必要《ひつよう》は全《まった》くないのです。悩《なや》んでいるなら、その姿《すがた》のままで信心に励《はげ》んでいけばいいのです。

何があっても信心を貫《つらぬ》き、断《だん》じて負《ま》けない生《い》き方《かた》が、そのまま勝利《しょうり》の証《あか》しであり、法華経《ほけきょう》の証明《しょうめい》となるのです。

23-6 陰《かげ》の人を大切に

陰《かげ》の人をどこまでも大切にする——これが、池田先生が貫《つらぬ》いてきた生《い》き方《かた》です。ここでは、日蓮大聖人のお振《ふ》る舞《ま》いを通《とお》しながら、この重要《じゅうよう》な指針《ししん》について語っています。

池田先生の指針

「文化親善家族祭」(一九九一年九月十五日、東京)

文永《ぶんえい》九年(一二七二年)、はるばる流罪《るざい》の地・佐渡《さど》まで訪《たず》ねて来た四条金吾《しじょうきんご》に、日蓮大聖人は一通《いっつう》のお手紙を託《たく》される。鎌倉《かまくら》で留守《るす》を守っている金吾の夫人《ふじん》・日眼女《にちげんにょ》へのお手紙である。目の前にいる人以上に、陰《かげ》の人に、よりあたたかく心《こころ》を向けられる――。信徒《しんと》に対する、大聖人のお心遣《こころづか》いは、どこまでも濃《こま》やかであられた。深《ふか》い深い慈愛《じあい》のお心であられた。

お手紙の中で、大聖人はこう仰《おお》せである。

「はかばかしき下人《げにん》もなきに・かかる乱《みだ》れたる世《よ》に此《こ》のとの《殿》を・つかはされたる心《こころ》ざし大地よりも・あつし地神《ちじん》定《さだ》めてしりぬらん・虚空《こくう》よりも・たかし梵天帝釈《ぼんてんたいしゃく》もしらせ給《たま》いぬらん」（御書一二一五ページ）

――（夫《おっと》の留守《るす》の間）頼《たよ》りになる召使《めしつか》いもいないのに、このように乱《みだ》れた世《よ》に、この殿《との》（＝夫・四条《しじょう》金吾《きんご》）を佐渡《さど》まで遣《つか》わされたあなた（＝日眼女《にちげんにょ》）の真心《まごころ》は、大地よりも厚《あつ》い。地神《ちじん》（＝大地の神）も必《かなら》ず知っていることでしょう。また、その真心は大《おお》空《ぞら》よりも高《たか》い。梵天《ぼんてん》・帝釈《たいしゃく》も必ず知っておられることでしょう――。

打ち続く大難《だいなん》をものともせず、正々堂々《せいせいどうどう》と「信《しん》念《ねん》の道」を歩《あゆ》み、佐渡《さど》までも大聖人を訪《たず》ねていった四条金吾《しじょうきんご》。その陰《かげ》には、こうした家族の支えがあった。

そのだれも知らない、だれもほめてくれない〝陰《かげ》の戦い〟を、大聖人だけは、あますところなく御照覧《ごしょうらん》くださっていた。〝お会いできなくても、全部、わかっていますよ。金吾《きんご》がここに来《こ》られたのは、あなたのおかげですよ〟――と。

〝ちゃんと見てくださっている方《かた》がいる〟〝私を信じてくださっている方がいる〟。大聖人の御慈《ごじ》愛《あい》を全身《ぜんしん》で受《う》けとめながら、金吾《きんご》の一家《いっか》は、難《なん》を一つ、また一つと乗《の》り越《こ》えていった。

そして、苦難《くなん》の山を越《こ》えゆくたびに、境涯《きょうがい》をいちだんと大きく開き、大福運《だいふくうん》につつまれていった。

何があっても、変わらない。何があっても、揺《ゆ》るがない。ひとたび決めた「この道」を貫《つらぬ》いていく。走《はし》り抜《ぬ》いていく。その人こそ、またその家族こそ、心美《こころうつく》しき「盤石王《ばんじゃくおう》」である。

私どもは、何があっても、「この道」で戦い、生《い》き抜《ぬ》いていく「信心の盤石王《ばんじゃくおう》」の創価家族でありたい。

23-7 同苦《どうく》の心《こころ》こそ創価の精神《せいしん》

日蓮大聖人が病気の夫人《ふじん》を抱《かか》えた門下《もんか》に大慈大悲《だいじだいひ》の励《はげ》ましを送られた御聖訓《ごせいくん》を拝《はい》し、陰《かげ》の功労者《こうろうしゃ》を大切にし、苦《くる》しんでいる人を慈《いつく》しんでいく同苦《どうく》の心《こころ》の尊《とうと》さを語っています。

池田先生の指針

「全国婦人部幹部会」（一九八九年十一月二十九日、東京）

大聖人は、厳寒《げんかん》の身延《みのぶ》から富木殿《ときどの》に送られたお手紙に、次のように記《しる》されている。

「尼《あま》ごぜんの御所労《ごしょろう》の御事《おんこと》　我身《わがみ》一身《いっしん》の上《うえ》とをもひ候《そうら》へば昼夜《ちゅうや》に天《てん》に申《もう》し候《そうろう》なり」（御書九七八㌻）

――尼御前《あまごぜん》（＝富木夫人《ときふじん》）のご病気のことは、わが身一身《みいっしん》のことと思っておりますから、昼夜《ちゅうや》に諸《しょ》天《てん》に祈《いの》っております――。

「此《こ》の尼《あま》ごぜんは法華経《ほけきょう》の行者《ぎょうじゃ》をやしなう事《こと》　灯《ともしび》に油《あぶら》をそへ《添》木《き》の根《ね》に土《つち》をかさぬる《培》がごとし、願《ねがわ》くは日月天《にちがってん》其《そ》の命《いのち》にかわり給《たま》へと申《もう》し候《そうろう》なり」（同㌻）

――この尼御前《あまごぜん》は、法華経《ほけきょう》の行者《ぎょうじゃ》を、灯《ひ》に油《あぶら》をそえ、木《き》の根《ね》に土《つち》をかぶせるように供養《くよう》してきた人です。〝願《ねが》わくは日天《にってん》・月天《がってん》が尼御前の命《いのち》に代《か》わって助《たす》けられよ〟と祈《いの》っています――。

「又《また》をもいわするる事《こと》もやと・いよ《伊予》房《ぼう》に申《もう》しつけて候《そうろう》ぞ、たのもしとをぼしめせ」（同㌻）

――また、思《おも》い忘《わす》れることがあってはと、伊予《いよ》房《ぼう》（＝尼御前《あまごぜん》の子息《しそく》で大聖人のもとで修行《しゅぎょう》していた）に尼御前の病気平癒《びょうきへいゆ》を申《もう》しつけてあります。頼《たの》もしくお思いください――と。

大聖人が、陰《かげ》の功労者《こうろうしゃ》をどれほど慈《いつく》しんでこられたか。

一人《ひとり》の婦人の門下《もんか》が、病気で苦《くる》しんでいれば〝大聖人ご自身のこと〟とまで思われて、一日も早い平癒《へいゆ》を祈《いの》ってくださっている。

まことにありがたい御本仏《ごほんぶつ》の大慈大悲《だいじだいひ》であられる。

大聖人のこうしたお姿《すがた》を拝《はい》するとき、これが仏法者の生《い》き方《かた》でなければならないと、しみじみと感ずる。

権威《けんい》でも、体裁《ていさい》でもない。苦《くる》しみの人を、広布にけなげに戦っている人を、自分自身のように思って大事にしていく。励《はげ》まし慈《いつく》しんでいく。ここに人間性の精髄《せいずい》があることを絶対《ぜったい》に忘《わす》れてはいけない。

学会も、この心《こころ》を失《うしな》わず、人々に尽《つ》くしてきたがゆえに、今日《こんにち》の大《おお》いなる発展《はってん》と前進がある。

これが学会の誇《ほこ》りであり、強さである。

23-8 日蓮仏法は最極《さいごく》の人間主義《にんげんしゅぎ》

日蓮大聖人は、最愛《さいあい》のわが子を若《わか》くして失《うしな》った婦人の門下《もんか》に、心《こころ》に深《ふか》く染《し》み入《い》る励《はげ》ましの手紙を送りました。その内容《ないよう》を拝《はい》しながら、一人《ひとり》を大切にする仏法の人間主義《にんげんしゅぎ》について語っています。

池田先生の指針

「全国青年部幹部会」（一九九二年四月十二日、東京）

弘安《こうあん》三年（一二八〇年）の秋九月五日、南条時光《なんじょうときみつ》の弟・七郎五郎《しちろうごろう》が亡《な》くなった。くわしいことは不明《ふめい》だが、突然《とつぜん》の死だったようである。

当時、七郎《しちろう》五郎《ごろう》は数え年で十六歳。あまりにも若《わか》い死であった。

大聖人は、その知らせをお聞きになると、即座《そくざ》に、時光《ときみつ》と母に心《こころ》からの激励《げきれい》をなさる。死の翌《よく》日《じつ》、九月六日付で慰《なぐさ》めと励《はげ》ましのお手紙を送られている。

「南条七郎五郎殿《なんじょうしちろうごろうどの》の御死去《おんしきょ》の御事《おんこと》、人は生《うま》れて死するならいとは智者《ちしゃ》も愚者《ぐしゃ》も上下一同《じょうげいちどう》に知りて候《そうら》へば・始《はじ》めてなげ《嘆》くべしをどろ《驚》くべしとわをぼ《覚》へぬよし・我《われ》も存《ぞん》じ人にもをしへ候《そうら》へども・時にあたりて・ゆめ《夢》か・まぼろし《幻》か・いまだわきま《弁》へがたく候《そうろう》」（御書一五六七㌻）

――南条七郎五郎殿《なんじょうしちろうごろうどの》の御死去《おんしきょ》のこと、人はだれも皆《みな》、生まれて死ぬのが定《さだ》まりとは、智者《ちしゃ》も愚者《ぐしゃ》も、（身分《みぶん》が）上の人も下の人も一同《いちどう》に知っていることであるから、今はじめて嘆《なげ》いたり、驚《おどろ》いたりすることではないと、自分（＝大聖人）も思い、人にも教えてきたが、さて、いよいよ、その時にあたってみれば、夢《ゆめ》か幻《まぼろし》か、いまだに判断《はんだん》がつきかねるほどである――。

「まして母のいかんがなげ《嘆》かれ候《そうろう》らむ、父母にも兄弟にも・をくれ《後》はてて・いとをし《最愛》きをとこ《夫》に・すぎ《過》わかれたりしかども・子ども・あまた《数多》をはしませば心なぐさ《慰》みてこそ・をはしつらむ」（同㌻）

――ましてや、母はいかばかり嘆《なげ》かれていることであろうか。父母にも兄弟にも先立《さきだ》たれ、最愛《さいあい》の夫《おっと》にも死に別《わか》れたが、子どもが大勢《おおぜい》いらしたので、心《こころ》を慰《なぐさ》めておられたことでしょうに――。

「いとをしき・てこご《子》・しかもをのこご《男》・みめ《容》かたち《貌》も人にすぐれ《勝》心《こころ》も・かいがいしくみ《見》へしかば・よその人人《ひとびと》も・すずしくこそみ候《そうら》いしに・あ

やなく・つぼ《蕾》める花《はな》の風《かぜ》にしぼみ・満《み》つる月《つき》の・にわか《俄》に失《うせ》たるがごとくこそをぼすらめ、まこととも・をぼへ候はねば・かきつくるそらも・をぼへ候はず」（御書一五六七ページ）

――かわいい末《すえ》の子《こ》で、しかも男の子、容貌《ようぼう》も人にすぐれ、心《こころ》もしっかりして見え、よその人々もさわやかな感じをもって見ていたのに、はかなく亡《な》くなってしまったことは、花のつぼみが風《かぜ》にしぼみ、満月《まんげつ》が急《きゅう》に隠《かく》れてしまったように感じられる。本当のことと思えず、励《はげ》ましの言葉も書きようがない――。

「追申《ついしん》、此《こ》の六月十五日に見奉《みたてまつ》り候《そうら》いしに・あはれ肝《きも》ある者《もの》かな男《おとこ》や男やと見《み》候《そうら》いしに・又《また》見候はざらん事《こと》こそかなし《悲》くは候へ、さは候へども釈《しゃ》迦仏《かぶつ》・法華経《ほけきょう》に身《み》を入《い》れて候いしかば臨終《りんじゅう》・目出《めで》たく候いけり、心《こころ》は父君《ちちぎみ》と一所《いっしょ》に霊山浄土《りょうぜんじょうど》に参《まい》りて・手をとり頭《こうべ》を合《あわ》せてこそ悦《よろこ》ばれ候《そうろう》らめ、あはれなり・あはれなり」（同ページ）

――追伸《ついしん》。この六月十五日に（七郎五郎殿《しちろうごろうどの》に）お会いしたときには、あっぱれ肝《きも》のある者《もの》だな、（すばらしい）男《おとこ》である、男であると見ていたのに、ふたたび会えないとは、悲しいことです。しかしながら、（七郎五郎殿は）釈迦仏《しゃかぶつ》、法華経《ほけきょう》に身《み》を入《い》れて深《ふか》く信仰《しんこう》されていたから、臨終《りんじゅう》も立派《りっぱ》だったのです。心《こころ》は、（先立《さきだ》った）父君《ちちぎみ》と一緒《いっしょ》に霊山浄土《りょうぜんじょうど》に参《まい》り、手をとり、頭《こうべ》を合わせて喜《よろこ》ばれていることでしょう。感動的《かんどうてき》なことです。感動的なことです――。

追伸《ついしん》に仰《おお》せのとおり、七郎五郎《しちろうごろう》は、死のわずか三カ月前、兄・時光《ときみつ》とともに大聖人のもとを訪《おとず》れている。大聖人は、その凜々《りり》しき兄弟の姿《すがた》を心《こころ》から喜《よろこ》ばれ、将来《しょうらい》を期待《きたい》されていた。

それだけに七郎五郎《しちろうごろう》の悲報《ひほう》にふれて、大聖人は「夢《ゆめ》か幻《まぼろし》か、いまだに判断《はんだん》がつきかねるほどです」と――。だれもが驚《おどろ》き嘆《なげ》いた出来事《できごと》であった。

この七郎五郎《しちろうごろう》は、父が亡《な》くなった時、母のおなかにいた子どもである。母にとって、生きる支《ささ》えとも思ってきた最愛《さいあい》の子を、突然失《とつぜんうしな》った悲嘆《ひたん》はいかばかりであったことか。

今でいえば、わが子を懸命《けんめい》に後継《こうけい》の人材《じんざい》に育《そだ》て上《あ》げてきた婦人部のお母《かあ》さんである。

大聖人は、その心《こころ》に、深《ふか》く深く染《し》み入《い》るように〝同苦《どうく》〟の言葉を送っておられる。一人《ひとり》の母の言《い》い尽《つ》くせぬ悲しみを、本当にわが悲しみとして、包容《ほうよう》し、一緒《いっしょ》に心で泣《な》いてくださっている。

同情《どうじょう》などという次元ではない。まさにその人と一体《いったい》となっての〝同苦《どうく》〟のお姿《すがた》であられた。苦悩《くのう》の人と同じ「心《こころ》」を、同じ苦《くる》しみ、同じ悲しみを共有《きょうゆう》しておられた。

これが、御本仏《ごほんぶつ》日蓮大聖人の御振《おふ》る舞《ま》いであられた。「人間」の最極《さいごく》のお姿《すがた》を、私どもは涙《なみだ》とともに拝《はい》する。

わが学会も、どこまでも御本仏《ごほんぶつ》の深き「人間主《しゅ》義《ぎ》」に連《つら》なっている。

心《こころ》からの〝励《はげ》まし〟こそ、仏法者の証《あか》しである。悩《なや》む人、苦しむ人には、即座《そくざ》に〝激励《げきれい》の声〟を送《おく》り届《とど》ける。悲しみを勇気《ゆうき》に、悩みを希望《きぼう》に変えていく――。それが、大聖人の御精神《ごせいしん》であられた。

23-9 牧口先生は一人《ひとり》に光《ひかり》を当てた

一人《ひとり》を大切にし、一人に妙法を教えるために高齢《こうれい》を押《お》して遠い地方へ勇《いさ》んで足を運んだ牧口先生の行動を通して、創価学会の原点の精神《せいしん》について語っています。

池田先生の指針

『母の舞』

牧口先生は言われた。

「人を救《すく》い、世《よ》を救うこと以外に、宗教の社会的存立《そんりつ》の意義《いぎ》があろうか」と。

「人間のため」「民衆《みんしゅう》のため」「社会のため」の宗教でなければ、何の意味もない。自分だけ良《よ》ければいいというのは、信仰《しんこう》ではない。

全人類《ぜんじんるい》の幸福と平和を実現するための法《ほう》――それが日蓮仏法である。

牧口先生の戦いによって、昭和十年（一九三五年）代の半ばごろから、入会する人がふえていた。そこには牧口先生の布教《ふきょう》革命があった。

それは、「一軒《いっけん》一軒を回る」「一人《ひとり》一人と語る」ということである。これしかない。こうあらねばならないと、牧口先生は結論《けつろん》されたのである。

大学者である先生は、当初《とうしょ》、「著作《ちょさく》」によって、効果《こうか》を期待した。しかし、うまくいかなかった。

次に、講演会《こうえんかい》とか会合で、大衆《たいしゅう》に呼《よ》びかけた。しかし、やはり、うまくいかなかった。

本でもだめ。大きい会合でもだめ。そこでみずから出向いて、一人一人《ひとり》と語りあうなかで、牧口先生は、「少数の同志《どうし》を見出《みいだ》す外《ほか》に方法《ほうほう》がない」という結論《けつろん》に達《たっ》したのだった。

それから、飛躍的《ひやくてき》に弘教《ぐきょう》が進んだ。だんだんと人材《じんざい》が出てきた。それまで、「数千人に話をして一人《ひとり》も残《のこ》らぬ」ような状況《じょうきょう》だったのが、総会《そうかい》に五百人以上、集まるようになった。

座談会《ざだんかい》など少人数の語らいで、一人《ひとり》一人が納得《なっとく》し、行動し、体験《たいけん》をつかんでいった。ゆえに、次の一波《いっぱ》につながった。

牧口先生は、このように、何でも「実験《じっけん》」をされている。必《かなら》ず、実際《じっさい》にやってみて、いちばん正しい結論《けつろん》を出されている。まことに不世出《ふせいしゅつ》の人物であった。戸田先生が心酔《しんすい》されたお気持ちが、よくわかる。

牧口先生は、一人《ひとり》の人と会うために、どこへでも行かれた。

あるときは、東京で入会した青年の両親に会うため、鹿児島まで、三等の列車の硬《かた》い座席《ざせき》に揺《ゆ》られながら、はるばる出向かれた。高齢《こうれい》の身では長《なが》旅《たび》は相当《そうとう》こたえたにちがいない。しかし、法《ほう》のためならば、いかなる労《ろう》もいとわれなかった。そうして、大誠実《だいせいじつ》をもって、信仰《しんこう》への理解《りかい》を深めさせておられた。

あの逮捕《たいほ》された下田《しもだ》の須崎《すざき》(静岡県)にも、一人《ひとり》の人と対話するために足を運ばれたのである。

牧口先生の、青年のようなすがすがしい声、絶《ぜっ》対《たい》の確信《かくしん》、誠実《せいじつ》と慈愛《じあい》の姿《すがた》に、感動して入会した人も多い。

日本の各地《かくち》に、牧口先生の植《う》えられた根っこが、当局の厳《きび》しい思想統制《とうせい》にも消えず、戦争をも乗《の》り越《こ》え、生《い》き抜《ぬ》いた。

そして今、何があってもびくともしない大樹《たいじゅ》に育《そだ》った。「世界の学会」になっている。牧口先生は、さぞかしお喜《よろこ》びくださっていることであろう。

23-10 民衆《みんしゅう》の中へ、民衆と共《とも》に

悩《なや》み苦《くる》しむ人のために尽《つ》くし行動《こうどう》していくなかに、信仰《しんこう》の生命があり、そこに広宣流布の道があると語っています。

池田先生の指針

「随筆 新・人間革命」
(「民衆の中へ 民衆と共に」、『池田大作全集133』)

マハトマ・ガンジーを訪問《ほうもん》したある宣教師《せんきょうし》が、〝あなたの信仰《しんこう》する宗教は何か〟と質問《しつもん》した。

すると、ガンジーは、彼《かれ》の部屋《へや》のなかで休んでいる二人《ふたり》の病人の方を指《ゆび》さしながら、こう答《こた》えた

という。

「(あの方々《かたがた》に)奉仕《ほうし》することが私の宗教です」(「実践における私の宗教」浦田広朗訳、『私にとっての宗教』所収、新評論)

ガンジーの非暴力《ひぼうりょく》の魂《たましい》を継承《けいしょう》した、米国の公民《こうみん》権運動《けんうんどう》の指導者《しどうしゃ》キング博士は、折《おり》あるごとに語った。

〝民衆《みんしゅう》の苦悩《くのう》の現実《げんじつ》から目をそらせる宗教は、死にかかった宗教だ!〟

ガンジーやキングの鉄の信念《しんねん》は、私たちには、痛《いた》いほどよくわかる。

苦《くる》しんでいる人、悩《なや》んでいる友《とも》がいる時、その人の幸福のために行動する――いかに立派《りっぱ》な理想を掲《かか》げようとも、この根本《こんぽん》の一点を抜《ぬ》きにして宗教の生命はないからだ。

創価学会は、常《つね》に、不幸《ふこう》な人びとの渦中《かちゅう》に飛《と》び込《こ》み、戦ってきた。それゆえに「貧乏人《びんぼうにん》と病人の宗教」と嘲笑《ちょうしょう》され、侮蔑《ぶべつ》されてきた。

しかし、わが師《し》である戸田城聖《じょうせい》先生は、呵々大笑《かかたいしょう》して、その無理解《むりかい》の中傷《ちゅうしょう》を、むしろ誉《ほま》れとされた。不幸《ふこう》な民衆《みんしゅう》を救《すく》ってこそ、真実《しんじつ》の「力《ちから》ある宗教」ではないか。批判《ひはん》は学会が「生きた宗教」である証拠《しょうこ》だ!

戸田先生は、大確信《だいかくしん》をもって人びとに訴《うった》えられた。

「もし、皆《みな》さん方《がた》が幸《しあわ》せにならなかったら、この戸田の命を差《さ》し上《あ》げる!」

相手《あいて》がどんなに絶望《ぜつぼう》の淵《ふち》にあろうとも、眼前《がんぜん》の「一人《ひとり》」を救《すく》えなければ仏法は嘘《うそ》になってしまう。

先生は、渾身《こんしん》の力《ちから》で、人びとの生命を揺《ゆ》さぶり、苦難《くなん》と戦いゆく偉大《いだい》なる不滅《ふめつ》の勇気《ゆうき》を呼《よ》び覚《さ》まし続けたのである。

その師《し》の全魂《ぜんこん》の激励《げきれい》に触《ふ》れて、一人《ひとり》が立ち上がり、また一人が立ち上がった。

彼《かれ》らは、自分自身の宿命《しゅくめい》を打開《だかい》しながら、さらに大《おお》いなる目的《もくてき》である新しき社会の建設《けんせつ》に躍《おど》り出《で》て、戦った。すなわち、広宣流布に立ち上がったのだ。

23-11 戸田先生の個人指導《こじんしどう》

千差万別《せんさばんべつ》の苦悩《くのう》に喘《あえ》ぐ庶民一人一人《しょみんひとりひとり》を蘇生《そせい》させていった戸田先生の「個人指導《こじんしどう》」の光景《こうけい》が、生き生きと記《しる》されています。ここに、創価学会の〝励《はげ》まし〟運動《うんどう》の要諦《ようてい》が凝縮《ぎょうしゅく》されています。

池田先生の指針

「随筆 新・人間革命」

(「忘れ得ぬ市ケ谷の分室」、『池田大作全集134』)

一九五一年五月の末《すえ》——戸田先生が第二代会長に就任《しゅうにん》されて間《ま》もなく、先生が顧問《こもん》を務《つと》め、二十三歳の私が若《わか》き営業部長《えいぎょうぶちょう》として奮闘《ふんとう》していた会社の事務所《じむしょ》は、市ケ谷駅《いちがやえき》の近くに移転《いてん》した。お堀端《ほりばた》に立つ、三階建ての市ケ谷ビルの一室《いっしつ》である。

市ケ谷《いちがや》ビルには、「聖教新聞」の編集室《へんしゅうしつ》も置《お》かれた。

さらに、当時の学会本部は西神田《にしかんだ》にあったが、その本部の「分室《ぶんしつ》」も、このビル内に併設《へいせつ》された。いずれも二階の部屋《へや》である。

分室《ぶんしつ》は、わずか四、五坪《つぼ》の広さである。突き当《あ》たりの窓際《まどぎわ》に、戸田先生が座《すわ》る机《つくえ》とイスがあり、その前に七、八脚《きゃく》のイスが置《お》かれていた。ここで、先生は、毎日午後二時から四時過《す》ぎまで、訪《たず》ねてくる会員の指導《しどう》・激励《げきれい》にあたられたのである。

市ケ谷《いちがや》ビルで受付をされていた女性《じょせい》は、訪《おとず》れる人の多さに目を見張《みは》ったという。

「創価学会は、どちらでしょうか……」。こう言って受付の前に現《あらわ》れる姿《すがた》は、どちらかというと、悩《なや》みを抱《かか》えて、傍目《はため》にも痛々《いたいた》しい感じの人が少なくなかった。

しかし、受付の方《かた》がさらに驚《おどろ》いたことは、その同じ人たちが、帰途《きと》につく時には別人《べつじん》のように笑《え》みを浮《う》かべ、生き生きと、ビルを後《あと》にしていったというのである。

小さな病院の待合室よりも質素《しっそ》な部屋《へや》であったが、この分室《ぶんしつ》こそ、まさに庶民《しょみん》の〝希望《きぼう》の港〟となり、〝蘇生《そせい》のオアシス〟となったのだ。

「人間にとって立派《りっぱ》な友人の励《はげ》ましほど／苦《くる》しみを癒《いや》す薬《くすり》は他にない」とは、古代ギリシャの詩《し》人《じん》エウリピデスの名言である。（『エウリーピデース断片』久保田忠利訳、『ギリシア悲劇全集12』所収、岩波書店）

わが師《し》は、訪《おとず》れた友《とも》に、気さくに語りかけられた。

「どうした？」

その温かい声と、眼鏡《めがね》の奥《おく》に光《ひか》る慈眼《じげん》に、同志《どうし》は心《こころ》から安堵《あんど》し、率直《そっちょく》に悩《なや》みをぶつけるのが常《つね》であった。

悩《なや》みは、それこそ千差万別《せんさばんべつ》であった。経済苦《けいざいく》、仕事の苦境《くきょう》、病気、家庭不和《ふわ》、子どもの問題、人間関係の軋轢《あつれき》、自分の進路《しんろ》や宿命《しゅくめい》のこと……生きるか死ぬか、せっぱ詰《つ》まった苦悩《くのう》もあった。

「こんな自分でも、幸《しあわ》せになれるでしょうか？」

先生は、その必死《ひっし》の声を聞いては、わが事として同苦《どうく》され、友《とも》の生命を揺《ゆ》さぶり、偉大《いだい》な信力《しんりき》・行力《ぎょうりき》を奮《ふる》い起《お》こすように励《はげ》まされた。

「大丈夫《だいじょうぶ》。この信心をして幸福にならないわけがない。心《こころ》は王者でいきなさい。創価学会の名誉《めいよ》ある一員として誇《ほこ》りも高く生《い》き抜《ぬ》きなさい」

目の前の一人《ひとり》を救《すく》えるかどうか——一回一回の指導《しどう》が真剣勝負《しんけんしょうぶ》であった。そこには「一切衆生《いっさいしゅじょう》の異《い》の苦《く》を受《う》くるは悉《ことごと》く是《こ》れ日蓮一人《いちにん》の苦」（御書七五八ページ）との大慈大悲《だいじだいひ》の仰《おお》せが響《ひび》き渡《わた》っていたのである。

分室《ぶんしつ》に来る人のなかには、〝幹部《かんぶ》でありながら、こんなことで悩《なや》んで〟と自分を苛《さいな》んでいる人もいた。先生は、真剣《しんけん》に生きようとする限《かぎ》り、悩みは当然《とうぜん》だと、大きく包容《ほうよう》された。

反対に、見栄《みえ》っぱりで、悩《なや》める同志《どうし》を見下《みくだ》すような者は、烈火《れっか》のごとく叱《しか》られた。

悩《なや》んでこそ、人の苦しみがわかる。

悩《なや》んでこそ、強くなる。

先生ご自身も、お子さんを亡《な》くされた。事業の苦境《くきょう》も、何度も経験《けいけん》しておられる。法華経《ほけきょう》の信仰《しんこう》ゆえに、二年間、牢獄《ろうごく》にも入られた。先生は、そうした幾多《いくた》の辛酸《しんさん》をなめ、艱難《かんなん》を勝《か》ち越《こ》えたからこそ、学会の会長になったのだと述懐《じゅっかい》されていた。

かの文豪《ぶんごう》ユゴーが喝破《かっぱ》したように、「大きな苦《くる》しみは、魂《たましい》をとてつもなく大きなものにする」（『九十三年 下』榊原晃三訳、潮出版社）のだ。なればこそ、勇気《ゆうき》と希望《きぼう》を贈《おく》る、徹《てっ》した励《はげ》ましが大事なのである。

この指導力《しどうりょく》は、我流《がりゅう》ではつかない。どこまでも「御書根本《こんぽん》」である。そして広宣流布の組織《そしき》のなかで行学《ぎょうがく》に励《はげ》み、錬磨《れんま》していく以外にない。

23-12 創価学会の伝統精神《でんとうせいしん》

一人《ひとり》に光《ひかり》を当て、対話と激励《げきれい》で一人から一人へ着実《ちゃくじつ》な波動《はどう》を起《お》こしていくところに、永遠《えいえん》に広がりゆく広宣流布の方程《ほうてい》式《しき》があると語っています。

池田先生の指針

「第二東京支部長会」（一九八七年十月十一日、東京）

御書には「世間《せけん》のことわざにも一《いち》は万《まん》が母といへり」（四九八ジペー）とある。

「一人《ひとり》」というと、いかにも弱小《じゃくしょう》と思うかもしれない。しかし、「一人」が「万人《ばんにん》」を生む「母」なのである。

「大海《たいかい》の一滴《いったい》の水に一切《いっさい》の河《かわ》の水を納《おさ》め」（御書九四四ページ）との御金言《ごきんげん》もある。

真実《しんじつ》の大法《だいほう》に出あい、目覚《めざ》めた「一人《ひとり》」が、勇敢《ゆうかん》に利他《りた》の実践《じっせん》へと躍《おど》り出て、「一人」と会い対話する――この「一人」から「一人」へという波動《はどう》こそ、限《かぎ》りない広布前進への源泉《げんせん》であり、こうした着実《ちゃくじつ》な実践をとおし、永遠《えいえん》に広布の歴史《れきし》はつづられていくことを、絶対《ぜったい》に忘《わす》れてはならない。

「一人《ひとり》」を大切に――これこそ、脈々《みゃくみゃく》と受《う》け継《つ》がれてきた、学会の伝統精神《でんとうせいしん》である。

悩《なや》める「一人《ひとり》」に光《ひかり》をあて、全魂《ぜんこん》で対話し激励《げきれい》し抜《ぬ》いていく。とくに若《わか》き諸君《しょくん》は、この伝統《でんとう》を決して忘《わす》れてはならない。

ただ大勢《おおぜい》の前で、はなばなしく話をするだけで、地道《じみち》な指導《しどう》や激励《げきれい》に積極的《せっきょくてき》に行動しないリーダーは決して本物ではないし、本物にはなれない。もしも、そうした幹部《かんぶ》が多くなるとしたら、それは学会精神《せいしん》の退廃《たいはい》に通《つう》ずるであろう。

組織《そしき》のなかに権威主義《けんいしゅぎ》や要領《ようりょう》主義をはびこらせては断《だん》じてならないし、「一人《ひとり》」への全魂《ぜんこん》の指導《しどう》と行動なくして、真《しん》の仏道修行《ぶつどうしゅぎょう》はありえないことを、皆様方《みなさまがた》は深《ふか》く銘記《めいき》されたい。

「一人《ひとり》」から「一人」への無限《むげん》なる「利他《りた》」と「対話」の実践《じっせん》。この絶《た》えざる積《つ》み重《かさ》ねと連動《れんどう》に、永遠《えいえん》に広がりゆく広宣流布の方程式《ほうていしき》がある。

23-13 個人《こじん》指導《しどう》の基本姿勢《きほんしせい》

池田先生は、全会員が幸福の大道《だいどう》を歩《あゆ》んでいくために、そして組織《そしき》を盤石《ばんじゃく》にして広宣流布を伸展《しんてん》させていくために、個《こ》人指導《じんしどう》の重要性《じゅうようせい》を強調《きょうちょう》してきました。小説『新・人間革命』でも、九州を訪問《ほうもん》した山本伸一が個人指導の基本姿勢《きほんしせい》について語る場面が描《えが》かれています。

池田先生の指針

『新・人間革命27』（「激闘」の章）

伸一は、「本日は、懇談的《こんだんてき》に、少し話をさせていただきます」と前置《まえお》きし、個人指導《こじんしどう》の基本姿勢《きほんしせい》について述《の》べていった。

「第一に、決して、感情的《かんじょうてき》になってはならないということであります。

学会員であっても、信心をしていこうという自《じ》覚《かく》が乏《とぼ》しく、学会に対して批判的《ひはんてき》な発言をする人もいるでしょう。しかし、その時に、感情的《かんじょうてき》になり、声を荒《あら》らげるようなことがあってはならない。指導《しどう》する側《がわ》が感情的《かんじょうてき》になれば、相手《あいて》は、心《こころ》を開こうとはしなくなります。そうなれば、指導も、激励《げきれい》も成《な》り立《た》ちません。

第二に、個人指導《こじんしどう》は、どこまでも信心の確信《かくしん》が根本《こんぽん》であるということです。

こちらの大確信《だいかくしん》をもって、相手《あいて》の魂《たましい》を揺《ゆ》り動かし、触発《しょくはつ》していくことが個人指導《こじんしどう》の根本《こんぽん》です。それがあってこそ、理路整然《りろせいぜん》とした説明《せつめい》も生きてくるんです。

したがって、個人指導《こじんしどう》を行う際には、しっかり唱題《しょうだい》し、強い生命力《せいめいりょく》を涌現《ゆげん》させていくことが大事です。また、確信《かくしん》を伝《つた》えるうえで、自分の体験《たいけん》や、多くの同志《どうし》の体験を語っていくことも必要《ひつよう》です。

第三に、相談《そうだん》を受けた内容《ないよう》を他言《たごん》しては、絶対《ぜったい》にならないということを銘記《めいき》していただきたい。

特に、宗教者には守秘義務《しゅひぎむ》があります。万が一にも、相談《そうだん》を受けた話が漏《も》れるようなことがあれば、それは、学会全体への不信《ふしん》となり、仏法のうえから見ても、結果的《けっかてき》に、広宣流布を破壊《はかい》する重《じゅう》罪《ざい》となります。

第四に、粘《ねば》り強《づよ》く、包容力豊《ほうようりょくゆた》かに、指導《しどう》の任《にん》に徹《てっ》していくべきであります。

たとえば、自分の担当《たんとう》する組織《そしき》で、活動に参加していない方《かた》のお宅《たく》におじゃまし、個人指導《こじんしどう》したとします。しかし、それで、すぐに発心《ほっしん》することは、むしろ、まれです。

折《おり》を見て、また、お伺《うかが》いしては、根気強《こんきづよ》く、励《はげ》まし続けていく。そのなかで、こちらの真心《まごころ》が通じ、信頼《しんらい》が生まれ、〝頑張《がんば》ろう〟という思いをいだいていくものです。個人指導《こじんしどう》に求《もと》められるのは、持続力《じぞくりょく》なんです。

個人指導《こじんしどう》によって、相手《あいて》の方《かた》が奮起《ふんき》した場合でも、〝その後、どうなったのか〟〝悩《なや》みは克服《こくふく》できたのか〟と心《こころ》を砕《くだ》き、電話でも、手紙でもよいから、連絡《れんらく》を取って、激励《げきれい》していくことです。

幹部《かんぶ》になった。張《は》り切《き》って会員宅《かいいんたく》を訪《おとず》れ、個人《こじん》指導《しどう》した。しかし、一度だけで終わりというのでは、途中《とちゅう》で放《ほう》り出《だ》してしまったようなものです。

第五に、抜苦与楽《ばっくよらく》の精神《せいしん》こそ、個人指導《こじんしどう》の大目《だいもく》的《てき》であることを忘《わす》れないでください。

皆《みな》、さまざまな悩《なや》みをかかえて、苦《くる》しんだ末《すえ》に、指導《しどう》を受ける。したがって、指導する限《かぎ》りは、その悩み、苦しみが、少なくなるように励《はげ》ましていくことが肝要《かんよう》です。

一例《いちれい》をあげれば、ご主人《しゅじん》が信心しないことで悩《なや》んでいる夫人《ふじん》がいたとします。その時には、まず、こう言うことです。

『大丈夫《だいじょうぶ》ですよ。長い人生《じんせい》なんですから、焦《あせ》ることはありません。ご主人《しゅじん》も、尊《とうと》い使命《しめい》をもって生まれているんです。夫《おっと》を思う妻《つま》の祈《いの》りは必《かなら》ず通《つう》じますよ』

そうすれば、安心できます。それから具体的《ぐたいてき》な対応《たいおう》について語っていけばいいんです」

個人指導《こじんしどう》には、人を大事にする心《こころ》、相手《あいて》への深い思いやりが不可欠《ふかけつ》である。その心が、さまざまな気遣《きづか》いとなり、配慮《はいりょ》と励《はげ》ましの言葉となって表れるのである。

伸一は、青年時代、よく自分のアパートに男子部員を招《まね》いて、激励《げきれい》した。時には、食事を振る舞《ま》ったり、共《とも》にベートーベンなどのレコードを聴《き》いて、励《はげ》ましたこともあった。さらに、東京はもとより、札幌《さっぽろ》、大阪、山口、夕張《ゆうばり》など、どこへ行っても、徹《てっ》して個人指導《こじんしどう》に努《つと》めた。

父親のつくった借金《しゃっきん》を返済《へんさい》しながら、両親《りょうしん》と小さな弟、妹の生活を支える青年もいた。本人も妻《つま》も病身《びょうしん》で、乳飲《ちの》み子《ご》を抱《かか》え、失業中《しつぎょうちゅう》の壮年もいた。皆《みな》、過酷《かこく》な現実《げんじつ》と向き合い、必死《ひっし》に生きようとしていた。そうした同志《どうし》に、希望《きぼう》の光《ひかり》を注《そそ》ぎ、仏《ほとけ》として輝《かがや》かせていくための聖業《せいぎょう》が個人指導《こじんしどう》である。

伸一は、個人指導《こじんしどう》についての、自分の実感《じっかん》を語っていった。

「私が多くの幹部《かんぶ》を見てきて感じることは、個《こ》人指導《じんしどう》を徹底《てってい》してやり抜《ぬ》いてきた方《かた》は、退転《たいてん》していないということなんです。

個人指導《こじんしどう》は、地味《じみ》で目立たない永続的《えいぞくてき》な忍耐《にんたい》の労作業《ろうさぎょう》であり、それを実践《じっせん》していくなかで、本当の信心の深化《しんか》が図《はか》れるからです。さらに、個人指導を重《かさ》ねていくなかで、自分自身を見つめ、指導することができるようになるんです。だから退転《たいてん》しないんです。

もちろん折伏《しゃくぶく》も大事です。ただし、折伏しただけで、入会後の指導《しどう》をしっかりしていかないと、一時的な戦いに終わってしまう面があります。

また、折伏《しゃくぶく》の成果《せいか》は、すぐに目に見えるかたちで表《あらわ》れるので、周囲《しゅうい》の同志《どうし》から賞讃《しょうさん》もされます。それによって慢心《まんしん》になり、信心が崩《くず》れていってしまった人もいました。

したがって、折伏《しゃくぶく》とともに、個人指導《こじんしどう》に全力《ぜんりょく》を傾《かたむ》けていくことが、自分の信心を鍛《きた》え、境涯《きょうがい》を高めていく必須条件《ひっすじょうけん》なんです。

折伏《しゃくぶく》、個人指導《こじんしどう》は、対話をもって行う精神《せいしん》の開《かい》拓作業《たくさぎょう》です。開拓には、困難《こんなん》に挑《いど》む勇気《ゆうき》と忍耐《にんたい》が必要《ひつよう》です。しかし、その労作業《ろうさぎょう》が人びとの生命を耕《たがや》し、幸福という実《みの》りをもたらす。

どうか皆《みな》さんは、誠実《せいじつ》に対話を重《かさ》ね、友《とも》の生命開拓《かいたく》の鍬《くわ》を振《ふ》るい続けていってください。

個人指導《こじんしどう》は、組織《そしき》に温かい人間の血を通《かよ》わせ、組織を強化していく道でもあるんです。

創価学会の世界では、個人指導《こじんしどう》は、当然《とうぜん》のことのように、日常的《にちじょうてき》に行われています。

それは、苦悩《くのう》を克服《こくふく》するための励《はげ》ましのネットワークであり、現代《げんだい》社会にあって分断《ぶんだん》されてきた、人間と人間の絆《きずな》の再生作業《さいせいさぎょう》でもあるんです。

この私どもの行動のなかに、学会のみならず、社会の重要《じゅうよう》な無形《むけい》の財産《ざいさん》があると確信《かくしん》しております。

やがて、その事実《じじつ》に、社会が、世界が、刮目《かつもく》する時が、きっと、来るでしょう」

23-14 なぜ創価学会は発展《はってん》したか

アメリカの女性未来学者《みらいがくしゃ》ヘイゼル・ヘンダーソン博士との対話を通して、創価学会の世界的な発展《はってん》を可能《かのう》ならしめた根本《こんぽん》の魂《たましい》について語っています。

池田先生の指針

「長野代表協議会」（二〇〇一年八月二十四日、長野）

現在《げんざい》、私は、対談集の発刊《はっかん》に向け、世界的な未来学者《みらいがくしゃ》ヘンダーソン博士と対話を続けている。

（＝『地球対談　輝く女性の世紀へ』と題して二〇〇三年一月に発刊された。『池田大作全集114』収録）

博士は、創価学会、ＳＧＩの運動を深《ふか》く理解《りかい》し、そこから真摯《しんし》に学《まな》ぼうとしておられる。

私は、創価学会が、苦《くる》しむ人、悩《なや》める人のために行動してきたゆえに、世間《せけん》から「貧乏人《びんぼうにん》と病人の集まり」と揶揄《やゆ》されてきたこと、そして、それを何よりも誇《ほこ》りにしていることを申《もう》し上《あ》げた。

博士は、「ＳＧＩの原点は、そこにあったのですね。感銘《かんめい》しました」と言われ、こう続けた。

「人間はだれであれ、どんな職業《しょくぎょう》や階級《かいきゅう》の人であれ、私にとっては、聖《せい》なる貴《とうと》い存在《そんざい》なのです。だれもが『生命の輝《かがや》き』を持っていますから、皆《みな》が貴い存在なのです」

まったく、そのとおりである。人間はだれもが皆《みな》、等《ひと》しく尊《とうと》い。

いわんや、平等大慧《びょうどうだいえ》の仏法は、家柄《いえがら》や財産《ざいさん》や学《がく》歴《れき》や肩書《かたがき》などで、決して人を判断《はんだん》しない。どこまでも、その人の行動を見る。その奥《おく》にある心《こころ》を見る。「心こそ大切なれ」である。

ゆえに真実《しんじつ》の仏法者は、権威《けんい》や権力《けんりょく》を振《ふ》りかざす傲慢《ごうまん》な人間など、断《だん》じて恐《おそ》れない。悠然《ゆうぜん》と見おろして戦っていく。正していく。そして心清《こころきよ》き、まじめな庶民《しょみん》を最大《さいだい》に大切にし、守っていくのである。

ヘンダーソン博士は言われた。

「ＳＧＩの活動は、なぜ、これほど世界的に広がりを見せるようになったのでしょうか。また、どうやって、不撓不屈《ふとうふくつ》の団体《だんたい》をつくりあげてきたのでしょうか。この点について、私は、池田会長の〝生徒《せいと》〟として、お聞きしたいと思います」

まことに一流の方《かた》は謙虚《けんきょ》である。

その答えの一端《いったん》として、私は、大要《たいよう》、こう申《もう》し上《あ》げた。

「まず、一心不乱《いっしんふらん》に事に当たったからです。一人《ひとり》一人の人間革命に立脚点《りっきゃくてん》を置《お》き、小さな自分を乗《の》り越《こ》え、大きな目的《もくてき》を人生《じんせい》に据《す》えたからです。

そのうえで、なぜSGIがこれだけ世界的に発《はっ》展《てん》し、不撓不屈《ふとうふくつ》の団体《だんたい》になったかを一言《ひとこと》で言えば、それは『徹《てっ》して一人《ひとり》の人を大切にしてきた』からです。

私の人生《じんせい》は、そのためにありましたし、リーダーにも、そう言い続けてきました。それ以外に、何か〝秘策《ひさく》〟があるわけではありません。

そして、皆《みな》で励《はげ》ましあいながら、ともに自己《じこ》の『人間革命』に挑戦《ちょうせん》してきたからだと思います。

それぞれが、『自己《じこ》に打《う》ち克《か》つ』ことが、大きな社会の発展《はってん》につながり、やがて、人類《じんるい》の歴史《れきし》をも動かしていく――これが、私どもの『人間革命』運動の核心《かくしん》なのです」と。

「一人《ひとり》を大切に」――ここに創価学会の魂《たましい》がある。この伝統《でんとう》を輝《かがや》かせていく限《かぎ》り、学会は永遠《えいえん》に発展《はってん》する。

（指導選集［下］に続く）

池田大作先生の指導選集［中］
人間革命の実践

二〇二一年五月三日　発行

編　者　池田大作先生指導選集編集委員会
発行者　松岡　資
発行所　聖教新聞社
〒一六〇-八〇七〇　東京都新宿区信濃町七
電話　〇三-三三五三-六一一一（代表）

印刷所　光村印刷株式会社
製本所　牧製本印刷株式会社
落丁・乱丁本はお取り替えいたします

定価はカバーに表示してあります
ISBN978-4-412-01678-1
JASRAC 出 2102614-101